Y CRYSAU
COCHION

Er cof am fy rhieni Maggie ac Evan Jones
roddodd bopeth imi

ac am Dafydd y Bont, Capten Tîm Aelwyd Bryn-crug
enillodd Gwpan Pantyfedwen yn 1956

Y CRYSAU COCHION

CHWARAEWYR PÊL-DROED
RHYNGWLADOL CYMRU 1946–2016

Gwynfor Jones

Argraffiad cyntaf: 2016

Dymuna'r cyhoeddwyr gydnabod cymorth ariannol
Cyngor Llyfrau Cymru

Cynllun y clawr: Y Lolfa

Rhif Llyfr Rhyngwladol:
978 1 78461 330 3

Cyhoeddwyd, rhwymwyd ac argraffwyd yng Nghymru gan
Y Lolfa Cyf., Talybont, Ceredigion SY24 5HE
gwefan www.ylolfa.com
e-bost ylolfa@ylolfa.com
ffôn 01970 832 304
ffacs 832 782

Cyflwyniad

Mae'r llyfr hwn yn adrodd hanes pob un o'r 331 o chwaraewyr sydd wedi cynrychioli Cymru mewn 460 o gemau rhwng 1946 a haf 2016. Cyflwynir gwybodaeth yn y drefn ganlynol:

* enw;

* prif safle'r chwaraewr yn ystod ei yrfa, a chofio fod yr 'hen' safleoedd yn trosi fel a ganlyn: canolwr – amddiffynnwr canol, a hanerwr a mewnwr – canol y cae;

* manylion personol yn cynnwys dyddiad a man geni (a marwolaeth lle mae hynny'n berthnasol), enw llawn, cysylltiadau teuluol, a hunangofiannau, ac ati;

* gyrfa ryngwladol, gyda'r rhifau tywyll yn cyfateb i'r rhifau yn y rhestr o gemau Cymru yn Atodiad 2, a'r rhif posibl yw cyfanswm posibl y chwaraewr petae wedi chwarae pob gêm rhwng ennill ei gap cyntaf a'i gap olaf. Rhoddir sylw arbennig i bawb oedd yng ngharfan Cymru yng Nghwpan y Byd 1958 yn Sweden, y rhai chwaraeodd yn rownd wyth olaf Pencampwriaeth Ewrop 1976, a phawb oedd yng ngharfan Pencampwriaeth Ewrop 2016 yn Ffrainc. Y gemau *Eraill* yw gemau 'cyfeillgar'/di-bwyntiau.

* clybiau'r chwaraewyr gyda manylion eu gemau mewn cynghreiriau cenedlaethol yn unig, cyfnodau ar fenthyg mewn italig (*af*), a dosbarthiad capiau fesul clwb;

* prif fedalau ac anrhydeddau.

Defnyddir y gair *cap* i gyfleu ymddangosiad ar y maes rhyngwladol, er nad yw chwaraewyr bellach yn derbyn cap unigol am bob gêm. Gemau answyddogol yw'r gemau chwaraewyd yn ystod yr Ail Ryfel Byd.

Cyfeiria FAW at Gymdeithas Bêl-droed Cymru a'r PFA at gymdeithas y Pêl-droedwyr Proffesiynol. Cyfeiria Penc. Prydain at Bencampwriaeth gwledydd Prydain ddaeth i ben yn 1984.

Defnyddir y termau canlynol wrth gyfeirio at yr adrannau gwahanol yn strwythur clybiau Lloegr:

1921-58

Yr Adran Gyntaf	(First Division)
Yr Ail Adran	(Second Division)
Y Drydedd Adran	(Third Division)

1958-92

Yr Adran Gyntaf	(First Division)
Yr Ail Adran	(Second Division)
Y Drydedd Adran	(Third Division)
Y Bedwaredd Adran	(Fourth Division)

1992-2004

Uwchgynghrair	(Premiership)
Adran 1	(League 1)
Adran 2	(League 2)
Adran 3	(League 3)

2004-16

Uwchgynghrair	(Premiership)
Y Bencampwriaeth	(Championship)
Adran 1	(League 1)
Adran 2	(League 2)

Y lefel nesaf yn y pyramid yw'r Gyngres (Conference), a enwyd yn Gynghrair Genedlaethol (Lloegr) yn 2015, a dyma gartref Wrecsam ers 2008.

Gwnaed pob ymdrech i sicrhau fod yr ystadegau yn gywir hyd at 6 Gorffennaf 2016.

Diolchiadau

Rhaid imi ddiolch i nifer o bobl am eu cymorth ymarferol a'u cefnogaeth bersonol: Cledwyn Ashford, Gwyn Davies (perthynas i Ken Leek), Lyn Ebenezer, Carys Evans ac Eilir Evans o Lyfrgell Genedlaethol Cymru, Glyn Evans, Penri Roberts a Ceri Stennett; Lefi, Garmon a staff Y Lolfa; a fy ngwraig Shelagh am warchod ac am deipio'r llawysgrif.

Mark Aizlewood
Amddiffynnwr/canol y cae

Ganed: 1 Hydref 1959, Casnewydd
Cartref: Ringland, Casnewydd

Brawd i Steve – Casnewydd, Swindon a Portsmouth/483 o gemau cynghrair, 41 gôl/5 cap dan 23 oed/Bu farw 2013

Gwobr Dysgwr Cymraeg y Flwyddyn 1996

Gradd o Brifysgol Casnewydd 2008

Amddiffyn fy hun (2009)

Cymru: 1986-94
Cap cyntaf: Gêm **398**, 26 oed; **Cap olaf:** Gêm **458**, 35 oed
39 cap (posibl 61); Gemau llawn 34; Eilyddiwyd 2; Ymlaen fel eilydd 3
Ennill 18; Cyfartal 7; Colli 14; Cwpan y Byd 9; Penc. Ewrop 9; *Eraill* 21; Dan 21 oed 2 gap

Clybiau:
636 o gemau cynghrair, 24 gôl

1977-78	Casnewydd	38 gêm	1 gôl	
1978-82	Luton T	98 gêm	3 gôl	
1982-87	Charlton Ath	152 gêm	9 gôl	(4 cap)
1987-89	Leeds U	70 gêm	3 gôl	(9 cap)
1989-90	Bradford C	39 gêm	1 gôl	(4 cap)
1990-93	Bristol C	101 gêm	3 gôl	(21 cap)
1993-95	Caerdydd	39 gêm	3 gôl	(1 cap)
1995	Merthyr T			
1996-97	Aberystwyth	30 gêm	1 gôl	
1997-02	Cwmbrân	69 gêm		
Rheolwr				
2012-16	Caerfyrddin			

Medalau, ac ati
- Yr Ail Adran 1982
- Aelod o dîm adrannol y flwyddyn PFA 1986

Cystadleuol a dadleuol
Dyma chwaraewr cystadleuol ac amryddawn, a'r balchder yn amlwg wrth iddo wisgo crys Cymru, un ai fel cefnwr chwith, yng nghanol y cae neu yn ei hoff safle yng nghanol yr amddiffyn. Dyma hefyd gymeriad dadleuol dynnodd flewyn o sawl trwyn yn ystod ei yrfa ac fe gollodd amryw o swyddi oherwydd hynny, a ddim bob tro yn deg. Wedi iddo ymddeol fe

gyfrannodd Mark i'r cyfryngau yn y ddwy iaith, bu'n cynnal cyrsiau hyfforddi, yn hyfforddi tîm dan 16 oed Cymru, Merthyr, a Chaer (Chester C) pan oedd ei gyfaill **Ian Rush** yn rheolwr, 2004-05.

* Roedd Mark mor gystadleuol roedd colli ffeinal Cwpan Cymru yn 1994 (Caerdydd – 1, Y Barri – 2) yn ei gywilyddio gymaint nes iddo daflu ei fedal i'r dorf, a phan dechreuodd ddysgu Cymraeg doedd dim methu i fod.

Ivor Allchurch
Mewnwr

Ganed: 16 Rhagfyr 1929, Abertawe (Ivor John Allchurch)
Cartref: Plas-marl, Abertawe
Bu farw: 10 Gorffennaf 1997, Abertawe, 67 oed

Brawd i **Len Allchurch**

Ivor Allchurch MBE (1998)

Cymru v Portiwgal (Gêm **190**)
Rhes gefn: Ray Daniel, Roy Paul, Ivor Allchurch, Iori Hughes, Ron Burgess, Alf Sherwood
Rhes flaen: Mal Griffiths, Noel Kinsey, Walley Barnes, Trevor Ford, Roy Clarke
Atgynhyrchwyd drwy garedigrwydd Llyfrgell Genedlaethol Cymru

Cymru: 1950-66

Cap cyntaf: Gêm **188**, 20 oed; **Cap olaf:** Gêm **272**, 36 oed

68 cap (posibl 85); 4 yn gapten; 23 gôl; Gemau llawn 68

Ennill 19; Cyfartal 15; Colli 34; Cwpan y Byd 16 – 10 gôl [Sweden 1958 = 5 gêm, 2 gôl]

Penc. Ewrop 2; Penc. Prydain 34 – 7 gôl; *Eraill* 16 – 6 gôl

Y Cymro cyntaf i ennill 50 cap

Clybiau

691 o gemau cynghrair, 249 gôl

1947-58	Abertawe	327 gêm	124 gôl	(35 cap)
1958-62	Newcastle U	143 gêm	46 gôl	(14 cap)
1962-65	Caerdydd	103 gêm	39 gôl	(12 cap)
1965-68	Abertawe	118 gêm	40 gôl	(7 cap)
1968-69	Worcester C			
1969-73	Hwlffordd			
1974-80	Pontardawe			

Cyfanswm o 164 o goliau cynghrair i Abertawe, sy'n record i'r clwb

Medalau, ac ati

- Cwpan Cymru 1950, 1964, 1965 a 1966
- Personoliaeth Chwaraeon y Flwyddyn Cymru 1962
- MBE 1966
- Aelod o Oriel Anfarwolion Chwaraeon Cymru 1995
- Gwobr Arbennig Cymdeithas Bêl-droed Cymru 1995
- Un o'r 100 Chwaraewr Chwedlonol ddewiswyd i ddathlu canmlwyddiant Cynghrair Lloegr 1998
- Y chwaraewr gorau erioed i wisgo crys Abertawe ym marn y cefnogwyr yng nghylchgrawn *FourFourTwo*, Ebrill 2005
- Aelod o Oriel Anfarwolion yr Amgueddfa Bêl-droed 2015
- Aelod o Oriel Anfarwolion Abertawe 2012

Yr Athrylith Penfelyn

Unwaith yr enillodd Ivor ei gap cyntaf bu'n gwisgo crys rhif 10 Cymru am 27 gêm yn olynol, nes i anaf ei gadw allan trwy gydol 1957. Mae'n arwyddocaol fod Ivor yn absennol o gemau rhagbrofol Cwpan y Byd 1958 pan gollodd Cymru'r gemau oddi cartref. Mor gynnar â 1952 roedd y cylchgrawn *Football Monthly* wedi cynnwys Ivor yn nhîm y tymor fel y mewnwr chwith (rhif 10) gorau yng Nghynghrair Lloegr. Yn 1958 gwelodd y byd Ivor ar ei orau yn rowndiau terfynol Cwpan y Byd a neb llai na Senor Bernabeu o Real Madrid yn gofyn am lofnod 'y mewnwr gorau yn y byd'. Yn ei lyfr *The Complete Book of the World Cup* (1998) disgrifiodd Cris Freddi gôl foli ryfeddol Ivor yn erbyn Hwngari (**228**) fel 'efallai'r ergyd orau welwyd erioed yng Nghwpan y Byd'. Yn 2006 roedd y gôl honno yn rhif 28 ar restr rhaglen ar Channel Five o'r goliau gorau erioed yng Nghwpan y Byd. Bu sôn fod clybiau o'r Adran Gyntaf yn llygadu Ivor trwy gydol y 1950au a bod yr Eidalwyr yn bwriadu ei wylio yn Belfast yn 1957 (**215**), ond roedd Ivor yn absennol ac fe ganolbwyntiodd yr Eidalwyr eu sylw ar **John Charles**. Roedd Ivor yn tynnu at 29 oed pan adawodd y Vetch am Newcastle yn yr Adran Gyntaf ac fe enillodd ei le yng nghalonnau'r Geordies ar unwaith gyda dwy gôl yn eu gêm gyntaf. Roedd yn agos i 30,000 ar Barc Ninian yn 1962 i weld Ivor yn dychwelyd i Gymru (yn erbyn Newcastle!) a bu'n brif sgoriwr yng Nghaerdydd fel y bu yn Abertawe ac yn Newcastle. Daliodd Ivor ati i chwarae nes ei fod yn 50 oed – oherwydd ei fod yn mwynhau chwarae.

*   Aer y Vetch a'r puraf ŵr, – yw i'r cof,
          Crëwr celf, bonheddwr,
      Yr awen mewn chwaraewr
      Roddai wefr, cerddai ar ddŵr.

Jon Meirion Jones, Y Faner Newydd, Haf 1998

Len Allchurch
Asgellwr

Ganed: 12 Medi 1933, Abertawe (Leonard Allchurch)
Cartref: Plas-marl, Abertawe
Bu farw: 16 Tachwedd 2016, Abertawe, 83 oed

Brawd i **Ivor Allchurch**

Cymru: 1955-63
Cap cyntaf: Gêm **208**, 21 oed; **Cap olaf:** Gêm **254**, 30 oed
11 cap (posibl 47); Ennill 4; Cyfartal 2; Colli 5
Cwpan y Byd 2; Penc. Prydain 7; *Eraill* 2

8 gêm yn yr un tîm â'i frawd Ivor

Clybiau
601 o gemau cynghrair, 108 gôl

1950-61	Abertawe	276 gêm	49 gôl	(7 cap)
1961-65	Sheffield U	123 gêm	32 gôl	(4 cap)
1965-69	Stockport Co	131 gêm	16 gôl	
1969-71	Abertawe	71 gêm	11 gôl	
	Hwlffordd			

Y trydydd Cymro i chwarae 600 o gemau (yn dilyn ei frawd Ivor a Billy Meredith)

Medalau, ac ati

- Victory Shield 1949 (dan 16 oed) – Aelod o'r unig dîm Cymreig i ennill y gystadleuaeth, nes i dîm 2014 ailadrodd y llwyddiant
- Y Bedwaredd Adran 1967
- Gwobr Arbennig Cymdeithas Bêl-droed Cymru 2005
- Aelod o Oriel Anfarwolion Abertawe 2013

'Lledrithiol'

Roedd Len yn un o'r asgellwyr gorau yng Nghynghrair Lloegr o ganol y 1950au i ganol y 1960au a daliodd ei dir yn yr Adran Gyntaf gyda Sheffield Utd. Er hynny 11 cap yn unig a enillodd ac arhosodd Len gartref yn ystod Cwpan y Byd 1958 fel un o'r chwaraewyr wrth gefn. Y rheswm am hynny oedd ei fod yn cydoesi ag asgellwyr Tottenham H, **Cliff Jones** a **Terry Medwin**. Ar ôl ymddeol fe fuodd yn cadw gwesty yn y Mwmbwls ac yna siop dillad lledr yn Nhreforus.

* Len Allchurch, yr athrylith lledrithiol, yn dawnsio tuag atom ar yr asgell – 'roeddem ni'n colli o tua naw i ddim, os cofiaf yn iawn – a chyda help un neu ddau arall fe'i gwesgais i ac Ifor e' i fewn i'r gornel eithaf, yn y chwarter cylch bach hwnnw wrth y fflag gornel. Ond fe ddaeth ma's, do myn yffarn i fe ddaeth ma's, fel petai'r bêl wedi ei sticio wrth gareiau ei esgid, a'n gadael ni i gyd fel 'sgadan ar bennau ein gilydd. Colli neu beidio, mae'n rhaid codi cap i rywbeth fel yna. – Dic Jones, *Os hoffech wybod* (1989)

Bryn Allen
Mewnwr

Ganed: 23 Mawrth 1921, Gilfach Goch (Brynley William Allen)
Bu farw: 21 Gorffennaf 2005, Gilfach Goch, 84 oed

Cymru: 1950
Cap cyntaf: Gêm **187**, 29 oed; **Cap olaf:** Gêm **188**, 29 oed
2 gap (posibl 2); Colli 2; Penc. Prydain 2

Clybiau
198 o gemau cynghrair, 67 gôl

	Gilfach Welfare		
	Abertawe		
1945-47	Caerdydd	41 gêm	17 gôl
1947-48	Casnewydd	26 gêm	8 gôl
1948-49	Caerdydd	17 gêm	4 gôl
1949-50	Reading	26 gêm	12 gôl

1950-52	Coventry C	88 gêm	26 gôl	(2 gap)
	Merthyr T			
	Henffordd			
	Y Barri			
	Hwlffordd			

Medalau, ac ati

* Y Drydedd Adran (De) 1947
* Cwpan Cymru 1955 (gyda'r Barri)

Tipyn o grwydryn

Roedd Bryn wedi gweithio fel glöwr ac wedi bod ar lyfrau Abertawe pan ddaeth yr Ail Ryfel Byd i amharu ar ei yrfa. Ar ôl gwasanaethu yn y Llynges ymunodd Bryn â Chaerdydd a chwaraeodd ran flaenllaw pan enillwyd dyrchafiad i'r Ail Adran yn 1947. Wedi dim ond dwy gêm ar ddechrau'r tymor nesaf dechreuodd Bryn ar ei deithiau. Ymddengys iddo ymgartrefu'n well wedi iddo gael ei anfon i Coventry. Dychwelodd Bryn i Gilfach Goch lle bu'n gweithio fel postmon.

* Dyma ddywedodd un o'i gyd–chwaraewyr yng Nghaerdydd, Ken Hollyman, am Bryn yn nhymor 1946-47: 'Roedd Bryn yn eithriadol. Ein **Ivor Allchurch** ni, mewnwr ardderchog allai sgorio goliau'.

Joe Allen
Canol y cae

Ganed: 14 Mawrth 1990, Caerfyrddin (Joseph Michael Allen)
Cartref: Arberth

Brawd i Harry – aelod o dîm byddar Cymru

Cymru: 2009-16

Cap cyntaf: Gêm **570**, 19 oed; **Cap diweddaraf:** Gêm **630**, 26 oed
31 cap (posibl 61); 1 yn gapten; Gemau llawn 20; Eilyddiwyd 7; Ymlaen fel eilydd 4
Ennill 15; Cyfartal 4; Colli 12; Cwpan y Byd 3; Penc. Ewrop 13 [Ffrainc 2016 = 6 gêm]; *Eraill* 15
Dan 21 oed 14 cap – 2 gôl; Tîm Olympaidd Prydain 2012 5 gêm

Clybiau
219 o gemau cynghrair, 11gôl

2007-12	Abertawe	128 gêm	7 gôl	(8 cap)
2008	*Wrecsam af*			
2012-16	Lerpwl	91 gêm	4 gôl	(23 cap)
2016	Stoke C			

Medalau, ac ati

- Chwaraewr y Flwyddyn Cymru 2012
- Chwaraewr Clwb y Flwyddyn Cymru 2012
- Enillydd gemau ail gyfle'r Bencampwriaeth 2011
- Llywydd y Dydd, Eisteddfod yr Urdd, Abertawe a'r Fro 2011
- Aelod o'r tîm ddewiswyd gan UEFA o'r goreuon yn nhwrnamaint Ewro 2016

Y glud yn y tîm

Datblygwyd talentau Joe yn Abertawe gan ddau hyfforddwr o fri, Roberto (El Gaffer) Martinez ac **Alan Curtis**, a phan gafodd gyfle cynnar ym mis Awst 2007 ni siomwyd yr hyfforddwyr na'r cefnogwyr. Joe oedd seren y gêm yng Nghwpan Cynghrair Lloegr ac o fewn dyddiau fe gafodd ei gap cyntaf dan 21 oed, a sgorio'r gôl enillodd y gêm yn Sweden. Bu'n rhaid i Joe aros yn amyneddgar tan fis Rhagfyr 2008, pan gafodd Ferrie Bodde ei anafu, cyn cael rhediad o bwys yn nhîm Abertawe, a dilynodd ei gap llawn cyntaf ar ddiwedd y tymor. Sefydlodd Joe ei le yn nhîm Cymru yn 2011, wedi i'r Elyrch ennill dyrchafiad i Uwchgynghrair Lloegr, a gydag anafiadau i **Joe Ledley**, **Andy King** a **Jack Collison**, fe gymerodd Joe ei gyfle cyntaf i ddechrau, yng ngemau olaf **Gary Speed** wrth y llyw. Ym mis Awst 2012 dilynodd Joe ei gyn-reolwr Brendan Rodgers o'r Liberty i Lerpwl am £15 miliwn, swm oedd yn chwalu dwy record – y Cymro drutaf erioed (nes i **Gareth Bale** gael dweud ei ddweud!), a'r swm uchaf dderbyniodd Abertawe erioed, tipyn mwy na'r £2 filiwn dalodd Wigan am Jason Scotland. Profodd y swm yn faen melin i Joe gyda'r cefnogwyr yn disgwyl mwy o goliau gan y Xavi Cymreig, fel galwodd Rodgers ef. [Xavi = chwaraewr canol y cae chwedlonol Barcelona a Sbaen]. Gorffennodd Lerpwl yn ail yn Uwchgynghrair Lloegr yn 2014 ond erbyn Hydref 2015 roedd Rodgers wedi cael y sac ac fe'i holynwyd gan Jurgen Klopp. Daeth gemau'n brinnach i Joe dan Klopp wrth i'r rheolwr newydd newid ei dîm a'i gapteniaid – yn Ionawr 2016 Joe oedd ei seithfed capten (yn y gêm yng Nghwpan FA Lloegr yn erbyn West Ham). Cafodd Joe nifer o anafiadau ar ôl iddo symud i Lerpwl ac fe gollodd hanner gemau rhagbrofol Ewro 2016. Serch hynny roedd ei gyfraniad i'n llwyddiant yn enfawr – Joe yw'r glud yn y tîm meddai'r rheolwr **Chris Coleman** wedi'r fuddugoliaeth fawr yn Israel ym mis Mawrth 2015. Ac fe gofir yn hir y frwydr yng nghanol y cae yng Ngwlad Belg pan wynebai Joe'r cawr Fellaini (5' 6'' yn erbyn 6' 4''!), a chael penelin yn ei drwyn am ei drafferth. Yn absenoldeb **Aaron Ramsey** a Bale yn yr Wcráin ar ddydd Llun y Pasg 2016 gwelwyd Joe yn cymryd cyfrifoldeb ac ef oedd seren y gêm wrth iddo reoli canol y cae, gyda Coleman yn ei ganmol i'r cymylau. Camodd Joe yn uwch fyth yn Ffrainc ac yn erbyn Slofacia yn Bordeaux (**625**) fe gafodd ei enwi'n seren y gêm gan UEFA.

* Sgoriodd Joe ei gôl gyntaf yng Nghynghrair Lloegr i Abertawe yn erbyn Caerdydd ar 5 Ebrill 2009 – y Cymro olaf i sgorio gôl gynghrair yn hen stadiwm enwog Parc Ninian.

Malcolm Allen
Blaenwr

Ganed: 21 Mawrth 1967, Bangor
Cartref: Deiniolen

Malcolm Allen (2009)

Brawd i Gavin – Tranmere R, Stockport Co, Aberystwyth, Bangor, Caerfyrddin, Y Barri, Caernarfon/256 o gemau cynghrair, 113 gôl/1 cap Dan 21 oed

Cymru: 1986-93
Cap cyntaf: Gêm **398**, 18 oed; **Cap olaf:** Gêm **451**, 26 oed
14 cap (posibl 54); 3 gôl; Gemau llawn 4; Eilyddiwyd 2; Ymlaen fel eilydd 8
Ennill 3; Cyfartal 2; Colli 9; Cwpan y Byd 3 – 1 gôl; Penc. Ewrop 1; *Eraill* 10 – 2 gôl; B 1 cap

Clybiau
172 o gemau cynghrair, 44 gôl

	Deiniolen			
	Caernarfon			
	Bangor			
1983-88	Watford	39 gêm	5 gôl	(3 chap)
1987	*Aston Villa af*	4 gêm		
1988-90	Norwich C	35 gêm	8 gôl	(3 chap)
1990-93	Millwall	81 gêm	24 gôl	(7 cap)
1993-96	Newcastle U	10 gêm	5 gôl	(1 cap)
1997	Aberystwyth	3 gêm	2 gôl	
1997	Stevenage B			

Medalau, ac ati
- Aelod o Orsedd y Beirdd 2013 (Mab y Mynydd)
- Llywydd y Dydd, Eisteddfod yr Urdd, Eryri, 7 Mehefin 2012

Pen bandit y pyndits
Bu'n rhaid i Malcolm ddod i arfer â theithio yn ifanc. Wedi treial aflwyddiannus gyda Manchester U fe ymunodd Malcolm â Watford bell yn 16 oed, ac yn 18 oed enillodd ei gap cyntaf yn Saudi Arabia, ei ail a'i drydydd yng Nghanada, a'i bedwerydd yn Israel. Fe fuodd rhai o'r gemau hyn yn absenoldeb **Ian Rush** a/neu **Mark Hughes** ond pan gafodd ei gyfle fe sgoriodd Malcolm goliau llesmeiriol, fel yr un yn Israel (**416**) a'r un yn yr Almaen (**421**) pan syfrdanodd y tîm cartref wedi dim ond 10 munud o chwarae. Rhaid sôn hefyd am ei bedair gôl i Norwich yn erbyn Sutton yng Nghwpan FA Lloegr yn 1989 a'i gôl wych i Aberystwyth yn erbyn Cei Connah yn 1997. Roedd ymuno â Kevin Kegan yn Newcastle yn Uwchgynghrair

Lloegr yn symudiad mawr i Malcolm, ond trodd y freuddwyd yn hunllef gydag anaf cas i'w ben-glin a'i gorfododd i ymddeol fel chwaraewr proffesiynol yn 28 oed. Wedi cyfnod anodd ailddyfeisiodd Malcolm ei hun fel pyndit a sylwebydd, yn bennaf ar S4C a Radio Cymru, a dyna fe'n ôl yn teithio, y tro hwn ar hyd meysydd clybiau Cymru.

* Disgrifiwyd hunangofiant Malcolm fel un emosiynol a gonest wrth iddo sôn sut yr oedd wedi ildio i demtasiynau gamblo a 'mynd ar sbri', h.y. alcohol. Costiodd hynny'n ddrud iddo pan gollodd ei swydd ddelfrydol fel Swyddog Datblygu Pêl-droed yng Ngwynedd.

Billy Baker
Hanerwr chwith

Ganed: 3 Hydref 1920, Penrhiw-ceibr (William George Baker)
Bu farw: 11 Chwefror 2005, Caerdydd, 84 oed

Cymru: 1948
Unig gap: Gêm **176**, 27 oed
Gêm lawn 1; Ennill 1; Penc. Prydain 1

Clybiau
312 o gemau cynghrair, 5 gôl

	Troed-y-rhiw			
1938-55	Caerdydd	292 gêm	5 gôl	(1 cap)
1955-57	Ipswich T	20 gêm		
1957-59	Ton Pentre			

Medalau, ac ati
• Y Drydedd Adran (De) 1947

Carcharor rhyfel
Roedd Billy yn un o chwaraewyr gorau Caerdydd yn y blynyddoedd wedi'r Ail Ryfel Byd, a haeddai fwy nag un cap, ond chwaraeai Billy yn yr un safle â **Ron Burgess** a dwy gêm ryngwladol yn unig fethodd Burgess mewn wyth tymor. Yn ystod y Rhyfel cafodd Billy ei ddal ar ynys Java a chadwyd ef yn garcharor gan y Siapaneaid am yn agos i bedair blynedd. Daeth Billy nôl o hynny i gynorthwyo'r Adar Glas i godi o'r Drydedd Adran i'r Gyntaf. Ar ôl ymddeol bu'n gweithio i'r gwasanaeth ambiwlans yn y de. Cyn y Rhyfel roedd wedi bod yn löwr.

* Billy oedd yr unig un i chwarae i Gaerdydd cyn ac ar ôl y Rhyfel a phan fu farw beirniadwyd y clwb am beidio â threfnu munud o dawelwch i goffáu un o'i fawrion.

Colin Baker
Hanerwr

Ganed: 18 Rhagfyr 1934, Caerdydd (Colin Walter Baker)
Cartref: Tremorfa, Caerdydd

Cymru: 1958-61
Cap cyntaf: Gêm **226**, 23oed; **Cap olaf:** Gêm **244**, 26 oed; 7 cap (posibl 19)
Gemau llawn 7; Ennill 3; Cyfartal 2; Colli 2; Cwpan y Byd 1 [Sweden 1958 = 1 gêm]
Penc. Prydain 5; *Eraill* 1; Dan 23 oed 1 cap

Clybiau
298 o gemau cynghrair, 18 gôl

	Cardiff Nomads			
1953-66	Caerdydd	298 gêm	18 gôl	(7 cap)

Medalau, ac ati
• Cwpan Cymru 1956, 1959, 1964, 1965

Gŵr ei filltir sgwâr
Roedd Colin ar ben ei ddigon pan gafodd ei ddewis i fynd i Gwpan y Byd 1958, ond roedd hynny ar draul **Alan Harrington**, hefyd o glwb Caerdydd, oedd wedi cael anaf. Yn annisgwyl hefyd enillodd Colin ei gap cyntaf yn Sweden, oherwydd fod un arall o chwaraewyr Caerdydd, **Derrick Sullivan**, wedi'i anafu yn ein gêm gyntaf yno. Arhosodd Colin yng Nghaerdydd trwy gydol ei yrfa ac wedi iddo orffen chwarae arhosodd ym Mharc Ninian i redeg loteri'r clwb (gyda **Derek Tapscott**) cyn symud i weithio yn llysoedd barn y brifddinas.

* Colin oedd y chwaraewr cyntaf o glwb Caerdydd i gael ei eilyddio yn dilyn caniatáu eilyddion yn Awst 1965.

Gareth Bale
Athrylith/chwaraewr druta'r byd

Ganed: 16 Gorffennaf 1989, Caerdydd (Gareth Frank Bale)
Cartref: Yr Eglwys Newydd

Nai i Chris Pike – Y Barri, Fulham, Caerdydd, Henffordd (Hereford U), Gillingham, Cwmbrân, Pen-y-bont ar Ogwr, Rhaeadr Gwy, a Llanelli/396 o gemau cynghrair, 152 gôl

Gareth Bale: The Biography (2011)
Gareth Bale: The Boy who became a Galactico (2015)

Cymru: 2006-16

Cap cyntaf: Gêm **538**, 16 mlwydd a 315 diwrnod oed

Cap diweddaraf: Gêm **630**, 26 oed; 61 cap (posibl 93); 22 gôl, 2 o'r smotyn

Gemau llawn 44; Eilyddiwyd 14; Ymlaen fel eilydd 3

Ennill 30; Cyfartal 4; Colli 27 Cwpan y Byd 15 – 4 gôl;

Penc. Ewrop 31 – 15 gôl [Ffrainc 2016 = 6 gêm, 3 gôl]; *Eraill* 15 – 3 gôl; Dan 21 oed 4 cap

Clybiau

267 o gemau cynghrair, 94 gôl

2006-07	Southampton	40 gêm	5 gôl	(6 chap)
2007-13	Tottenham H	146 gêm	42 gôl	(35 cap)
2013-16	Real Madrid	81 gêm	47 gôl	(20 cap)

Medalau, ac ati

- Gwobr Carwyn James 2006
- Chwaraewr Ifanc y Flwyddyn Cymru 2007
- Chwaraewr y Flwyddyn Cymru 2010, 2011, 2013, 2014, 2015 a 2016
- Personoliaeth Chwaraeon y Flwyddyn Cymru 2010
- Chwaraewr Ifanc y Flwyddyn PFA 2013
- Chwaraewr y Flwyddyn PFA 2011 a 2013
- Chwaraewr y Flwyddyn y Gohebwyr Pêl–droed 2013
- Aelod o dîm adrannol y flwyddyn PFA 2007, 2011, 2012 a 2013
- Aelod o dîm y flwyddyn UEFA 2011 a 2013
- Cynghrair y Pencampwyr 2014 a 2016
- Copa del Rey [Cwpan Sbaen] 2014
- Cwpan Clwb y Byd FIFA 2014
- Cwpan Super Cup UEFA 2014 (yng Nghaerdydd)
- Aelod o'r tîm ddewiswyd gan UEFA o'r goreuon yng ngemau rhagbrofol Ewro 2016

Trysor cenedlaethol

O fewn cyfnod o chwe mis yn 2006 fe chwaraeodd Gareth ei gêm gyntaf i Southampton; enillodd ei gap cyntaf dan 21 oed (oedd yn ddyrchafiad o'r tîm dan 17 oed); enillodd ei gap cyntaf i dîm hŷn Cymru, a dim ond **Harry Wilson** sydd wedi bod yn iau na Gareth; sgoriodd ei gôl gyntaf i Southampton; ac fe sgoriodd ei gôl gyntaf i Gymru yn erbyn Slofacia (**542**), ein sgoriwr ieuengaf erioed. Doedd hi ddim yn syndod o gwbl fod Tottenham H yn fodlon talu hyd at £10 miliwn amdano ac yntau'n dal yn ddim ond 17 oed. (Talodd Tottenham £5 miliwn yn syth a £2 filiwn arall yn 2008 er mwyn osgoi talu £5 miliwn pellach yn y dyfodol wedi ei seilio ar nifer gemau, ac ati). Bu Gareth yn ddewis cyntaf i Gymru ers 2006 ond nid felly yn Tottenham lle sefydlodd record newydd yn Uwchgynghrair Lloegr o 24 o gemau heb brofi buddugoliaeth (Awst 2007 – Medi 2009). Daeth Gareth i oed fel chwaraewr yn Tottenham yn nhymor 2009-10 pan gafodd ei gyfle yn dilyn anaf i Assou–Ekotto. Y cam nesaf yn ei

© David Rawcliffe (Propaganda Photo)

ddatblygiad oedd symud o safle'r cefnwr chwith, lle roedd amheuaeth am ei allu amddiffynnol, i chwarae ar y chwith yng nghanol y cae. Daeth Gareth i sylw'r byd ym mis Hydref 2010 pan boenydiodd Maicon, cefnwr de Inter Milan ac un o'r goreuon yn y byd, yng Nghynghrair y Pencampwyr. Hatric Gareth yn y gêm honno oedd y cyntaf gan Gymro yn y gystadleuaeth. Cyrhaeddodd ei gyfnod yn Tottenham benllanw yn nhymor 2012-13 wrth iddo sgorio 21 gôl a sefydlu ei hun fel y chwaraewr gorau yn Uwchgynghrair Lloegr. Erbyn hynny Gareth oedd talisman tîm Cymru gyda thair gôl yn nhair gêm olaf **Gary Speed** wrth y llyw wrth i'r rheolwr gyflwyno deimensiwn newydd i chwarae Gareth trwy ei osod ar yr asgell dde. Yn gynnar yng nghyfnod **Chris Coleman** fe sgoriodd Gareth gôl fythgofiadwy i selio buddugoliaeth dros yr Alban (**598**), y perfformiad unigol gorau dros 90 munud gan Gymro yn ystod yr 20 mlynedd diwethaf, meddai'r *Western Mail,* 15 Hydref 2012. Ar 1 Medi 2013 symudodd Gareth i Real Madrid am 100·8 miliwn ewro/£85·3 miliwn – chwaraewr druta'r byd. (Yn 1957 awgrymodd y nofelydd Islwyn Ffowc Elis, erbyn 2033, y byddai pêl-droediwr gorau'r byd yn Gymro!). Coronodd Gareth dymor cyntaf gwych yn Sbaen gyda'r gôl fuddugol yn ffeinal y Copa del Rey ac fe sgoriodd eto yn ffeinal Cynghrair y Pencampwyr wrth i'r Los Blancos sicrhau'r La Decima, y degfed tro i'r clwb ennill prif gwpan Ewrop. Roedd ei gôl yn ffeinal y Copa del Rey yn gopi da iawn o'i gôl i Gymru yn erbyn Gwlad yr Iâ (**609**) ychydig wythnosau'n gynharach wrth iddo wibio lawr yr asgell a thros llinell yr ystlys i fynd heibio'r amddiffynnwr. Roedd Gareth ar dân yng ngemau rhagbrofol Ewro 2016, yn byrlymu o angerdd a balchder wrth iddo sgorio saith gôl yn y 10 gêm, yn ysbrydoli ei gyd-chwaraewyr a'r cefnogwyr, ac yn galw pawb at ei gilydd ar ddiwedd gêm ar gyfer y cwtsh. Dyma seren ddisgleiriaf y genhedlaeth euraid, yn wladgarwr ac yn archarwr – gyda Gareth roedd gobaith.

* Y mae gan Gareth droed chwith eithriadol ers pan oedd yn fachgen ysgol. Dyma beth ddywedodd Gwyn Morris, pennaeth addysg gorfforol yn Ysgol Uwchradd yr Eglwys Newydd, yn *Golwg,* 15 Chwefror 2007: 'Mewn gêm arferol roedd yn rhaid i ni ei gyfyngu i un cyffyrddiad o'r bêl, a doedd e ddim yn cael defnyddio ei droed chwith. Petaen ni heb greu'r rheolau hynny fe fyddai wedi rhedeg heibio i bawb. Dyna'r unig ffordd o gael gêm gyfartal pan oedd e'n chwarae.'

Darren Barnard
Cefnwr chwith/canol y cae

Ganed: 30 Tachwedd 1971, Rintein, Yr Almaen (Darren Sean Barnard)

Cymru: 1998-2004
Cap cyntaf: Gêm **478**, 26 oed; **Cap olaf:** Gêm **521**, 32 oed
22 cap (posibl 44) Gemau llawn 13; Eilyddiwyd 6; Ymlaen fel eilydd 3
Ennill 5; Cyfartal 7; Colli 10; Cwpan y Byd 4; Penc. Ewrop 11; *Eraill* 7

Capten tîm lled broffesiynol Cymru pan oedd ar lyfrau Aldershot

Clybiau
344 o gemau cynghrair, 49 gôl

	Wokingham T			
1990-94	Chelsea	29 gêm	2 gôl	
1994-95	*Reading af*	4 gêm		
1995-97	Bristol C	78 gêm	15 gôl	
1997-02	Barnsley	170 gêm	28 gôl	(16 cap)
2002-04	Grimsby T	63 gêm	4 gôl	(6 chap)
2004-07	Aldershot T			
2007-10	Camberley T			
Rheolwr				
2010-12	Camberley T			

Y chwerw a'r bisâr
Wedi iddo ennill 8 cap dywedwyd wrth Darren nad oedd yn gymwys i chwarae i Gymru oherwydd fod ei ddau riant yn Saeson. Wrth lwc cafodd ganiatâd i barhau â'i yrfa ryngwladol ond er ei fod yn gefnwr chwith digon atebol oedd yn creu nifer o goliau gyda'i groesiadau celfydd, gwelodd ei grys rhif 3 yn cael ei roi i chwaraewr canol y cae, **Gary Speed**. Yn 2002 cafodd Darren a thua 700 o chwaraewyr proffesiynol eraill eu taflu ar y clwt gan eu clybiau wedi cwymp ITV Digital.

* Bu Darren yn segur am 4 mis yn 1990 wedi iddo anafu ei figwrn wrth lithro ar bwll o ddŵr adawyd ar lawr y gegin gan ei gi Zac – anaf sy'n ymddangos yn aml mewn rhestrau o anafiadau bisâr ym myd chwaraeon.

Walley Barnes
Cefnwr

Ganed: 16 Ionawr 1920, Aberhonddu
Bu farw: 4 Medi 1975, Llundain, 55 oed

Captain of Wales (1953 – ailargraffwyd 2012)

Cymru: 1947-54
Cap cyntaf: Gêm **174**, 27 oed; **Cap olaf:** Gêm **206**, 34 oed
22 cap (posibl 33); 19 yn gapten; 1 gôl; Gemau llawn 22; Ennill 9; Cyfartal 3; Colli 10
Cwpan y Byd 5; Penc. Prydain 13 – 1 gôl; *Eraill* 4

Clybiau
267 o gemau cynghrair, 11gôl

	Portsmouth			
	Southampton			
1943-56	Arsenal	267 gêm	11 gôl	(22 cap)

Rheolwr

1967-70	Highlands Park, Johannesburg

Medalau, ac ati
* Yr Adran Gyntaf 1948
* Cwpan FA Lloegr 1950

Capten o fri
Ar hap a damwain y ganed Walley yn Gymro yn ystod gwasanaeth milwrol ei dad yn Aberhonddu – yr unig aelod o'r teulu i gael ei eni yng Nghymru. Serch hynny bu'n gapten craff a balch ar Gymru am chwe blynedd pan oedd y capten yn gyfrifol am y tactegau. Chwaraeodd Walley hanner ei gemau rhyngwladol ar Barc Ninian, a gymaint oedd y parch tuag ato fe gafodd ofal y tîm cenedlaethol am rai gemau yn y 1955au, cyn Jimmy Murphy sy'n cael ei gydnabod fel ein rheolwr cyntaf. Cafodd Walley anaf difrifol yn ffeinal Cwpan FA Lloegr yn 1952 (cyn dyddiau eilyddion) olygodd iddo golli tymor 1952-53 yn llwyr ac felly golli'r cyfle i ennill ail fedal Pencampwriaeth yr Adran Gyntaf. £15 yr wythnos oedd y cyflog mwyaf enillodd Walley fel chwaraewr, felly mae'n hawdd deall pam fod ganddo ddwy siop nwyddau chwaraeon yn Llundain. Ym mis Ebrill 1976 chwaraewyd gêm dysteb rhwng Arsenal a Chymru er budd ei deulu.

* Ar ôl ymddeol yn 1956 bu'u sylwebydd yn nyddiau cynnar pêl-droed ar y teledu yn cynnwys rhaglen gyntaf erioed *Match of the Day* yn 1964 ac fel ail lais i Kenneth ('They think it's all over') Wolstenholme yng ngemau Cwpan y Byd 1966.

Craig Bellamy
Blaenwr

Ganed: 13 Gorffennaf 1979, Caerdydd (Craig Douglas Bellamy)
Cartrefi: Sblot a Trowbridge
Craig Bellamy: Good Fella (2013)

Cymru: 1998-2013
Cap cyntaf: Gêm **478**, 18 oed; **Cap olaf:** Gêm **607**, 34 oed
78 cap (posibl 130); 16 yn gapten; 19 gôl
Gemau llawn 52; Eilyddiwyd 16; Ymlaen fel eilydd 9; Cerdyn coch 1 (**493**)
Ennill 26; Cyfartal 16; Colli 36; Cwpan y Byd 23 – 2 gôl; Penc. Ewrop 24 – 6 gôl
Eraill 31 – 11 gôl; Dan 21 oed 8 cap, 1 gôl; Tîm Olympaidd Prydain 2012, 5 gêm, 1 gôl

Clybiau
458 o gemau cynghrair, 134 gôl

	Bristol R			
1997-00	Norwich C	84 gêm	32 gôl	(9 cap)
2000-01	Coventry C	34 gêm	6 gôl	(3 chap)
2001-05	Newcastle U	93 gêm	27 gôl	(21 cap)
2005	*Glasgow Celtic af*	12 gêm	7 gôl	
2005-06	Blackburn R	27 gêm	13 gôl	(2 gap)
2006-07	Lerpwl	27 gêm	7 gôl	(11 cap)
2007-09	West Ham U	24 gêm	7 gôl	(8 gap)
2009-11	Manchester C	40 gêm	13 gôl	(9 cap)
2010-11	*Caerdydd af*	35 gêm	11 gôl	
2011-12	Lerpwl	27 gêm	6 gôl	(6 chap)
2012-14	Caerdydd	90 gêm	16 gôl	(9 cap)

Craig oedd y chwaraewr cyntaf i sgorio dros saith clwb gwahanol yn Uwchgynghrair Lloegr

Medalau, ac ati
- Chwaraewr Ifanc y Flwyddyn Cymru 1998
- Chwaraewr y Flwyddyn Cymru 2007
- Chwaraewr Ifanc y Flwyddyn PFA 2002
- Cwpan yr Alban 2005
- Cwpan Cynghrair Lloegr 2012
- Y Bencampwriaeth 2013

Er gwaethaf pawb a phopeth – a fe'i hun
Fuodd Craig erioed yn brin o hunan-hyder, yn ennill ei gap cyntaf dan 21 oed pan oedd yn

16, ac unwaith iddo ennill ei gap llawn doedd e ddim yn disgwyl mynd nôl i'r tîm iau! Yn 1998 fe ddioddefodd Craig anaf difrifol i'w ben-glin mewn tacl gan Kevin Muscatt, Wolves, ac fe gafodd un llaw-driniaeth ar ôl y llall trwy gydol ei yrfa. Ond ni rwystrodd hynny i un clwb ar ôl y llall dalu cyfanswm o £45 miliwn am y chwaraewr gyda'r cyflymder trydanol – a thalu am ei driniaethau meddygol. Credai Newcastle y gallent wahardd Craig rhag hedfan i Helsinki yn 2002 (**507**) ond aeth y Cymro balch, pengaled yno ar gost o £8,000 i'r FAW yn groes i ddymuniad Syr Bobby Robson. Cafodd hacs tabloids Lloegr fodd i fyw wrth wneud môr a mynydd o anturiaethau'r wew bach annifyr mewn clybiau nos ac wrth iddo ypsetio'r Albanwr sensitif Graeme Souness, olynydd Robson, ynglŷn â chwarae ar yr asgell, a galw'r rheolwr yn gelwyddgi. Bu hanesion amdano'n anfon negeseuon testun difriol at Alan Shearer ac yn anelu clwb golff at ben Jon Arne Riise. Ar ochr arall y geiniog fe gafodd Craig sylw haeddiannol i'w fuddsoddiad o dros filiwn o bunnau ers 2007 mewn ysgol yn Sierra Leone. Roedd bod yn rhan o ddyrchafiad Caerdydd i Uwchgynghrair Lloegr yn 2013 yn gwireddu breuddwyd i Craig a bu'n gyfrifol am werthu mwy o grysau'r clwb nag unrhyw chwaraewr arall erioed. Wedi iddo ymddeol fe ddychwelodd i hyfforddi academi'r clwb.

*   Ni ellir amau ymroddiad Craig i'w wlad, gyda'i datŵ'n coffáu Owain Glyndŵr ar ei fraich, ac fe gofir yn hir am ei gôl yn Nenmarc (**482**), ei gôl enillodd y gêm yn erbyn yr Eidal (**508**), ei berfformiad gwefreiddiol a'i ddwy gôl yn chwalu Slofacia (**552**), a'i gôl yn erbyn Azerbaijan (**511**) wedi dim ond 13 eiliad – **y gyflymaf erioed gan Gymro** – a llawer mwy.

George Berry
Amddiffynnwr canol

Ganed: 19 Tachwedd 1957, Rostrup, Yr Almaen (George Frederick Berry)

Roedd ei dad yn filwr a aned yn Jamaica, ei fam o Aberpennar a'i daid o'r Alban

Gradd mewn busnes

Cymru: 1979-83
Cap cyntaf: Gêm **346**, 21 oed; **Cap olaf:** Gêm **375**, 25 oed
5 cap (posibl 30); Gemau llawn 3; Ymlaen fel eilydd 2
Ennill 1; Colli 4; Penc. Ewrop 3; Penc. Prydain 1; *Eraill* 1

Clybiau
398 o gemau cynghrair, 37 gôl

1975-82	Wolverhampton W	124 gêm	4 gôl	(4 cap)
1982-90	Stoke C	237 gêm	27 gôl	(1 cap)
1984	*Doncaster R af*	1 gêm		
1990-91	Peterborough U	32 gêm	6 gôl	
1991	Preston NE	4 gêm		

1991-92	*Aldershot af*
1992-95	Stafford R

Medalau, ac ati
- Cwpan Cynghrair Lloegr 1980

Dyna ichi wallt!

Ar un olwg George oedd y chwaraewr talaf erioed i chwarae i Gymru. Yn ôl y gwybodusion roedd ei wallt Affro gyda'r gorau a welwyd ym myd chwaraeon ac edrychai George fel ei fod dros 7 troedfedd o daldra! George oedd yr ail chwaraewr du i chwarae i Gymru (Ted Parris oedd y cyntaf yn 1932) ac fe enillodd ei gap cyntaf yn erbyn y wlad lle cafodd ei eni. Er iddo dreulio 8 tymor yn olynol yn yr Adran Gyntaf methodd â gwneud llawer o argraff yn nhîm Cymru. Ar ôl ymddeol bu'n gweithio'n llawn amser i undeb y chwaraewyr proffesiynol (PFA).

* Daeth ei yrfa yng Nghynghrair Lloegr i ben yn Aldershot lle chwaraeodd 25 gêm a sgorio un gôl. Ni chydnabyddir hynny yn y llyfrau hanes oherwydd i'r Shots fynd i'r wal ar ôl eu gêm yng Nghaerdydd ar 20 Mawrth 1992. Mis yn gynharach chwaraeodd George yn erbyn Northampton, y gêm gyntaf yn y gynghrair rhwng dau dîm proffesiynol lle na chafodd yr un chwaraewr ei dalu. Ar y pryd chwaraeodd George (ac eraill) am dri mis heb gyflog.

Clayton Blackmore
Cefnwr/canol y cae

Ganed: 23 Medi 1964, Castell-nedd (Clayton Graham Blackmore)
Llysenw: Sunbed, oherwydd ei liw haul parhaol
Gwas priodas **Mark Hughes**

Cymru: 1985-97
Cap cyntaf: Gêm **395**, 20 oed; **Cap olaf:** Gêm **473**, 32 oed
39 cap (posibl 79); 1 gôl; Gemau llawn 27; Eilyddiwyd 5; Ymlaen fel eilydd 6
Cerdyn coch 1 (**427**); Ennill 13; Cyfartal 10; Colli 16
Cwpan y Byd 13–1 gôl; Penc. Ewrop 8; *Eraill* 18; Dan 21 oed 3 chap

Clybiau
491 o gemau cynghrair, 41 gôl

1980-94	Manchester U	186 gêm	19 gôl	(38 cap)
1994-99	Middlesbrough	53 gêm	4 gôl	(1 cap)
1996	*Bristol C af*	5 gêm	1 gôl	
1999	Barnsley	7 gêm		

1999-00	Notts Co	21 gêm	2 gôl
2000	Leigh RMI		
2000-06	Bangor	178 gêm	11 gôl
2006-07	Porthmadog	18 gêm	4 gôl
2008-09	Castell-nedd	23 gêm	

Rheolwr

Ionawr-Tachwedd 2006 Bangor

Mehefin-Hydref 2007 Porthmadog

Medalau, ac ati

- Cwpan FA Lloegr 1990 (fel eilydd, heb chwarae)
- Cwpan Enillwyr Cwpanau Ewrop 1991
- Uwchgynghrair Lloegr 1993
- Adran 1 1995

Rhy amryddawn?

Enillodd Clayton ei gap cyntaf wedi dwy gêm yn unig i dîm cyntaf Man U. Datblygodd i fod yn chwaraewr amryddawn allai lenwi nifer o safleoedd a gwisgodd bob crys o rif 2 i rif 11 (a'r 12 a'r 14!) – pan oedd rhifau yn golygu rhywbeth. Efallai mai dyna ei wendid oherwydd ni allai sefydlu ei hun mewn un safle penodol i Man U a Chymru. Dychwelodd i Old Trafford i hyfforddi ieuenctid a bu'n cynorthwyo **Glyn Hodges** i hyfforddi tîm dan 21 oed Cymru (yn 2004).

* Roedd Clayton yn aelod o'r tîm cyntaf ddewiswyd gan (Syr) Alex Ferguson fel rheolwr newydd Man U ym mis Tachwedd 1986, a Clayton oedd yr unig aelod o'r tîm hwnnw oedd yn dal yno i ddathlu pencampwriaeth gyntaf Ferguson yn 1993.

Darcy Blake

Amddiffynnwr/canol y cae

Ganed: 13 Rhagfyr 1988, Caerffilli (Darcy James Blake)

Cartref: Tredegar Newydd

Cymru: 2010-12

Cap cyntaf: Gêm **582**, 21 oed; **Cap olaf:** Gêm **599**, 23 oed

14 cap (posibl 18); 1 gôl; Gemau llawn 10; Eilyddiwyd 3; Ymlaen fel eilydd 1

Ennill 5; Colli 9; Cwpan y Byd 4; Penc. Ewrop 5; *Eraill* 5 – 1 gôl; Dan 21 oed 14 cap

Clybiau

115 o gemau cynghrair

2006-12	Caerdydd	90 gêm	(10 cap)
2009	Plymouth A af	7 gêm	
2010-14	Crystal Palace	10 gêm	(4 cap)
2014	Casnewydd	8 gêm	
2015-16	Aberbargoed Buds		

Rooney yn ei boced

Er mai colli wnaeth Cymru yn Wembley yn 2011 (**589**) mae'r ffyddloniaid yn dal i gofio sut y cadwyd Wayne Rooney ar dennyn tynn gan seren y gêm i'r Cochion. Y gŵr hwnnw oedd Darcy oedd eisioes wedi serennu i'r tîm dan 21 oed, wedi cael y gorau o Gabriel Agbonlahor (Lloegr) a Mario Balotelli (yr Eidal), ac yn rhagorol pan gurwyd Ffrainc 4–2 ar Barc Ninian yn 2007. Cafodd Darcy ei gyfle ym mhrif dîm Cymru yn y ddwy gêm pan oedd **Brian Flynn**, rheolwr y timau iau, wrth y llyw ac fe gadwodd **Gary Speed** ffydd ynddo, hyd yn oed pan oedd **James Collins** a **Danny Gabbidon** ar gael a hwythau'n chwarae yn Uwchgynghrair Lloegr. Roedd partneriaeth effeithiol Darcy ac **Ashley Williams** yng nghanol yr amddiffyn yn ffactor allweddol wrth i'r canlyniadau wella dan Speed. Nôl yng Nghaerdydd eistedd ar y fainc oedd tynged Darcy gyda Malky Mackay yn ffafrio Hudson a Turner, ac awgrymodd Mackay, a'i ragflaenydd Dave Jones, fod gan Darcy broblem gyda lefel ffitrwydd a'i ffordd o fyw. Hunllef oedd ei symudiad i'r Palas gydag anafiadau, colli fform a newid rheolwyr yn golygu na welsom Darcy ar ei orau eto. Erbyn tymor 2015-16, wedi cyfnod byr yn chwarae rygbi i ail dîm Tredegar Newydd, roedd Darcy yn chwaraewr/hyfforddwr gydag Aberbargoed, nid nepell o Ebargofiant.

* Yn ogystal â chadw Rooney'n ddistaw yn Wembley (a'i weld yn cael ei eilyddio), Darcy oedd yr un greodd y cyfle euraidd i **Rob Earnshaw**, a hwnnw, o bawb, yn methu rhwydo.

Nathan Blake

Blaenwr

Ganed: 27 Ionawr 1972, Caerdydd (Nathan Alexander Blake)

Cartref: Ringland, Casnewydd

Cefnder i ddau chwaraewr rygbi rhyngwladol, Anthony Sullivan (rygbi 13) a Matthew Robinson (rygbi'r undeb), a nai i un arall, Clive Sullivan (rygbi 13)

Cymru: 1994-2003

Cap cyntaf: Gêm **452**, 22 oed; **Cap olaf:** Gêm **518**, 31 oed

29 cap (posibl 67); 4 gôl; Gemau llawn 7; Eilyddiwyd 12; Ymlaen fel eilydd 10

Ennill 6; Cyfartal 6; Colli 17; Cwpan y Byd 7–3 gôl; Penc. Ewrop 16 – 1 gôl; Eraill 6; B 1 cap

Dan 21 oed 5 cap

Clybiau
452 o gemau cynghrair, 145 gôl

	Casnewydd			
	Casnewydd			
1988-90	Chelsea			
1990-94	Caerdydd	131 gêm	35 gôl	
1994-95	Sheffield U	69 gêm	34 gôl	(5 cap)
1995-98	Bolton W	107 gêm	38 gôl	(5 cap)
1998-01	Blackburn R	54 gêm	13 gôl	(11 cap)
2001-04	Wolverhampton W	75 gêm	24 gôl	(8 cap)
2004-05	Leicester C	14 gêm		
2005	*Leeds U af*	2 gêm	1 gôl	
2006	Casnewydd			

Un o gyfarwyddwyr clwb Casnewydd, Chwefror 2015-

Medalau, ac ati
- Adran 3 1993
- Adran 1 1997

Talent enfawr

Nathan oedd y chwaraewr du cyntaf a feithrinwyd gan un o glybiau mawr Cymru ac a gyrhaeddodd y tîm cyntaf, ac fe enillodd ei gap cyntaf dair wythnos ar ôl gadael Caerdydd. Yn dilyn ffrae gyda Mike Smith am gael ei eilyddio, ac un arall gyda Bobby Gould am hiliaeth honedig, bu'n rhaid iddo aros tan deyrnasiad **Mark Hughes** am le cyson yng ngharfan Cymru. Nathan oedd y Cymro cyntaf i sgorio yn Stadiwm y Mileniwm – trwy ei rwyd ei hun yn erbyn y Ffindir (**490**). Sicrhaodd ei gôl wych i Gaerdydd yn erbyn Manchester C yng nghwpan FA Lloegr drosglwyddiad iddo i Uwchgynghrair Lloegr. Talodd Sheffield U £300,000 yn unig amdano gydag addewid o £200,000 pellach pe byddai'r clwb yn aros yn yr Uwchgynghrair. Ddigwyddodd hynny ddim. Roedd Rick Wright, y cadeirydd ar Barc Ninian, wedi gamblo, ac wedi colli. Roedd cefnogwyr Caerdydd wedi colli eu harwr mwyaf ers dyddiau **John Toshack** a theimlodd Nathan i'r byw pan glywodd y cefnogwyr gwamal yn ei alw'n Jiwdas. Ar ôl ymddeol bu'n byndit a chyfarwyddwr cwmnïau.

* Bu Nathan yn rhan o bedwar dyrchafiad ond ffarweliodd â'r Uwchgynghrair BUM gwaith – gyda Sheffield U yn 1994, Bolton yn 1996 a 1998, Blackburn yn 1999, a Wolves yn 2004. Roedd cyfanswm ei drosglwyddiadau yn werth £7·25 miliwn.

Paul Bodin
Cefnwr chwith

Ganed: 13 Medi 1964, Caerdydd (Paul John Bodin)
Cartref: Llanrhymni

Tad i Billy Bodin – Swindon T, *Crewe Alex af*, Torquay U, Northampton T, Bristol R/153 o gemau cynghrair, 27 gôl/21 cap dan 21 oed

Cymru: 1990-94
Cap cyntaf: Gêm **424**, 25 oed; **Cap olaf:** Gêm **455**, 29 oed
23 cap (posibl 32); 3 gôl (i gyd o'r smotyn)
Gemau llawn 16; Eilyddiwyd 4; Ymlaen fel eilydd 3; Ennill 12; Cyfartal 3; Colli 8
Cwpan y Byd 4; Penc. Ewrop 7 – 2 gôl; *Eraill* 12 – 1 gôl; Dan 21 oed 1 cap

Clybiau
381 o gemau cynghrair, 43 gôl

1981-82	Chelsea			
1982	Casnewydd			
1982-85	Caerdydd	75 gêm	4 gôl	
1985	Merthyr T			
1985-88	Bath C			
1988	Casnewydd	6 gêm	1 gôl	
1988-91	Swindon T	93 gêm	9 gôl	(5 cap)
1991-92	Crystal Palace	9 gêm		(7 cap)
1991	*Newcastle U af*	6 gêm		
1992-96	Swindon T	146 gêm	28 gôl	(11 cap)
1996-98	Reading	41 gêm	1 gôl	
1997	*Wycombe W af*	5 gêm		
1998-2001	Bath C			

Rheolwr

1998-2001	Bath C	

Medalau, ac ati
- Aelod o dîm adrannol y flwyddyn PFA 1991 a 1996
- Enillydd gemau ail gyfle Adran 1 1993
- Adran 2 1996

Siom ar ôl siom
Dydy hanes ddim wedi bod yn garedig i Paul gyda chefnogwyr oedd heb gael eu geni yn 1993 yn gwybod am ei fethiant o'r smotyn yn erbyn Romania, gôl a fyddai, O BOSIB, wedi

sicrhau ein lle yn rowndiau terfynol Cwpan y Byd 1994. Roedd cywirdeb Paul o'r smotyn yn ddiarhebol a'i gic ef yn Wembley ym mis Mai 1993 sicrhaodd le i Swindon yn Uwchgynghrair Lloegr am un tymor. Cael ei ryddhau gan un clwb ar ôl y llall oedd hanes cynnar Paul ond daliodd ati. Roedd Paul wedi cyrraedd yr hen Adran Gyntaf gyda Swindon yn 1990 ond 12 diwrnod barodd hynny oherwydd cafwyd y clwb yn euog o fisdimanars ariannol a dilewyd y dyrchafiad. Cyrhaeddodd Paul y brig eto gyda Crystal Palace ond 9 gêm chwaraeodd Paul i'r clwb hwnnw oherwydd fod Steve Coppell am arbed talu £100,000 arall i Swindon yn ôl y cytundeb trosglwyddo. Ers 2001 bu Paul yn hyfforddi ieuenctid Swindon a Southampton, ac yna'n is-reolwr Port Vale 2015-16.

* Pàs hir, berffaith, gan Paul o safle'r cefnwr chwith roddodd y cyfle i **Ian Rush** sgorio'r gôl enwog gurodd yr Almaen yn 1991, ar yr union adeg yn y gêm roedd **Terry Yorath** yn ystyried anfon **Gary Speed** i'r cae – yn lle Paul.

Dave Bowen
Hanerwr chwith

Ganed: 7 Mehefin 1928, Nantyffyllon (David Lloyd Bowen)
Bu farw: 25 Medi 1995, Northampton, 67 oed

Tad i Keith Bowen – Northampton T, Brentford a Colchester U, 232 o gemau cynghrair, 71 gôl – mwy na'i dad enwog!

Cymru: 1954-59
Cap cyntaf: Gêm **205**, 26 oed; **Cap olaf:** Gêm **232**, 30 oed
19 cap (posibl 28); 14 yn gapten; 1 gôl; Gemau llawn 19; Ennill 5; Cyfartal 7; Colli 7
Cwpan y Byd 10 – 1 gôl [Sweden 1958 = 5 gêm]; Penc. Prydain 8; *Eraill* 1

Clybiau
180 o gemau cynghrair, 3 gôl

1947-50	Northampton T	12 gêm		
1950-59	Arsenal	146 gêm	2 gôl	(19 cap)
1959-60	Northampton T	22 gêm	1 gôl	

Rheolwr

1959-67 a 1969-72	Northampton T
1964-74	Cymru – gweler Atodiad 1

Arweinydd penigamp
Dave gafodd y dasg ddi-ddiolch o olynu **John Charles** fel capten Cymru yn 1957, a gwnaeth hynny'n gampus. Arweiniodd Dave ei wlad i ffeinals Cwpan y Byd yn Sweden yn 1958 a gallai ysbrydoli ac ysgogi'i gyd-chwaraewyr ar y cae fel y gwnâi'r rheolwr Jimmy Murphy yn

yr ystafell newid. Blwyddyn wedi Sweden roedd Dave wedi gadael y llwyfan mawr (capten Arsenal a Chymru) ac wedi dychwelyd i Northampton, fel chwaraewr-reolwr i ddechrau. Mewn chwe thymor aeth Dave â'r Cobblers o'r Bedwaredd Adran i'r Gyntaf. Un tymor (1965-66) ddaru nhw bara yno cyn disgyn yn ôl i'r gwaelodion. Wedi iddo ymddeol bu Dave â busnes bwci, bu'n ohebydd pêl-droed i bapur Sul *The People*, ac ef oedd yr ail lais (i Hugh Johns) ar sylwebaeth ITV o gemau Cwpan y Byd 1966. Symudodd y teulu Bowen o Gymru i Northampton pan oedd Dave yn 15 oed, ac o 1972 ymlaen fe fu'n ysgrifennydd, rheolwr cyffredinol, aelod o fwrdd y cyfarwyddwyr ac yna'n Llywydd ei glwb hoff. Enwyd eisteddle'r gogledd yn Stadiwm Sixfields ar ei ôl.

* Chwaraeodd Dave yn un o gemau terfynol cynharaf cystadleuaeth Ewropeaidd pan gurodd Barcelona dîm yn cynrychioli Llundain 6–0 yn ffeinal yr Inter-Cities Fairs Cup ym mis Mai 1958.

Jason Bowen
Asgellwr

Ganed: 24 Awst 1972, Merthyr Tudful (Jason Peter Bowen)

Cymru: 1994-96
Cap cyntaf: Gêm **454**, 21 oed; **Cap olaf:** Gêm **470**, 24 oed
2 gap (posibl 17); Gêm lawn 1; Eilyddiwyd 1; Ennill 1; Colli 1
Cwpan y Byd 1; *Eraill* 1; B 1 cap; Dan 21 oed 5 cap

Clybiau
439 o gemau cynghrair, 81 gôl

1990-95	Abertawe	124 gêm	26 gôl	(1 cap)
1995-97	Birmingham C	48 gêm	7 gôl	(1 cap)
1997	*Southampton af*	3 gêm		
1997-99	Reading	15 gêm	1 gôl	
1999-04	Caerdydd	134 gêm	34 gôl	
2004-08	Casnewydd			
2008-13	Llanelli	115 gêm	13 gôl	

Medalau, ac ati
• Chwaraewr Ifanc y Flwyddyn Cymru 1993
• Tlws Autoglass 1994
• Cwpan yr FAW 2008

Bachgen bach o Ferthyr

Mae'n erdrych yn rhy eiddil i fod yn joci hyd yn oed, meddai un gohebydd am yr asgellwr bach chwim oedd yn llawn triciau. Wedi pum mlynedd llwyddiannus ar y Vetch ymddangosai fod Jason yn anelu am Uwchgynghrair Lloegr pan aeth i Southampton ar fenthyg o Birmingham. Methwyd â chwblhau trosglwyddiad parhaol ac roedd cyfnod Jason yn yr Uwchgynghrair ar ben wedi tair gêm, dwy ohonynt fel eilydd. Diflas dros ben fu ei flwyddyn yn Reading gyda'r rheolwr newydd, Tommy Burns, yn penderfynu nad oedd e angen Jason a phedwar chwaraewr arall – y pump ar 'Death Row' fel y'u gelwid gan eu cyd-chwaraewyr.

* Rheolwr Jason yn Llanelli oedd **Andy Legg**. Bu'r ddau gyda'i gilydd hefyd yn Abertawe, Birmingham, Reading, Caerdydd a Chasnewydd.

Mark Bowen
Cefnwr chwith

Ganed: 7 Rhagfyr 1963, Castell-nedd (Mark Rosslyn Bowen)
Llysenw: Albert (Tatlock) – wastad yn achwyn, medden nhw

Ewythr i Luke Bowen – Port Talbot, Hwlffordd, Aberystwyth, Castell-nedd, Llanelli a Chaerfyrddin/224 o gemau cynghrair, 80 gôl; ac Oliver Bowen – Port Talbot/7 gêm, 1 gôl

Cymru: 1986-97
Cap cyntaf: Gêm **401**, 22 oed; **Cap olaf:** Gêm **472**, 33 oed
41 cap (posibl 72); 3 gôl; Gemau llawn 23; Eilyddiwyd 7; Ymlaen fel eilydd 11
Ennill 11; Cyfartal 8; Colli 22; Cwpan y Byd 16 – 2 gôl; Penc. Ewrop 11; *Eraill* 14 – 1 gôl
Dan 21 oed 3 chap

Clybiau
410 o gemau cynghrair, 30 gôl

1981-87	Tottenham H	17 gêm	2 gôl	(2 gap)
1987-96	Norwich C	320 gêm	24 gôl	(35 cap)
1996-97	West Ham U	17 gêm	1 gôl	(4 cap)
1997	Shimizu SP (Siapan)	7 gêm	3 gôl	
1997-99	Charlton Ath	42 gêm		
1999	Wigan Ath	7 gêm		
1999	Reading	0 gêm		

Medalau, ac ati
• Cwpan UEFA 1984 (fel eilydd, heb chwarae)
• Enillydd gemau ail gyfle Adran 1 1998
• Aelod o Oriel Anfarwolion Norwich C ac yn parhau yn brif enillydd capiau'r clwb (2016)

Ar y lefel uchaf ers 1981

Treuliodd Mark 13 tymor yn olynol ar y lefel uchaf – deg yn yr Adran Gyntaf a thri yn Uwchgynghrair Lloegr. Yn nhymor cynta'r Uwchgynghrair gorffennodd Norwich yn drydydd ac felly ennill lle yng Nghwpan UEFA am 1993-94. Sgoriodd Mark un o goliau enwoca'r clwb wrth iddynt drechu Bayern Munich 2–1 yn yr Almaen. Ar ôl gorffen chwarae bu Mark yn hyfforddi Cymru dan **Mark Hughes** a chlybiau Reading, Crystal Palace a Birmingham C cyn symud ymlaen i fod yn is-reolwr i Hughes yn Blackburn, Manchester C, Fulham, Queen's Park R a Stoke C.

* Yn cynnwys gemau cwpan chwaraeodd Mark 399 o gemau i Norwich. Gwrthododd y rheolwr Gary Megson y cyfle iddo chwarae ei 400fed gêm oherwydd fod y chwaraewr wedi meiddio beirniadu tactegau'r rheolwr newydd yn y wasg leol.

Terry Boyle
Amddiffynnwr

Ganed: 29 Hydref 1958, Rhydaman (Terence David John Boyle)

Cymru: 1981
Cap cyntaf: Gêm **360**, 22 oed; **Cap olaf:** Gêm **362**, 22 oed
2 gap (posibl 3); 1 gôl; Gemau llawn 1; Ymlaen fel eilydd 1; Ennill 2
Penc. Prydain 1; *Eraill* 1 – 1 gôl; Dan 21 oed 1 cap

Clybiau
461 o gemau cynghrair, 23 gôl

1975-78	Tottenham H			
1978-81	Crystal Palace	26 gêm	1 gôl	(2 gap)
1981	*Wimbledon af*	5 gêm	1 gôl	
1981-82	Bristol C	37 gêm		
1982-86	Casnewydd	166 gêm	11 gôl	
1986-89	Caerdydd	128 gêm	7 gôl	
1989-90	Abertawe	27 gêm	1 gôl	
1990-92	Merthyr T			
1992-94	Y Barri			
1994-95	Glyn Ebwy	8 gêm		
1995-96	Inter Caerdydd	48 gêm	2 gôl	
1996-97	Caerfyrddin	14 gêm		
2000-01	Bangor	2 gêm		

Rheolwr:

Awst–Tachwedd 1994	Y Barri
Mehefin–Tachwedd 2011	Castell-nedd

Medalau, ac ati

- Aelod o dîm adrannol y flwyddyn PFA 1986
- Cwpan Cymru 1988, 1994

Hyfforddwr uchel ei barch

Does dim llawer o amddiffynwyr canol yn sgorio yn eu gêm ryngwladol gyntaf ond cyflawnodd Terry'r gamp honno. Ar y pryd roedd Terry yn chwarae i'r Palas yn yr Adran Gyntaf ond yn y Drydedd a'r Bedwaredd y treuliodd y rhan fwyaf o'i yrfa. Roedd Terry yn gapten ac asgwrn cefn amddiffyn Casnewydd yn y Drydedd Adran pan symudodd i Gaerdydd oedd adran yn is. Heb gadernid Terry disgynnodd Casnewydd i waelodion y Bedwaredd Adran ac ebargofiant. Terry oedd rheolwr cyntaf y Barri yn Uwchgynghrair Cymru yn 1994 ac ers hynny bu'n rhan o dîm rheoli/hyfforddi nifer o glybiau, yn gydlynydd datblygu Ymddiriedolaeth Bêl-droed Cymru yn y gogledd ac yn hyfforddwr y tîm lled broffesiynol cenedlaethol a'r garfan genedlaethol dan 17 oed.

* Ym mis Hydref 1988 cwblhaodd Terry rediad gwych o 212 o gemau cynghrair yn ddi-fwlch (i Gasnewydd a Chaerdydd).

Mark Bradley
Amddiffynnwr/canol y cae

Ganed: 14 Ionawr 1988, Dudley (Mark Simon Bradley)

Cymru: 2010
Unig gap: Gêm **578**, 22 oed
Ymlaen fel eilydd 1; Colli 1; *Eraill* 1; Dan 21 oed 17 cap

Clybiau
187 o gemau cynghrair, 9 gôl

2005-10	Walsall	96 gêm	5 gôl	(1 cap)
2010-15	Rotherham	91 gêm	4 gôl	

Y cyntaf ers 1931

Roedd Mark eisoes wedi ennill 12 cap dan 21 oed pan deithiodd gyda'r tîm hŷn i Liechtenstein ym mis Hydref 2009. Ymhlith llwyddiannau'r garfan dan 21 oed honno oedd y fuddugoliaeth dros yr Eidal yn Abertawe, gyda Mark yn rhannu'r un llwyfan ag **Aaron Ramsey**, **Neil Taylor** a **Sam Vokes**, a Mario Balotelli. Enillodd Mark ei unig gap yn Croatia ar ddiwedd y tymor pan oedd nifer o chwaraewyr un ai wedi'u hanafu neu'n cymryd rhan mewn gemau ail gyfle. Treuliodd Mark y cyfan o'i yrfa gyda Walsall a Rotherham yn y ddwy adran isaf. Wedi iddo anafu ei ben-glin ym mis Mawrth 2014, methodd Mark y gemau ail gyfle welodd Rotherham yn esgyn i'r Bencampwriaeth ac ni chwaraeodd un gêm yn nhymor 2014-15. Fe gafodd ei ryddhau gan Rotherham yn 2015.

* Mark oedd y Cymro cyntaf o glwb Walsall i ennill cap ers Roy John yn 1931.

Tom Bradshaw
Blaenwr

Ganed: 27 Gorffennaf 1992, Amwythig (Thomas William Bradshaw)
Cartref: Tywyn

Cymru: 2016
Unig gap: Gêm **623**, 23 oed
Ymlaen fel eilydd 1; Colli 1; *Eraill* 1; Dan 21 oed 8 cap – 1 gôl

Clybiau
168 o gemau cynghrair, 53 gôl

2004-09	Aberystwyth	9 gêm	2 gôl	
2009-14	Amwythig	89 gêm	17 gôl	
2014-16	Walsall	70 gêm	34 gôl	(1 cap)

Y cyw melyn olaf

Yn nhrefn amser Tom oedd yr olaf o'r cast o 331 o Gymry sydd wedi ymddangos ar y llwyfan pêl-droed rhyngwladol ers 1946. Symudodd Tom o Amwythig i Dywyn pan oedd yn dair oed a daeth ei lwyddiant cyntaf yn chwech oed pan gafodd ei enwi fel y chwaraewr mwyaf addawol ar ddiwedd diwrnod o hwyl pêl-droed a drefnwyd yn Nhywyn gan **Terry Boyle**, Swyddog Datblygu Pêl-droed yng Ngwynedd. Blynyddoedd yn ddiweddarach fe dalodd Tom deyrnged i'w brif fentor John Robertson, yr hyfforddwr lleol yn Nhywyn, a'i waith gyda'r ieuenctid yno. Yn 12 oed fe ymunodd ag academi Aberystwyth ac wedi cyfnod yn ail dîm y clwb, lle cafodd ei enwi'n chwaraewr y flwyddyn gan yr hyfforddwr Emyr Jones, rhoddwyd cyfle iddo yn y tîm cyntaf. Fe sgoriodd ddwy gôl hyfryd ar Goedlan y Parc a chreu un arall i'r arwr lleol Glyndwr Hughes, ac fe ymddangosodd fel eilydd yn ffeinal Cwpan Cymru 2009, a gollwyd i Fangor 2-0, y cyfan pan oedd yn 16 oed. Yn fuan wedyn fe ymunodd â'r Amwythig a throi'n broffesiynol yn 2010. Syfrdanol oedd un disgrifiad o'i gêm gyntaf yno ar 10 Ebrill 2010 wedi iddo sgorio ddwywaith yn y 15 munud gafodd ar y cae. Fe sgoriodd Tom yn ei gemau cyntaf hefyd i dimau dan 19 oed a dan 21 oed Cymru, ac i Walsall yn Adran 1 yn 2014. Ym mis Mawrth 2015 chwaraeodd Tom yn ffeinal Tlws Cynghrair Lloegr yn Wembley ond curwyd Walsall 2-0 gan Bristol C. Bu Tom ar y rhestr wrth gefn ar gyfer gemau rhagbrofol Ewro 2016 yn Hydref 2014 ac yna ar y fainc pan ymwelodd yr Iseldiroedd â Chaerdydd yn Nhachwedd 2015. Cafodd Tom 20 munud bywiog yn yr Wcráin ar ddydd Llun y Pasg 2016 i ennill ei gap cyntaf, ond oherwydd anaf ni chafodd ei ystyried ar gyfer carfan Ewro 2016 yn Ffrainc.

* Adroddwyd fod Aberystwyth wedi derbyn 37,500 ewro (tua £30,000) amdano yn 2012, dwy flynedd wedi iddo arwyddo'n broffesiynol yn Amwythig, dan gynllun FIFA i ddigolledu clybiau sy'n hyfforddi chwaraewyr ifanc ac yna'n eu colli'n rhad ac am ddim.

Jason Brown
Gôl-geidwad

Ganed: 18 Mai 1982, Southwark (Jason Roy Brown)

Ei nain o Gasnewydd

Cymru: 2006-12
Cap cyntaf: Gêm **538**, 24 oed; **Cap olaf:** Gêm **594**, 30 oed
3 chap (posibl 56); Gemau llawn 2; Eilyddiwyd 1; Ennill 2; Colli 1; *Eraill* 3; Dan 21 oed 7 cap

Clybiau
164 o gemau cynghrair

	Charlton Ath		
2001-06	Gillingham	126 gêm	(1 cap)
2006-11	Blackburn R	9 gêm	(1 cap)
2010	*Leeds U af*	4 gêm	
2010	*Leyton O af*	3 gêm	
2011	*Caerdydd af*	0 gêm	
2011-13	Aberdeen	22 gêm	(1 cap)
2013	Ipswich T	0 gêm	
2013-14	Cambridge U		
2014	Sutton U		
2014	Dartford		

Medalau, ac ati
• Chwaraewr Ifanc y Flwyddyn Cymru 2003

Tybed...
Pan oedd gyrfa **Paul Jones** yn dirwyn i ben ymddangosai mai Jason, oedd yn gapten ein tîm dan 21 oed, a **Lewis Price** fyddai'n cystadlu am y fraint o sefyll yn y bwlch rhwng y ddau bostyn gwyn. Yna daeth **Wayne Hennessey** a **Boaz Myhill** ar y sin ac fe gafodd Jason ei hun yn bedwerydd dewis. Mae ei dri chap mewn chwe blynedd union (i'r diwrnod) yn adlewyrchu ei brinder o gemau cynghrair tra roedd gyda Blackburn ac yn gwneud i

rywun feddwl a wnaeth Jason y penderfyniad cywir wrth ymuno â'r clwb hwnnw, oedd yn Uwchgynghrair Lloegr, er y gwyddai mai Brad Friedel fyddai dewis cyntaf y rheolwr **Mark Hughes**. Pan adawodd Friedel (a Hughes) yn 2008 cyrhaeddodd Paul Robinson, ac roedd Jason yn dal yn ail ddewis! Wedi iddo orffen chwarae'n llawn amser bu Jason yn cynnal ysgolion hyfforddi gôl-geidwaid, yn hyfforddi academi Millwall a thîm merched Arsenal, ac yn cynorthwyo tîm bechgyn Cymru enillodd y Victory Shield yn 2014.

* Ie, tybed a wnaeth Jason y penderfyniad cywir? Roedd Jason ar fin teithio i Abertawe i ymuno â'r Elyrch (yn Adran 1) pan gafodd yr alwad ffôn oddi wrth Mark Hughes yn Blackburn. Mae'r gweddill yn hanes.

Marcus Browning
Canol y cae

Ganed: 22 Ebrill 1971, Bryste (Marcus Anthony Browning)

Ei daid a'i nain o Dredegar

Cymru: 1996-97
Cap cyntaf: Gêm **465**, 24 oed; **Cap olaf:** Gêm **474**, 26 oed
5 cap (posibl 10); Gemau llawn 1; Eilyddiwyd 2; Ymlaen fel eilydd 2
Ennill 3; Colli 2; Cwpan y Byd 3; *Eraill* 2; Dan 21 oed 6 chap

Clybiau
480 o gemau cynghrair, 24 gôl

1989-97	Bristol R	174 gêm	13 gôl	(4 cap)
1989	*Gloucester C af*			
1990	*Weymouth af*			
1991	*Gloucester C af*			
1992	*Hereford U af*	7 gêm	5 gôl	
1997-99	Huddersfield T	33 gêm		(1 cap)
1998	*Gillingham af*	1 gêm		
1999-02	Gillingham	77 gêm	3 gôl	
2002-07	Bournemouth	188 gêm	3 gôl	
2007-09	Weymouth			
2009-10	Bath C			
2010	Poole T			

Medalau, ac ati
* Enillydd gemau ail gyfle Adran 3 1999
* Enillydd gemau ail gyfle Adran 3 2003

Heb gyrraedd yr uchelfannau

Pan ymunodd Marcus â Bristol Rovers yn 14 oed y rheolwr yno oedd Bobby Gould, ac yn fuan wedi penodi Gould yn rheolwr Cymru yn 1995 cafodd Marcus yr alwad i ymuno â'r garfan. Bu sôn fod Wimbledon o Uwchgynghrair Lloegr wedi cynnig £500,000 amdano yn 1996 ond oherwydd fod Marcus wedi ennill cwpl o gapiau roedd Bryste yn disgwyl dwbl hynny amdano. Ni chododd cyfle arall i chwarae ar y lefel uchaf.

* Roedd gôl Marcus yn erbyn Brentford yn 1996 yn un o'r rhai bisâr hynny a geir o dro i dro. Credai'r golwr ei fod wedi clywed chwiban y dyfarnwr yn dilyn trosedd ac fe osododd y bêl yn barod i gymryd cic rydd. Doedd dim chwiban ac fe welodd Marcus ei gyfle i gipio'r bêl ac i sgorio gôl ddilys.

Ron Burgess
Hanerwr chwith

Ganed: 9 Ebrill 1917, Cwm, Glyn Ebwy (William Arthur Ronald Burgess)
Bu farw: 14 Chwefror 2005, Abertawe, 87 oed

Ewythr i Clive Burgess, chwaraewr rhyngwladol, rygbi'r undeb

Football – my life (1952)

Cymru: 1946-54

Cap cyntaf: Gêm **171**, 29 oed; **Cap olaf:** Gêm **204**, 37 oed
32 cap (posibl 34); 11 yn gapten; 1 gôl; Gemau llawn 32
Ennill 11; Cyfartal 3; Colli 18; Cwpan y Byd 6; Penc. Prydain 16; *Eraill* 10 – 1 gôl
Gemau answyddogol 10; Tîm Prydain v Gweddill Ewrop 1947; Tîm Cynghrair Lloegr 1947

Clybiau
343 o gemau cynghrair, 16 gôl

	Cwm Villa			
	Caerdydd			
1936-54	Tottenham H	297 gêm	15 gôl	(32 cap)
1954-56	Abertawe	46 gêm	1 gôl	
Rheolwr				
1955-58	Abertawe			
1959-63	Watford			
1963-65	Hendon			
1966-67	Bedford T			

Medalau, ac ati
- Yr Ail Adran 1950
- Yr Adran Gyntaf 1951
- Cwpan Amatur FA Lloegr 1965 – rheolwr
- Gwobr Arbennig Cymdeithas Bêl-droed Cymru 1992
- Aelod o Oriel Anfarwolion Chwaraeon Cymru 2001

Y Cawr o'r Cwm
'Yr hanerwr mwyaf gweithgar ac egnïol a welwyd erioed ar feysydd pêl-droed Cymru' oedd disgrifiad Geraint H Jenkins o Ron yn *Cewri'r Bêl-droed yng Nghymru* (1977). Roedd Ron yn un o'r enwau mwyaf yng Nghynghrair Lloegr rhwng 1946 a 1954 a dwy gêm yn unig a fethodd i Gymru mewn 8 tymor. Ron oedd capten, calon ac ysbrydoliaeth tîm enwog pasio a rhedeg Spurs, un o'r timau mwyaf cyffrous a welwyd erioed yng Nghynghrair Lloegr, a'r tîm cyntaf i ddefnyddio trionglau bach. Pensaer eu llwyddiant oedd Arthur Rowe, y rheolwr o 1948 tan 1955, a dau o gyd-chwaraewyr Ron oedd Alf Ramsey, rheolwr Lloegr 1963-74, a Bill Nicholson, rheolwr Spurs 1958-74. Pan ofynnwyd i'r tri yn y 1960au pwy oedd y chwaraewr mwyaf dylanwadol yn eu tîm enwog atebodd y tri 'Ron Burgess'. Aeth Nicholson mor bell â dweud mai Ron oedd y chwaraewr gorau *erioed* i chwarae i Spurs, ie, gwell chwaraewr canol y cae na Blanchflower, Mackay, Hoddle a Gascoigne. Tra oedd Ron yn rheolwr Abertawe dechreuwyd gwerthu'r sêr ifanc gyda **Terry Medwin** a **Cliff Jones** yn symud i Tottenham, ac yn Watford 'darganfyddodd' y gôl-geidwad Pat Jennings a aeth ymlaen i serennu i Spurs, Arsenal a Gogledd Iwerddon. Yn ogystal â'r swyddi fel rheolwr bu Ron yn hyfforddi Fulham a Lincoln C, a bu'n sgowt i Luton T. Yn 1964 gwnaeth Ron gais aflwyddiannus am swydd rheolwr Cymru ond fe gafodd gyfle i ofalu am y tîm yn absenoldeb **Dave Bowen** pan gurwyd yr Undeb Sofietaidd yn 1965 (**266**). Ym mis Tachwedd 2014 fe ddadorchuddiodd **Neville Southall** blac glas yng nghlwb y 'Welfare' i goffáu un o feibion enwocaf pentref Cwm.

* Ron oedd y chwaraewr cyntaf i wisgo crys rhif 6 Spurs; y Cymro cyntaf i gynrychioli Cynghrair Lloegr; a gyda **Billy Hughes** yr unig Gymry yn nhîm Prydain drechodd dîm Gweddill Ewrop 6-1 yn Glasgow yn 1947.

Alwyn Burton
Amddiffynnwr

Ganed: 11 Tachwedd 1941, Casgwent (Alwyn Derek Burton)
Llysenw: Oli

Cymru: 1963-71
Cap cyntaf: Gêm **252**, 21 oed; **Cap olaf:** Gêm **299**, 29 oed
9 cap (posibl 48); Gemau llawn 9; Ennill 1; Cyfartal 2; Colli 6
Cwpan y Byd 2; Penc. Ewrop 2; Penc. Prydain 5; Dan 23 oed 5 cap

Clybiau
298 o gemau cynghrair, 22 gôl

1958-61	Casnewydd	53 gêm	8 gôl	
1961-63	Norwich C	57 gêm	8 gôl	(2 cap)
1963-72	Newcastle U	188 gêm	6 gôl	(7 cap)

Medalau, ac ati
* Cwpan Cynghrair Lloegr 1962
* Cwpan Inter-Cities Fairs Ewrop 1969
* Aelod o Oriel Anfarwolion Norwich C

Anlwcus
Canol yr amddiffyn oedd hoff safle Alwyn ond enillodd ei gap cyntaf fel hanerwr chwith a'i ail gap fel hanerwr de, a chwaraeodd fel cefnwr de ac fel blaenwr canol i'r tîm dan 23. Oni bai am nifer o anafiadau a'r ffaith ei fod yn cydoesi â **Mike England** byddai Alwyn wedi ennill mwy na'i 9 cap. Enillodd Alwyn ei le yn llyfrau hanes Newcastle gyda pherfformiad arwrol yn y crys rhif 5 pan enillwyd Cwpan Inter-Cities Fairs Ewrop. Ar ôl cael ei orfodi i ymddeol oherwydd anafiadau dychwelodd Alwyn i Norfolk lle sefydlodd fusnes darparu brechdanau yn Diss.

* Alwyn oedd eilydd cyntaf erioed Newcastle pan anafwyd **Trevor Hockey** yn erbyn Northampton, 4 Medi 1965.

Les Cartwright
Canol y cae

Ganed: 4 Ebrill 1952, Aberdâr (Leslie Cartwright)

Cymru: 1974-78
Cap cyntaf: Gêm **311**, 22 oed; **Cap olaf:** Gêm **344**, 26 oed
7 cap (posibl 34); Gemau llawn 2; Eilyddiwyd 1; Ymlaen fel eilydd 4
Ennill 3; Colli 4; Penc. Ewrop 1; Penc. Prydain 4; *Eraill* 2; Dan 23 oed 4 cap

Clybiau
247 o gemau cynghrair, 11 gôl

1970-77	Coventry C	68 gêm	4 gôl	(5 cap)
1977-81	Wrecsam	115 gêm	6 gôl	(2 gap)
1981	Bangor			
1981-85	Cambridge U	60 gêm	1 gôl	
1983	*Southend U af*	4 gêm		

1985	Worcester C
1985	Coventry Sporting
1985-86	Nuneaton B

Medalau, ac ati
- Y Drydedd Adran 1978
- Cwpan Cymru 1978

Un tymor i'w gofio
Les oedd y chwaraewr cyntaf a brynodd **Arfon Griffiths** pan gafodd ei benodi'n rheolwr Wrecsam, gyda'r ffi o £40,000 yn record i'r Cochion ar y pryd. Tipyn o fenter efallai am chwaraewr oedd heb sodro ei le yn nhîm Coventry ac wedi cael gyrfa ryngwladol siomedig ar ôl dechreu addawol dair blynedd yn gynharach. Talodd disgyn o'r Adran Gyntaf i'r Drydedd ar ei ganfed i Les, a chwaraeodd ran allweddol dros 41 gêm wrth i Wrecsam ennill dyrchafiad a Chwpan Cymru. Oherwydd anafiadau methodd Les ailadrodd yr un cysondeb yn y tymhorau a ddilynodd. Ar ôl ymddeol bu'n cadw swyddfa bost yng nghanolbarth Lloegr.

* Dathlwyd unig ddyrchafiad erioed Wrecsam i'r ail lefel mewn steil gyda buddugoliaeth o 7 gôl i 1 dros Rotherham ar 22 Ebrill 1978, a Les yn creu pedair gôl cyn sgorio'r seithfed ei hun.

Jeremy Charles
Blaenwr/amddiffynnwr canol/canol y cae

Ganed: 26 Medi 1959, Abertawe (Jeremy Melfyn Charles)

Mab i **Mel Charles**, nai i **John Charles**

Cymru: 1980-86
Cap cyntaf: Gêm **359**, 21 oed; **Cap olaf:** Gêm **403**, 26 oed
19 cap (posibl 45); 1 gôl; Gemau llawn 8; Eilyddiwyd 2; Ymlaen fel eilydd 9
Ennill 8; Cyfartal 6; Colli 5; Cwpan y Byd 7; Penc. Ewrop 6 – 1 gôl; Penc. Prydain 4; *Eraill* 2
Dan 21 oed 2 gap

Clybiau
305 o gemau cynghrair, 70 gôl

1976-83	Abertawe	247 gêm	52 gôl	(12 cap)
1983-85	Queen's Park R	12 gêm	5 gôl	(5 cap)
1985-87	Oxford U	46 gêm	13 gôl	(2 gap)

Medalau, ac ati

- Cwpan Cymru 1981, 1983
- Yr Ail Adran 1985
- Cwpan Cynghrair Lloegr 1986
- Aelod o Oriel Anfarwolion Abertawe 2013

Charles y Trydydd

Yn 16 oed sgoriodd Jeremy yn ei gêm gyntaf i Abertawe, wedi 2 funud ar y cae fel eilydd, ac yn ystod y 3 blynedd nesaf datblygodd Jeremy i fod yn chwaraewr eithriadol o amryddawn gyda phrofiad o chwarae fel blaenwr, amddiffynnwr canol ac yng nghanol y cae wrth i Abertawe esgyn o'r Bedwaredd Adran i'r Gyntaf mewn 5 tymor. Jeremy sgoriodd y drydedd gôl hollbwysig yn Preston i selio'r dyrchafiad i'r Adran Gyntaf yn 1981 ac yna'r gôl gyntaf i'r Elyrch yn yr adran honno. Heblaw am nifer o anafiadau y broblem gyda Jeremy (yn arbennig i **Mike England**, rheolwr Cymru) oedd penderfynu ym mha safle oedd e orau. Gyda thristwch y gadawodd Jeremy'r Vetch pan oedd dyledion enfawr yn bygwth dyfodol y clwb. Daeth anaf i'w ben-glin â'i yrfa i ben pan oedd yn 28 oed. Ar ôl ymddeol fe fuodd Jeremy'n hyfforddi clwb Oxford U cyn troi i fyd cyfrifiaduron yn ardal Rhydychen.

* Er gwaetha'r siomedigaethau cyflawnodd Jeremy un gamp lle methodd John a Mel, sef chwarae (a sgorio) mewn ffeinal yn Wembley pan enillodd Oxford U y Cwpan Llaeth (Cwpan Cynghrair Lloegr) yn 1986.

John Charles
Canolwr/blaenwr canol – y pêl-droediwr cyflawn

Ganed: 27 Rhagfyr 1931, Abertawe (William John Charles)
Cartref: Alice Street, Cwmbwrla
Bu farw: 21 Chwefror 2004, Wakefield, 72 oed

Brawd i **Mel Charles,** ewythr i **Jeremy Charles,** cefnder i **Jackie Roberts,** taid i Jake Charles – Huddersfield T, *Guiseley af/*1 gêm gynghrair/6 chap dan 21 oed

King of Soccer (1957)
The Gentle Giant (1962)
King John (2000)
John Charles (2003)
King John: The Autobiography (2003)

Cymru: 1950-65
Cap cyntaf: Gêm **186**, 18 oed; **Cap olaf:** Gêm **264**, 33 oed
38 cap (posibl 79); 5 yn gapten; 15 gôl
Gemau llawn 38; Ennill 9; Cyfartal 10; Colli 19

Cwpan y Byd 14 – 4 gôl [Sweden 1958 = 4 gêm, 1 gôl]

Penc. Prydain 15 – 10 gôl; *Eraill* 9 – 1 gôl

Tîm Prydain v Gweddill Ewrop 1955; Tîm Cynghrair yr Eidal 1962 – 2 gêm

Clybiau

536 o gemau cynghrair, 268 gôl

	Abertawe			
1949-57	Leeds U	297 gêm	150 gôl	(23 cap)
1957-62	Juventus	150 gêm	93 gôl	(11 cap)
1962	Leeds U	11 gêm	3 gôl	(1 cap)
1962-63	A S Roma	10 gêm	4 gôl	(3 chap)
1963-66	Caerdydd	68 gêm	18 gôl	
1966-71	Henffordd			
1972-74	Merthyr T			

Rheolwr

1967-71	Henffordd
1972-74	Merthyr T

Cymru v Yr Alban (Gêm **206**)

Rhes gefn: Alf Sherwood, Ivor Allchurch, Jack Kelsey, John Charles, Dave Bowen, Roy Paul

Rhes flaen: Derek Tapscott, Billy Reed, Walley Barnes, Trevor Ford, Roy Clarke

Atgynhyrchwyd drwy garedigrwydd Llyfrgell Genedlaethol Cymru

Medalau, ac ati

- Scudetto (pencampwyr Serie A) Yr Eidal 1958, 1960 a 1961
- Coppa Italia 1959 a 1960
- Chwaraewr y Flwyddyn, Yr Eidal 1958
- 3ydd yn y Ballon d'Or [Chwaraewr y Flwyddyn yn Ewrop] 1959
- Cwpan Cymru 1964 a 1965
- Gwobr Arbennig Cymdeithas Bêl-droed Cymru 1991
- Aelod o Oriel Anfarwolion Chwaraeon Cymru 1993
- Enwyd yn dramorwr gorau i chwarae i Juventus 1997
- Un o'r 100 Chwaraewr Chwedlonol a ddewiswyd i ddathlu canmlwyddiant Cynghrair Lloegr 1998
- Aelod o Oriel Anfarwolion Pêl-droed Rhyngwladol 1998
- Gradd MA er Anrhydedd Prifysgol Cymru 1999
- Doethuriaeth er Anrhydedd Prifysgol Metropolitan Leeds 2000
- Aelod o Oriel Anfarwolion Pêl-droed yr Eidal 2001
- CBE 2001
- Aelod o Oriel Anfarwolion yr Amgueddfa Bêl-droed 2002
- Rhyddfraint Dinas a Sir Abertawe 2002
- Enwyd yn dramorwr gorau i chwarae yn Serie A 2003
- Llywydd Anrhydeddus Clwb Pêl-droed Aberystwyth
- Chwaraewr Aur Cymru i ddathlu pen-blwydd UEFA 2004
- Rhif 52 yn rhestr 100 Arwyr Cymru, Culturenet Cymru 2004
- Anfarwolwyd ar stamp gan y Post Brenhinol 2013
- Newidiwyd enw eisteddle orllewinol Elland Road, Leeds, yn Eisteddle John Charles, a lleolir Canolfan Chwaraeon John Charles a stryd John Charles Way yn y ddinas.

Y Brenin

John oedd y canolwr gorau a'r blaenwr canol gorau yng ngwledydd Prydain, os nad y byd, ar yr un pryd – y pêl-droediwr cyflawn, a'r chwaraewr gorau a gynrychiolodd Cymru ERIOED. 18 oed oedd John pan enillodd ei gap cyntaf, y Cymro ieuengaf erioed i gynrychioli Cymru ar y pryd, ac fe gafodd 90 munud annifyr. Trawsnewidiwyd ei yrfa yn 1952 pan gafodd rheolwr Leeds, Major Frank Buckley, weledigaeth a symud John o safle'r canolwr (amddiffynnwr canol) i chwarae fel blaenwr canol – streicar, yn iaith heddiw. Dechreuodd y goliau lifo, wrth y dwsin, ac mae ei 42 gôl yn nhymor 1953-54 yn dal yn record i'r clwb. Yn oriau mân Dydd Gwener y Groglith 1957 cytunodd Juventus o'r Eidal i dalu oddeutu £65,000 i Leeds amdano. Byddai John yn derbyn £10,000 dros gyfnod o ddwy flynedd oedd yn arian anferthol yn y 1950au pan oedd cyflog chwaraewyr yng Nghynghrair Lloegr yn £15 yr wythnos. Yr oedd y Cawr Addfwyn, fel y gelwid ef, ac eilun y Cymry a chefnogwyr Leeds ar fin dod yn eilun i bobl Turin. Clywyd llais John ar record, cafodd ran fechan mewn ffilm Eidalaidd – yr oedd yn rhugl yn yr iaith – ac roedd yn gyd-berchennog bwyty o'r enw Kings. Roedd John yn orchestol yng nghrys coch Cymru yng nghanol y 1950au wrth iddo sgorio wyth gôl mewn pedair gêm fel blaenwr ac yna dofi'r Saeson, fel canolwr, yn 1955 (**209**), er iddo roi'r bêl yn ei rwyd ei hun! John oedd olynydd **Alf Sherwood** fel capten ond wedi iddo symud i'r Eidal cyfyngwyd ar ei gemau rhyngwladol a chael a chael oedd hi inni gael ei wasanaeth yn Sweden yn 1958. Er nad oedd ar ei orau roedd ei bresenoldeb yn werth y byd wrth inni guro Hwngari i gyrraedd yr wyth olaf. Yn y gêm honno cafodd yr Hwngariaid rwydd hynt gan y dyfarnwr o Rwsia i gicio John yn ddidrugaredd a doedd hi ddim yn syndod nad oedd yn holliach i wynebu Brasil, ein trydedd gêm mewn pum diwrnod. Er ei fod wedi ei fendithio â thaldra a chryfder, gwrthodai ddefnyddio ei fantais corfforol yn annheg. Yr oedd yr un mor foneddigaidd oddi ar y cae, ac wrth ychwanegu gostyngeiddrwydd, haelioni a gonestrwydd at ei rinweddau fe geir darlun o'r dyn a ddisgrifiwyd fel y pêl-droediwr cyflawn. Wedi iddo ymddeol bu'n hyfforddi'r ieuenctid yn Abertawe cyn dychwelyd i Leeds i gadw tafarn ac yna siop dillad a theganau plant gyda'i ail wraig Glenda. Pan oedd yn chwarae i Gaerdydd roedd ganddo siop chwaraeon yn Rhiwbeina. Cafodd John ei daro'n wael wrth ymweld â'r Eidal yn Ionawr 2004 a bu'n rhaid i lawfeddygon dorri rhan o'i droed dde i ffwrdd. Talodd Juventus am ei gludo i ysbyty yn Wakefield, Swydd Efrog, lle bu farw. Cynhaliwyd ei angladd yn Eglwys y Plwyf, Leeds, ar Ddydd Gŵyl Dewi.

*   Mae'n debyg mai John Roberts Williams roddodd y teitl Y Brenin iddo gyntaf: 'Yn un mlwydd ar hugain gellwch ei goroni'n awr yn Frenin y Bêl-droed' – *Y Cymro*, 1 Hydref 1953, ond yn fuan daeth yr Eidalwyr hefyd i'w alw yn *Il Re*, yn ogystal ag *Il Gigante Buono* (Y Cawr Da). Dyma ddywedodd John Roberts Williams, brenin newyddiaduraeth Gymraeg, pan fu John farw:

Llysgennad, gwerinwr boneddigaidd, pêl-droediwr na welir ei debyg. Fe haedda gofgolofn i ofalu na chaiff ei anghofio gennym ninnau. – *Dros fy Sbectol*, BBC Radio Cymru, 28 Chwefror 2004.

Mel Charles
Amddiffynnwr a blaenwr

Ganed: 14 Mai 1935, Abertawe (Melfyn Charles)
Cartref: Alice Street, Cwmbwrla
Bu farw: 24 Medi 2016, Abertawe, 81 oed

Brawd i **John Charles,** tad i **Jeremy Charles**, cefnder i **Jackie Roberts**

In the Shadow of a Giant (2009)

Cymru: 1955-62
Cap cyntaf: Gêm **208**, 19 oed; **Cap olaf:** Gêm **250**, 27 oed
31 cap (posibl 43); 6 gôl; Gemau llawn 31; Ennill 9; Cyfartal 8; Colli 14
Cwpan y Byd 13 – 1 gôl [Sweden 1958 = 5 gêm]; Penc. Ewrop 1
Penc. Prydain 14 – 5 gôl; *Eraill* 3; Dan 23 oed 1 cap – capten

Clybiau

379 o gemau cynghrair, 117 gôl

	Leeds U			
1952-59	Abertawe	233 gêm	66 gôl	(21 cap)
1959-62	Arsenal	60 gêm	26 gôl	(6 chap)
1962-65	Caerdydd	79 gêm	25 gôl	(4 cap)
1965-67	Porthmadog			
1967	Port Vale	7 gêm		
1967	Croesoswallt			
1967-72	Hwlffordd			

Medalau, ac ati

- Cwpan Cymru 1964
- Gwobr Arbennig Cymdeithas Bêl-droed Cymru 2000
- Aelod o Oriel Anfarwolion Abertawe 2013

Yng nghysgod ei frawd

Treuliodd Mel ei yrfa yng nghysgod ei frawd enwog ond Mel, nid John, oedd un o sêr disgleiriaf Cymru yng Nghwpan y Byd 1958 ac fe gafodd ei enwi'n ganolwr gorau'r gystadleuaeth. Arweiniodd hynny at ei drosglwyddiad o Abertawe i Arsenal am £42,750 (ynghyd â Peter Davies a Dave Dodson yn symud i'r Vetch), olygai mai Mel oedd yr ail chwaraewr drutaf yng ngwledydd Prydain ar y pryd. Hanerwr de oedd hoff safle Mel ond, fel ei frawd gallai chwarae hefyd fel canolwr, mewnwr a blaenwr canol, a digwyddai hynny'n rheolaidd gyda'i wlad a'i glybiau. Yn 1962 fe sgoriodd Mel bedair gôl yn erbyn Gogledd Iwerddon (**245**), camp oedd heb gael ei chyflawni ers y 1880au. Chwaraeodd Mel i Borthmadog am 18 mis a gwelwyd torfeydd mawr yn heidio i'r Traeth bryd hynny. Derbyniodd Port £1,250 pan ymunodd Mel â Port Vale ym Mhedwaredd Adran Cynghrair Lloegr, a Mel (a John) gafodd y fraint o gynnau llifoleuadau newydd y clwb yn 1992, yn barod am y gynghrair genedlaethol newydd. Wedi iddo ymddeol mentrodd Mel i fyd busnes, yn prynu a gwerthu metal sgrap, cyfanwerthu tatws, a chadw siop gigydd – pob un yn fethiant.

* Enillodd Mel ei gap cyntaf yn Belfast mewn tîm Cymreig oedd yn cynnwys dau bâr o frodyr o Abertawe, sef **Ivor** a **Len Allchurch**, a Mel a John Charles. Chwaraeodd Mel a John gyda'i gilydd i Gymru 18 o weithiau.

James Chester
Amddiffynnwr canol

Ganed: 23 Ionawr 1989, Warrington (James Grant Chester)

Ei fam o'r Rhyl

Cymru: 2014-16
Cap cyntaf: Gêm **610**, 25 oed; **Cap diweddaraf:** Gêm **630**, 27 oed

17 cap (posibl 21); Gemau llawn 16; Eilyddiwyd 1

Ennill 8; Cyfartal 3; Colli 6; Penc. Ewrop 12 [Ffrainc 2016 = 6 gêm]; *Eraill 5*

Clybiau
190 o gemau cynghrair, 9 gôl

2007-11	Manchester U	0 gêm		
2009	*Peterborough U af*	5 gêm		
2009	*Plymouth A af*	3 gêm		
2010	*Carlisle U af*	18 gêm	2 gôl	
2011-15	Hull C	156 gêm	7 gôl	(6 chap)
2015-16	West Bromwich A	8 gêm		(11 cap)
2016	Aston Villa			

Meistrolgar a digynnwrf

Cafodd James ei addysg fel pêl-droediwr yn Manchester U ond ei unig ymddangosiad yn y tîm cyntaf oedd fel eilydd yng Nghwpan Cynghrair Lloegr yn 2009. Ym mis Ionawr 2011 fe dalodd Hull oddeutu £300,000 amdano ac wedi 2 flynedd a hanner yn y Bencampwriaeth roedd yr amddiffynnwr canol effeithiol a dibynadwy, ond di-nod serch hynny, wedi cyrraedd Uwchgynghrair Lloegr. Newidiodd popeth ym misoedd Mai a Mehefin 2014. Wedi iddo gael sgwrs â Chris Coleman penderfynodd James dderbyn y gwahoddiad i chwarae i Gymru, ac yn absenoldeb **Ashley Williams** a **James Collins**, fe enillodd ei gap cyntaf yng nghanol yr amddiffyn (gyda **Danny Gabbidon**) yn Amsterdam. Er i Gymru golli fe gafodd James gêm gyntaf foddhaol yn erbyn Robin Van Persie, capten yr Iseldiroedd. Pan ddaeth gemau rhagbrofol Ewro 2016 roedd Collins yn dal wedi ei anafu ac fe gafodd James gyfle i ddatblygu partneriaeth gadarn gyda Williams, partneriaeth ildiodd ddwy gôl yn unig (Andorra o'r smotyn a Chyprus) mewn chwe gêm gyda'i gilydd. Meistrolgar a digynnwrf yw'r disgrifiad o berfformiadau James yn y gemau hynny. Yr un pryd, sef tymor 2014-15, roedd James yn cael amser anodd yn Hull, fe gollodd y clwb eu lle yn yr Uwchgynghrair ac fe symudodd James i West Brom yng Ngorffennaf 2015 am £8 miliwn. Er fod tymor 2015-16 wedi bod yn rhwystredig iddo oherwydd prinder gemau, a chael ei ddewis yn achlysurol fel cefnwr, roedd James yn rhagorol yn Ffrainc.

* Uchafbwynt gyrfa glwb James oedd cyrraedd ffeinal Cwpan FA Lloegr yn 2014, a sgorio gôl gynta'r gêm wedi dim ond pedair munud, ond Arsenal enillodd 3-2 gyda seren y gêm, **Aaron Ramsey**, yn sgorio'r gôl fuddugol yn ystod yr hanner awr ychwanegol.

Simon Church
Blaenwr

Ganed: 10 Rhagfyr 1988, Amersham (Simon Richard Church)

Ei daid a'i nain o Gasnewydd

Cymru: 2009-16
Cap cyntaf: Gêm **570**, 20 oed; **Cap diweddaraf:** Gêm **630**, 27 oed

38 cap (posibl 61); 3 gôl, 1 o'r smotyn

Gemau llawn 4; Eilyddiwyd 16; Ymlaen fel eilydd 18; Ennill 14; Cyfartal 5; Colli 19

Cwpan y Byd 10 – 1 gôl; Penc. Ewrop 14 [Ffrainc 2016 = 2 gêm]

Eraill 14 – 2 gôl; Dan 21 oed 15 cap – 8 gôl – capten

Clybiau
238 o gemau cynghrair, 42 gôl

	Wycombe W			
2007-13	Reading	104 gêm	22 gôl	(22 cap)
2007	*Crewe A af*	12 gêm	1 gôl	
2008	*Yeovil T af*	6 gêm		
2008	*Wycombe W af*	9 gêm		
2009	*Leyton Orient af*	13 gêm	5 gôl	
2012	*Huddersfield T af*	7 gêm	1 gôl	
2013-15	Charlton Ath	55 gêm	5 gôl	(7 cap)
2015-16	Milton Keynes D	19 gêm	2 gôl	(9 cap)
2016	*Aberdeen af*	13 gêm	6 gôl	

Medalau, ac ati
• Y Bencampwriaeth 2012

Anafwyd wedi dim ond 46 eiliad
Roedd Simon yn seren ddisglair yn nhîm dan 21 oed Cymru gyrhaeddodd gemau ail gyfle Pencamwriaeth Ewrop dan 21 oed cyn colli 5–4 i Loegr dros ddau gymal ym mis Hydref 2008 gyda Simon yn sgorio tair gôl. Ar y pryd roedd Simon wedi sgorio saith gôl mewn 10 gêm i dîm **Brian Flynn** ond ei unig gêm i'w glwb Reading yn nhymor 2008-09 oedd yng ngemau ail gyfle'r Bencampwriaeth. Yn cydoesi â Simon yn y tîm dan 21 a'r tîm hŷn oedd **Sam Vokes** ac roedd hi'n siom na ddaeth y naill na'r llall yn sgoriwr toreithiog. Yn ei gêm gyntaf i'r tîm

hŷn yn erbyn Estonia yn Llanelli fe ymddangosai fod Simon wedi sgorio gyda'i gyffyrddiad cyntaf wedi iddo ymddangos fel eilydd. Ond roedd y lluman wedi codi a'r dyfarnwr wedi chwibanu, felly gwelodd Simon gerdyn melyn wedi llai na munud ar y cae. Gyda Vokes a **Hal Robson-Kanu** wedi eu hanafu Simon ddechreuodd ymgyrch ragbrofol Ewro 2016 yn y crys rhif 9, ond yn ein trydedd gêm, gartref yn erbyn Cyprus (**613**), anafwyd e wedi dim ond 46 eiliad. Wrth i'r ymgyrch godi stêm hawliwyd y crys hwnnw gan Robson-Kanu. Bu ond y dim i Simon anfarwoli ei hun yn eiliadau olaf y gêm yn erbyn Israel (**618**) pan roddodd y bêl yn y rhwyd – ond codwyd y lluman unwaith eto, a gohiriwyd y parti dathlu. Eilydd hwyr oedd Simon yn y gêm honno ac yn nwy gêm olaf yr ymgyrch, ac eto yn erbyn Gogledd Iwerddon dros y Pasg 2016 pan enillodd gic o'r smotyn, a sgorio.

*   Llwyddodd Simon i ddianc o MK Dons yng ngwaelodion y Bencampwriaeth ym mis Chwefror 2016 pan ymunodd ag Aberdeen oedd yn herio Celtic ar frig Uwchgynghrair yr Alban, ac yn ei gêm gyntaf fe sgoriodd y gôl fuddugol, yn erbyn Celtic.

Roy Clarke
Asgellwr chwith

Ganed: 1 Mehefin 1925, Casnewydd (Royston James Clarke)
Bu farw: 13 Mawrth 2006, Sale, Swydd Gaer, 80 oed

Brawd i Billy Clarke – Ipswich T/3 gêm gynghrair

Cymru: 1948-56
Cap cyntaf: Gêm **178**, 23 oed; **Cap olaf:** Gêm **212**, 30 oed
22 cap (posibl 35); 5 gôl; Gemau llawn 22; Ennill 7; Cyfartal 4; Colli 11
Cwpan y Byd 5; Penc. Prydain 12 – 4 gôl; *Eraill* 5 – 1 gôl

Clybiau
413 o gemau cynghrair, 88 gôl

	Albion Rovers, Casnewydd			
1942-47	Caerdydd	39 gêm	10 gôl	
1947-58	Manchester City	349 gêm	73 gôl	(22 cap)
1958-59	Stockport Co	25 gêm	5 gôl	

Rheolwr
Northwich Victoria

Medalau, ac ati
• Y Drydedd Adran (De) 1947
• Cwpan FA Lloegr 1956
• Aelod o Oriel Anfarwolion Manchester C

Dyrchafiad unigryw

Chwaraeodd Roy ran flaenllaw pan enillodd Caerdydd ddyrchafiad i'r Ail Adran yn 1947 ond gwnaeth ei enw gyda Manchester City, clwb a wasanaethodd am dros 50 mlynedd. Neilltuodd **Roy Paul**, ei gapten yn Man C, bennod gyfan yn ei hunangofiant i frolio rhinweddau'r asgellwr main, chwim, llawn triciau, oedd yn ôl Paul, yn ymgorfforiad o'r hwyl Gymreig ('The outstanding Red Dragon'). Ar ôl ymddeol dychwelodd Roy i Maine Road (hen gartref Man C) i sefydlu swyddfa ddatblygu ac yna, gyda'i wraig Kath, i redeg y clwb cymdeithasol am dros 20 mlynedd, a gorffen trwy arwain teithiau o gwmpas y stadiwm.

* Gadawodd Roy Gaerdydd cyn diwedd tymor 1946-47 fel chwaraewr yn y Drydedd Adran (De), chwaraeodd un gêm i Man C yn yr Ail Adran, a'i gêm nesaf oedd gêm gyntaf tymor 1947-48 yn yr Adran Gyntaf – tair gêm mewn tair adran wahanol!

Chris Coleman
Amddiffynnwr

Ganed: 10 Mehefin 1970, Abertawe (Christopher Coleman)
Llysenw: Cwci
Cartref: Townhill

Ei dad o Iwerddon, a'i fam o San Francisco

Cymru: 1992-2002

Cap cyntaf: Gêm **437**, 21 oed; **Cap olaf:** Gêm **505**, 31 oed
32 cap (posibl 69); 4 gôl; Gemau llawn 26; Eilyddiwyd 3; Ymlaen fel eilydd 3
Ennill 10; Cyfartal 6; Colli 16
Cwpan y Byd 5; Penc. Ewrop 14 – 2 gôl; *Eraill* 13 – 2 gôl; Dan 21 oed 3 chap

Clybiau
478 o gemau cynghrair, 23 gôl

	Manchester C			
1987-91	Abertawe	160 gêm	2 gôl	
1991-95	Crystal Palace	154 gêm	13 gôl	(11 cap)
1995-97	Blackburn R	28 gêm		(5 cap)
1997-02	Fulham	136 gêm	8 gôl	(16 cap)

Rheolwr

2003-07	Fulham
2007-08	Real Sociedad
2008-10	Coventry C
2011-12	Larissa (Gwlad Groeg)
2012-16	Cymru – gweler Atodiad 1

Medalau, ac ati

- Cwpan Cymru 1989 a 1991
- Adran 2 1999
- Adran 1 2001
- Aelod o dîm adrannol y flwyddyn PFA 1989, 1991, 1998, 1999, 2000 a 2001 (Chris a **Ryan Giggs** yw'r unig Gymry i dderbyn yr anrhydedd hon chwe gwaith)
- Aelod o dîm y ganrif Crystal Palace 1905-2005
- Aelod o Oriel Anfarwolion Abertawe 2013
- Hyfforddwr y Flwyddyn, Gwobrau Chwaraeon Cymru, 2015
- Enillydd Gwobr Dewi Sant ym maes chwaraeon, 2016
- Gwobr Arbennig Cymdeithas Bêl-droed Cymru 2016

Un o amddiffynwyr gorau'r 1990au

Doedd hi ddim yn syndod fod Crystal Palace o'r Adran Gyntaf yn fodlon talu £275,000 yn 1991 am gefnwr chwith gorau'r Drydedd Adran ers dau dymor. Cododd y swm dderbyniodd Abertawe i £987,000 wedi hyn a hyn o gemau i'r Palas ac yn sgil y £2·8 miliwn dalodd Blackburn, pencampwyr Uwchgynghrair Lloegr ar y pryd, am Chris yn Rhagfyr 1995. Collodd Chris flwyddyn gron oherwydd anaf achilles a methodd ag adennill ei le dan reolwr newydd Blackburn, Roy Hodgson. Felly symudodd Chris at Kevin Keegan yn Fulham am £2·1 miliwn o arian Mohamed Al-fayed a disgleiriodd fel capten yng nghanol yr amddiffyn, gyda **Kit Symons** i ddechrau ac yna **Andy Melville**, wrth i Fulham godi o Adran 2 yn 1999 ac i'r Uwchgynghrair yn 2001. Daeth gyrfa Chris i ben fel chwaraewr pan aeth ei gar Jaguar oddi ar y ffordd ddechrau Ionawr 2001. Wedi 18 llawdriniaeth ar ei goes dde collodd Chris y frwydr i adennill ei ffitrwydd. Cafodd cefnogwyr Cymru gyfle unigryw i ffarwelio ag un o amddiffynwyr gorau'r cyfnod pan ymddangosodd fel eilydd hwyr iawn wrth inni ddathlu buddugoliaeth dros yr Almaen. Arhosodd Chris yn Craven Cottage fel hyfforddwr a dechreuodd ar ei yrfa newydd fel rheolwr ym mis Mai 2003 (yr ieuengaf yn yr Uwchgynghrair ar y pryd) pan olynodd Jean Tigana yn Fulham. Llwyddodd Chris i gadw Fulham yn yr Uwchgynghrair ond chafodd e ddim llawer o amser i wneud ei farc yn Sbaen, Coventry na Gwlad Groeg. Newidiodd popeth yn nhymor 2015-16 wrth iddo brofi llwyddiant eithriadol yng nghystadleuaeth Ewro 2016.

* Er ei fod yn amddiffynnwr fe sgoriodd Chris dair gôl yn ei bum gêm ryngwladol gyntaf ond fe gafodd gêm annodweddiadol o drychinebus yn y Swistir (**466**) pan sgoriodd yn ei rwyd ei hun ac ildio cic o'r smotyn.

Danny Collins
Amddiffynnwr

Ganed: 6 Awst 1980, Caer (Daniel Lewis Collins)

Ei dad o Fancot

Cymru: 2005-11
Cap cyntaf: Gêm **528**, 24 oed; **Cap olaf:** Gêm **586**, 30 oed

12 cap (posibl 59); Gemau llawn 6; Eilyddiwyd 2; Ymlaen fel eilydd 4

Ennill 5; Cyfartal 1; Colli 6; Cwpan y Byd 2; Penc. Ewrop 4; *Eraill* 6; Lloegr C 6 chap

Clybiau
333 o gemau cynghrair, 12 gôl

	Yr Wyddgrug			
	Bwcle			
2001-04	Caer	12 gêm	1 gôl	
2002-03	*Vauxhall Motors af*			
2004-09	Sunderland	149 gêm	3 gôl	(7 cap)
2009-12	Stoke C	50 gêm		(5 cap)
2011	*Ipswich T af*	16 gêm	3 gôl	
2012	*West Ham U af*	11 gêm	1 gôl	
2012-15	Nottingham F	71 gêm	2 gôl	
2015-16	Rotherham U	24 gêm	2 gôl	

Medalau, ac ati
- Y Gyngres 2004
- Y Bencampwriaeth 2005 a 2007

Llai na boddhaol
Dewiswyd Danny i garfan gyntaf **John Toshack** yn 2005, a gyda gyrfaoedd rhyngwladol **Andy Melville** a **Rob Page** yn dirwyn i ben fe ymddangosai y byddai'n ennill llwyth o gapiau fel cefnwr chwith neu fel amddiffynnwr canol. Dechreuodd y berthynas rhwng y chwaraewr a'r rheolwr suro wedi dim ond blwyddyn pan ddewiswyd **Lewin Nyatanga**, 17 oed, i wynebu Paraguay (**537**). Yn y gêm flaenorol yng Nghyprus cafodd Danny noson i'w hanghofio pan ildiodd gic o'r smotyn a enillodd y gêm i'r tîm cartref, ac fe gafodd ei eilyddio ar yr egwyl. Tynnodd Danny allan o'r carfanau nesaf ond daeth at ei goed ac fe ymddiheurodd i Toshack am ddweud nad oedd am chwarae i Gymru eto tra byddai ef yn rheolwr. Wedi i Danny dynnu allan eto ym mis Medi 2007 oherwydd ei fod am ganolbwyntio ar gadw ei le yn nhîm Sunderland yn Uwchgynghrair Lloegr, welsom ni mohono wedyn tan i **Brian Flynn** olynu Toshack yn 2010. Yn y cyfamser bu Danny'n chwaraewr y flwyddyn yn

Sunderland yn 2008 a 2009 cyn symud i Stoke am £2·75 miliwn. Gyda phrinder amddiffynwyr canol ar gael ar y pryd gallai tymor 2012-2013 wedi bod yn un mawr i Danny i Gymru ond fe benderfynodd ym mis Awst 2012 ei fod am roi ei holl sylw i'w glwb newydd.

* Yn wahanol i'r rhan fwyaf o chwaraewyr rhyngwladol modern roedd Danny'n gwybod sut beth oedd cael job go iawn. Gadawodd yr ysgol i hyfforddi fel saer coed a chyn iddo ymuno â Chaer fe enillai £70 yr wythnos mewn ffatri oedd yn cynhyrchu drysau a grisiau.

James Collins
Amddiffynnwr canol

Ganed: 23 Awst 1983, Casnewydd (James Michael Collins)

Brawd i Josh Collins – Cwmbrân/46 o gemau cynghrair, 5 gôl

Cymru: 2004-16
Cap cyntaf: Gêm **521**, 20 oed; **Cap diweddaraf:** Gêm **630**, 32 oed

49 cap (posibl 110); 3 yn gapten; 3 gôl

Gemau llawn 34; Eilyddiwyd 8; Ymlaen fel eilydd 6; Cerdyn coch 1 (**596**)

Ennill 14; Cyfartal 9; Colli 26; Cwpan y Byd 18 – 1 gôl;

Penc. Ewrop 16 – 1 gôl [Ffrainc 2016 = 2 gêm]; *Eraill* 15 – 1 gôl; Dan 21 oed 8 cap – capten

Clybiau
310 o gemau cynghrair, 11 gôl

2001-05	Caerdydd	66 gêm	3 gôl	(6 chap)
2005-09	West Ham U	54 gêm	2 gôl	(24 cap)
2009-12	Aston Villa	91 gêm	5 gôl	(9 cap)
2012-16	West Ham U	99 gêm	1 gôl	(10 cap)

Medalau, ac ati
* Chwaraewr Ifanc y Flwyddyn Cymru 2004 a 2005
* Cwpan yr FAW 2002

Capiau o bob maint
Yn ei ieuenctid chwaraeai James fel blaenwr, yna daeth cyfnod o fod yn flaenwr ac yn amddiffynnwr – weithiau yn yr un gêm! Ond unwaith y datblygodd ei ddealltwriaeth gyda **Danny Gabbidon** yng nghalon amddiffyn Caerdydd doedd dim troi'n ôl a bu'r ddau'n bartneriaid i Gymru, Caerdydd a West Ham tan fis Medi 2009 pan symudodd James i'r Villa am £5 miliwn. Roedd James a Gabbidon wedi ymuno â West Ham yr un pryd yn ystod haf 2005 am gyfanswm o oddeutu £3·5 miliwn er mwyn clirio £2·5 miliwn o ddyledion yr Adar Glas. Ymhen y flwyddyn roedd y ddau nôl yng Nghaerdydd ar gyfer ffeinal Cwpan FA Lloegr

ond bu'n rhaid i James fodloni ar wylio o'r fainc wrth i Lerpwl ennill 3–2. Bu James yn aelod o garfan Cymru ers gwanwyn 2004, ac eithrio cyfnodau pan oedd wedi ei anafu, neu wedi colli ei le i **Darcy Blake** yn 2011. Erbyn tymor 2012-13 roedd James nôl yn West Ham, a nôl yn nhîm Cymru i wynebu Gwlad Belg yng Nghaerdydd, gêm gystadleuol gyntaf **Chris Coleman** fel rheolwr. Y noson honno gwelsom gamgymeriad gan James gostiodd yn ddrud i Gymru. Cafodd James gerdyn coch am ei dacl drwsgwl ac roedd ymgyrch arall yng Nghwpan y Byd ar ben cyn dechrau. Adroddwyd yn 2013 fod rhwyg rhwng James a Coleman ond bu'r ddau'n ddigon doeth i gyfarfod am baned mewn canolfan siopa yng nghanol Caerdydd. Bu i'r ddau gymodi, cafodd James ail wynt yn West Ham a bu'n aelod o garfan gemau rhagbrofol a therfynol Ewro 2016.

* James oedd y Cymro cyntaf i ennill capiau dan 14, 15, 16, 17, 19, 20 a 21 oed, a chap llawn, ac fe fu'n gapten y timau dan 19 a 21 oed, a'r tîm hŷn.

Jack Collison
Canol y cae

Ganed: 2 Hydref 1988, Watford (Jack David Collison)
Cartref: Harrow

Ei daid o Fedwellte. Nai i John Gwilliam, chwaraewr rygbi rhyngwladol

Cymru: 2008-14
Cap cyntaf: Gêm **559**, 19 oed; **Cap olaf:** Gêm **609**, 25 oed
16 cap (posibl 51); Gemau llawn 2; Eilyddiwyd 10; Ymlaen fel eilydd 4
Ennill 7; Cyfartal 1; Colli 8; Cwpan y Byd 2; Penc. Ewrop 1; *Eraill* 13; Dan 21 oed 7 cap

Clybiau
128 o gemau cynghrair, 11 gôl

2007-14	West Ham U	105 gêm	11 gôl	(16 cap)
2013	*Bournemouth af*	4 gêm		
2014	*Wigan Ath af*	9 gêm		
2014	Ipswich T	0 gêm		
2015-16	Peterborough U	10 gêm		

Medalau, ac ati
• Enillydd gemau ail gyfle'r Bencampwriaeth 2012

Ei ben-glin wedi ei adael i lawr
Un o gyd-chwaraewyr Jack yn West Ham oedd **Craig Bellamy** ddaeth â'i wreiddiau teuluol i sylw **Brian Flynn**, rheolwr timau iau Cymru. Daeth Jack yn aelod allweddol o'r tîm dan

21 gafodd fuddugoliaethau dros Bosnia, Ffrainc a Malta yn nhymor 2007-08, a Jack yn sgorio gôl wych yn ei gêm gyntaf yn Wrecsam. Cafodd Jack ei gyfle cyntaf i West Ham ar Ddydd Calan 2008 yn Arsenal a dilynodd ei gap cyntaf ym mis Mai. Gyda dyfodiad yr Eidalwr Gianfranco Zola i West Ham cafodd Jack hyfforddiant personol gan un o'r meistri a phroffwydwyd dyfodol disglair i'r Llundeiniwr tal. Dechreuodd ei broblemau pan anafodd ei ben-glin ym mis Mawrth 2009, a daeth hynny'n ôl i'w boeni'n gyson. Wedi iddo gael ei anafu yn erbyn Sweden yn 2010 (**577**) ni chwaraeodd eto am 14 mis. Daeth Jack nôl i helpu West Ham godi i Uwchgynghrair Lloegr yn 2012 ond fe gafodd ei ryddhau yn 2014. Wedi hynny bu'n canolbwyntio ar gael ei hun yn ffit eto, sefydlodd Ysgol Bêl-droed Jack Collison, mynychodd gyrsiau i hyfforddwyr a dechreuodd gwrs prifysgol mewn newyddiaduraeth chwaraeon. Cyhoeddodd ym mis Chwefror 2016 ei fod wedi colli'r frwydr a'i fod yn ymddeol.

* Oherwydd ei fod wedi ennill ei gapiau mewn gemau 'cyfeillgar', ac wedi methu cymaint o gemau Cymru yng Nghwpan y Byd a Phencampwriaeth Ewrop rhwng 2008 a 2011, bu'r wasg yn dyfalu tybed fyddai Jack yn dewis chwarae i wlad ei eni. Sylw'r rheolwr, **John Toshack**, oedd y byddai'n colli pob ffydd mewn dynoliaeth petai hynny'n digwydd.

John Cornforth
Canol y cae

Ganed: 7 Hydref 1967, Whitley Bay (John Michael Cornforth)

Ei nain o Donypandy

Cymru: 1995
Cap cyntaf: Gêm **459**, 27 oed; **Cap olaf:** Gêm **461**, 27 oed
2 gap (posibl 3); Gemau llawn 1; Ymlaen fel eilydd 1; Colli 2; Penc. Ewrop 2

Clybiau
297 o gemau cynghrair, 32 gôl

1985-91	Sunderland	32 gêm	2 gôl	
1986	Doncaster R af	7 gêm	3 gôl	
1989	Amwythig af	3 gêm		
1990	Lincoln C af	9 gêm	1 gôl	
1991-96	Abertawe	149 gêm	16 gôl	(2 gap)
1996	Birmingham C	8 gêm		
1996-99	Wycombe W	47 gêm	6 gôl	
1998	Peterborough U af	4 gêm		
1999	Caerdydd	10 gêm	1 gôl	
1999	Scunthorpe U	4 gêm	1 gôl	
2000	Exeter C	24 gêm	2 gôl	

Rheolwr

2001-02	Exeter C
2004-05	Casnewydd
2006	Torquay U

Medalau, ac ati

- Tlws Cynghrair Lloegr (Autoglass) 1994 – capten
- Aelod o Oriel Anfarwolion Abertawe 2012

'Geordie'

'Geordie' oedd yn falch iawn o fod yn Gymro mabwysiedig oedd John. Treuliodd bum tymor hapus ar y Vetch a phriododd Gymraes. Enillodd John ei ddau gap yn 1995 ond roedd 1996 yn flwyddyn hunllefus iddo. Gobeithiai y byddai symud i Birmingham am £350,000 yn cryfhau ei gyfleon am ragor o gapiau ond wedi 8 gêm dangosodd y rheolwr newydd, Trevor Francis, y drws i John, ac roedd ar y ffordd i Wycombe am £50,000. Ar y maes rhyngwladol daeth Bobby Gould i olynu Mike Smith ac ni welwyd John yn gwisgo'r crys coch eto. Ar ôl ymddeol bu'n hyfforddi Torquay, Blyth Spartans a Durham City, a gweithio i Cancer Research UK.

*   Cyn diwedd 1996 cafwyd John yn euog yn yr Uchel Lys o fod yn esgeulus wrth daclo Brian McCord o Stockport County ar y Vetch yn 1993. Torrwyd coes McCord mewn dau le ac ni chwaraeodd wedyn. John oedd y chwaraewr cyntaf i golli achos o'r fath.

David Cotterill
Asgellwr/canol y cae

Ganed: 4 Rhagfyr 1987, Caerdydd (David Rhys George Best Cotterill)
Cartref: Trelái

Cymru: 2005-16
Cap cyntaf: Gêm **535**, 17 oed; **Cap diweddaraf:** Gêm **622**, 28 oed
23 cap (posibl 88); 2 gôl; Gemau llawn 2; Eilyddiwyd 4; Ymlaen fel eilydd 18
Ennill 9; Cyfartal 6; Colli 8; Cwpan y Byd 2; Penc. Ewrop 6 – 1 gôl [Ffrainc 2016 = 0 gêm]
Eraill 15 – 1 gôl; Dan 21 oed 11 cap – 4 gôl

Clybiau
350 o gemau cynghrair, 48 gôl

2005-06	Bristol C	62 gêm	8 gôl	(3 chap)
2006-08	Wigan Ath	18 gêm	1 gôl	(8 cap)
2008-09	Sheffield U	54 gêm	6 gôl	(4 cap)

2009-12	Abertawe	35 gêm	4 gôl	(4 cap)
2011	*Portsmouth af*	15 gêm	1 gôl	
2012	Barnsley	11 gêm	1 gôl	
2012-14	Doncaster R	84 gêm	14 gôl	(1 cap)
2014-16	Birmingham C	71 gêm	13 gôl	(3 chap)

Medalau, ac ati

- Adran 1 2013
- Aelod o dîm adrannol y flwyddyn PFA 2013

Cafodd ei werthu ddwywaith yr un diwrnod

Bu sawl digwyddiad o bwys ym mywyd David tra roedd yn dal yn ei arddegau. Yn 16 oed fe chwaraeodd ei gêm gynghrair gyntaf i Bristol City yn Adran 1, y clwb a'i cipiodd dan drwynau Caerdydd pan oedd yn 11 oed. Pan aeth David ymlaen i ennill ei gap cyntaf yn lle **Ryan Giggs** mewn gêm Cwpan y Byd yn Stadiwm y Mileniwm yn 2005, roedd yn 17 mlwydd a 312 diwrnod oed, ac felly ein chwaraewr ieuengaf erioed mewn cystadleuaeth (ar y pryd). Yn 18 oed fe ymunodd David â Wigan yn Uwchgynghrair Lloegr am £2 filiwn, ond oherwydd diffyg cysondeb methodd â sefydlu ei hun yno, ac fe amharodd hynny ar ei ddatblygiad fel chwaraewr rhyngwladol. Yn 2007 fe gafodd David ei anfon nôl i'r tîm dan 21 oed gan **John Toshack** i'w atgoffa ef, ac eraill, na ddylent gymryd eu lle yn ganiataol, yn enwedig pan nad ydynt yn chwarae'n gyson i'w clybiau. Yr un flwyddyn David oedd y cyntaf i ymddangos fel eilydd i Gymru ac yna cael ei eilyddio ei hun 25 munud yn ddiweddarach! Roedd y £600,000 dalodd Abertawe am David yn Ionawr 2010, wedi cwpwl o fisoedd ar fenthyg, yn record i'r Elyrch. Ddwy flynedd union yn ddiweddarach cafodd David ei ryddhau yn rhad ac am ddim, heb chwarae'r un gêm wedi i'r clwb ennill dyrchafiad i Uwchgynghrair Lloegr yn 2011. Cafodd David ail wynt gyda Doncaster a Birmingham a llwyddodd i adennill ei le yng ngharfan Cymru ar gyfer gemau rhagbrofol Ewro 2016.

* Gwerthwyd David ddwywaith yr un diwrnod yn 2006! Roedd David eisoes wedi cael prawf meddygol ac wedi llofnodi trosglwyddiad o Bristol C yn Adran 1 i Norwich C yn y Bencampwriaeth pan dderbyniodd clwb Bryste gynnig gan Wigan o'r Uwchgynghrair. Cytunodd Norwich i'w ryddhau fel y gallai ymuno â Wigan.

Danny Coyne
Gôl-geidwad

Ganed: 27 Awst 1973, Prestatyn (Daniel Coyne)

Cymru: 1996-2007
Cap cyntaf: Gêm **466**, 22 oed; **Cap olaf:** Gêm **553**, 34 oed

16 cap (posibl 88); Gemau llawn 11; Eilyddiwyd 3; Ymlaen fel eilydd 2
Ennill 4; Cyfartal 5; Colli 7; Cwpan y Byd 4; Penc. Ewrop 3; *Eraill* 9; B 1 cap; Dan 21 oed 9 cap

Clybiau
441 o gemau cynghrair

1991-99	Tranmere R	111 gêm	(1 cap)
1999-03	Grimsby T	181 gêm	(1 cap)
2003-04	Leicester C	4 gêm	(3 chap)
2004-07	Burnley	40 gêm	(10 cap)
2007-09	Tranmere R	80 gêm	(1 cap)
2009-12	Middlesbrough	25 gêm	
2012-14	Sheffield U	0 gêm	
2013-14	*Amwythig af*	0 gêm	

Briwsion
Ymddangosai mai Danny neu **Darren Ward** fyddai'n olynu **Neville Southall** fel golwr Cymru ond roedd gan yr hwyrddyfodiad **Paul Jones** syniadau eraill a bu'n rhaid i'r ddau fodloni ar friwsion. Naw mlynedd wedi iddo ennill ei gap cyntaf daeth Danny yn ddewis cyntaf **John Toshack** ar gyfer chwe gêm agoriadol y rheolwr newydd yn 2005. Yna cafodd Danny anaf cas i'w ben-glin a'i cadwodd yn segur am fisoedd. Daeth ei yrfa ryngwladol i ben wedi iddo golli ei le i'r seren ifanc newydd, **Wayne Hennessey**. Ar ôl ymddeol bu'n hyfforddwr a rheolwr cynorthwyol yr Amwythig.

* Treuliodd Danny un tymor yn Uwchgynghrair Lloegr gyda Leicester C ond methodd â disodli Ian Walker ac un gêm yn unig ddaru Danny ddechrau ynddi.

Andy Crofts
Canol y cae

Ganed: 29 Mai 1984, Chatham (Andrew Laurence Crofts)

Cymru: 2005-16
Cap cyntaf: Gêm **535**, 21 oed; **Cap diweddaraf:** Gêm **622**, 31 oed
28 cap (posibl 88); Gemau llawn 7; Eilyddiwyd 4; Ymlaen fel eilydd 17
Ennill 11; Cyfartal 6; Colli 11; Cwpan y Byd 3; Penc. Ewrop 8; *Eraill* 17; Dan 21 oed 10 cap

Clybiau
372 o gemau cynghrair, 35 gôl

2003-09	Gillingham	174 gêm	17 gôl	(12 cap)
2008	*Peterborough U af*	9 gêm		

2009-10	Brighton & H A	44 gêm	5 gôl	(1 cap)
2010-12	Norwich C	68 gêm	8 gôl	(10 cap)
2012-16	Brighton & H A	71 gêm	5 gôl	(5 cap)
2016	*Gillingham af*	6 gêm		

'Allan am weddill y tymor'

Andy oedd y nawfed chwaraewr i ennill cap cyntaf yn ystod wyth gêm agoriadol **John Toshack** wrth i'r rheolwr newydd ostwng oedran y garfan yn sylweddol. Ar y pryd roedd Andy a Gillingham newydd ddisgyn o'r Bencampwriaeth. Cyn iddo ymuno â Gillingham, ei glwb lleol, roedd Andy wedi treulio chwe blynedd dan hyfforddiant yn Chelsea gyda phobl fel Glenn Hoddle, Ruud Gullit a Gianluca Vialli. Andy oedd chwaraewr y flwyddyn Gillingham yn 2007 ac fe gafodd ei wneud yn gapten, ond fe gollodd y gapteniaeth pan ddisgynnodd y clwb i'r lefel isaf yn 2008 am un tymor. Bu'n gapten ar Brighton hefyd cyn symud i Norwich ac fe enillodd y clwb hwnnw ddyrchafiad i Uwchgynghrair Lloegr ar ddiwedd tymor cyntaf Andy yno. Roedd 2014 yn flwyddyn hunllefus i Andy wrth i'r pennawd 'Allan am weddill y tymor' ymddangos ddwywaith, yn Ionawr a Hydref, a bu'n rhaid iddo gael llawdriniaeth.

*   Roedd y 12 cap enillodd Andy gyda Gillingham yn dal yn record i'r clwb yn 2016.

Mark Crossley
Gôl-geidwad

Ganed: 16 Mehefin 1969, Barnsley (Mark Geoffrey Crossley)
Llysenw: Norm, oherwydd ei fod yr un ffunud â Norman Whiteside (Man U a Gogledd Iwerddon)

Ei daid o Wrecsam

Big Norm, Looking After No. 1 (2011)

Cymru: 1997-2004
Cap cyntaf: Gêm **472**, 27 oed; **Cap olaf:** Gêm **523**, 35 oed
8 cap (posibl 52); 4 llechen lân; Gemau llawn 3; Eilyddiwyd 1; Ymlaen fel eilydd 4
Ennill 3; Cyfartal 3; Colli 2; Penc. Ewrop 1; *Eraill* 7; B 1 cap; Dan 21 oed (Lloegr) 3 chap

Clybiau
451 o gemau cynghrair, 1 gôl

1987-00	Nottingham F	303 gêm	(3 chap)
1989-90	*Manchester U af*	0 gêm	
1998	*Millwall af*	13 gêm	
2000-03	Middlesbourough	23 gêm	(3 chap)

2002-03	*Stoke C af*	12 gêm		
2003-07	Fulham	20 gêm		(2 gap)
2006-07	*Sheffield Wed af*	17 gêm	1 gôl	
2007-09	Oldham Ath	59 gêm		
2009-11	Chesterfield	4 gêm		

Yng nghysgod Paul Jones

Roedd Mark yn 27 oed a 250 o gemau cynghrair i'w enw pan gafodd ei berswadio gan Bobby Gould i brofi ei fod yn gymwys i chwarae i Gymru, a gwelai Mark fod gyrfa **Neville Southall** yn dirwyn i ben. Cafodd Mark gêm gyntaf dda iawn, yna cafodd ei anafu a daeth **Paul Jones** i'r tîm. Mae'r gweddill yn hanes – 8 cap i Mark mewn 7½ mlynedd, a 24 o gemau eraill yn eistedd ar y fainc. Sgoriodd Mark ei unig gôl gynghrair gyda'i ben o gic gornel, i Sheffield Wednesday yn erbyn Southampton, 23 Rhagfyr 2006. Fe fuodd yn hyfforddwr gyda Chesterfield, Sheffield Wednesday a Barnsley, ac yn is-reolwr Notts County yn 2016, yn ogystal â bod yn siaradwr mewn ciniawau, ac arbenigai mewn storïau am Brian Clough, y rheolwr roddodd y cyfle cyntaf i'r Mark ifanc.

* Arbedodd Mark gic o'r smotyn gan Gary Lineker yn ffeinal Cwpan FA Lloegr yn 1991, a Mark yw'r unig smotyn du ar record wych Matthew Le Tissier o'r smotyn gwyn – 47 o'i 48 yn cyrraedd y bag winwns.

Vic Crowe
Hanerwr

Ganed: 31 Ionawr 1932, Abercynon (Victor Herbert Crowe)
Llysenw: Spike
Cartref: Handsworth, Birmingham
Bu farw: 21 Ionawr 2009, Sutton Coldfield, 76 oed

Mab i Frank – Birmingham C, Merthyr Town, Chesterfield a Rochdale

Cymru: 1958-62

Cap cyntaf: Gêm **231**, 26 oed; **Cap olaf:** Gêm **250**, 30 oed
16 cap (posibl 20); 8 yn gapten; Gemau llawn 16; Ennill 4; Cyfartal 4; Colli 8
Cwpan y Byd 2 [Sweden 1958 = 0 gêm]; Penc. Ewrop 1; Penc. Prydain 9; *Eraill* 4

Clybiau
401 o gemau cynghrair, 12 gôl

1952-64	Aston Villa	294 gêm	10 gôl	(16 cap)
1964-67	Peterborough U	56 gêm		
	Atlanta Chiefs	51 gêm	2 gôl	

Rheolwr

1970-74	Aston Villa
1975-76	Portland Timbers
1980-82	Portland Timbers

Medalau, ac ati

- Yr Ail Adran 1960 – capten
- Cwpan Cynghrair Lloegr 1961 – capten
- Y Drydedd Adran 1972 – rheolwr

Chwedl yn ei fro ei hun

Roedd Vic yn aelod o garfan Cymru yn Sweden yn 1958 ond bu'n rhaid iddo aros ychydig fisoedd ar ôl dod gartref o Sweden cyn ennill ei gap cyntaf, ar faes ei glwb ei hun, pryd y cafodd y dasg o farcio'r Bobby Charlton ifanc. Profodd Vic lwyddiant a siom yn ystod ei 17 mlynedd ar Barc Villa fel chwaraewr, hyfforddwr a rheolwr. Y siom fwyaf oedd methu ffeinal Cwpan FA Lloegr yn 1957 oherwydd anaf. Fe fuodd Vic yn hyfforddwr llwyddiannus yn yr Unol Daleithiau wrth i Atlanta Chiefs ennill y bencampwriaeth yno yn 1968, ac yna yn 1975 pan aeth â Portland Timbers i ffeinal.

* Dwyflwydd oed oedd Vic pan symudodd ei deulu o Gymru i Birmingham, felly'r ddinas honno a'r cyffiniau fu ei gartref am y rhan fwyaf o'i oes, a'r acen leol oedd ar ei wefusau.

Alan Curtis
Blaenwr

Ganed: 16 Ebrill 1954, Y Pentre, Y Rhondda (Alan Thomas Curtis)

Nai i **Roy Paul**

Curt (2009)

Cymru: 1975-87

Cap cyntaf: Gêm **323**, 20 oed; **Cap olaf:** Gêm **404**, 32 oed

35 cap (posibl 82); 6 gôl; Gemau llawn 21; Eilyddiwyd 8; Ymlaen fel eilydd 6

Ennill 7; Cyfartal 10; Colli 18; Cwpan y Byd 5 – 1 gôl

Penc. Ewrop 7 – 1 gôl [1976 = 2 gêm, fel eilydd]

Penc. Prydain 13 – 1 gôl; *Eraill* 10 – 3 gôl; Dan 23 oed 1 cap; Dan 21 oed 1 cap

Clybiau

570 o gemau cynghrair, 115 gôl

1972-79	Abertawe	248 gêm	71 gôl	(14 cap)
1979-80	Leeds U	28 gêm	5 gôl	(6 chap)

1980-83	Abertawe	90 gêm	21 gôl	(9 cap)
1983-86	Southampton	50 gêm	5 gôl	(5 cap)
1986	*Stoke C af*	3 gêm		
1986-89	Caerdydd	125 gêm	10 gôl	(1 cap)
1989-90	Abertawe	26 gêm	3 gôl	
1990-91	Y Barri			
1991-92	Hwlffordd			
1992-93	Treforus			
1993-94	Y Barri			
1995	Caerfyrddin			
	Mumbles Rangers			

Medalau, ac ati

- Cwpan Cymru 1981, 1982, 1988, 1994
- Aelod o dîm adrannol y flwyddyn PFA 1977, 1978 a 1979
- Aelod o Oriel Anfarwolion Abertawe 2012
- Gwobr Arbennig Cymdeithas Bêl-droed Cymru 2015
- Gwobr Cyfraniad Oes gan Ymddiriedolaeth Cefnogwyr Abertawe 2016

Rhan annatod o chwedloniaeth y Vetch a'r Liberty

29 Awst 1981 – gêm gyntaf Abertawe yn yr Adran Gyntaf. Rhedodd Alan lawr y dde tuag at yr hen eistedlle dybl-decyr ar y Vetch (oedd yn llawn o gefnogwyr Leeds), yr ysgwydd yn mynd lawr a'r ergyd yn taro to'r rhwyd. Abertawe–5, Leeds U–1: digwyddiad a seriwyd ar gof y Jacs am byth. Roedd Alan wedi ymuno ag Abertawe yn syth o'r ysgol ac wedi serennu gyda 32 gôl wrth i **John Toshack** godi'r Elyrch o'r Bedwaredd Adran. Yn 1979 talodd Leeds £350,000 amdano, oedd yn record i'r ddau glwb ac i'r Drydedd Adran. Ymhen 18 mis roedd Alan nôl ar y Vetch am £170,000 i chwarae ei ran wrth i'r Elyrch godi o'r Ail Adran i'r Gyntaf. Erbyn Tachwedd 1983 roedd yr esgid yn gwasgu'n ddifrifol a gwerthwyd Alan i Southampton am ddim ond £80,000. Roedd yn anochel y byddai Alan yn dychwelyd i'r Vetch rywbryd a gwnaeth hynny wedi iddo ddisgleirio yng Nghaerdydd, o bobman – a chael ei fŵan gan gefnogwyr y ddau glwb mewn gêm ddarbi. Chwaraeodd Abertawe eu gêm gyntaf un ar stadiwm newydd y Liberty yn erbyn Fulham ar 23 Gorffennaf 2005, sef gêm dysteb haeddiannol i Alan, gwir seren a gŵr bonheddig diymhongar.

* Rhestrodd Alan y swyddi a gyflawnodd i Abertawe – chwaraewr, swyddog y gymuned, hyfforddwr ieuenctid, hyfforddwr y tîm cyntaf, is-reolwr, rheolwr dros dro, pennaeth ieuenctid, is-reolwr (eto), croesawydd ar ddiwrnod gêm, is-reolwr (eto), hyfforddwr y tîm cyntaf (eto), ac yna'n rheolwr interim llwyddiannus yn 2016.

Ray Daniel
Amddiffynnwr canol

Ganed: 2 Tachwedd 1928, Abertawe (William Raymond Daniel)
Cartref: Plas-marl, Abertawe
Llysenw: Bebe
Bu farw: 6 Tachwedd 1997, Clevedon, Gwlad yr Haf, 69 oed

Cymru: 1950-57
Cap cyntaf: Gêm **188,** 22 oed; **Cap olaf:** Gêm **218,** 28 oed
21 cap (posibl 31); Gemau llawn 21; Ennill 7; Cyfartal 4; Colli 10
Cwpan y Byd 4; Penc. Prydain 13; *Eraill* 4

Clybiau
273 o gemau cynghrair, 18 gôl

1943-46	Abertawe			
1946-53	Arsenal	87 gêm	5 gôl	(12 cap)
1953-57	Sunderland	136 gêm	6 gôl	(9 cap)
1957-58	Caerdydd	6 gêm		
1958-60	Abertawe	44 gêm	7 gôl	
1960-67	Henffordd			
Rheolwr				
1962-63	Henffordd			

Medalau, ac ati
- Yr Adran Gyntaf 1953
- Aelod o Oriel Anfarwolion Abertawe 2015

Amddiffynnwr deallus a charismataidd
Roedd Ray yn olynydd teilwng i **TG Jones** yn y crys rhif 5 i Gymru, ac yn wahanol i'r rhelyw o amddiffynwyr canol yn y 1950au gallai drin y bêl yn gywrain a deallus. Collodd ei le yn nhîm Cymru i **John Charles** ac yna i **Mel Charles**. Daeth ei yrfa ryngwladol i ben mewn amgylchiadau rhyfedd, ac yn rhannol oherwydd diffyg paratoi gan yr FAW: dim ond 13 chwaraewr deithiodd ar gyfer dwy gêm ragbrofol Cwpan y Byd yn Leipzig a Phrâg yn 1957; oherwydd anafiadau yn y gêm gyntaf cafodd Ray ei alw o'i wyliau, roedd ei esgidiau newydd sbon yn anghyffordus, a llwyddodd i sgorio gôl drawiadol i'w rwyd ei hun. Er ei fod heb ymarfer, a'i draed yn boenus, ac wedi gorffen y gêm yn nhraed ei sanau, chwaraeodd Ray yn arwrol. Roedd Ray yn gymeriad lliwgar ac allblyg ac ar y bws wedi'r gêm ym Mhrâg cafodd gerydd gan ysgrifennydd yr FAW am ei ddewis o ganeuon. Ni welwyd Ray yn y crys coch wedi hynny. Ray oedd chwaraewr proffesiynol cyntaf Henffordd

ac ar ôl ymddeol bu'n cadw tafarn, yn rheolwr lleol cwmni brandi, ac yn cadw swyddfa bost yn Y Cocyd, Abertawe.

* Yn 1957 gwaharddwyd Ray, ac eraill, rhag chwarae am dderbyn cildwrn gan eu clwb, Sunderland. Codwyd y gwaharddiad a dywedodd Ray yn ddiweddarach iddo wneud yr hyn yr oedd cannoedd o chwaraewyr eraill yn ei wneud yn gyson.

Alan Davies
Canol y cae

Ganed: 5 Rhagfyr 1961, Manceinion
Cartref: Salford
Bu farw: 4 Chwefror 1992, Horton, Abertawe, 30 oed

Cymru: 1983-90
Cap cyntaf: Gêm **378**, 21 oed; **Cap olaf:** Gêm **422**, 30 oed;
13 cap (posibl 43); Gemau llawn 11; Eilyddiwyd 2; Ennill 5; Cyfartal 3; Colli 5
Cwpan y Byd 4; Penc. Prydain 3; *Eraill* 6; Dan 21 oed 6 chap

Clybiau
186 o gemau cynghrair, 15 gôl

1978-85	Manchestert U	7 gêm		(7 cap)
1985-86	Newcastle U	21 gêm	1 gôl	(1 cap)
1986	*Charlton Ath af*	1 gêm		
1986	*Carlisle U af*	4 gêm	1 gôl	
1987-89	Abertawe	84 gêm	8 gôl	(3 chap)
1989-90	Bradford C	26 gêm	1 gôl	(2 gap)
1990-92	Abertawe	43 gêm	4 gôl	

Medalau, ac ati
- Cwpan FA Lloegr 1983
- Cwpan Cymru 1989
- Aelod o dîm adrannol y flwyddyn PFA 1988

Stori dylwyth teg a drodd yn hunllef
Daeth Alan i amlygrwydd yn syfrdanol o sydyn ym mis Mai 1983. Cafodd ei gyfle mawr yn nhîm cyntaf Man U ac arweiniodd hynny at chwarae yn ffeinal Cwpan FA Lloegr ac ennill ei gap cyntaf – y cyfan o fewn y mis. Collodd Alan y rhan fwyaf o dymor 1983-84 oherwydd iddo dorri ei goes wrth baratoi ar gyfer y tymor. Dioddefodd ragor o anafiadau gyda Newcastle ond adfywiwyd ei yrfa yn Abertawe wrth i'r Elyrch godi o'r Bedwaredd Adran i'r

Drydedd yn 1988. Torrodd Alan ei goes eto pan oedd gyda Bradford, ac erbyn Chwefror 1992 doedd Alan ddim yn aelod cyson o dîm Abertawe, a gwyddai fod ei gytundeb yn dirwyn i ben. Cafwyd ei gorff yn ei gar gerllaw pentref Horton oriau'n unig wedi iddo wylio fideo o ffeinal 1983. Roedd y cwymp o dîm cyntaf Man U i ail dîm Abertawe yn enfawr.

* Disgrifiwyd Alan gan **Terry Yorath**, ei reolwr gyda Chymru, Abertawe a Bradford, fel 'y Cymro mwyaf creadigol rydw i wedi gweithio gydag ef erioed'. Alan greodd y gôl i **Mark Hughes** oedd yn ddigon i guro'r Saeson ar y Cae Ras yn y gêm olaf rhwng y ddwy wlad ym Mhencampwriaeth Prydain (**385**).

Arron Davies
Canol y cae

Ganed: 22 Mehefin 1984, Caerdydd (Arron Rhys Davies)
Cartref: Llanilltud Fawr

Cymru: 2006
Unig gap: Gêm **538**, 21 oed; Ymlaen fel eilydd 1 (wedi 78 munud)
Ennill 1; *Eraill* 1; Dan 21 oed 14 cap – capten

Clybiau
323 o gemau cynghrair, 38 gôl

2002-04	Southampton	0 gêm		
2004	*Barnsley af*	4 gêm		
2004-07	Yeovil T	101 gêm	22 gôl	(1 cap)
2007-10	Nottingham F	32 gêm	1 gôl	
2009	*Brighton & HA af*	7 gêm		
2010	Yeovil T	10 gêm		
2010-11	Peterborough U	22 gêm	1 gôl	
2011-12	Northampton T	15 gêm	4 gôl	
2012-16	Exeter C	132 gêm	10 gôl	

Medalau, ac ati
• Adran 2 2005

Rhagflaenu Gareth Bale
Hyfforddwyd Arron yng nghanolfan rhagoriaeth Southampton yng Nghaerfaddon ac yna yn academi'r clwb oedd yn Uwchgynghrair Lloegr, yr union lwybr a droediwyd ychydig yn ddiweddarach gan fachgen arall o Gaerdydd, **Gareth Bale**. Pan enillodd Bale ei gap cyntaf dan 21 oed ym Mhort Talbot, Arron oedd y capten, ac fe enillodd y ddau eu capiau llawn 11

diwrnod yn ddiweddarach. A dyna lle mae llwybrau'r ddau'n gwahanu. Wrth i yrfa Bale fagu stêm chwaraeodd Arron ei holl gemau cynghrair yn adrannau 1 a 2, heblaw am 13 gêm i Forest yn y Bencampwriaeth.

* Yn 2007 fe sgoriodd Arron ddwy gôl yn erbyn Nottingham Forest i fynd â Yeovil i ffeinal gemau ail gyfle Adran 1 yn Wembley (a gollwyd yn erbyn Blackpool), ac arweiniodd hynny at drosglwyddiad Arron a Chris Cohen i Forest am £1 filiwn, oedd dal yn record i Yeovil yn 2016.

Ben Davies
Amddiffynnwr

Ganed: 24 Ebrill 1993, Castell-nedd (Benjamin Thomas Davies)
Cartref: Tonna Uchaf

Cymru: 2012-16
Cap cyntaf: Gêm **598**, 19 oed; **Cap diweddaraf:** Gêm **629**, 23 oed;
25 cap (posibl 32); Gemau llawn 23; Ymlaen fel eilydd 2
Ennill 12; Cyfartal 4; Colli 9; Cwpan y Byd 6; Penc. Ewrop 12 [Ffrainc 2016 = 5 gêm]; *Eraill* 7

Clybiau
100 o gemau cynghrair, 3 gôl

2012-14	Abertawe	71 gêm	3 gôl	(10 cap)
2014-16	Tottenham H	29 gêm		(15 cap)

Medalau, ac ati
* Cwpan Cynghrair Lloegr 2013
* Chwaraewr Ifanc y flwyddyn Cymru 2013 a 2014
* Yn rhestr 2014 y cylchgrawn *In Bed With Maradona* o'r 100 chwaraewr gorau yn y byd a aned wedi 1.1.92

Ei daflu i'r pen dwfn
Pan oedd yn ddisgybl yn Ysgol Gyfun Ystalyfera roedd gan Ben sgiliau naturiol ar gyfer rygbi a chriced yn ogystal â phêl-droed. Fel deiliad tocyn tymor yn y Liberty roedd ymuno ag academi Abertawe yn gam naturiol iddo ac fe enillodd gapiau dan 17 a 19 oed. Yna trawsnewidiwyd bywyd a gyrfa Ben dros nos pan dorrodd **Neil Taylor** ei ffêr ddechrau Medi 2012. Taflwyd Ben i ben dwfn Uwchgynghrair Lloegr, ac fe ymgartrefodd yn safle cefnwr chwith Abertawe yn hollol ddidrafferth. Erbyn diwedd tymor 2012-13 roedd gan Ben bum cap, yn absenoldeb Taylor, ac roedd wedi cynorthwyo'r Elyrch i ennill Cwpan Cynghrair Lloegr gyda buddugoliaeth swmpus 5–0 yn erbyn Bradford City yn Wembley. Wedi iddo wella bu Taylor a Ben yn cystadlu am yr un safle i'w clwb a'u gwlad, tan i Ben

symud i Tottenham yn 2014, gyda Gylfi Sigurdsson yn symud i'r Liberty. Dan arweiniad **Chris Coleman** profodd Ben y gallai chwarae yr un mor effeithiol i Gymru fel amddiffynnwr canol ac fe ddisgleiriodd yn y safle hwnnw yn Ffrainc yn Ewro 2016.

* Yn dilyn ei ddyrchafiad sydyn i dîm cyntaf Abertawe bu cryn dynnu coes yn y Liberty gyda chyd-chwaraewyr Ben yn dweud mai ef oedd yr unig chwaraewr yn Uwchgynghrair Lloegr gyda char heb ffenestri trydan, sef y VW Polo a gafodd yn 18 oed.

Craig Davies
Blaenwr

Ganed: 9 Ionawr 1986, Burton upon Trent (Craig Martin Davies)

Ei daid yn Gymro

Cymru: 2005-13
Cap cyntaf: Gêm **531**, 19 oed; **Cap olaf:** Gêm **603**, 27 oed; 7 cap (posibl 73)
Ymlaen fel eilydd 7; Ennill 4; Cyfartal 2; Colli 1; Cwpan y Byd 2; *Eraill* 5; Dan 21 oed 9 cap

Clybiau
368 o gemau cynghrair, 90 gôl

	Manchester C			
2004-06	Oxford U	48 gêm	8 gôl	(2 gap)
2006	Hellas Verona	1 gêm		(2 gap)
2006	*Wolverhampton W af*	23 gêm		
2007-09	Oldham Ath	44 gêm	10 gôl	(1 cap)
2008	*Stockport Co af*	9 gêm	5 gôl	
2009-10	Brighton & HA	21 gêm	1 gôl	
2009	*Yeovil T af*	4 gêm		
2010	*Port Vale af*	24 gêm	7 gôl	
2010	Chesterfield	41 gêm	23 gôl	
2011-13	Barnsley	60 gêm	19 gôl	(1 cap)
2013-15	Bolton W	53 gêm	10 gôl	(1 cap)
2014	*Preston NE af*	15 gêm	5 gôl	
2015-16	Wigan Ath	26 gêm	2 gôl	

Medalau, ac ati
* Aelod o dîm adrannol y flwyddyn PFA 2011
* Adran 2 2011
* Adran 1 2016

Aderyn brith

Cafodd Craig yr enw o fod yn aderyn brith, ar y cae pêl-droed ac oddi arno. Yn dilyn ei ddechrau da gyda thîm dan 21 oed Cymru roedd sôn am Craig fel olynydd posibl i **John Hartson**. Fe gafodd ddyrchafiad buan i'r tîm hŷn yn erbyn Slofenia, pan oedd Cymru heb rai o'r sêr fel **Ryan Giggs** a **Craig Bellamy**, ac felly fe enillodd Craig ei gap cyntaf pan oedd Cymru'n chwarae mewn crysau duon. Fe sgoriodd Craig hatric i'r tîm dan 21 – dim ond y trydydd Cymro i wneud hynny – pan oedd ar lyfrau Verona yn Serie B. Yn anffodus i Craig roedd y trosglwyddiad i'r Eidal yn aflwyddiannus. Roedd yn 20 oed a dywedodd iddo fethu cartrefu yno oherwydd ei fod yn hiraethu am ei deulu. Bu ond y dim iddo gael ei garcharu yn 2007 am aflonyddu ar ei gyn-gariad a bu achos o gythraul gyrru yn ei erbyn hefyd. Yn 2008 roedd Craig ar fin cael dyrchafiad arall o'r garfan dan 21 oed i'r garfan hŷn pan gollodd ei le yn y ddwy garfan ar gais ei glwb Oldham oherwydd iddo benio gwrthwynebwr.

* Yn dilyn cerdyn coch pan oedd yn chwarae i dîm dan 21 oed Cymru yn erbyn Israel yn 2006 fe gafodd Craig ei wahardd am bum gêm ryngwladol, oedd yn gyfnod o 18 mis.

Cyril Davies
Canol y cae

Ganed: 7 Medi 1948, Abertawe

Cymru: 1972
Unig gap: Gêm **300**, 24 oed
Eilydd 1 (hanner amser); Colli 1
Penc. Ewrop 1; Dan 23 oed 4 cap

Clybiau
78 o gemau cynghrair, 5 gôl

1966-68	Abertawe	0 gêm		
1968-69	Carlisle U	2 gêm		
1969-70	Yeovil T			
1970-72	Charlton Ath	76 gêm	5 gôl	(1 cap)

Cyrraedd pen y dalar yn 25 oed

Wedi iddo ddisgleirio i Yeovil yn ystod gemau Cwpan FA Lloegr, cafodd Cyril ail gyfle yn y Gynghrair gyda Charlton yn yr Ail Adran. Arweiniodd ei gapiau dan 23 at ei unig gap llawn yn ystod y gêm nid anenwog yn Bucharest pan oedd cymaint o'r 'sêr' yn absennol.

* Daeth gyrfa Cyril i ben pan oedd yn 25 oed oherwydd anaf i'w ben-glin.

Dai Davies
Gôl-geidwad

Ganed: 1 Ebrill 1948, Rhydaman (William David Davies)
Cartref: Glanaman

Hanner cystal â 'nhad (1985)
Never say Dai (1986)

Cymru: 1975-82
Cap cyntaf: Gêm **317,** 27 oed; **Cap olaf:** Gêm **374**, 34 oed; 52 cap (posibl 58)
1 yn gapten; 34 o gemau yn ddi-fwlch (**337**-**370**); 20 llechen lân, ildio 51 gôl
Gemau llawn 52; Ennill 20; Cyfartal 15; Colli 17
Cwpan y Byd 12; Penc. Ewrop 11 [1976 = 2 gêm]; Penc. Prydain 21; *Eraill* 8
Cyrhaeddodd Dai 50 cap mewn dim ond 54 o gemau, sy'n record i Gymru.
Dan 23 oed 4 cap

Clybiau
354 o gemau cynghrair

	Rhydaman		
	Coleg Addysg (Cyncoed) Caerdydd		
1969-70	Abertawe	9 gêm	
1970-77	Everton	82 gêm	(16 cap)
1974	*Abertawe af*	6 gêm	
1977-81	Wrecsam	144 gêm	(28 cap)
1981-83	Abertawe	71 gêm	(8 cap)
1983-84	Tranmere R	42 gêm	
1985	Bangor		
1985-86	Wrecsam		

Medalau, ac ati
- Cwpan Amatur Cymru 1969
- Cwpan Cymru 1978, 1982, 1986
- Y Drydedd Adran 1978
- Aelod o dîm adrannol y flwyddyn PFA 1978
- Aelod o Oriel Anfarwolion Wrecsam
- Aelod o Orsedd y Beirdd 1978 (Dai o'r Cwm)
- Aelod o Oriel Anfarwolion Abertawe 2015

Bedydd tân yn Budapest
Wedi dim ond dwy gêm gynghrair i Everton mewn pedair blynedd aeth Dai yn ôl i Abertawe

ar fenthyg, a dyna drobwynt pwysig yn ei yrfa. Fe gafodd Dai ddeufis o hyfforddiant gan yr hen ben Harry Gregg, rheolwr yr Elyrch, a dychwelodd Dai i Goodison yn llawn hyder – ac fe gafodd ei hun ar y rhestr drosglwyddo! Ond fe anafwyd David Lawson, gôl-geidwad mwyaf costus gwledydd Prydain, ac fe fanteisiodd Dai i'r eithaf. O fewn misoedd roedd Dai yn ennill ei gap cyntaf, yn y fuddugoliaeth fawr yn Hwngari. Pan gyrhaeddodd gap rhif 42 roedd Dai yn torri record ei arwr **Jack Kelsey** ac fe gafodd yr anrhydedd o fod yn capten ar ei wlad. Dwy gôl yn unig ildiodd Dai mewn pedwar ymweliad â Wembley gyda Chymru ac fe gadwodd lechen lân mewn tair o'r gemau hynny. Ar y Cae Ras fe gadwodd Dai saith llechen lân yn ei naw gêm ryngwladol yno a dim ond un o'r rheini gollwyd. Bu Dai yn ddi-flewyn-ar-dafod yn ei hunangofiant ac yn ddiweddarach fel sylwebydd/pyndit ar raglenni fel *Gôl* a *Sgorio*. Wedi iddo ymddeol bu Dai yn gyd-berchennog Siop y Siswrn yn yr Wyddgrug ac yn athro cyn agor Canolfan Iechyd Naturiol yn Llangollen.

* Methodd Dai gêm Cymru yn Coweit yn 1977 (**336**) oherwydd fe wrthodwyd mynediad iddo i'r wlad honno am fod stamp Israel ar ei basbort ers 1971.

Gareth Davies
Amddiffynnwr

Ganed: 11 Gorffennaf 1949, Bangor
Cartref: Llandudno

Cymru: 1978
Cap cyntaf: Gêm **340**, 28 oed; **Cap olaf:** Gêm **343**, 28 oed; 3 chap (posibl 4)
Gemau llawn 2; Ymlaen fel eilydd 1; Ennill 2; Colli 1
Penc. Prydain 2; *Eraill* 1; Dan 23 oed 4 cap

Clybiau
490 o gemau cynghrair, 9 gôl

	Llandudno			
	Bae Colwyn			
1967-83	Wrecsam	490 gêm	9 gôl	(3 chap)
	Lex X1			

Yn cynnwys gemau cwpan roedd ei gyfanswm i Wrecsam yn 613 o gemau, a dim ond Arfon Griffiths sydd wedi curo hynny

Medalau, ac ati
• Y Drydedd Adran 1978
• Cwpan Cymru 1972, 1975, 1978
• Aelod o Oriel Anfarwolion Wrecsam

'Y chwaraewr proffesiynol perffaith'

Roedd Gareth (a nodir fel Gareth Davis mewn rhai ffynonellau) yn llawn haeddu ei dri chap ar ddiwedd tymor 1977-78 ac yntau wedi bod yn gonglfaen amddiffyn Wrecsam wrth i'r clwb godi o'r Bedwaredd Adran yn 1970 i'r Ail yn 1978. Arweiniodd y llwyddiannau yng Nghwpan Cymru at ei 14 o gemau yng Nghwpan Enillwyr Cwpanau Ewrop, sy'n record i'r clwb (ar y cyd â Mel Sutton). Disgrifiwyd Gareth fel gŵr bonheddig a'r chwaraewr proffesiynol perffaith, ac roedd mor uchel ei barch yn Wrecsam llwyddodd i berswadio George Best i wisgo crys Wrecsam yn ei gêm dysteb yn 1979. Wedi iddo ymddeol bu'n cadw tarfandai yn ardal Wrecsam cyn prynu Gwesty Parc Trefor.

* Erbyn gêm olaf Gareth yn Hydref 1982 roedd Wrecsam yn ôl yn y Drydedd Adran a'r esgid fach yn gwasgu, a bu'n rhaid i'r tîm cyfan deithio i Walsall mewn pedwar car.

Gordon Davies
Blaenwr

Ganed: 3 Awst 1955, Merthyr Tudful (Gordon John Davies)
Llysenw: Ivor

Cymru: 1982-86
Cap cyntaf: Gêm **353**, 24 oed; **Cap olaf:** Gêm **399**, 30 oed
16 cap (posibl 47); 2 gôl; Gemau llawn 6; Eilyddiwyd 6; Ymlaen fel eilydd 4
Ennill 8; Cyfartal 3; Colli 5; Cwpan y Byd 2; Penc. Ewrop 2; Penc. Prydain 6 – 1 gôl; *Eraill* 6 – 1 gôl

Clybiau
460 o gemau cynghrair, 178 gôl

	Manchester C			
	Merthyr Tudful			
1978-84	Fulham	247 gêm	114 gôl	(14 cap)
1984-85	Chelsea	13 gêm	6 gôl	
1985-86	Manchester C	31 gêm	9 gôl	(2 gap)
1986-91	Fulham	147 gêm	45 gôl	
1991	Wrecsam	22 gêm	4 gôl	
1992	Trondheim (Norwy)			
1992	Northwich Victoria			

Rheolwr
| 1992 | Trondheim (Norwy) |

Medalau, ac ati
• Aelod o dîm adrannol y flwyddyn PFA 1982 a 1983

Ivor – injan fach dda

Roedd Gordon yn 22 oed, yn athro ymarfer corff yn ysgol Gwernllwyn ac yn chwarae i Ferthyr pan roddodd Fulham gyfle iddo fod yn chwaraewr proffesiynol. 20 mis yn ddiweddarach roedd Gordon yn nhîm Cymru. Gordon oedd prif sgoriwr Fulham am 5 tymor yn olynol, ond roedd hynny yn yr Ail a'r Drydedd Adran, felly roedd yn rhaid iddo adael Craven Cottage am yr Adran Gyntaf os oedd am gystadlu ag **Ian Rush** a **Mark Hughes** am le yn nhîm Cymru. Methodd Gordon â manteisio ar absenoldeb Rush a Hughes o'r daith i Norwy (**387**) ac Israel (**388**) ym Mehefin 1984 oherwydd iddo anafu'i bigwrn pan wthiodd dau deithiwr yn ei erbyn wrth adael yr awyren yn Trondheim. Fe gafodd Gordon haf bach Mihangel yn Wrecsam lle roedd yn aelod o'r tîm gurodd Arsenal yng Nghwpan FA Lloegr yn Ionawr 1992. Ar ôl ymddeol fe fu'n gweithio i gwmni difa pla a chynorthwyo Fulham ar ddiwrnod gemau.

*   Mae ei gyfanswm o 159 o goliau cynghrair i Fulham yn dal yn record i'r clwb (2016) ac o bosib Gordon yw'r unig chwaraewr i sgorio hatric dros ac yn erbyn Chelsea mewn gemau cynghrair.

Reg Davies
Mewnwr

Ganed: 27 Mai 1929, Y Cymer, Glyncorrwg (Ellis Reginald Davies)
Bu farw: 9 Chwefror 2009, Perth, Awstralia, 79 oed

Cymru: 1952-57
Cap cyntaf: Gêm **196**, 23 oed; **Cap olaf:** Gêm **220**, 28 oed
6 chap (posibl 25); Gemau llawn 6; Ennill 1; Cyfartal 1; Colli 4
Cwpan y Byd 3; Penc. Prydain 3

Clybiau
374 o gemau cynghrair, 109 gôl

	Cwm Athletic			
	Southampton			
1949-51	Southend U	41 gêm	18 gôl	
1951-58	Newcastle U	157 gêm	49 gôl	(6 chap)
1958-62	Abertawe	111 gêm	29 gôl	
1962-64	Carlisle U	65 gêm	13 gôl	
1964-65	Merthyr T			
Rheolwr				
1965-70	King's Lynn			
	Bayswater (Awstralia)			
	Ascot (Awstralia)			

Medalau, ac ati

- Cwpan Cymru 1961

Boddi ger y lan

Boddi ger y lan oedd hi, ddwywaith, i Reg pan enillodd Newcastle Gwpan FA Lloegr yn 1952 a 1955. Yn 1952 roedd Reg yn chwaraewr wrth gefn (cyn dyddiau eilyddion), ac yn 1955 roedd Reg wedi cael ei ddewis i wynebu Manchester C yn y ffeinal pan gafodd donsilitis dridiau cyn y gêm, ac felly fe fethodd â chwarae. Un bach ac eiddil oedd Reg ac yn ei gêm olaf i Gymru roedd yn wynebu'r cawr Duncan Edwards, Lloegr. Gofynnodd Reg i'r rheolwr, Jimmy Murphy, beth ddylai wneud pan fyddai Edwards yn rhedeg tuag ato gyda'r bêl. Y cyngor oedd i symud allan o'r ffordd! Yn ôl y sôn Reg gafodd grys Edwards wedi'r gêm ac fe roddodd y crys i amgueddfa Manchester U wedi i Edwards farw yn nhrychineb Munich yn 1958. Fe symudodd Reg i Abertawe fel rhan o drosglwyddiad **Ivor Allchurch** i Newcastle ac fe chwaraeodd yn nwy gêm yr Elyrch yng Nghwpan Enillwyr Cwpanau Ewrop yn 1961. Yn 1971 fe ymfudodd Reg i Awstralia lle bu'n rheolwr llwyddiannus, ac yn rheolwr warws papur wal.

* Mae'n eitha posibl y gallai Reg fod wedi cael gyrfa fel canwr oherwydd yn ei ieuenctid fe roedd yn fachgen soprano o fri ac yn teithio gyda chôr poblogaidd.

Ron Davies
Blaenwr canol

Ganed: 25 Mai 1942, Brynffordd, Treffynnon (Ronald Tudor Davies)
Bu farw: 24 Mai 2013, Albuquerque, New Mexico, UDA, 70 oed

Brawd i Paul – Arsenal a Charlton Ath/58 o gemau cynghrair, 9 gôl

Cymru: 1964-74

Cap cyntaf: Gêm **256**, 21 oed; **Cap olaf:** Gêm **311**, 31 oed
29 cap (posibl 56); 1 yn gapten; 9 gôl, 1 o'r smotyn
Gemau llawn 28; Eilyddiwyd 1; Ennill 2; Cyfartal 10; Colli 17
Cwpan y Byd 1; Penc. Ewrop 2 – 1 gôl; Penc. Prydain 20 – 6 gôl; *Eraill* 6 – 2 gôl; Dan 23 oed 3 chap

Clybiau
549 o gemau cynghrair, 275 gôl

	Brynffordd			
1959-62	Caer	94 gêm	44 gôl	
1962-63	Luton T	32 gêm	21 gôl	
1963-66	Norwich C	113 gêm	58 gôl	(5 cap)
1966-73	Southampton	240 gêm	134 gôl	(23 cap)

1973-74	Portsmouth	59 gêm	18 gôl	(1 cap)
1974-75	Manchester U	8 gêm		
1975	Arcadia Shepherds (De Affrica)			
1975	*Millwall af*	3 gêm		
1976	Los Angeles Aztecs			
1976	Dorchester T			
1978	Tulsa Roughnecks			
1979	Seattle Sounders			
1982	White Horse Ampfield			
1982	Totton			

Y gorau yn Ewrop

Sgoriodd Ron 8 gôl yn ei 15 gêm ryngwladol gyntaf (mewn tîm tila) a 66 gôl mewn dau dymor yn yr Adran Gyntaf, yn cynnwys 4 gôl yn erbyn Manchester U yn Old Trafford. Dyna pam roedd Ron yn cael ei ystyried y blaenwr canol gorau yn Ewrop gan neb llai na (Syr) Matt Busby, rheolwr Man U. 45 mlynedd yn ddiweddarach Ron oedd yn dal y Cymro gyda'r cyfanswm mwyaf o goliau cynghrair. Pam felly na enillodd 'run fedal? Wel, sgorio goliau wrth y dwsin i achub ei glwb rhag disgyn fu hanes Ron yn rhy aml – gyda 5 o'i 7 clwb. Seithfed oedd y safle gorau a welodd gyda Southampton ac i'r clwb hwnnw roedd cytundeb yn golygu cytundeb, waeth faint o glybiau mwy oedd yn barod i dorri pob record i'w brynu. A dwy fuddugoliaeth (yn erbyn Gogledd Iwerddon) gafodd gyda Chymru, sy'n adlewyrchiad o safon druenus Cymru ar y pryd. Roedd Ron yn gartwnydd medrus a chyhoeddwyd ei waith mewn papurau newydd a chylchgronau. Cyflwynodd ei fam Gwpan Ron Davies fu'n cael ei ddefnyddio ym Mabolgampau'r Urdd yn Sir y Fflint.

Ron Davies yn codi fel eryr i sgorio i Southampton

* Roedd Ron yn ôl yn y newyddion yn 2007 pan gododd cefnogwyr pêl-droed (Southampton yn bennaf) dros £15,000 i'w alluogi i gael triniaeth feddygol yn America lle roedd wedi ymgartrefu ers y 1980au. Heb y driniaeth roedd posibilrwydd y byddai brenin y goliau yn diweddu ei oes mewn cadair olwyn. Trist.

Simon Davies
Canol y cae

Ganed: 23 Ebrill 1974, Winsford, Swydd Gaer (Simon Ithel Davies)

Cymru: 1996
Unig gap: Gêm **466**, 22 oed
Eilydd 1 (hanner amser); Colli 1; *Eraill* 1

Clybiau
210 o gemau cynghrair, 15 gôl

1992-97	Manchester U	11 gêm		(1 cap)
1993	*Exeter C af*	6 gêm	1 gôl	
1996	*Huddersfield T af*	3 gêm		
1997-98	Luton T	22 gêm	1 gôl	
1998-00	Macclesfield T	48 gêm	3 gôl	
2000-01	Rochdale	12 gêm	1 gôl	
2001-03	Bangor	60 gêm	8 gôl	
2003-04	Total Network Solutions	17 gêm		
2004-05	Bangor	16 gêm	1 gôl	
2005	Rhyl	14 gêm		
2005	Total Network Solutions	1 gêm		
2006-07	Caer			
2007	Airbus			
Rheolwr				
2008	Caer			

Medalau, ac ati
• Chwaraewr y Flwyddyn Cynghrair Cymru 2002-03

Mewn cwmni da
Roedd Simon yn falch iawn o'i un cap, er fod (Syr) Alex Ferguson, rheolwr Manchester U, eisiau iddo aros yn 'Sais' oherwydd, ar y pryd (1994), roedd gan UEFA reol oedd yn cyfyngu nifer y chwaraewyr 'tramor' gâi chwarae i glybiau yng nghystadlaethau Ewrop. Simon oedd

un o'r sgorwyr pan enillodd Man U Gwpan Ieuenctid Lloegr yn 1993, tîm oedd yn cynnwys **Ryan Giggs, Robbie Savage**, Beckham, Butt, a Neville (a Pilkington yn y gôl, Aberystwyth yn ddiweddarach). Fe fuodd yn rhan o sawl noson fawr yn Ewrop ond methodd â gwireddu ei addewid cynnar yn Old Trafford. Rai blynyddoedd yn ddiweddarach roedd Simon yn ôl yn Ewrop gyda Bangor a TNS. Ers 2006 cafodd Simon brofiad helaeth fel hyfforddwr gyda Chaer, tîm dan 18 Man City a thîm dan 17 Cymru, dan **Geraint Williams**.

* Awr fawr Simon yn Old Trafford oedd sgorio gôl wedi 2 funud yn erbyn Galatasaray (Twrci) yng Nghynghrair y Pencampwyr yn 1994. Fe sgoriwyd ail gôl y gêm gan David Beckham (ei gyntaf erioed i'r clwb) a'r drydedd gan Roy Keane. Beth ddigwyddodd i'r ddau yna wedyn tybed?

Simon Davies
Canol y cae

Ganed: 23 Hydref 1979, Hwlffordd
Cartref: Solfach
Llysenw: Digger

Nai i **Ian Walsh** ac i'r artist Alun Davies, Porth-gain

Cymru: 2001-10
Cap cyntaf: Gêm **497**, 21 oed; **Cap olaf:** Gêm **577**, 30 oed
58 cap (posibl 81); 8 yn gapten; 6 gôl; Gemau llawn 43; Eilyddiwyd 14; Ymlaen fel eilydd 1
Ennill 21; Cyfartal 15; Colli 22; Cwpan y Byd 19 – 1 gôl; Penc. Ewrop 19 – 4 gôl; *Eraill* 20 – 1 gôl
B 1 cap; Dan 21 oed 10 cap

Clybiau
368 o gemau cynghrair, 33 gôl

	Solfach			
1997-00	Peterborough U	65 gêm	6 gôl	
2000-05	Tottenham H	121 gêm	13 gôl	(24 cap)
2005-07	Everton	45 gêm	1 gôl	(12 cap)
2007-13	Fulham	137 gêm	13 gôl	(22 cap)
2014	Solfach			

Medalau, ac ati
* Aelod o dîm adrannol y flwyddyn PFA 1999
* Chwaraewr y Flwyddyn Cymru 2002 a 2008

12 tymor ar y brig

Roedd Simon yn chwaraewr canol y cae deallus a dreuliodd 12 tymor di-dor yn Uwchgynghrair Lloegr. Roedd ei gôl ryngwladol gyntaf yn Croatia (**506**) yn un o'r goliau mwyaf cofiadwy gan Gymro, ac roedd ei goliau yn y ddwy gêm nesaf yn erbyn Y Ffindir a'r Eidal yn rhai digon blasus hefyd. Proffwydodd Barry Fry, ei fentor yn ei ieuenctid yn Peterborough, mai Simon fyddai ein chwaraewr canol y cae gorau ers **Ivor Allchurch**. Golygodd anafiadau, a chyfnod diflas yn Everton, na wireddwyd y potensial hwnnw ond roedd yn haeddu ei gyfnod fel capten yn absenoldeb **Craig Bellamy**.

* Cafodd dychweliad Simon i chwarae i Solfach yn 2014 gryn dipyn o sylw yn y wasg leol a rhyngwladol – y chwaraewr fu'n ennill £30,000 yr wythnos bellach yn talu £3 y gêm am gael chwarae i glwb y pentref.

Wyn Davies
Blaenwr canol

Ganed: 20 Mawrth 1942, Caernarfon (Ronald Wyn Davies)
Cartref: Maes Barcer, Caernarfon

The Footballer Who Could Fly (2012)

Cymru: 1963-73

Cap cyntaf: Gêm **254**, 21 oed; **Cap olaf:** Gêm **310**, 31 oed

34 cap (posibl 57); 6 gôl; Gemau llawn 31; Eilyddiwyd 1; Ymlaen fel eilydd 2

Ennill 5; Cyfartal 6; Colli 23; Cwpan y Byd 9 – 2 gôl; Penc. Ewrop 2; Penc. Prydain 19 – 4 gôl

Eraill 4; Dan 23 oed 4 cap

Clybiau
576 o gemau cynghrair, 164 gôl

	Deiniolen			
	Llanberis			
	Caernarfon			
1960-62	Wrecsam	55 gêm	21 gôl	
1962-66	Bolton W	155 gêm	66 gôl	(16 cap)
1966-71	Newcastle U	181 gêm	40 gôl	(11 cap)
1971-72	Manchester C	45 gêm	8 gôl	(3 chap)
1972-73	Manchester U	16 gêm	4 gôl	(3 chap)
1973-74	Blackpool	36 gêm	5 gôl	(1 cap)
1974-75	*Crystal Palace af*	3 gêm		
1975-76	Stockport Co	30 gêm	7 gôl	
1976	Arcadia Shepherds (De Affrica)			

1976-77	Crewe Alex	55 gêm	13 gôl
1978	Bangor		

Cofi Dre ac Arwr y Tŵn Armi

Yn ôl y rhai oedd yn gwybod orau, sef ei wrthwynebwyr, cafodd Wyn ei naddu o garreg Chwarel Dinorwig lle yr enillai £4 yr wythnos cyn ymuno â Wrecsam yn 17 oed. Cyfunwch ei feistrolaeth yn yr awyr â'i gryfder corfforol ac fe gewch y 'target man' bondigrybwyll sy'n creu llu o gyfleon i'w gyd-chwaraewyr. Gwnaeth 'Wyn the leap' hynny'n arbennig o effeithiol yn Newcastle a dalodd £80,000 amdano, oedd yn record i'r clwb ar y pryd. Datblygodd partneriaeth wych rhyngddo a Pop Robson, enillwyd Cwpan Inter-Cities Fairs yn 1969 (y tro olaf iddyn nhw ennill unrhyw beth o bwys), a daeth 'The Mighty Wyn', adlais o'r gân 'The Mighty Quinn', yn arwr am oes i gefnogwyr y Piod. Un o'r cefnogwyr hynny oedd y Bryan Robson ifanc, capten Lloegr yn ddiweddarach, a phan fu Robson yn destun y rhaglen deledu *This is your life* yn y 1980au gwahoddwyd ei arwr i gymryd rhan yn y rhaglen. Pan symudodd Wyn o Man C i Man U ei drosglwyddiad oedd y cyntaf rhwng y ddau glwb am 41 mlynedd. Wedi iddo ymddeol gyda'i ben-glin yn rhacs bu'n gweithio shifftiau 12 awr am 13 blynedd ym mecws Warburton yn Bolton. Talodd undeb y PFA am lawdriniaeth i'r arwr gwylaidd a diymhongar.

* Yn ei gêm olaf i Wrecsam ar 3 Mawrth 1962 roedd Wyn yn un o dri chwaraewr sgoriodd hatric pan gurwyd Hartlepool 10-1. Wyn gyflawnodd y gamp gyntaf, yn y 24 munud agoriadol, ac ef gafodd y bêl!

Nick Deacy
Blaenwr/amddiffynnwr canol

Ganed: 19 Gorffennaf 1953, Caerdydd (Nicholas Simon Deacy)
Cartref: Y Mynydd Bychan, Caerdydd

Cymru: 1977-78
Cap cyntaf: Gêm **331**, 23 oed; **Cap olaf:** Gêm **345**, 25 oed
12 cap (posibl 15) 4 gôl, 1 o'r smotyn; Gemau llawn 8; Ymlaen fel eilydd 4
Ennill 5; Cyfartal 5; Colli 2; Cwpan y Byd 3 – 1 gôl; Penc. Ewrop 1 – 1 gôl; Penc. Prydain 5 – 2 gôl
Eraill 3; Amatur 1 cap; Dan 23 oed 1 cap; Dan 21 oed 1 cap

Clybiau
243 o gemau cynghrair, 28 gôl

	Lake U (Caerdydd)
	Corinthiaid Caerdydd
1971-74	Merthyr T

1974-75	Henffordd	17 gêm	2 gôl	
1974	*Workington af*	5 gêm	1 gôl	
1975-79	PSV Eindhoven	52 gêm	8 gôl	(11 cap)
1979	Beringen (Gwlad Belg)	42 gêm	10 gôl	(1 cap)
1979-80	Vitesse Arnhem	9 gêm		
1980-82	Hull C	87 gêm	7 gôl	
1982	Happy Valley (Hong Kong)			
1983-84	Bury	31 gêm		
1984	Merthyr T			
1984	Abertawe			
	Double Flower (Hong Kong)			
1986-87	Glyn Ebwy			
1987-88	Y Barri			
1988	Cwmbrân			

Medalau, ac ati

- Pencampwriaeth Cynghrair yr Iseldiroedd 1976 a 1978
- Cwpan Cynghrair yr Iseldiroedd 1978
- Cwpan UEFA 1978

Aberthodd ei yrfa er mwyn Cymru

Roedd Nick yn brentis gyda chwmni dur Guest Keen ac yn chwarae i Gorinthiaid Caerdydd pan gafodd ei 'ddarganfod' gan **John Charles**, rheolwr Merthyr. Datblygiad naturiol oedd ei symudiad i Henffordd a daeth cyfle mawr ei yrfa yn annisgwyl pan gynorthwyodd y clwb hwnnw, fel chwaraewr hŷn, i ennill twrnamaint ieuenctid yn yr Iseldiroedd. Cynigiwyd cytundeb iddo gan PSV Eindhoven, clwb mwya'r Iseldiroedd, lle cafodd bedair blynedd llwyddiannus. Yr uchafbwynt i Nick oedd sgorio yn erbyn Barcelona yn y Nou Camp yng Nghwpan UEFA. Ond doedd Nick ddim yn sicr o'i le yn y tîm a gofynnodd am gael gadael er mwyn cael chwarae'n gyson ac felly cadw ei le yn nhîm Cymru. Un cap enillodd Nick ar ôl gadael PSV. Fel y dywedodd Lyn Ebenezer yn *Y Cymro*, 18 Medi 1979, roedd Nick wedi aberthu ei yrfa er mwyn Cymru. Ar ôl ymddeol fe fuodd Nick yn gweithio i British Aerospace ym Mryste.

* Pan ymunodd Nick â Hull, rheolwr y clwb oedd Mike Smith oedd yn rheolwr Cymru trwy gydol gyrfa ryngwladol Nick. Dwy flynedd union wedi i Hull dalu £93,000 am Nick roedd y clwb ar fin disgyn i'r Bedwaredd Adran ac roedd pob un chwaraewr yn rhydd i adael yn rhad ac am ddim.

Mark Delaney
Cefnwr De

Ganed: 13 Mai 1976, Hwlffordd (Mark Anthony Delaney)
Cartref: Pen Strwmbwl, Abergwaun

Cymru: 1999-2006
Cap cyntaf: Gêm **488**, 23 oed; **Cap olaf:** Gêm **540**, 30 oed
36 cap (posibl 53); 2 yn gapten; Gemau llawn 31; Eilyddiwyd 5
Ennill 9; Cyfartal 14; Colli 13
Cwpan y Byd 15; Penc. Ewrop 10; *Eraill* 11

Clybiau
244 o gemau cynghrair, 5 gôl

	Manchester U			
1991-94	Wdig			
1994-98	Caerfyrddin	58 gêm	3 gôl	
1998-99	Caerdydd	28 gêm		
1999-07	Aston Villa	158 gêm	2 gôl	(36 cap)

Medalau, ac ati
* Aelod o dîm adrannol y flwyddyn PFA 1999
* Aelod o Oriel Anfarwolion Uwchgynghrair Cymru 2013

Un o'n cefnwyr gorau
Pan oedd Mark yn ei arddegau doedd hi ddim yn ymddangos y byddai ganddo yrfa o bwys fel chwaraewr. Cafodd ei ryddhau gan Manchester U (lle rhannai ystafell â David Beckham) oherwydd ei fod yn rhy fach ac fe gafodd dreial aflwyddiannus gydag Aberystwyth. 14 mis wedi iddo adael Caerfyrddin, a'i swydd yn pacio cynnyrch gwlân Melin Tregwynt, am Gaerdydd, wedyn Villa, roedd Mark yn ennill ei gap cyntaf ac fe fuodd yn ddewis cyntaf yn safle'r cefnwr de trwy gydol ei yrfa ryngwladol – ein cefnwr de gorau ers y 1950au yn ôl rhai. A'i gêm olaf un ar y lefel uchaf oedd ei gêm ryngwladol olaf yn y Weriniaeth Tsiec. Roedd Mark wedi dioddef anaf i'w ben-glin ers peth amser a gorfodwyd iddo ymddeol yn 31 oed. Arhosodd Mark ar Barc Villa fel hyfforddwr ieuenctid.

* Mark oedd y cyntaf i esgyn o Uwchgynghrair Cymru i'r tîm cenedlaethol. Yn ôl y *Western Mail*, 20 Mai 2000, derbyniodd Caerfyrddin £12,500 pan symudodd Mark o Gaerdydd i Villa am £500,000.

Steve Derrett
Amddiffynnwr

Ganed: 16 Hydref 1947, Caerdydd (Stephen Clifford Derrett)
Cartref: Tredelerch, Caerdydd

Cymru: 1969-71
Cap cyntaf: Gêm **281**, 21 oed; **Cap olaf:** Gêm **297**, 23 oed
4 cap (posibl 17); Gemau llawn 3; Eilyddiwyd 1; Ennill 1; Cyfartal 1; Colli 2
Cwpan y Byd 1; Penc. Ewrop 1; Penc. Prydain 1; *Eraill* 1; Dan 23 oed 3 chap

Clybiau
226 o gemau cynghrair, 3 gôl

1965-72	Caerdydd	67 gêm	1 gôl	(4 cap)
1972-73	Carlisle U	13 gêm		
1973	*Aldershot af*	4 gêm		
1973-76	Rotherham U	81 gêm	2 gôl	
1976-78	Casnewydd	61 gêm		
	Y Barri			
	Pen-y-bont ar Ogwr			

Medalau, ac ati
• Cwpan Cymru 1968 a 1969

Amddiffynnwr amryddawn
Bachgen lleol a feithrinwyd ar Barc Ninian oedd Steve ond mewn gwirionedd un tymor da gafodd e yno, sef 1968-69 pan chwaraeodd 34 o gemau cynghrair ac ennill ei ddau gap cyntaf. Enillodd ei bedwar cap fel cefnwr yn absenoldeb **Peter Rodrigues**. Wedi iddo ymddeol oherwydd anaf i'w ben-glin fe fu'n gweithio i'r gwasanaeth prawf a chwmni dillad ac roedd yn un o hoelion wyth clwb St Albans yng Nghaerdydd sydd â thimau pêl-droed, rygbi, bowls a phêl-fas.

* Chwaraeodd Steve ei gêm gyntaf i dîm cyntaf Caerdydd yng Nghwpan Enillwyr Cwpanau Ewrop yn yr Iseldiroedd ym mis Tachwedd 1967, ac roedd ar y fainc pan gurwyd Real Madrid 1–0 ar Barc Ninian yn 1971.

Andy Dibble
Gôl-geidwad

Ganed: 8 Mai 1965, Cwmbrân (Andrew Gerald Dibble)

Tad i Christian – Bury, Barnsley, *Nuneaton af, Chelmsford af*/1 cap dan 21 oed

Cymru: 1986-89
Cap cyntaf: Gêm **401**, 21 oed; **Cap olaf:** Gêm **416**, 23 oed

3 chap (posibl 16); Gemau llawn 2; Ymlaen fel eilydd 1

Ennill 1; Cyfartal 1; Colli 1; *Eraill* 3; Dan 21 oed 3 chap

Clybiau
396 o gemau cynghrair

1982-84	Caerdydd	62 gêm	
1984-88	Luton T	30 gêm	(2 gap)
1986	*Sunderland af*	12 gêm	
1987	*Huddersfield T af*	5 gêm	
1988-97	Manchester C	116 gêm	(1 cap)
1990	*Aberdeen af*	5 gêm	
1991	*Middlesbrough af*	19 gêm	
1991	*Bolton W af*	13 gêm	
1992	West Bromwich A *af*	9 gêm	
1993	*Oldham Ath af*	0 gêm	
1997	Glasgow Rangers	7 gêm	
1997	Sheffield U	0 gêm	
1997	Luton T	1 gêm	
1998	Middlesbrough	2 gêm	
1998	Altrincham		
1998	*Y Barri af*	1 gêm	
1999-00	Hartlepool U	6 gêm	
1999	*Carlisle U af*	2 gêm	
2000-02	Stockport Co	23 gêm	
2002-05	Wrecsam	83 gêm	
2005-06	Accrington S		

Medalau, ac ati
• Cwpan Cynghrair Lloegr 1988

Ildio'r hatric cyflyma erioed
Bu Andy mewn ac allan o garfan Cymru o 1983 tan 1992 ond bu'n rhaid iddo fodloni ar

dri chap yn unig oherwydd ei fod yn cydoesi â **Neville Southall**. Wrth edrych ar restr ei glybiau mae'n hawdd deall pam y cafodd Andy ei alw y 'Loan Ranger' – 20 clwb gwahanol, a 31 o reolwyr! Uchafbwynt ei yrfa oedd ennill Cwpan Littlewoods (Cwpan y Gynghrair) yn 1998 pan enillodd Luton 3–2 yn erbyn Arsenal yn Wembley. Cafodd Andy gêm wych ac fe arbedodd gic o'r smotyn. Efallai mai'r iselbwynt oedd y gweir 6–0 gafodd Wrecsam yn Bournemouth yn 2004 a James Hayter yn sgorio hatric yn ei erbyn mewn 2 funud ac 20 eiliad, yr hatric cyflyma erioed yng Nghynghrair Lloegr. Wedi iddo ymddeol fe fuodd Andy'n hyfforddi gôl-geidwaid Accrington, Coventry, Peterborough a Rotherham.

* Bu ond y dim i yrfa hir Andy ddod i ben cyn pryd ar Barc Waundew, Caerfyrddin, ym mis Rhagfyr 1998, yn ystod ei unig gêm i'r Barri, pan gafodd losgiadau i'w gorff o'r llinellau gwyn ar y maes. Adroddwyd fod Andy wedi derbyn iawndal o £20,000.

Andy Dorman
Canol y cae

Ganed: 1 Mai 1982, Caer (Andrew Dorman)
Cartref: Ewlo

Cymru: 2010-11
Cap cyntaf: Gêm **578**, 28 oed; **Cap olaf:** Gêm **586**, 29 oed
3 chap (posibl 9); Eilyddiwyd 2; Ymlaen fel eilydd 1; Ennill 1; Colli 2; *Eraill* 3

Clybiau
292 o gemau cynghrair, 40 gôl

2006-08	New England Revolution (UDA)	112 gêm	17 gôl
2008-10	St Mirren	88 gêm	19 gôl	(1 cap)
2010-12	Crystal Palace	21 gêm	1 gôl	(2 gap)
2011-12	*Bristol R af*	25 gêm	2 gôl
2012-15	New England Revolution	46 gêm	1 gôl

Y cyntaf dan reol newydd
Mynychodd Andy Ysgol Uwchradd Penarlâg a chwaraeodd i dîm ysgolion Cymru, y wlad a fu'n gartref iddo trwy gydol ei ieuenctid. Ei uchelgais oedd chwarae i Gymru ond ganed Andy dros y ffin, a Saeson oedd ei rieni a'u rheini hwythau. Ym mis Hydref 2009 newidiodd FIFA eu rheolau a chaniatawyd i chwaraewyr fel Andy gynrychioli gwlad os cawsant o leiaf bum mlynedd o addysg yn y wlad honno. Roedd Andy ar ben ei ddigon pan gafodd yr alwad i ymuno â charfan Cymru. Bwriodd Andy ei brentisiaeth yn yr Unol Daleithiau wedi iddo ennill ysgoloriaeth bêl-droed ym Mhrifysgol Boston.

* Er iddo aros 10 mlynedd am y cyfle i chwarae i Gymru mae'n eironig fod Andy wedi ennill ei dri chap mewn gemau oddi cartref (er iddo fod ar y fainc mewn gemau yng Nghaerdydd ac Abertawe).

Richard Duffy
Amddiffynnwr

Ganed: 30 Awst 1985, Abertawe (Richard Michael Duffy)

Brawd i Rob – Rushden a Diamonds, Wrecsam (a llu o glybiau llai)/35 o gemau cynghrair, 1 gôl.

Cymru: 2005-08
Cap cyntaf: Gêm **531**, 19 oed; **Cap olaf:** Gêm **558**, 22 oed

13 cap (posibl 28); Gemau llawn 3; Eilyddiwyd 3; Ymlaen fel eilydd 7

Ennill 5; Cyfartal 3; Colli 5; Cwpan y Byd 4; Penc. Ewrop 2; *Eraill* 7; Dan 21 oed 7 cap

Clybiau
358 o gemau cynghrair, 6 gôl

2002-04	Abertawe	18 gêm	1 gôl	
2004-08	Portsmouth	1 gêm		(13 cap)
2004	*Burnley af*	7 gêm	1 gôl	
2005 a 2006	*Coventry C af*	59 gêm		
2007	*Abertawe af*	11 gêm		
2008	*Coventry C af*	2 gêm		
2008-09	Millwall	12 gêm		
2009-12	Exeter C	112 gêm	3 gôl	
2012-16	Port Vale	136 gêm	1 gôl	
2016	Notts Co			

Dyfodol disglair y tu cefn iddo
Yn hydref 2003 roedd Richard, 18 oed, wedi sefydlu ei hun fel cefnwr de Abertawe yn Adran 3, yr adran isaf ar y pryd, pan ddaeth Portsmouth i'w hudo i Uwchgynghrair Lloegr am £150,000. Roedd y demtasiwn yn ormod i Richard a'r Elyrch. Pwy fuasai'n meddwl mai ei gêm gyntaf i Portsmouth yn erbyn Fulham, pan gafodd ei enwi'n seren y gêm, fyddai hefyd ei gêm olaf yn yr Uwchgynghrair ac i Portsmouth. Bu'n rhaid i Richard ddibynnu ar gyfnodau ar fenthyg. Effeithiodd hynny ar ei ddatblygiad, ac erbyn 2007 nid Richard ond **Chris Gunter** a **Neal Eardley** oedd yn cystadlu i olynu **Mark Delaney** yng nghrys rhif 2 Cymru.

* Rhoddodd y *Western Mail* y bai ar Richard am dair o bum gôl Slofacia yn 2006 (**542**) ac fe gafodd ddau farc allan o 10 am ei berfformiad – marc anarferol o isel.

Paul Dummett
Amddiffynnwr

Ganed: 26 Medi 1991, Newcastle upon Tyne

Cymru: 2014-15
Cap cyntaf: Gêm **610**, 22 oed; **Cap diweddaraf:** gêm **621**, 24 oed

2 gap (posibl 12); Ymlaen fel eilydd 2; Colli 2; *Eraill* 2

Dan 21 oed 3 chap

Clybiau
96 o gemau cynghrair, 4 gôl

2011-16	Newcastle U	66 gêm	2 gêm	(2 gap)
2012	*Gateshead af*			
2012-13	*St Mirren af*	30 gêm	2 gôl	

Medalau, ac ati
• Cwpan Cynghrair yr Alban 2013

Mark Jones arall?

Daeth Paul i garfan Cymru am y tro cyntaf ym mis Medi 2013 yn absenoldeb **Neal Eardley** ar gyfer gêm Cwpan y Byd ym Macedonia (**604**). Roedd Paul newydd chwarae ei gêm gyntaf i Newcastle yn Uwchgynghrair Lloegr ac fe gadwodd ei le ar gyfer gêm nesaf Cymru. Fel gyda **Mark Jones** (Wrecsam) ddegawd yn gynharach, fe ymddangosai fod anafiadau niferus Paul yn cyd-daro â gemau rhyngwladol. A ninnau ar drothwy gemau rhagbrofol Ewro 2016 fe gafodd Paul saith munud yn lle **Neil Taylor** yn yr Iseldiroedd ym Mehefin 2014, ond dwywaith yn unig ymddangosodd Paul ar y fainc yn y gemau rhagbrofol. Cafodd Paul 25 munud ym mis Tachwedd 2015, eto yn erbyn yr Iseldiroedd, ac eto yn lle Taylor, cyn i anlwc ei daro ddechrau Mawrth 2016 ac fe gollodd y cyfle i ymddangos yng ngemau Pasg 2016.

* Gwelodd Paul gerdyn coch, a ddiddymwyd yn ddiweddarach, yng ngêm olaf tymor 2013-14 am ei dacl ar Luis Suárez, Lerpwl. Pryderai cefnogwyr Uruguay na fyddai eu seren yn chwarae yng Nghwpan y Byd 2014 ac yn sgil hynny fe dderbyniodd Paul negeseuon bygythiol.

Alan Durban
Mewnwr/canol y cae

Ganed: 7 Gorffennaf 1941, Pen-y-bont ar Ogwr (William Alan Durban)
Cartref: Margam, Port Talbot

Cymru: 1966-72
Cap cyntaf: Gêm **271**, 24 oed; **Cap olaf:** Gêm **303**, 30 oed
27 cap (posibl 33); 8 yn gapten; 2 gôl; Gemau llawn 26; Ymlaen fel eilydd 1
Ennill 4; Cyfartal 10; Colli 13; Cwpan y Byd 3; Penc. Ewrop 5 – 1 gôl; Penc. Prydain 16 – 1 gôl
Eraill 3; Dan 23 oed 4 cap

Clybiau
554 o gemau cynghrair, 135 gôl

1958-63	Caerdydd	52 gêm	9 gôl	
1963-73	Derby Co	346 gêm	93 gôl	(27 cap)
1973-78	Amwythig	156 gêm	33 gôl	

Rheolwr

1974-78	Amwythig
1978-81	Stoke C
1981-84	Sunderland
1984-86	Caerdydd
1998	Stoke C
	(5 gêm ola'r tymor)

Medalau, ac ati
- Yr Ail Adran 1969
- Yr Adran Gyntaf 1972
- Aelod o dîm adrannol y flwyddyn PFA 1974 a 1975
- Cwpan Cymru 1977 – rheolwr

Aelod o'r Clwb 92
Roedd Alan yn dal ar ei brifiant fel mewnwr gosgeiddig pan gafodd ei werthu (ac eraill hefyd) er mwyn i Gaerdydd brynu **John Charles** o Roma. Wedi 10 mlynedd fel rheolwr gweddol lwyddiannus dychwelodd Alan i Gaerdydd lle y mae'n cael ei gofio fel y rheolwr aeth â'r clwb o'r Ail Adran i'r Bedwaredd mewn dau dymor, a'r un ryddhaodd yr hen ben **Phil Dwyer** a dau fachgen ifanc aeth ymlaen i ennill 98 o gapiau rhyngddynt, sef **Dean Saunders** a **Paul Bodin**. Doedd hi ddim help i Alan fod ei gyflogwyr, Kenton Utilities, perchnogion y clwb, wedi'u lleoli yn Newcastle (sydd dipyn nes na Malaysia, cartref Vincent Tan). Creithiwyd Alan gymaint gan ei brofiad yng Nghaerdydd fe adawodd y

gêm brydferth i reoli canolfan denis yn Telford am 9 mlynedd cyn dychwelyd i Derby fel rheolwr cynorthwyol, yna i Sunderland a Norwich fel sgowt, a chynorthwyo academi Stoke.

* Yn gynnar yn 1976 cyflawnodd Alan y gamp brin o chwarae ar faes pob un o'r 92 clwb oedd yng Ngynghrair Lloegr ar y pryd.

Phil Dwyer
Amddiffynnwr (digyfaddawd)

Ganed: 28 Hydref 1953, Caerdydd (Phillip John Dwyer)
Cartref: Grangetown, Caerdydd
Llysenw: Joe (oherwydd ei debygrwydd i Joe Royle, Everton a Lloegr)

Brawd i Brian – paffiwr proffesiynol gynrychiolodd Cymru fel amatur yng Ngemau'r Gymanwlad

Mr Cardiff City (2011)

Cymru: 1978-79
Cap cyntaf: Gêm **340**, 24 oed; **Cap olaf:** Gêm **352**, 25 oed
10 cap (posibl 13); 2 gôl; Gemau llawn 9; Ymlaen fel eilydd 1
Ennill 5; Cyfartal 3; Colli 2; Penc. Ewrop 3; Penc. Prydain 6 – 1 gôl; *Eraill* 1 – 1 gôl
Dan 23 oed 5 cap – capten; Dan 21 oed 1 cap

Clybiau
486 o gemau cynghrair, 42 gôl

1971-85	Caerdydd	471 gêm	41 gôl	(10 cap)
1985	*Rochdale af*	15 gêm	1 gôl	

Y mae ei gyfanswm o gemau cynghrair i Gaerdydd yn record i'r clwb

Medalau, ac ati
• Cwpan Cymru 1973, 1974, 1976

Mr Caerdydd (yr Ail)
Fred Keenor oedd y Mr Caerdydd gwreiddiol ond y mae Phil yn haeddu'r teitl hefyd, nid yn unig am gyfanswm ei gemau (573 yn cynnwys gemau cwpan) ond hefyd am ei deyrngarwch i'r clwb a'i barodrwydd i roi ei orau ble bynnag ei safle yn y tîm. Dyma fachgen lleol ddaeth yn un o chwaraewyr chwedlonol ei glwb, ac un barhaodd yn ffyddlon i gemau Caerdydd a Chymru. Enillodd Phil ei gapiau cyntaf fel blaenwr canol – a sgorio yn ei ddwy gêm gyntaf. Er ei fod yn 31 oed roedd ymadawiad Phil â Pharc Ninian yn 1985 yn dal yn sioc i ffyddloniaid y Bob Banc oedd yn gweld triniaeth y rheolwr **Alan Durban** o'u harwr yn sarhaus. Wedi

iddo ymddeol bu Phil yn aelod o Heddlu De Cymru am 15 mlynedd ac yna'n gynrychiolydd cyfreithiol.

* Ar 8 Tachwedd 1975 fe anafwyd Phil yn Gillingham. Gorweddai'n anymwybodol a doedd e ddim yn anadlu. Llwyddodd y ffisiotherapydd Ron Durham i symund ei dafod ac achub ei fywyd. Wythnos yn ddiweddarach roedd y wariar nôl ar faes y gad.

Neal Eardley
Cefnwr de

Ganed: 6 Tachwedd 1988, Llanelwy (Neal James Eardley)
Cartref: Llandudno

Brawd i Sean – Oldham Ath a Llandudno

Cymru: 2007-11
Cap cyntaf: Gêm **550**, 18 oed; **Cap olaf:** Gêm **585**, 22 oed
16 cap (posibl 36); Gemau llawn 3; Eilyddiwyd 4; Ymlaen fel eilydd 9
Ennill 9; Cyfartal 1; Colli 6; Cwpan y Byd 3; Penc. Ewrop 2; *Eraill* 11; Dan 21 oed 11 cap

Clybiau
232 o gemau cynghrair, 12 gôl

2006-09	Oldham Ath	113 gêm	10 gôl	(10 cap)
2009-13	Blackpool	104 gêm	2 gôl	(6 chap)
2013-16	Birmingham C	14 gêm		
2015	*Leyton O af*	1 gêm		

Medalau, ac ati
- Aelod o dîm adrannol y flwyddyn PFA 2009
- Enillydd gemau ail gyfle'r Bencampwriaeth 2010

Dechrau ar garlam
Golygodd Chwyldro Ieuenctid **John Toshack** yn ystod ail hanner y 2000au fod y tîm dan 19 oed fwy neu lai'n troi'n dîm dan 21, a'r tîm dan 21 yn troi'n dîm hŷn. Chwaraeodd Neal am 20 munud i'r tîm dan 19 ac yna fe enillodd ei ddau gap cyntaf dan 21 cyn ennill ei gap llawn cyntaf – a doedd Neal yn dal yn ddim ond 18 oed! Doedd Neal ddim yn hollol ddibrofiad oherwydd ei fod yn chwarae'n gyson i dîm cyntaf Oldham yn Adran 1 ers pan oedd yn 17 oed ac fe fu'n gapten yn 18 oed. O fewn blwyddyn iddo adael Oldham roedd Neal yn dal ei dir yn Uwchgynghrair Lloegr ond methodd â disodli **Chris Gunter** yn nhîm Cymru. Yn fuan wedi iddo symud i Birmingham yn haf 2013 fe gafodd Neal anaf difrifol i'w ben-glin a'i cadwodd allan am weddill y tymor a dilynwyd hynny gan ragor o anafiadau a cholli fform.

* Treuliodd Neal a Blackpool un tymor yn Uwchgynghrair Lloegr (2010-2011) ac fe sgoriodd y cefnwr un gôl, ar ei ben-blwydd yn 22. Sgoriwyd ail gôl Blackpool yn y gêm honno yn erbyn Everton gan **David Vaughan** a olygai fod dau Gymro wedi sgorio i'r un tîm mewn gêm ar y lefel uchaf – digwyddiad prin.

Rob Earnshaw
Blaenwr canol

Ganed: 6 Ebrill 1981, Mufulira, Zambia (Robert Earnshaw)
Cartrefi: Zambia, Malawi a Bedwas
Llysenwau: Earnie, El Matador a'r Zambian Prince

Chwaraeodd ei fam Rita i dîm merched Zambia

Earnie – My Life at Cardiff City (2012)

Cymru: 2002-12
Cap cyntaf: Gêm **505**, 20 oed; **Cap olaf:** Gêm **595**, 31 oed
58 cap (posibl 91); 1 yn gapten; 16 gôl, 1 o'r smotyn
Gemau llawn 12; Eilyddiwyd 21; Ymlaen fel eilydd 25; Ennill 19; Cyfartal 11; Colli 28
Cwpan y Byd 12 – 2 gôl; Penc. Ewrop 16 – 3 gôl; *Eraill* 30 – 11 gôl; Dan 21 oed 10 cap

Clybiau
463 o gemau cynghrair, 182 gôl

1997-04	Caerdydd	178 gêm	85 gôl	(13 cap)
1998	*Middlesbrough af*	0 gêm		
2000	*Greenock Morton af*	3 gêm	2 gôl	
2004-06	West Bromwich A	43 gêm	12 gôl	(11 cap)
2006-07	Norwich C	45 gêm	27 gôl	(10 cap)
2007-08	Derby Co	22 gêm	1 gôl	(4 cap)
2008-11	Nottingham F	98 gêm	35 gôl	(15 cap)
2011-13	Caerdydd	19 gêm	3 gôl	(5 cap)
2012-13	*Maccabi Tel Aviv af*	10 gêm	2 gôl	
2013	Toronto	26 gêm	8 gôl	
2014	Blackpool	1 gêm	0 gôl	
2014	Chicago Fire	5 gêm	3 gôl	
2015	Vancouver Whitecaps	10 gêm	2 gôl	
2015	*Whitecaps FC 2 af*	3 gêm	2 gôl	

Cafanswm ei drosglwyddiadau oedd £12·65 miliwn

Medalau, ac ati

- Enillydd gemau ail gyfle Adran 2, 2003
- Chwaraewr Ifanc y Flwyddyn Cymru 2001 a 2002
- Chwaraewr Clwb y Flwyddyn Cymru 2003 a 2004
- Chwaraewr y Flwyddyn Cymru 2004
- Aelod o dîm adrannol y flwyddyn PFA 2001, 2003 a 2004

Dathlu mewn steil

Llwyddodd Rob i sgorio goliau ar bob lefel – a dathlai mewn steil gyda'i naid tin-dros-ben. Yng Nghaerdydd sefydlodd Rob ddwy record yn nhymor 2003-04, sef 31 o goliau cynghrair (a thrwy hynny guro record **Stan Richards** o dymor 1946-47) a 35 yn y gynghrair a'r cwpanau. Bobby Gould sy'n cael y clod am berswadio'r Rob ifanc i chwarae i Gymru yn hytrach na Zambia, y wlad a adawodd pan oedd yn 6 oed. Dechreuodd Rob ei yrfa ryngwladol ar dân gyda 7 gôl mewn 11 gêm, a dim ond 4 o'r gemau hynny oedd yn gemau llawn (90 munud). Yn rhy aml roedd ei reolwyr (clybiau a rhyngwladol) yn defnyddio Earnie bach yr eilydd fel eu Plan B, yn y gobaith y byddai'n cipio gôl i achub eu crwyn.

* Rob yw'r unig chwaraewr i sgorio hatric i'w wlad ac yng Nghwpan FA Lloegr, Uwchgynghrair Lloegr a'r tair adran arall, a Chwpan y Gynghrair.

Jermaine Easter
Blaenwr

Ganed: 15 Ionawr 1982, Caerdydd (Jermaine Maurice Easter)
Cartref: Llandaf, Caerdydd
Brawd i Jamal – Caerdydd, *Bristol R af, Torquay U af*, Caerfyrddin, Casnewydd, Clevedon T, Ffynnon Taf, Pen-y-bont ar Ogwr/52 o gemau cynghrair, 11 gôl/1 cap dan 21 oed

Cymru: 2007-14
Cap cyntaf: Gêm **545,** 25 oed; **Cap olaf:** Gêm **610**, 32 oed
12 cap (posibl 66); Gemau llawn 2; Eilyddiwyd 2; Ymlaen fel eilydd 8
Ennill 4; Cyfartal 3; Colli 5; Cwpan y Byd 2; Penc. Ewrop 5; *Eraill* 5; Dan 21 oed 6 chap

Clybiau
390 o gemau cynghrair, 85 gôl

1999-01	Wolverhampton W		
2001-04	Hartlepool U	27 gêm	2 gôl
2004	*Spennymoor U af*		
2004-05	Cambridge U	39 gêm	8 gôl
2005	Boston U	9 gêm	3 gôl

2005-06	Stockport Co	19 gêm	8 gôl	
2006-08	Wycombe W	59 gêm	21 gôl	(4 cap)
2008-09	Plymouth A	36 gêm	6 gôl	(3 chap)
2008	*Millwall af*	5 gêm	1 gôl	
2008	*Colchester U af*	5 gêm	2 gôl	
2009-11	Milton Keynes D	50 gêm	14 gôl	(1 cap)
2010-11	*Abertawe af*	6 gêm	1 gôl	
2011-13	Crystal Palace	55 gêm	7 gôl	(2 gap)
2013-14	Millwall	29 gêm	4 gôl	(2 gap)
2015-16	Bristol R	42 gêm	7 gôl	

Roedd pob un o'i gemau i Hartlepool fel eilydd

Medalau, ac ati

• Aelod o dîm adrannol y flwyddyn PFA 2007

Heb argyhoeddi

Fel streicar bach prysur a hyderus sgoriodd Jermaine goliau i bob un o'i glybiau niferus, yn bennaf yn yr adrannau is, yn cynnwys gôl ym mhob rownd wrth i Wycombe gyrraedd rownd gyn-derfynol Cwpan Carling yn 2007, ond methodd ag argyhoeddi ar y llwyfan rhyngwladol. Fe gafodd Jermaine rediad gwych yn 2009 pan sgoriodd 8 gôl mewn 7 gêm i'r MK Dons yn Adran 1. Doedd Jermaine ddim yn boblogaidd yn Abertawe pan wnaeth yr 'Ayatollah' [defod bois Caerdydd] ar ôl sgorio yno i Wycombe ond doedd dim dathliad tebyg pan sgoriodd i Abertawe yn ystod ei gyfnod yno ar fenthyg.

* Rhyddhawyd y Jermaine ifanc gan Wolves pan oedd Dave Jones yn rheolwr yn Molineux, a'r un oedd ffawd ei frawd Jamal yng Nghaerdydd dan yr un Dave Jones.

Freddy Eastwood
Blaenwr

Ganed: 29 Hydref 1983, Epsom

Ei daid wedi ei eni ym Mhontyberem

Aelod o'r gymuned Romani

Cymru: 2007-11
Cap cyntaf: Gêm **550**, 23 oed; **Cap olaf:** Gêm **583**, 27 oed
11 cap (posibl 34) 4 gôl; Gemau llawn 2; Eilyddiwyd 8; Ymlaen fel eilydd 1
Ennill 5; Cyfartal 1; Colli 5; Penc. Ewrop 4 – 1 gôl; *Eraill* 7 – 3 gôl

Clybiau
323 o gemau cynghrair, 84 gôl

2002-03	West Ham U			
2003-04	Grays Ath			
2004-07	Southend U	115 gêm	53 gôl	
2007-08	Wolverhampton W	31 gêm	3 gôl	(9 cap)
2008-12	Coventry C	113 gêm	17 gôl	(2 gap)
2012-14	Southend U	64 gêm	11 gôl	

Medalau, ac ati
- Enillydd gemau ail gyfle Adran 2 2005
- Adran 1 2006

Dechrau gwych i Gymru a'i glwb
Roedd yn dipyn o bluen yn het Cymdeithas Bêl-droed Cymru fod sgoriwr toreithiog wedi cael ei berswadio i chwarae i hen wlad ei daid. Roedd goliau niferus Freddy wedi helpu Southend i godi o Adran 2 i'r Bencampwriaeth mewn dau dymor. Wedi iddo sgorio ddwywaith yn ei dair gêm ryngwladol gyntaf ymddangosai fod y Nadolig wedi cyrraedd yn gynnar yn 2007. Talodd Wolves £1·5 miliwn am Freddy ond sychodd y goliau a chollodd ei le yn nhimau Wolves a Chymru. Treuliodd Freddy dri thymor yn hanner isaf y Bencampwriaeth gyda Coventry, ac yna'n ôl i Southend, ond ni ddychwelodd yr hen lawenydd.

* Sgoriodd Freddy hatric yn ei gêm gyntaf yng Nghynghrair Lloegr, y gôl gyntaf wedi dim ond 7·7 EILIAD, a hynny yn erbyn Abertawe ym mis Hydref 2004.

Christian Edwards
Amddiffynnwr canol

Ganed: 23 Tachwedd 1975, Caerffili (Christian Nicholas Howells Edwards)
Llysenw: Swani

Doethuriaeth o Brifysgol Metropolitan, Caerdydd

Cymru: 1996
Unig gap: Gêm **466**, 20 oed; Ymlaen fel eilydd 1 (wedi 88 munud)
Colli 1; *Eraill* 1; B 2 gap; Dan 21 oed 7 cap

Clybiau
394 o gemau cynghrair, 15 gôl

1994-98	Abertawe	115 gêm	4 gôl	(1 cap)
1998-03	Nottingham F	54 gêm	3 gôl	

1998	*Bristol C af*	3 gêm	
2000	*Oxford U af*	5 gêm	1 gôl
2001	*Crystal Palace af*	9 gêm	
2002	*Tranmere R af*	12 gêm	
2003	*Oxford U af*	6 gêm	
2003-06	Bristol C	99 gêm	3 gôl
2005	*Abertawe af*	2 gêm	
2006	Forest Green R		
2007-10	Aberystwyth	89 gêm	4 gôl

Eilydd rhif 6

Pan symudodd Christian o Abertawe i Forest ym mis Mawrth 1998 roedd e'n gadael gwaelodion Adran 3 am glwb oedd ar fin ennill dyrchafiad i Uwchgynghrair Lloegr. Yn anffodus i Christian disgynnodd Forest wedi un tymor yn unig, cafodd y chwaraewr broblemau gydag anafiadau ac aeth i nifer o glybiau ar fenthyg, sy'n egluro'i 54 gêm i Forest mewn pum mlynedd (a 36 o'r rheini mewn un tymor 2000-01). Bu Christian yn gaffaeliad poblogaidd i Aberystwyth fel chwaraewr, hyfforddwr, rheolwr dros dro a rheolwr cynorthwyol i Alan Morgan. Wedi iddo ennill ei radd gyntaf yn 2011 bu'n ddarlithydd mewn hyfforddi chwaraeon ym Mhrifysgol Metropolitan Caerdydd ac yn gyfarwyddwr tîm pêl-droed llwyddiannus y Met.

* Enillodd Christian ei unig gap fel y chweched eilydd yn y Swistir yn 1996. Ar y pryd dim ond pump eilydd a ganiateid mewn gemau cyfeillgar. Eisteddodd Christian ar fainc yr eilyddion yn erbyn yr Ariannin yn 2002 (**503**), bron i chwe blynedd ar ôl ennill ei unig gap.

David Edwards
Canol y cae

Ganed: 3 Chwefror 1986, Pontesbury (David Alexander Edwards)

Cymru: 2007-16
Cap cyntaf: Gêm **555**, 21 oed; **Cap diweddaraf:** Gêm **627**, 30 oed
35 cap (posibl 73); 3 gôl; Gemau llawn 8; Eilyddiwyd 14; Ymlaen fel eilydd 13
Ennill 15; Cyfartal 3; Colli 17; Cwpan y Byd 11 – 2 gôl; Penc. Ewrop 13 [Ffrainc 2016 = 3 gêm]
Eraill 11 – 1 gôl; Dan 21 oed 9 cap – capten

Clybiau
361 o gemau cynghrair, 47 gôl

2004-07	Amwythig	103 gêm	12 gôl

| 2007-08 | Luton T | 19 gêm | 4 gôl | (2 gap) |
| 2008-16 | Wolverhampton W | 239 gêm | 31 gôl | (33 cap) |

Medalau, ac ati
* Y Bencampwriaeth 2009
* Adran 1 2014

Un o'r arwyr tawel
Chwaraeodd David ei gêm gyntaf yng Nghynghrair Lloegr ar ddiwedd tymor 2002-03 pan oedd Amwythig eisoes yn gwybod eu bod yn disgyn i'r Gyngres. Wedi un tymor allan o Gynghrair Lloegr roedd y clwb a David ar i fyny eto ac fe ddechreuodd ei yrfa flodeuo. Ymddangosai ei symudiad o Amwythig i Luton yn Adran 1 am £250,000 yn un da ond gyda Luton mewn trafferthion ariannol a'r chwaraerwyr yn mynd am wythnosau heb gyflog, roedd David yn un o brif asedau'r clwb ac fe'i gwerthwyd wedi dim ond pum mis i Wolves yn y Bencampwriaeth. Blwyddyn a hanner yn ddiweddarach roedd David yn dathlu cyrraedd Uwchgynghrair Lloegr ond doedd tri thymor ar y lefel uchaf ddim yn fêl i gyd wrth iddo ddioddef nifer o anafiadau a'u cadwodd yn segur am fisoedd ar y tro. Ac i goroni'r diflastod disgynnodd Wolves i'r Bencampwriaeth yn 2012 ac i Adran 1 yn 2013, cyn codi'n ôl i'r Bencampwriaeth yn 2014. Cadwodd David ei le yng ngharfan Cymru ers ei ymddangosiad cyntaf, pan oedd yn holliach, ac fe chwaraeodd ei ran yng ngemau rhagbrofol Ewro 2016. Yn anffodus fe dorrodd asgwrn yn ei droed ganol Ionawr 2016 a chael a chael oedd hi iddo wella mewn pryd ar gyfer diwedd y tymor a'r gemau yn Ffrainc.

* Roedd ymadawiad David â Luton yn un dadleuol. Adroddwyd mai £675,000 oedd y ffi trosglwyddo er fod Kevin Blackwell, rheolwr Luton, o'r farn fod David yn werth £1·5 miliwn, ac fe ymddiswyddodd yn fuan wedyn.

George Edwards
Asgellwr chwith

Ganed: 2 Rhagfyr 1920, Treherbert
Cartref: Cilgeti, Sir Benfro
Bu farw: 21 Hydref 2008, Llandochau, 87 oed

Cymru: 1946-49
Cap cyntaf: Gêm **171**, 25 oed; **Cap olaf:** Gêm **184**, 28 oed
12 cap (posibl 14); 2 gôl; Gemau llawn 12; Ennill 4; Colli 8
Cwpan y Byd 2; Penc. Prydain 7; *Eraill* 3; Amatur 1 cap (1938)

Clybiau

281 o gemau cynghrair, 45 gôl

1938-39	Abertawe	2 gêm		
	Coventry C			
1945-48	Birmingham C	84 gêm	9 gôl	(6 chap)
1948-54	Caerdydd	195 gêm	36 gôl	(6 chap)

Medalau, ac ati

- Yr Ail Adran 1948
- Gwobr Arbennig Cymdeithas Bêl-droed Cymru 1996

O'r ystafell newid i ystafell y cyfarwyddwyr

George oedd olynydd **Roy Clarke** ar asgell chwith Caerdydd wedi i Clarke symud i Manchester C. Yn eironig disodlwyd George yn nhîm Cymru gan Clarke. Fe fu George yn gysylltiedig â chlwb Caerdydd am 40 mlynedd. Wedi iddo ymddeol fe fu'n gohebu i raglenni radio'r BBC, fel *Sports Medley* ar nos Sadwrn, ac i'r papur Sul *Empire News*. Tra oedd yn chwarae i Birmingham a Chaerdydd roedd George hefyd yn gweithio ar draethawd MA ar faes glo Sir Benfro. Gwnaeth y traethawd argraff ar gadeirydd Caerdydd, y diwydiannwr Syr Herbert Merrett, oedd hefyd yn dad-yng-nghyfraith i Reolwr–Gyfarwyddwr Mobil Oil, ac fe fu George mewn swydd uchel gyda'r cwmni olew hyd 1985. Hefyd fe fu George ar fwrdd cyfarwyddwyr Caerdydd o 1957 hyd 1976 ac o 1981 hyd 1986.

* Y tu allan i glwb Caerdydd fe fu George yn ynad heddwch, yn Is-Gadeirydd y Cyngor Chwaraeon ac yn aelod o dribiwnlysoedd Cymdeithas Bêl-droed Cymru.

Ian Edwards
Blaenwr canol

Ganed: 30 Ionawr 1955, Yr Orsedd, Wrecsam (Robert Ian Edwards)

Cymru: 1977-79
Cap cyntaf: Gêm **336**, 22 oed; **Cap olaf:** Gêm **353**, 24 oed
4 cap (posibl 18); 4 gôl; Gemau llawn 1; Eilyddiwyd 1; Ymlaen fel eilydd 2
Ennill 1; Cyfartal 1; Colli 2; Penc. Ewrop 3 – 4 gôl; *Eraill* 1; Dan 21 oed 2 gap

Clybiau

214 o gemau cynghrair, 63 gôl

	Y Rhyl			
1973-76	West Bromwich A	16 gêm	3 gôl	
1976-79	Caer	104 gêm	36 gôl	(3 chap)

1979-82	Wrecsam	76 gêm	20 gôl	(1 cap)
1982-83	Crystal Palace	18 gêm	4 gôl	
1983	Mold Alex			
Rheolwr				
	Mold Alex			
1994-95	Porthmadog			

Yr olaf i sgorio 4 gôl

Ymunodd Ian â West Brom fel chwaraewr proffesiynol llawn amser pan oedd yn ddisgybl chweched dosbarth 18 oed yn Ysgol Alun, Yr Wyddgrug. Er iddo sgorio yn ei gêm gyntaf prin fu ei gyfleon a gadawodd yr Hawthorns am Gaer am £20,000. Erbyn iddo symud i Wrecsam dair blynedd yn ddiweddarach roedd ei bris wedi codi i £125,000. Cafodd Ian sylw mawr pan sgoriodd foli wych o 30 llath i Wrecsam yn Derby enillodd wobr Gôl y Mis ar *Match of the Day*, ac mae i'w gweld ar wefan Youtube.com. Wedi iddo ymddeol yn 28 oed oherwydd anaf i'w ben-glin aeth Ian i gadw gwestyau yng Nghricieth, yn fwyaf arbennig Plas Isa ers 2000.

* Uchafbwynt gyrfa ryngwladol Ian oedd ei 4 gôl yn erbyn Malta (**344**), a does yna yr un Cymro wedi cyflawni'r gamp honno ers hynny. Oni bai fod Beringen wedi gwrthod rhyddhau **Nick Deacy** mae'n eitha tebyg na fyddai Ian wedi chwarae yn y gêm honno.

Rob Edwards
Amddiffynnwr

Ganed: 1 Gorffennaf 1973, Kendal (Robert William Edwards)

Ei dad o Ruthun

Cymru: 1997-98
Cap cyntaf: Gêm **475**, 24 oed; **Cap olaf:** Gêm **480**, 24 oed
4 cap (posibl 6); Gemau llawn 1; Eilydd 3; Ennill 1; Colli 3
Cwpan y Byd 2; *Eraill* 2; B 2 gap; Dan 21 oed 17 cap

Clybiau
556 o gemau cynghrair, 15 gôl

1990-91	Carlisle U	48 gêm	5 gôl	
1991-99	Bristol C	216 gêm	5 gôl	(4 cap)
1999-04	Preston NE	169 gêm	4 gôl	
2004-06	Blackpool	58 gêm	1 gôl	
2006-11	Exeter C	65 gêm		
Rheolwr				
2014	Tranmere R			

Medalau, ac ati

- Adran 2 2000
- Enillydd gemau ail gyfle'r Gyngres 2008

Arwr Caerwysg

Roedd Rob yn chwarae'n gyson i'w glwb lleol Caerliwelydd (Carlisle U) yn y Bedwaredd Adran pan oedd yn 16 oed ar y Cynllun Hyfforddi Ieuenctid, YTS. Yr agosaf ddaeth Rob at Uwchgynghrair Lloegr oedd chwarae yn ffeinal gemau ail gyfle yr hen Adran 1 pan gollodd Preston i Bolton yn Stadiwm y Mileniwm yn 2001. Wedi iddo ymddeol yn 2011 bu'n hyfforddwr tîm cyntaf Caerwysg (Exeter C). Ym mis Mai 2014 penodwyd Rob yn rheolwr Tranmere, ond 5 mis yn ddiweddarach, wedi dim ond dwy fuddugoliaeth mewn 12 gêm gynghrair, roedd Tranmere ar waelod Adran 2 ac fe gafodd Rob y sac. Yn Rhagfyr 2014 ymunodd Rob â Cheltenham Town fel is-reolwr.

* Ym mis Mai 2008 sicrhaodd Rob ei le yn llyfrau hanes clwb Caerwysg trwy benio unig gôl y gêm yn erbyn Cambridge U yn Wembley yng ngêm ail gyfle'r Gyngres – gôl ddaeth â 5 mlynedd o alltudiaeth o Gynghrair Lloegr i ben.

Rob Edwards
Amddiffynnwr

Ganed: 25 Rhagfyr 1982, Telford (Robert Owen Edwards)

Cymru: 2003-06

Cap cyntaf: Gêm **511**, 20 oed; **Cap olaf:** Gêm **543**, 23 oed
15 cap (posibl 33); Gemau llawn 2; Eilyddiwyd 3; Ymlaen fel eilydd 10
Ennill 6; Cyfartal 4; Colli 5; Cwpan y Byd 1; Penc. Ewrop 4; *Eraill* 10

Clybiau
213 o gemau cynghrair, 5 gôl

2000-04	Aston Villa	8 gêm		(6 chap)
2003	*Crystal Palace af*	7 gêm	1 gôl	
2004	*Derby Co af*	11 gêm	1 gôl	
2004-08	Wolverhampton W	100 gêm	1 gôl	(9 cap)
2008-11	Blackpool	59 gêm	2 gôl	
2011	*Norwich C af*	3 gêm		
2011-13	Barnsley	17 gêm		
2012	*Fleetwood af*	4 gêm		
2013	*Amwythig af*	4 gêm		

Medalau, ac ati

- Enillydd gemau ail gyfle'r Bencampwriaeth 2010

Llethwyd gan anafiadau

Ymddangosai fod gan Rob ddyfodol disglair nôl yng ngwanwyn 2003 wedi iddo chwarae ei gêm gyntaf i Aston Villa yn Uwchgynghrair Lloegr dridiau wedi ei ben-blwydd yn 20 oed. Dri mis yn ddiweddarach enillodd Rob ei gap cyntaf, yna cafodd anaf ac ni chwaraeodd i Villa eto. Yn ogystal â'r anaf wynebai Rob ddau anhawster arall – roedd e'n chwarae yn yr un safle â chefnwr disglair Cymru, **Mark Delaney**, a disodlwyd Graham Taylor fel rheolwr Villa gan David O'Leary. Wedi iddo ymddeol yn 2013 dychwelodd Rob i Wolves fel hyfforddwr ieuenctid.

* Chwaraeodd Rob ran flaenllaw wrth i Blackpool esgyn i Uwchgynghrair Lloegr yn 2010 gyda buddugoliaeth (ffodus?) dros Gaerdydd yn y gêm ail gyfle yn Wembley.

Trevor Edwards
Cefnwr

Ganed: 24 Ionawr 1937, Pen-y-graig, Rhondda (Leonard Trevor Edwards)

Nai i Dai Astley – Merthyr Town, Charlton Ath, Aston Villa, Derby Co, Blackpool/379 o gemau cynghrair, 173 gôl/13 cap, 12 gôl

Ewythr i Paul Edwards – cefnwr gyda Merthyr Tudful yn y 1970au

Cymru: 1957
Cap cyntaf: Gêm **215**, 20 oed; **Cap olaf:** Gêm **217**, 20 oed
2 gap (posibl 3); Gemau llawn 2; Cyfartal 1; Colli 1
Cwpan y Byd 1 [Sweden 1958 = 0 gêm]; Penc. Prydain 1; Dan 23 oed 2 gap

Clybiau
137 o gemau cynghrair, 3 gôl

1955-60	Charlton Ath	64 gêm		(2 gap)
1960-64	Caerdydd	73 gêm	3 gôl	

Cam gwag gan y dewiswyr?

Penderfyniad mentrus ond dadleuol gan ddewiswyr Cymru oedd rhoi cap cyntaf i Trevor yn 1957 a thrwy hynny ddirwyn i ben yrfa hir yr ardderchog **Alf Sherwood**. Roedd Trevor yn 20 oed, yn gyflym ac wedi ennill ei le yn nhîm Charlton yn yr Adran Gyntaf. Cafodd Trevor ail gêm ryngwladol i'w hanghofio yn erbyn Dwyrain yr Almaen, a welwyd mohono yn nghrys Cymru eto – ond fe gafodd drip i Sweden ar gyfer Cwpan y Byd 1958. Yn 1964 ymfudodd Trevor a'i deulu i Awstralia lle bu'n chwarae ac yn hyfforddi, ac yn gweithio i gwmni dillad.

---

* Adroddwyd fod Trevor wedi cynrychioli Awstralia cyn i'r wlad honno gyflwyno rheol yn gwahardd mewnfudwyr rhag chwarae i'r wlad oni bai eu bod yn ildio eu pasbortau gwreiddiol. Doedd Trevor ddim yn fodlon gwneud hynny.

John Emanuel
Canol y cae

Ganed: 5 Ebrill 1948, Treherbert (William John Emanuel)

Cymru: 1973
Cap cyntaf: Gêm **308**, 25 oed; **Cap olaf:** Gêm **309**, 25 oed
2 gap (posibl 2); Ymlaen fel eilydd 2; Colli 2; Penc. Prydain 2; Amatur 3 chap

Clybiau
217 o gemau cynghrair, 14 gôl

	Blaenrhondda			
	Abertawe			
	Ferndale			
1971-75	Bristol C	128 gêm	10 gôl	(2 gap)
1975	Swindon T af	6 gêm		
1976	Gillingham af	4 gêm		
1976-78	Casnewydd	79 gêm	4 gôl	
1978-79	Y Barri			
1979-81	Ton Pentre			
Rheolwr				
1985-86	Ton Pentre			
1987-89	Maesteg			
1990	Ton Pentre			

Dros y bont ac yn ôl

Roedd John yn 23 oed, yn gweithio fel paentiwr yn y Rhondda a newydd ennill ei gapiau amatur, pan biciodd dros bont Hafren i droi'n broffesiynol gyda Bryste. Roedd ei ail dymor yno, 1972-73, yn un i'w gofio wrth iddo ennill gwobr chwaraewr y flwyddyn y clwb, a'i ddau gap yn y gemau rhyngwladol ar ddiwedd y tymor. Dan arweiniad John enillodd Ton Pentre bencampwriaeth Cynghrair Abacus a Chwpan De Cymru yn 1993 ac ymunodd y clwb â Chynghrair Cymru ar gyfer ail dymor y gynghrair genedlaethol newydd.

* Talodd Bristol C £100 i Ferndale am John, a £100 i ddilyn wedi iddo chwarae 10 gêm gynghrair, a £100 arall pan enillai gap llawn.

Mike England
Amddiffynnwr canol

Ganed: 2 Rhagfyr 1941, Maesglas, Treffynnon (Harold Michael England)
Cartref: Mostyn

Cymru: 1962-74
Cap cyntaf: Gêm **245**, 20 oed; **Cap olaf:** Gêm **316**, 32 oed
44 cap (posibl 72); 27 yn gapten; 3 gôl; Gemau llawn 44;
Ennill 11; Cyfartal 9; Colli 24; Cwpan y Byd 12 – 2 gôl; Penc. Ewrop 5 – 1 gôl
Penc. Prydain 22; *Eraill* 5; Dan 23 oed 11 cap – record i Gymru

Clybiau
611 o gemau cynghrair, 42 gôl

1959-66	Blackburn R	165 gêm	21 gôl	(20 cap)
1966-74	Tottenham H	300 gêm	14 gôl	(24 cap)
1975	Seattle Sounders (UDA)	19 gêm	2 gôl	
1975-76	Caerdydd	40 gêm	1 gôl	
1976-79	Seattle Sounders	87 gêm	4 gôl	

Rheolwr

1980-88	Cymru – gweler Atodiad 1	

Medalau, ac ati
* Cwpan FA Lloegr 1967
* Cwpan UEFA 1972
* Cwpan Cynghrair Lloegr 1973
* Aelod o Oriel Anfarwolion Tottenham H 2013
* MBE 1984

Amddiffynnwr o fri
Awdurdodol, cryf, cadarn, bonheddig, clasurol, hunanfeddiannol – dyna Mike. Roedd e bron yn ddiguro yn yr awyr ac yn eithaf cyflym ar ei draed, o ystyried ei faint – olynydd teilwng i'w eilun **John Charles** yng nghrys coch rhif 5 Cymru. Mike oedd conglfaen yr ail dîm llwyddiannus a ffurfiwyd gan Bill Nicholson yn Spurs (lle chwaraeodd 35 o gemau yn Ewrop) ac roedd yn ffigwr allweddol wrth i Gaerdydd ennill dyrchafiad nôl i'r Ail Adran ar y cynnig cyntaf yn 1976. Gobeithiai Mike aros ar Barc Ninian fel hyfforddwr ond cafodd ei siomi a dychwelodd i America lle bu'n chwarae a hyfforddi, a gwerthu tai ac anticiws – nes iddo glywed fod ei wlad angen rheolwr newydd yn 1980. Chwaraeodd Mike i 'Team America' yn 1976 yn erbyn Brasil a Lloegr. Wedi iddo ddychwelyd o America am y tro olaf daeth Mike yn berchen cartrefi preswyl yn ardaloedd Bae Colwyn a'r Rhyl.

* Roedd y £95,000 dalodd Spurs amdano yn 1966 yn record am amddiffynnwr yng Nghynghrair Lloegr ar y pryd.

Brian Evans
Asgellwr

Ganed: 2 Rhagfyr 1942, Bryn-mawr (Brian Clifford Evans)
Bu farw: 26 Chwefror 2003, Abertawe, 60 oed
Tad i Richard – Caerdydd, Weymouth, Bristol R, Exeter C/20 o gemau cynghrair, 3 gôl/ffisiotherapydd Abertawe 1999-2009/pennaeth gwyddoniaeth chwaraeon Wigan A 2009-13/pennaeth perfformiad Everton 2013

Cymru: 1971-73
Cap cyntaf: Gêm **298**, 28 oed; **Cap olaf:** Gêm **310**, 30 oed
7 cap (posibl 13); Gemau llawn 4; Eilyddiwyd 3
Ennill 2; Cyfartal 1; Colli 4; Cwpan y Byd 3; Penc. Ewrop 2; Penc. Prydain 2; Dan 23 oed 2 gap

Clybiau
391 o gemau cynghrair, 66 gôl

	Y Fenni			
1963-73	Abertawe	343 gêm	57 gôl	(6 chap)
1973-75	Henffordd	48 gêm	9 gôl	(1 cap)
1975-76	Bath C			
1976-77	Llanelli			
1977-78	Hwlffordd			
1978-79	Pontardawe			

Medalau, ac ati
• Cwpan Cymru 1966
• Aelod o Oriel Anfarwolion Abertawe 2012

Poenydiwr y Pwyliaid
Clerc yng ngwaith dur Glyn Ebwy oedd Brian pan dalodd Abertawe £650 amdano i glwb Y Fenni. Rhoddodd Brian 10 mlynedd o wasanaeth da i'r Elyrch yn cynnwys chwarae ym mhob rownd wrth i'r gwynion gyrraedd rownd gyn-derfynol Cwpan FA Lloegr yn 1964 ac roedd yn siom fawr iddo pan gafodd ei adael allan o'r tîm gollodd 2–1 i Preston ym Mharc Villa. Bu'n rhaid i Brian aros 7 mlynedd arall am ei gap cyntaf wrth i'r Elyrch ddisgyn o'r Ail Adran i'r Bedwaredd. Cafodd Brian gêm wych yn erbyn Gwlad Pwyl yn 1973 (**306**) ac roedd Alf Ramsey, rheolwr Lloegr oedd yn gwylio'r gêm oherwydd fod Lloegr yn yr un grŵp Cwpan y

Byd, o'r farn mai Brian oedd seren y gêm. Wedi iddo ymddeol bu Brian â busnes paentio yn Abertawe.

* Brian oedd y chwaraewr cyntaf i ennill cap dros unrhyw wlad wrth chwarae i Henffordd.

Ched Evans
Blaenwr

Ganed: 12 Rhagfyr 1988, Llanelwy (Chedwyn Michael Evans)
Cartref: Y Rhyl

Cymru: 2008-11
Cap cyntaf: Gêm **559**, 19 oed; **Cap olaf:** Gêm **584**, 22 oed
13 cap (posibl 26); 2 gôl; Eilyddiwyd 4; Ymlaen fel eilydd 9
Ennill 6; Colli 7; Cwpan y Byd 5 – 1 gôl; Penc. Ewrop 1; *Eraill* 7 – 1 gôl
Dan 21 oed 13 cap – 13 gôl

Clybiau
147 o gemau cynghrair, 53 gôl

1999-00	Y Rhyl			
2000-02	Caer			
2002-09	Manchester C	16 gêm	1 gôl	(10 cap)
2007-08	*Norwich C af*	28 gêm	10 gôl	
2009-12	Sheffield U	103 gêm	42 gôl	(3 chap)

Medalau, ac ati
• Aelod o dîm adrannol y flwyddyn PFA 2012

Gyrfa addawol yn deilchion
Daeth Ched i'r amlwg gyda'i goliau i dîm dan 21 oed Cymru, yn arbennig ei hatric yn erbyn Ffrainc ym mis Tachwedd 2007. O fewn dyddiau i hynny roedd Norwich wedi ei gymryd ar fenthyg ac i'r clwb hwnnw y chwaraeodd Ched ei gemau cyntaf yng Nghynghrair Lloegr, ac fe sgoriodd o fewn dwy funud i ddechrau ei gêm lawn gyntaf. Fe sgoriodd yn ei gemau cyntaf i dimau dan 19 a dan 21 oed Cymru a pharhaodd yr arferiad pan enillodd ei gap llawn cyntaf. O fewn pum munud i fynd ymlaen fel eilydd (pan anafwyd **Carl Fletcher**) roedd Ched wedi sodli'r bêl i'r rhwyd. Wrth i arian olew'r Arabiaid lifo yn Manchester C (e.e. £32·5 miliwn am Robinho) cafodd Ched ei hun yn un o naw blaenwr yno a phan ddaeth y cyfle i symud i Sheffield U am oddeutu £3 miliwn fe'i cymerodd. Ei dymor gorau oedd 2011-12 pan aeth ei goliau niferus â'i glwb i gemau ail gyfle Adran 1. Erbyn i'r gemau hynny gyrraedd roedd ei yrfa mewn trafferthion wedi iddo gael ei ddedfrydu i garchar am dreisio merch yn Rhuddlan. Yn dilyn apêl fe'i cafwyd yn ddieuog mewn ail achos yn 2016.

* Dechreuodd Ched ei gêm gyntaf i Manchester C yn Uwchgynghrair Lloegr mewn amgylchiadau dramatig. Dair munud cyn y gic gyntaf yn erbyn Aston Villa ym mis Awst 2008 fe anafwyd Valeri Bojinov a dywedwyd wrth Ched y byddai'n dechrau'r gêm.

Ian Evans
Amddiffynnwr canol

Ganed: 30 Ionawr 1952, Egham (Ian Peter Evans)

Ei dad o Aber-carn

Cymru: 1975-77
Cap cyntaf: Gêm **322**, 23 oed; **Cap olaf:** Gêm **336**, 25 oed

13 cap (posibl 15); 1 gôl; Gemau llawn 13; Ennill 4; Cyfartal 4; Colli 5

Cwpan y Byd 2; Penc. Ewrop 4 – 1 gôl [1976 = 2 gêm, 1 gôl];

Penc. Prydain 5; *Eraill* 2; Dan 23 oed 2 gap

Clybiau
283 o gemau cynghrair, 19 gôl

1970-74	Queen's Park R	39 gêm	2 gôl	
1974-79	Crystal Palace	137 gêm	14 gôl	(13 cap)
1979-83	Barnsley	102 gêm	3 gôl	
1983	*Exeter C af*	4 gêm		
1983	*Cambridge U af*	1 gêm		

Rheolwr

1989-90	Abertawe	

Medalau, ac ati
- Aelod o dîm adrannol y flwyddyn PFA 1976, 1977 a 1981
- Cwpan Cymru 1989 – rheolwr

Cyfarfu â George Best
Fe gafodd Ian fedydd tân yng nghrys coch Cymru yn y fuddugoliaeth fawr dros Awstria aeth â ni i rowndiau terfynol Pencampwriaeth Ewrop yn 1996, gydag Ian yn sgorio unig gôl Cymru yn rownd yr wyth olaf. Ymddangosai ei fod wedi sodro ei le yn yr amddiffyn am flynyddoedd i ddod. Yna ym mis Hydref 1976, wrth chwarae i'r Palas yn erbyn Fulham, fe gafodd ei daclo gan George Best ac mewn amrantiad roedd ei yrfa ar y lefel uchaf ar ben. Torrwyd coes Ian mewn dau le ac fe gafodd driniaeth newydd welwyd ar raglen *Tomorrow's World*. Yn 1984 dechreuodd Ian ddringo'r ysgol fel rheolwr fel cynorthwyydd i Steve Coppell yn y Palas. Wedi blwyddyn aflwyddiannus wrth y llyw yn Abertawe bodlonodd Ian ar fod yn is-reolwr i Mick McCarthy gyda Millwall, Gweriniaeth Iwerddon, Sunderland a Wolves.

* 'I gefnogwyr pêl-droed o ryw oed arbennig efallai bod Ian Evans yn fwy adnabyddus fel un o dri chwaraewr Cymreig gafodd eu cynnwys yn set Top Trumps o'r enw International Greats a gyhoeddwyd yn 1978. Mae bod yn rhan o'r set ochr yn ochr â **Leighton James**, **Terry Yorath** a sêr fel Dino Zoff a Johann Cruyff yn awgrymu cymaint oedd y gwybodusion yn feddwl ohono cyn ei anaf.' – Heddiw mewn hanes, gwefan *Sgorio*, S4C.

Paul Evans
Canol y cae

Ganed: 1 Medi 1974, Croesoswallt (Paul Simon Evans)

Cymru: 2002
Cap cyntaf: Gêm **504**, 27 oed; **Cap olaf:** Gêm **506**, 27 oed
2 gap (posibl 3); Ymlaen fel eilydd 2; Cyfartal 2; *Eraill* 2; Dan 21 oed 1 cap

Clybiau
471 o gemau cynghrair, 70 gôl

1993-99	Amwythig	198 gêm	26 gôl	
1999-02	Brentford	130 gêm	31 gôl	(1 cap)
2002-04	Bradford C	42 gêm	5 gôl	(1 cap)
2003	*Blackpool af*	10 gêm	1 gôl	
2004-06	Nottingham F	47 gêm	4 gôl	
2005	*Rotherham U af*	4 gêm		
2006-07	Swindon T	15 gêm	3 gôl	
2007-08	Bradford C	25 gêm		
2008-09	Oxford U			
2009	Halifax T			
2009-10	Farsley Celtic			

Medalau, ac ati
• Adran 3 1994, 1999
• Aelod o dîm adrannol y flwyddyn PFA 1999 a 2002

Gôl y Degawd
Ychydig wythnosau wedi iddo ennill ei gap cyntaf roedd Paul yn un o tua 700 o chwaraewyr oedd ar y clwt wedi i ITV Digital fynd i'r wal, er fod Paul yn gapten Brentford a blwyddyn yn gynharach roedd wedi arwain y clwb i ffeinal Tlws LDV yn Stadiwm y Mileniwm. Daeth Bradford i'r adwy a llwyddodd Paul i ailgydio yn ei yrfa ac ennill ei ail gap.

* Pan sgoriodd Paul yn erbyn Preston gyda chic mul o 50 llath yn 1999 dewisodd cefnogwyr Brentford hi yn 'Gôl y Degawd' a defnyddiwyd hi ar y rhaglen *A Question of Sport* yn y slot beth ddigwyddodd nesa.

Roy Evans
Cefnwr de

Ganed: 5 Gorffennaf 1943, Abertawe (Royston Sidney Evans)
Bu farw: 20 Ionawr 1969, Glyn Ebwy, 25 oed

Cymru: 1964
Unig gap: Gêm **256**, 20 oed
Gem lawn 1; Colli 1; Penc. Prydain 1; Dan 23 oed 3 chap

Clybiau
214 o gemau cynghrair, 7 gôl

1960-67	Abertawe	214 gêm	7 gôl	(1 cap)
1967-69	Henffordd			

Medalau, ac ati
* Cwpan Cymru 1966
* Aelod o Oriel Anfarwolion Abertawe 2014

Un a gollwyd yn ifanc
Unwaith y cyrhaeddodd Roy dîm cyntaf Abertawe roedd e yno i aros am yn agos i bum mlynedd. Disgleiriodd Roy wrth i'r Elyrch gyrraedd rownd gyn-derfynol Cwpan FA Lloegr yn 1964 ac enillodd ei unig gap ar y Vetch ar ddiwedd y tymor yn absenoldeb cefnwr de rheolaidd a chapten Cymru, **Stuart Williams**. Wrth i Abertawe ddisgyn i'r Drydedd Adran yn 1965 ac yna i'r Bedwaredd yn 1967 roedd gobeithion Roy am ragor o gapiau yn pylu.

* Cafodd Roy a'i gyd-chwaraewr Brian Purcell (hefyd gynt o Abertawe) eu lladd gerllaw Glyn Ebwy wrth iddynt deithio o Abertawe i chwarae i Henffordd (Hereford U, oedd dan reolaeth **John Charles**).

Steve Evans
Amddiffynnwr canol

Ganed: 26 Chwefror 1979, Wrecsam (Steven James Evans)

Brawd i Ricky – Y Trallwng, Total Network Solutions, Y Fflint, Bangor, Aberystwyth, Caersws, Y Rhyl, Derwyddon Cefn, Y Bala, Gap Cei Connah, Airbus/416 o gemau cynghrair, 76 gôl.

Cymru: 2006-08
Cap cyntaf: Gêm **544**, 25 oed; **Cap olaf:** Gêm **563**, 27 oed

7 cap (posibl 20); Gemau llawn 3; Eilyddiwyd 1; Ymlaen fel eilydd 3

Ennill 3; Cyfartal 2; Colli 2; Cwpan y Byd 1; Penc. Ewrop 2; *Eraill* 4

Tîm lled broffesiynol Cymru 9 cap

Clybiau
356 o gemau cynghrair, 46 gôl

	West Bromwich A			
	Crewe Alex			
1999-06	Total Network Solutions	152 gêm	24 gôl	
2001-02	*Croesoswallt af*	6 gêm	1 gôl	
2006-09	Wrecsam	66 gêm	5 gôl	(7 cap)
2009-16	Y Seintiau Newydd (The New Saints)	109 gêm	13 gôl	
2014-15	*Gap Cei Connah af*	23 gêm	3 gôl	

Medalau, ac ati
* Uwchgynghrair Cymru 2000, 2005, 2006, 2010, 2012
* Cwpan Cymru 2005, 2012
* Cwpan Uwchgynghrair Cymru 2006, 2009
* Chwaraewr y Flwyddyn Uwchgynghrair Cymru 2005
* Aelod o Oriel Anfarwolion Uwchgynghrair Cymru 2013

Y cyntaf ers 1932

Yn 6' 4" yn nhraed ei sanau roedd Steve yn un o chwaraewyr amlycaf TNS/Y Seintiau Newydd mewn mwy nag un ffordd wrth i lwyddiant fagu llwyddiant i'r clwb o Lansanffraid ym Mechain/Croesoswallt (Oswestry). Enillodd Steve ei gap cyntaf dri mis wedi iddo ymuno â Wrecsam lle'r enillodd wobr chwaraewr y flwyddyn yn 2007. Daeth ei gap olaf wedi i Wrecsam ddisgyn o Gynghrair Lloegr yn 2008 olygai mai Steve oedd y Cymro cyntaf ers 1932 i ennill cap ac yntau'n chwarae yn un o gynghreiriau Cymru.

* Diswyddwyd Steve gan Y Seintiau Newydd yn 2010 yn dilyn trosedd yn erbyn y drefn gyhoeddus ond dyfarnodd tribiwnlys Cymdeithas Bêl-droed Cymru o'i blaid ac fe ddychwelodd i Neuadd y Parc fel chwaraewr ac yna hyfforddwr ieuenctid.

Dave Felgate
Gôl-geidwad

Ganed: 4 Mawrth 1960, Blaenau Ffestiniog (David Wynne Felgate)

Cymru: 1983
Unig gap: Gêm **381**, 23 oed; Ymlaen fel eilydd 1
Ennill 1; Penc. Ewrop 1

Clybiau
612 o gemau cynghrair

	Y Rhyl		
1978-80	Bolton W	0 gêm	
1978	*Rochdale af*	35 gêm	
1979	*Bradford C af*	0 gêm	
1979	*Crewe Alex af*	14 gêm	
1980	*Rochdale af*	12 gêm	
1980-85	Lincoln C	198 gêm	(1 cap)
1984	*Caerdydd af*	4 gêm	
1985-87	Grimsby T	36 gêm	
1987-93	Bolton W	238 gêm	
1993	*Rotherham U af*	0 gêm	
1993	Bury	0 gêm	
1993	*Wolverhampton W*	0 gêm	
1993-95	Caer	72 gêm	
1995	Wigan Ath	3 gêm	
1998-02	Leigh RMI		
2001-02	*Hyde U af*		
2002-03	Radcliffe B		
2004	Chorley		
2004-05	Bacup B		
2005-06	Rossendale U		

Medalau, ac ati
- Aelod o dîm adrannol y flwyddyn PFA 1983 a 1984
- Tlws Cynghrair Lloegr (Sherpa Vans) 1989

Chwarae nes ei fod yn 45 oed
17 oed oedd Dave pan ymunodd â Bolton a bu gyda'r clwb am ddwy flynedd, heb chwarae un gêm. Ac eto roedd ganddo 61 o gemau i'w enw, i gyd ar fenthyg gyda chlybiau eraill. **Dai**

Davies ac yna **Neville Southall** oedd dewis cyntaf Cymru, a daeth unig gap Dave fel eilydd ar hanner amser yn erbyn Romania yn 1983, yn annisgwyl oherwydd doedd Southall ddim wedi cael ei anafu. Ar ddiwedd ei yrfa chwaraeodd Dave i lu o glybiau bach yng ngogledd Lloegr, bu'n is-reolwr Rossendale U ac yna'n hyfforddwr gôl-geidwaid Stockport Co ac, ers 2009, academi Manchester C cyn symud i fyny at eu tîm dan 21 oed.

* Roedd Dave yn 38 oed ac yn pwyso 15 stôn a 5 pwys pan chwaraeodd yn arwrol i sicrhau gêm gyfartal i Leigh RMI yn Fulham yn rownd gyntaf Cwpan FA Lloegr yn 1998, perfformiad gafodd ei ganmol gan Kevin Keegan, rheolwr Fulham.

Carl Fletcher
Canol y cae

Ganed: 7 Ebrill 1980, Camberley (Carl Neil Fletcher)

Ei nain o Glyn Ebwy

Cymru: 2004-09
Cap cyntaf: Gêm **519**, 23 oed; **Cap olaf:** Gêm **568**, 28 oed

36 cap (posibl 50); 1 yn gapten; 1 gôl; Gemau llawn 17; Eilyddiwyd 11; Ymlaen fel eilydd 8 Ennill 15; Cyfartal 7; Colli 14; Cwpan y Byd 11; Penc. Ewrop 7; *Eraill* 18 – 1 gôl

Clybiau
417 o gemau cynghrair, 34 gôl

1997-04	Bournemouth	193 gêm	19 gôl	(4 cap)
2004-06	West Ham U	44 gêm	3 gôl	(11 cap)
2005	*Watford af*	3 gêm		
2006-09	Crystal Palace	68 gêm	4 gôl	(21 cap)
2008	*Nottingham F af*	5 gêm		
2009	*Plymouth A af*	13 gêm	1 gôl	
2009-12	Plymouth A	88 gêm	7 gôl	
2013-14	Barnet	3 gêm		

Rheolwr

2011-13	Plymouth A	

Medalau, ac ati
* Enillydd gemau ail gyfle Adran 3 2003
* Enillydd gemau ail gyfle'r Bencampwriaeth 2005

Ddim digon enwog

Yn dilyn ymddeoliad sydyn **Robbie Savage** o'r tîm cenedlaethol chwaraeodd Carl ran bwysig yng nghanol y cae ar ddechrau cyfnod **John Toshack** wrth y llyw. Roedd Carl yn ddibynadwy a chystadleuol, bob amser yn rhoi 100% yn y crys coch, ac roedd y balchder yn amlwg wrth iddo arwain tîm ifanc, dibrofiad, i'r cae yng Ngwlad yr Iâ yn 2008 (**559**). Yn anffodus fe gafodd ei anafu wedi 40 munud a'i gario o'r maes. Flwyddyn yn ddiweddarach cafodd Carl, **Jason Koumas** a **Simon Davies** gêm druenus yng nghanol y cae yn erbyn y Ffindir (**568**) ac fe gyhoeddodd Carl ei ymddeoliad er mwyn rhoi cyfle i'r to ifanc. Cafodd Carl dymor cyntaf da i West Ham wrth i'r clwb ennill dyrchafiad i Uwchgynghrair Lloegr ond ar ôl cyrraedd gwlad yr addewid dim ond 12 gêm gafodd Carl ar y lefel uchaf. Ei gêm olaf i'r clwb oedd ffeinal Cwpan FA Lloegr yn 2006 (yn absenoldeb Hayden Mullins). Yn ystod ei gyfnod o 15 mis yn rheolwr Plymouth rhoddodd Carl gyfle i Rhys Griffiths o Uwchgynghrair Cymru ond gyda'r clwb yng ngwaelodion Adran 2 cafodd Carl y sac ar ddydd Calan 2013. Penodwyd Carl yn rheolwr tîm ieuenctid Bournemouth ym mis Ionawr 2014.

* Pan gafodd Carl ei alw i wasanaethu ar reithgor yn 2010 fe geisiodd gael ei esgusodi ar sail fod ganddo gêm oddi cartref ac, fel capten Plymouth, ei fod yn adnabyddus yn yr ardal. Dywedodd y barnwr wrtho nad oedd yn ddigon enwog i osgoi gwasanaethu ar y rheithgor.

Brian Flynn
Canol y cae

Ganed: 12 Hydref 1955, Port Talbot
Cartref: Sandfields, Port Talbot

Cymru: 1974-84
Cap cyntaf: Gêm **316**, 19 oed; **Cap olaf:** Gêm **388**, 28 oed
66 cap (posibl 73); 9 yn gapten; 7 gôl, 1 o'r smotyn;
Gemau llawn 55; Eilyddiwyd 6; Ymlaen fel eilydd 5
Ennill 27; Cyfartal 18; Colli 21; Cwpan y Byd 11 – 2 gôl; Penc. Ewrop 16 – 3 gôl [1976 = 2 gêm]
Penc. Prydain 26 – 1 gôl; *Eraill* 13 – 1 gôl; Dan 23 oed 2 gap

Clybiau
568 o gemau cynghrair, 36 gôl

	Lido Afan			
1972-77	Burnley	120 gêm	8 gôl	(21 cap)
1977-82	Leeds U	154 gêm	11 gôl	(32 cap)
1982-84	Burnley	82 gêm	10 gôl	(13 cap)
1984-85	Caerdydd	32 gêm		

1985-86	Doncaster R	27 gêm	
1986-87	Bury	19 gêm	
1987	Limerick	10 gêm	1 gôl
1987-88	Doncaster R	24 gêm	1 gôl
1988-92	Wrecsam	100 gêm	5 gôl

Rheolwr

1989-01	Wrecsam
1994-96	Tîm Cymru Dan 21 oed
2002-04	Abertawe
2004-12	Tîmau Cymru Dan 17, 19 a 21 oed
2010	Cymru – gweler Atodiad 1
2013	Doncaster R
2013-16	Doncaster R – cyfarwyddwr pêl-droed

Bu Brian wrth y llyw yn Wrecsam yn hirach nag unrhyw reolwr arall (622 o gemau yng Nghynghrair Lloegr)

Medalau, ac ati

- Aelod o dîm adrannol y flwyddyn PFA 1984
- Cwpan yr FAW 1998, 2000 a 2001 – rheolwr
- Adran 1 2013 – rheolwr

5' 3", ond cawr serch hynny

Bu Brian â rhan flaenllaw ym mhêl-droed Cymru o 1974 tan 2012, fel chwaraewr a rheolwr clybiau a thimau rhyngwladol. Cymerodd **John Toshack** gam doeth iawn pan benododd Brian yn rheolwr y timau iau gyda chyfrifoldeb am ddarganfod, datblygu a meithrin chwaraewyr ifanc ar gyfer y tîm hŷn, a mynd ar ôl y cysylltiadau Cymreig yng nghefndir teuluol chwaraewyr fel **Ashley Williams**. Aeth Brian â Wrecsam o'r safle isaf un yng Nghynghrair Lloegr i'r seithfed safle yn Adran 2, ac fe gafodd y Cochion fuddugoliaethau cofiadwy yng Nghwpan FA Lloegr dros Arsenal, West Ham, Ipswich a Middlesbrough. Yn ystod ei gyfnod byr ar y Vetch arwyddodd Brian Leon Britton, Roberto Martinez a Lee 'Magic Daps' Trundle, tri ffefryn ddaeth yn rhan o chwedloniaeth yr Elyrch, a sicrhawyd dyfodol Abertawe yng Nghynghrair Lloegr gyda buddugoliaeth fythgofiadwy yn erbyn Hull ar ddiwrnod olaf tymor 2002-03.

* Sgoriodd Brian ei gôl gyntaf i Gymru yn ei gêm lawn gyntaf – clasur yn erbyn yr Alban **(319): Flynn – Page – Flynn – Reece – Flynn – Toshack – Flynn** – Gôl! Roedd ei gôl olaf hefyd yn un nodedig wrth i'r gŵr lleiaf ar y cae godi i sgorio â'i ben yn erbyn Brasil **(379)**. Ond ei hoff atgof o'i 66 gêm dros ei wlad oedd curo Lloegr 4-1 ar y Cae Ras yn 1980 **(354)**.

Trevor Ford
Blaenwr canol

Ganed: 1 Hydref 1923, Abertawe
Cartref: Townhill, Abertawe
Bu farw: 29 Mai 2003, Abertawe, 79 oed

I lead the attack (1957)

Cymru: 1946-56
Cap cyntaf: Gêm **171**, 23 oed; **Cap olaf:** Gêm **213**, 33 oed
38 cap (posibl 43); 23 gôl; Gemau llawn 38
Ennill 14; Cyfartal 4; Colli 20; Cwpan y Byd 3; Penc. Prydain 23 – 11 gôl; *Eraill* 12 – 12 gôl

Clybiau
401 o gemau cynghrair, 202 gôl

1942-47	Abertawe	16 gêm	9 gôl	(1 cap)
1947-50	Aston Villa	120 gêm	60 gôl	(14 cap)
1950-53	Sunderland	108 gêm	67 gôl	(13 cap)
1953-56	Caerdydd	96 gêm	42 gôl	(10 cap)
1957-60	PSV Eindhoven	53 gêm	21 gôl	
1960-61	Casnewydd	8 gêm	3 gôl	
1961	Romford			

Medalau, ac ati
- Cwpan Cymru 1956
- Gwobr Arbennig Cymdeithas Bêl-droed Cymru 1994
- Aelod o Oriel Anfarwolion Chwaraeon Cymru 1997
- Un o'r 100 Chwaraewr Chwedlonol a ddewiswyd i ddathlu canmlwyddiant Cynghrair Lloegr 1998
- Aelod o Oriel Anfarwolion Abertawe 2015

Y Ddraig Goch
Ymosodol, ffyrnig, digyfaddawd a hunllef pob gôl-geidwad – dyna Trevor, y sentar fforward traddodiadol ddaeth yn un o sêr mwyaf y byd pêl-droed yn y 1950au, oes y Brylcreem a'r peli lledr, trwm. Talodd Sunderland £30,000 am lofnod Trevor yn 1950, oedd yn record byd, ac fe sgoriodd Trevor hatric yn ei gêm gyntaf i'r clwb. I'r Cymry roedd Trevor yn y crys rhif 9 yn ymgorfforiad o'r Ddraig Goch, gyda thân yn ei fol os nad yn ei ffroenau, wrth iddo sgorio 22 gôl mewn 28 o gemau rhyngwladol (yn cynnwys yr hatric cyntaf gan Gymro ers 1906). Fe safodd ei gyfanswm terfynol o 23 gôl yn record (ar y cyd ag **Ivor Allchurch**) nes i **Ian Rush** ei thorri yn 1993. Yn haf 1953 fe gafwyd un o'r enghreifftiau gorau o chwaraewr

yn gwasanaethu ei wlad a'i glwb. Wedi iddo chwarae i Gymru ym Mharis (**199**) aeth Trevor i Sweden i chwarae i Sunderland, yna ymlaen i Belgrade ar gyfer gêm Cymru yn erbyn Iwgoslafia (**200**) cyn dychwelyd i Sweden! Bu Trevor mewn dŵr poeth fwy nag unwaith. Gadawodd Abertawe yn dilyn ffrae am baratoadau cyn gêm gwpan, ac fe gafodd ei wahardd a'i ddirwyo gan Gaerdydd am wrthod chwarae yn safle'r mewnwr chwith. Daeth penllanw'r gwrthdaro â'r awdurdodau yn Hydref 1956 wedi iddo ddadlennu taliadau anghyfreithlon ym myd pêl-droed ym mhapur Sul Caerdydd yr *Empire News* dan y teitl 'This racket called soccer', rhagflas o'r hyn oedd i ddod yn ei hunangofiant. Cafodd Trevor ei wahardd am dair blynedd ond bu'n llwyddiannus yn ei apêl yn erbyn hynny. Roedd Trevor yn argyhoeddedig iddo wneud cyfraniad enfawr i sicrhau gwell amodau gwaith i bêl-droedwyr, 'caethweision olaf Prydain' meddai. Doedd Trevor erioed wedi ennill mwy na £15 yr wythnos yng Nghynghrair Lloegr ac roedd ganddo swydd y tu allan i bêl-droed ym mhob un o'i glybiau. Bu'n gwerthu ceir am 30 mlynedd, yn cynnwys i gadeirydd Sunderland ac mewn modurdai yn Llandaf a Gorseinon. Ymfalchïai Trevor iddo allu anfon ei ddau fab i ysgolion bonedd, ac fe ofynnodd, yn ddigon teg, pam fyddai chwaraewyr yn fodlon newid clwb yn y 1950au oni bai fod yna fwy na'r £10 arferol ar y bwrdd. Costiodd ei onestrwydd yn ddrud i Trevor. Bu'n rhaid iddo symud i'r Iseldiroedd, lle câi £30 yr wythnos gan PSV (a swydd gan Philips!), ac yn bwysicach fyth i ni, doedd Trevor ddim yn y garfan ar gyfer Cwpan y Byd yn 1958.

*   Enillodd Trevor gap i dîm criced bechgyn Cymru ac yn 1968 roedd yn maesu i Forgannwg fel eilydd ar faes San Helen, Abertawe, pan sgoriodd Gary Sobers chwech chwech oddi ar un belawd gan Malcolm Nash.

Billy Foulkes
Asgellwr

Ganed: 29 Mai 1926, Merthyr Tudful (William Isaiah Foulkes)
Bu farw: 7 Chwefror 1979, Hoole, Sir Gaer, 52 oed

Cymru: 1951-54
Cap cyntaf: Gêm **192**, 25 oed; **Cap olaf:** Gêm **203**, 27 oed
11 cap (posibl 12); 1 gôl; Gemau llawn 11
Ennill 3; Cyfartal 2; Colli 6; Cwpan y Byd 3; Penc. Prydain 5 – 1 gôl; *Eraill* 3

Clybiau
377 o gemau cynghrair, 46 gôl

1945	Caerdydd			
	Winsford U			
1948-51	Caer	118 gêm	14 gôl	
1951-54	Newcastle U	58 gêm	8 gôl	(11 cap)

1954-56	Southampton	23 gêm	1 gôl
1956	Winsford U		
1956-60	Caer	178 gêm	23 gôl
	Hyde U		

Medalau, ac ati

* Cwpan FA Lloegr 1952

Sgorio â'i gic gyntaf

Llwyddodd Billy i gael ei enw yn y llyfrau hanes gyda'i gic gyntaf yn ei gêm gyntaf i Gymru. Gyda llai na 3 munud ar y cloc fe sgoriodd Billy yn erbyn Lloegr ac fe ymunodd â chriw dethol sydd wedi sgorio i'w gwlad gyda'u cic gyntaf. Ychydig fisoedd yn ddiweddarach roedd Billy yn aelod o dîm llwyddiannus Newcastle yn Wembley ond tri thymor gafodd Billy ar y brig cyn symud i Southampton yn y Drydedd Adran. Wedi iddo ymddeol fe fu'n cadw tafarn laeth yng Nghaer.

* Yn fuan wedi i Billy ymuno â Southampton ymddangosai fod ei yrfa ar ben gyda'i glwb newydd yn honni iddo anafu ei gefn pan oedd ar lyfrau Newcastle. Yn dilyn ymchwiliad dyfarnodd Cynghrair Lloegr o blaid Southampton.

Roger Freestone
Gôl-geidwad

Ganed: 19 Awst 1968, Caerllion

Another Day at the Office (2001)

Cymru: 2000
Unig gap: Gêm **491**, 31 oed; Gemau llawn 1; Colli 1; *Eraill* 1
Dan 21 oed 1 cap

Clybiau
629 o gemau cynghrair, 3 gôl

1986-87	Casnewydd	11 gêm		
1987-91	Chelsea	42 gêm		
1987	*Casnewydd af*	2 gêm		
1989	*Abertawe af*	14 gêm		
1990	*Henffordd af*	8 gêm		
1991-04	Abertawe	552 gêm	3 gôl	(1 cap)
2004-05	Casnewydd			

Medalau, ac ati

- Yr Ail Adran 1989
- Tlws Cynghrair Lloegr (Autoglass) 1994
- Adran 3 2000
- Cwpan yr FAW 2001
- Aelod o Oriel Anfarwolion Abertawe 2012

Bytholwyrdd

Roedd y flwyddyn 2000 yn un i'w chofio i Roger wrth i Abertawe ennill pencampwriaeth Adran 3, ac yna, yn absenoldeb **Paul Jones**, fe gafodd Roger ei hun yn wynebu Brasil yn Stadiwm y Mileniwm o flaen y dorf fwyaf erioed yng Nghymru. Gallai ei yrfa wedi bod yn wahanol iawn petae Chelsea wedi dangos mwy o ffydd ynddo. Fwy nag unwaith prynwyd gôl-geidwaid drudfawr (e.e. £750,000 am Dave Beasant) a gadawyd i Roger symud i'r Vetch am ddim ond £45,000. Bu yno am 13 tymor dan 14 rheolwr gwahanol.

* Roger oedd yn cymryd y ciciau o'r smotyn i Abertawe yn ystod tymor 1994-95. Yn nhymor 1999-2000 sefydlodd record i'r clwb o 22 llechen lân, record a dorrwyd gan Dorus de Vries yn nhymor 2009-10.

Danny Gabbidon
Amddiffynnwr

Ganed: 8 Awst 1979, Cwmbrân (Daniel Leon Gabbidon)

Brawd i David – Cwmbrân, Pant-teg/4 gêm gynghrair

Cymru: 2002-14

Cap cyntaf: Gêm **504**, 22 oed; **Cap olaf:** Gêm **610**, 34 oed

49 cap (posibl 107); 4 yn gapten; Gemau llawn 44; Eilyddiwyd 2; Ymlaen fel eilydd 3

Ennill 15; Cyfartal 13; Colli 21; Cwpan y Byd 11; Penc. Ewrop 16; Eraill 22; Dan 21 oed 17 cap

Clybiau

364 o gemau cynghrair, 12 gôl

	Cwmbrân			
1998-00	West Bromwich A	20 gêm		
2000-05	Caerdydd	197 gêm	10 gôl	(19 cap)
2005-11	West Ham U	96 gêm		(25 cap)
2011-12	Queen's Park R	17 gêm		(2 gap)
2012-14	Crystal Palace	33 gêm	2 gôl	(3 chap)
2014-15	Caerdydd	1 gêm		
2015	Pant-teg			

Medalau, ac ati

- Chwaraewr Clwb y Flwyddyn Cymru 2002
- Enillydd gemau ail gyfle Adran 2 2003
- Aelod o dîm adrannol y flwyddyn PFA 2004
- Chwaraewr y Flwyddyn Cymru 2005
- Enillydd gemau ail gyfle y Bencampwriaeth 2013

Cawr a loriwyd gan anafiadau

Ychydig dros ddwy flynedd gymerodd hi i Danny fynd o fod yn neb yn ail dîm West Brom i serennu ym muddugoliaeth fawr Cymru dros y Eidal (**508**). Hwn oedd ei bedwerydd cap, ac fe lynodd Danny fel gelain at Alessandro del Piero. A phàs ddeallus Danny o ganol yr amddiffyn alluogodd **John Hartson** i ryddhau **Craig Bellamy** i sgorio'r ail gôl. Roedd yn amlwg mai Uwchgynghrair Lloegr oedd lle'r amddiffynnwr canol oedd mor gyfforddus ar y bêl, a'r cyflymaf yn nhîm Cymru ers **Kevin Ratcliffe** yn ei breim. Cafodd Danny dymor cyntaf gwych gyda West Ham – fe enillodd wobr chwaraewr y flwyddyn ac fe chwaraeodd yn ffeinal Cwpan FA Lloegr. Yn 2008 daeth anafiadau niferus i'w boeni, yn arbennig i'r cefn a'r pelfis, a naw cap yn unig enillodd Danny wedi hynny mewn 54 o gemau rhyngwladol. Treuliodd Danny dymor 2014-15 fel chwaraewr/hyfforddwr yng Nghaerdydd ac fe fu (gyda Scott Young) yng ngofal y tîm cyntaf am bedair gêm yn dilyn diswyddo Ole Gunnar Solskjaer.

* Anaml y câi Danny gêm wael i Gymru ond dyna ddigwyddodd yng Nghyprus yn 2005 (**536**) wrth i Gymru golli'n haeddiannol – pan ddylem fod yn dathlu ei gêm gyntaf fel capten.

Glyn Garner
Gôl-geidwad

Ganed: 9 Rhagfyr 1976, Pont-y-pŵl
Cartref: Cwmbrân

Gradd BA o Brifysgol Metropolitan Abertawe 1999

Cymru: 2006
Unig gap: Gêm **538**, 29 oed; Ymlaen fel eilydd 1
Ennill 1; *Eraill* 1

Clybiau
287 o gemau cynghrair

	Croesyceiliog	
1996-97	Cwmbrân	2 gêm
1999-00	Llanelli	28 gêm

2000-05	Bury	126 gêm	
2005-07	Leyton O	86 gêm	(1 cap)
2007-10	Amwythig	45 gêm	
2010	Grays Ath		
2010-2011	Casnewydd		
2011-13	Bath C		
2013-16	Cirencester T		
2016	Merthyr T		

Graddio gyntaf

Enillodd Glyn ei radd mewn Rheolaeth Chwaraeon a Hamdden cyn troi'n chwaraewr proffesiynol gyda Bury. Cynorthwyodd Glyn yr Orient i ennill dyrchafiad o Adran 2 yn 2006. Roedd Glyn yn y penawdau wrth i'w dîm guro Fulham o Uwchgynghrair Lloegr yn Craven Cottage yn nhrydedd rownd Cwpan FA Lloegr, gyda'r gôl-geidwad yn arbed cic o'r smotyn gan Collins John. Disgynnodd Glyn yn ôl i'r gwaelodion wrth symud i Amwythig a diflannodd ei obeithion am ragor o gapiau.

* Glyn oedd yr hynaf o bedwar i ennill eu capiau cyntaf yn erbyn Trinidad a Tobago yn Awstria. Dim ond yr ieuengaf o'r pedwar gafodd yrfa ryngwladol o bwys – **Gareth Bale**.

Ryan Giggs
Asgellwr chwith/canol y cae

Ganed: 29 Tachwedd 1973, Caerdydd (Ryan Joseph Wilson)

Mab i Danny Wilson, chwaraewr rygbi'r undeb i Gaerdydd a rygbi 13 i Swinton, Widnes ac eraill – 5 cap i Gymru, rygbi 13

Brawd i Rhodri – Bangor ac Aberystwyth/29 o gemau cynghrair, 4 gôl (a mân glybiau yn ardal Manceinion yn dilyn prentisiaeth aflwyddiannus gyda Torquay U dan yr enw Jones)

Newidiodd Ryan ei enw o Wilson i Giggs yn 1989 wedi i'w rieni wahanu.

Cartrefi: Trelái a Salford

Ryan Giggs: My Story (1994)
Giggs: The Autobiography (2005)
Ryan Giggs: My Life, My Story (2010)
Ryan Giggs: The Man for All Seasons (2014)
ac eraill

Cymru: 1991-2007
Cap cyntaf: Gêm **434**, 17 oed; **Cap olaf:** Gêm **549**, 33 oed
64 cap (posibl 116); 18 yn gapten; 12 gôl;

Gemau llawn 46; Eilyddiwyd 12; Ymlaen fel eilydd 5; Cerdyn coch 1 (**501**)

Ennill 20; Cyfartal 16; Colli 28; Cwpan y Byd 30 – 7 gôl; Penc. Ewrop 24 – 4 gôl; *Eraill* 10 – 1 gôl

Dan 21 oed 1 cap; Tîm Ysgolion Lloegr 9 cap – capten

Tîm Olympaidd Prydain 2012 4 gêm, 1 gôl – capten

Clybiau
672 o gemau cynghrair, 114 gôl

	Manchester C			
1990-14	Manchester U	672 gêm	114 gôl	(64 cap)
Is-reolwr				
2014-16	Manchester U			

Medalau, ac ati
- Chwaraewr Ifanc y Flwyddyn Cymru 1992 a 1994
- Chwaraewr y Flwyddyn Cymru 1996 a 2006
- Personoliaeth Chwaraeon y Flwyddyn Cymru 1996 a 2009
- Un o'r 100 Chwaraewr Chwedlonol a ddewiswyd i ddathlu canmlwyddiant Cynghrair Lloegr 1998
- Aelod o Oriel Anfarwolion yr Amgueddfa Bêl-droed 2005
- Chwaraewr Ifanc y Flwyddyn PFA 1992 a 1993
- Chwaraewr y Flwyddyn PFA 2009
- Chwaraewr y Flwyddyn y Gohebwyr Pêl-droed 2009
- Aelod o dîm adrannol y flwyddyn PFA 1993, 1998, 2001, 2002, 2007 a 2009
- Uwchgynghrair Lloegr 1993, 1994, 1996, 1997, 1999, 2000, 2001, 2003, 2007, 2008, 2009, 2011 a 2013
- Cwpan FA Lloegr 1994, 1996, 1999 a 2004
- Cwpan Cynghrair Lloegr 1992, 2006, 2009
- Cynghrair y Pencampwyr 1999 a 2008
- OBE 2007
- Gradd MA er Anrhydedd Prifysgol Salford 2008
- Rhyddfraint Dinas Salford 2009
- Personoliaeth Chwaraeon y Flwyddyn BBC 2009
- Doethuriaeth er Anrhydedd Prifysgol Bolton 2014

Chwaraewr gorau ei genhedlaeth
Roedd Ryan yn olynydd teilwng i **John Charles** fel yr ail siwpyrstar Cymreig byd-eang ers 1946, ac mae ei restr medalau ac ati yr hiraf yn hanes pêl-droed yng ngwledydd Prydain. 17 mlwydd a 321 diwrnod oed oedd Ryan pan enillodd ei gap cyntaf, y Cymro ieuengaf erioed ar y pryd, ac fe sgoriodd gôl gofiadwy y tro cyntaf iddo ddechrau gêm (**446**). Roedd ei bresenoldeb yn ychwanegu miloedd at dorfeydd gemau Cymru ond roedd rhai cefnogwyr yn amau ei ymroddiad i'w wlad wrth inni aros 8½ mlynedd i'w weld yn chwarae

mewn gêm gyfeillgar (**490**). Yn honedig, y gwir ddrwg yn y caws oedd hunanoldeb (Syr) Alex Ferguson oedd am warchod ei seren. Yn aml Ryan oedd chwaraewr gorau Cymru ond doedd pob un o'r chwaraewyr eraill ddim ar yr un meddwl â'r dewin ar yr asgell, a doedden ni ddim felly yn chwarae fel tîm. Prysurodd perfformiad gwan Cymru, a Ryan, yn Nulyn (**546**) ei benderfyniad ym mis Mai 2007 i droi ei gefn ar y maes rhyngwladol yng nghanol cyfres Ewro '08 a chanolbwyntio ar ymestyn ei yrfa lwyddiannus gyda'i glwb. Roedd methiant Cymru i gyrraedd rowndiau terfynol Cwpan y Byd a Phencampwriaeth Ewrop eisoes wedi galluogi Ryan i dreulio pob haf yn gorffwys tra oedd ei gyd-chwaraewyr yn Old Trafford yn cymryd rhan mewn twrnameintiau. Aeth Ryan ymlaen i serennu yng nghanol y cae i Man U tan 2014 pan gymerodd yr awennau am 4 gêm olaf y tymor yn dilyn diswyddiad David Moyes, cyn cael ei benodi'n is-reolwr i Louis Van Gaal. Ar ei ymddeoliad yn 40 oed roedd Ryan wedi chwarae mwy o gemau na neb arall yng Nghynghrair y Pencampwyr/Cwpan Ewrop, sef 151, ac wedi ennill y nifer mwyaf erioed o fedalau pencampwriaeth yr adran uchaf yn Lloegr, sef 13.

* Heblaw am ambell noson allan gyda merched o fyd showbis llwyddodd Ryan i gadw ei enw oddi ar dudalennau blaen y tabloids tan 2011 pan ddatgelwyd ei 'gyfeillgarwch' â Natasha, gwraig ei frawd Rhodri, dros gyfnod o wyth mlynedd, a hefyd ag Imogen Thomas, y fodel o Orseinon.

David Giles
Canol y cae

Ganed: 21 Medi 1956, Caerdydd (David Charles Giles)

Brawd i Paul – Caerdydd, Caerwysg, Plymouth A, Excelsior a Dordrecht (Yr Iseldiroedd), Casnewydd, Merthyr T, Inter Caerdydd, Y Barri, Glyn Ebwy, Cwmbrân, Inter Cabletel a Grange Quins/284 o gemau cynghrair, 49 gôl/3 chap dan 21 oed. Bu David a Paul yn cyd-hyfforddi/ rheoli nifer o glybiau yn cynnwys Y Barri pan enillwyd pencampwriaeth Uwchgynghrair Cymru yn 1996.

Cymru: 1980-83
Cap cyntaf: Gêm **354**, 23 oed; **Cap olaf:** Gêm **379**, 26 oed

12 cap (posibl 26); 2 gôl; Gemau llawn 5; Eilyddiwyd 2; Ymlaen fel eilydd 5

Ennill 6; Cyfartal 4; Colli 2; Cwpan y Byd 5 – 2 gôl; Penc. Prydain 5; *Eraill* 2

Dan 21 oed 4 cap; Tîm lled broffesiynol Cymru

Clybiau
371 o gemau cynghrair, 29 gôl

1974-78	Caerdydd	59 gêm	3 gôl
1978-79	Wrecsam	38 gêm	3 gôl

1979-82	Abertawe	54 gêm	13 gôl	(9 cap)
1981	*Orient af*	3 gêm	2 gôl	
1982-84	Crystal Palace	88 gêm	6 gôl	(3 chap)
1984	Birmingham C	0 gêm		
1985-85	Casnewydd	32 gêm	1 gôl	
1985-87	Caerdydd	50 gêm		
1987-88	Y Barri			
1988	Merthyr T			
1989	Casnewydd			
1989-90	Sili/AFC Caerdydd			
1990	Y Fenni			
1991	Stroud			
1991-92	Cwmbrân			
1992-93	Inter Caerdydd	14 gêm		
1993-95	Glyn Ebwy	32 gêm	1 gôl	
1995-96	Y Barri	1 gêm		
Rheolwr				
1994-95	Glyn Ebwy			

Medalau, ac ati

- Cwpan Cymru 1976 a 1981
- Uwchgynghrair Cymru 1996 – cyd-reolwr

Yr unig un i chwarae i'r pedwar clwb

Wedi cyfnodau dilewyrch yng Nghaerdydd a Wrecsam gwelodd David ei werth yn codi o £70,000 i'r entrychion wrth i Abertawe godi i'r Adran Gyntaf yn 1981. Bu sôn fod y rheolwr **John Toshack** wedi gwrthod cynnig o £400,000 amdano. Ond pharodd y dyddiau da ddim yn hir, disgynnodd David i lawr yr adrannau nes cyrraedd Casnewydd, a gwelodd y clwb hwnnw yn mynd allan o fodolaeth yn 1989. David felly yw'r unig chwaraewr i chwarae i Gaerdydd, Abertawe, Wrecsam a Chasnewydd yng Nghynghrair Lloegr. Hefyd, llwyddodd i sgorio dros ac yn erbyn pob un o'r pedwar clwb mewn gwahanol gystadlaethau.

* David oedd y Cymro cyntaf i ennill capiau bechgyn ysgol, ieuenctid, dan 21 oed, y tîm hŷn a'r tîm lled broffesiynol.

Brian Godfrey
Blaenwr/canol y cae

Ganed: 1 Mai 1940, Y Fflint (Brian Cameron Godfrey)
Bu farw: 11 Chwefror 2010, Nicosia, Cyprus, 69 oed

Cymru: 1964-65
Cap cyntaf: Gêm **256**, 23 oed; **Cap olaf:** Gêm **263**, 25 oed
3 chap (posibl 8); 2 gôl; Gemau llawn 3; Colli 3
Cwpan y Byd 1; Penc. Prydain 1 – 1 gôl; *Eraill* 1 – 1 gôl; Dan 23 oed 1 cap

Clybiau
577 o gemau cynghrair, 131 gôl

	Y Fflint			
1958-60	Everton	1 gêm		
1960-63	Scunthorpe U	87 gêm	24 gôl	
1963-67	Preston NE	127 gêm	52 gôl	(3 chap)
1967-71	Aston Villa	143 gêm	22 gôl	
1971-73	Bristol R	81 gêm	16 gôl	
1973-75	Casnewydd	118 gêm	14 gôl	
1975	Portland Timbers	20 gêm	3 gôl	
Rheolwr				
1976-78	Bath C			
1979-83	Exeter C			
1984-87	Weymouth			
1987-91	Gloucester C			
1992-94	Shortwood U			
	Cinderford T			

Medalau, ac ati
- Cwpan Watney 1972
- Aelod o dîm adrannol y flwyddyn PFA 1974

Ailddyfeisiodd ei hun
Ailddyfeisiodd Brian ei hun nifer o weithiau yn ystod ei yrfa hir wrth i'w reolwyr ddilyn ffasiwn y dydd – asgellwr, mewnwr gyda llygad am gôl, hanerwr ac yna canol y cae cyn troi at reoli. Yn ystod ei gyfnod fel blaenwr sgoriodd Brian hatric mewn 5 munud wrth i Preston chwalu Caerdydd 9-0 ar 7 Mai 1966. Er i Brian sgorio'r gôl fuddugol yn 6ed rownd Cwpan FA Lloegr yn 1964 bu'n rhaid iddo fodloni ar fod yn 12fed dyn ar gyfer y ffeinal (dim eilyddion a dim medal). Dychwelodd Brian i Wembley yn 1971 fel capten Villa (o'r

Drydedd Adran) yn ffeinal Cwpan Cynghrair Lloegr, ond siom eto wrth i Spurs gipio'r cwpan.

* Gêm gyntaf Brian yng Nghynghrair Lloegr oedd ei unig gêm yn yr adran uchaf.

Jeremy Goss
Canol y cae

Ganed: 11 Mai 1965, Oekolia, Cyprus

Gossy: The Autobiography (2014)

Cymru: 1991-96
Cap cyntaf: Gêm **430**, 25 oed; **Cap olaf:** Gêm **467**, 31 oed
9 cap (posibl 38); Gemau llawn 1; Eilyddiwyd 3; Ymlaen fel eilydd 5
Ennill 4; Cyfartal 2; Colli 3; Cwpan y Byd 3; Penc. Ewrop 1; *Eraill* 5

Clybiau
198 o gemau cynghrair, 14 gôl

1983-96	Norwich C	188 gêm	14 gôl	(9 cap)
1996-98	Hearts	10 gêm		
1998-99	Colchester U	0 gêm		
	King's Lynn			

Medalau, ac ati
• Aelod o Oriel Anfarwolion Norwich C

Petae...
Petae **Terry Yorath** wedi mentro rhoi lle'r absennol **Mark Hughes** i Jeremy yn erbyn Romania yn 1993 (**451**) ... Petae Jeremy wedi cael y cyfle i ddechrau mwy na 39 gêm gynghrair mewn 8 tymor i Norwich ... Y Cymro Mike Walker oedd yr unig reolwr i ddangos ychydig o ffydd yn Jeremy a thalodd hynny ar ei ganfed wrth i Norwich orffen yn drydydd yn Uwchgynghrair Lloegr yn 1993. Serennodd Jeremy yng Nghwpan UEFA y tymor dilynol gyda goliau cofiadwy yn erbyn Bayern Munich. Bwriadai Mike Smith roi rhan flaenllaw i Jeremy yn nhîm Cymru yn nhymor 1994-95 ond drylliwyd y cynllun gan anaf i Jeremy, a gwelodd Norwich ei golli wrth i'r clwb ddisgyn o'r Uwchgynghrair. Wedi iddo ymddeol bu mewn nifer o swyddi gyda Norwich a gweithiodd i Gymdeithas Deillion Norwich a Norfolk.

* Cymhwyster Jeremy i Gymru oedd pasbort y Deyrnas Unedig. Yn fab i filwr doedd ganddo ddim cysylltiadau teuluol â Chymru heblaw iddo fod yn ddisgybl yn ysgol gynradd Crucywel am bedair blynedd.

Colin Green
Cefnwr chwith

Ganed: 10 Chwefror 1942, Bryn-teg, Wrecsam (Colin Robert Green)

Cymru: 1965-69
Cap cyntaf: Gêm **263**, 23 oed; **Cap olaf:** Gêm **285**, 27 oed
15 cap (posibl 23); Gemau llawn 13; Eilyddiwyd 1; Ymlaen fel eilydd 1
Ennill 2; Cyfartal 3; Colli 10; Cwpan y Byd 3; Penc. Prydain 8; *Eraill* 4; Dan 23 oed 7 cap

Clybiau
201 o gemau cynghrair, 2 gôl

1959-62	Everton	15 gêm	1 gôl	
1962-71	Birmingham C	183 gêm	1 gôl	(15 cap)
1971	*Wrecsam af*	3 gêm		
1971-73	Tamworth			
1973	Y Rhyl			

Medalau, ac ati
• Cwpan Cynghrair Lloegr 1963

Dau fedydd tân
Ymunodd Colin ag Everton yn syth o'r ysgol er bod Wrecsam wedi dangos diddordeb ynddo. Yn 17 oed cafodd Colin fedydd tân wrth wynebu'r hen ben Stanley Matthews, Blackpool, yn ei gêm gynghrair gyntaf. Enillodd Everton 4-1 y diwrnod hwnnw ond colli o'r un sgôr wnaeth Cymru yn yr Eidal yng ngêm ryngwladol gyntaf Colin. Ar ddiwedd ei ail dymor gyda Birmingham enillodd Colin ei unig fedal pan gurwyd y cymdogion Villa dros ddau gymal yng Nghwpan Cynghrair Lloegr, ond yn 1965 disgynnodd Birmingham o'r Adran Gyntaf i'r Ail. Wedi iddo ymddeol dychwelodd Colin i Wrecsam a bu'n gweithio i gwmni nwyddau milfeddygol.

* Mae dwy fuddugoliaeth Colin mewn 15 gêm i Gymru yn adlewyrchiad o'n canlyniadau tila yn ail hanner y 1960au.

Ryan Green
Amddiffynnwr

Ganed: 20 Hydref 1980, Caerdydd (Ryan Michael Green)

Mab i Phil – Y Barri, Casnewydd a Merthyr T/16 o gemau cynghrair, 2 gôl

Cymru: 1998
Cap cyntaf: Gêm **479**, 17 oed; **Cap olaf:** Gêm **480**, 17 oed

2 gap (posibl 2); Gemau llawn 2

Ennill 1; Colli 1; *Eraill* 2; Dan 21 oed 16 cap

Clybiau
257 o gemau cynghrair, 3 gôl

1997-01	Wolverhampton W	8 gêm		(2 gap)
2001	*Torquay U af*	10 gêm		
2001-02	Millwall	13 gêm		
2002	Caerdydd	0 gêm		
2002-03	Sheffield Wed	4 gêm		
2003-06	Henffordd			
2006-09	Bristol R	71 gêm		
2009-12	Henffordd	100 gêm	2 gôl	
2012-14	Port Talbot	51 gêm	1 gôl	
2014-15	Merthyr T			
2015-16	Henffordd			

Medalau, ac ati
* Enillydd gemau ail gyfle'r Gyngres 2006
* Enillydd gemau ail gyfle Adran 2 2007

Gorffen cyn dechrau
Enillodd Ryan ei ddau gap ar y daith haf siomedig i Malta a Thiwnisia yn 1998. Ar y pryd roedd Ryan ar y cynllun hyfforddi ieuenctid YTS ac wedi dal llygad Bobby Gould pan oedd yn chwarae i dîm dan 18 oed Cymru ac un gêm dan 21 oed. Felly yn 16 mlwydd a 226 diwrnod oed disodlodd Ryan y **Ryan** arall (**Giggs**) fel chwaraewr ieuengaf Cymru, a daliodd y record tan 2006. Ychydig a glywyd am Ryan wedyn ond sicrhaodd un o'i goliau prin fuddugoliaeth i Henffordd (Hereford U) yn ffeinal gemau ail gyfle'r Gyngres yn 2006 aeth â'r clwb yn ôl i Gynghrair Lloegr. Ar derfyn ail gyfnod Ryan yn Henffordd gorffennodd y clwb yn olaf ond un yn Adran 2 a'r Gyngres (a gwaeth) oedd eu tynged unwaith eto.

* Chwaraeodd Ryan ei gêm gyntaf i Wolves ar 10 Tachwedd 1998 – 5 mis WEDI ei gemau i Gymru. Anafwyd Ryan yn y gêm honno ac fe gymerodd ddwy flynedd iddo adennill y safon a welodd Gould yn 1998.

Arfon Griffiths
Mewnwr/canol y cae

Ganed: 23 Awst 1941, Wrecsam (Arfon Trevor Griffiths)

Cymru: 1971-76
Cap cyntaf: Gêm **293**, 29 oed; **Cap olaf:** Gêm **330**, 35 oed

17 cap (posibl 38); 1 yn gapten; 6 gôl, 1 o'r smotyn

Gemau llawn 12; Eilyddiwyd 3; Ymlaen fel eilydd 2

Ennill 6; Cyfartal 3; Colli 8; Cwpan y Byd 1; Penc. Ewrop 9 – 4 gôl [1976 = 2 gêm]

Penc. Prydain 5 –2 gôl; *Eraill* 2; Dan 23 oed 4 cap

Clybiau
622 o gemau cynghrair, 123 gôl

1959-61	Wrecsam	41 gêm	8 gôl	
1961-62	Arsenal	15 gêm	2 gôl	
1962-78	Wrecsam	551 gêm	112 gôl	(17 cap)
1975 a '78	*Seattle Sounders af*	15 gêm	1 gôl	
1983	Gresffordd			

Cyfanswm ei gemau i Wrecsam, ym mhob cystadleuaeth, oedd 721, record a naddwyd mewn carreg fe ymddengys.

Rheolwr
1977-1981	Wrecsam
1981-1982	Crewe Alex

Medalau, ac ati
- Cwpan Cymru 1960, 1972, 1975, 1978
- Personoliaeth Chwaraeon Cymru 1975
- Aelod o dîm adrannol y flwyddyn PFA 1975 a 1977
- MBE 1976
- Llywydd Clwb Wrecsam 2006-13 (olynwyd gan Dixie McNeil)

Mr Wrecsam
Chwaraeodd dau reolwr rannau pwysig ym mywyd Arfon. Penderfynodd Billy Wright, rheolwr newydd Arsenal yn 1962, adael i Arfon ddychwelyd i Wrecsam, a gyda phenodiad Mike Smith yn rheolwr Cymru yn 1974 gwelsom yrfa ryngwladol Arfon yn dechrau o ddifrif. Yn 33 oed fe ymunodd Arfon â **Brian Flynn**, **John Mahoney** a **Terry Yorath** i greu'r pwerdy canol cae gyda'r gorau a welwyd i Gymru. Parhaodd cyfraniad rhagorol Arfon i Wrecsam pan symudodd i gadair y rheolwr, er iddo gael cynnig i ddilyn John Neal i Middlesbrough yn yr Adran Gyntaf. Bron ar unwaith aeth Arfon ati i werthu Billy Ashcroft a phrynu **Dai Davies**,

Arfon Griffiths yn sgorio'r gôl fuddugol hanesyddol yn erbyn Awstria, 1975 (Gêm **322**)

Dixie McNeil a **Les Cartwright**. Enillodd Wrecsam ddyrchafiad i'r Ail Adran am yr unig dro erioed, cyrhaeddwyd rownd wyth olaf Cwpan Cynghrair Lloegr a Chwpan FA Lloegr, ac enillwyd Cwpan Cymru. Ar ôl ymddeol bu Arfon yn cadw siop bapurau newydd yng Ngresffordd.

* Sgoriodd Arfon ei 6 gôl i Gymru mewn rhediad o 11 gêm yn cynnwys y gôl eiconig yn erbyn Awstria ar y Cae Ras (**322**) a sicrhaodd le Cymru yn rowndiau terfynol Pencampwriaeth Ewrop yn 1976. Roedd Arfon eisoes wedi cael ei eilyddio cyn inni gael cic o'r smotyn yn erbyn Iwgoslafia (**328**), y gic a fethwyd mor druenus gan Yorath.

Harry Griffiths
Asgellwr/cefnwr

Ganed: 4 Ionawr 1931, Abertawe (James Henry Griffiths)
Bu farw: 25 Ebrill 1978, Abertawe, 47 oed

Cymru: 1953
Unig gap: Gêm **198**, 22 oed
Gêm lawn 1; Ennill 1; Penc. Prydain 1

Clybiau
422 o gemau cynghrair, 72 gôl

1949-64	Abertawe	422 gêm	72 gôl	(1 cap)
1964-67	Merthyr T			

Rheolwr

1964-67   Merthyr T
1975-78   Abertawe

Medalau, ac ati

- Cwpan Cymru 1961
- Aelod o Oriel Anfarwolion Abertawe 2012

Halen y ddaear

Dyma un o'r bobl ffyddlonaf a gafodd unrhyw glwb. Heblaw am ei wasanaeth milwrol a'i alltudiaeth ym Merthyr, bu Harry'n rhan annatod o glwb Abertawe o 1949 hyd ei farwolaeth annhymig. Dywedodd iddo chwarae i'r clwb mewn naw safle gwahanol dros y blynyddoedd. Yna bu'n hyfforddwr, ffisio, tirmon, rheolwr ac is-reolwr, ac ar un adeg roedd **Alan Curtis** (ac eraill) yn lletya yng nghartref Harry a'i deulu, gyda'i wraig Gwen yn coginio ac yn golchi'r cit. Bu Harry farw wrth ei waith yn ei annwyl Vetch. Dywedodd **John Toshack**, rheolwr Abertawe ers llai na deufis 'Os bu unrhyw un farw dros glwb pêl-droed, Harry Griffiths oedd hwnnw'.

* Enillodd Harry ei unig gap fel asgellwr chwith mewn tîm oedd yn cynnwys llinell flaen o **Terry Medwin, John Charles, Trevor Ford, Ivor Allchurch** a Harry – pob un wedi ei eni yn Abertawe. Gallai Harri ystyred ei hun yn anlwcus iawn na chafodd ragor o gapiau, hyd yn oed fel cefnwr yn ddiweddarach yn ei yrfa.

Mal Griffiths
Asgellwr de

Ganed: 8 Mawrth 1919, Merthyr Tudful (William Maldwyn Griffiths)
Bu farw: 5 Ebrill 1969, Wigston Magna, Swydd Caerlŷr, 50 oed

Cymru: 1947-54
Cap cyntaf: Gêm **173**, 28 oed; **Cap olaf:** Gêm **204**, 35 oed
11 cap (posibl 32); 2 gôl; Gemau llawn 11; Ennill 4; Colli 7
Cwpan y Byd 2 –1 gôl; Penc. Prydain 3; *Eraill* 6 –1 gôl

Clybiau
382 o gemau cynghrair, 71 gôl

	Merthyr Thursday			
1935-38	Arsenal	9 gêm	5 gôl	
1936	*Margate af*			
1938-56	Leicester C	373 gêm	66 gôl	(11 cap)
1956-57	Burton A			

Medalau, ac ati
- Yr Ail Adran 1954

Asgellwr â llygad am gôl
Sgoriodd Mal 5 gôl mewn 9 gêm wrth i Arsenal ennill pencampwriaeth yr Adran Gyntaf yn 1938 ond doedd hynny ddim yn ddigon o gemau iddo gael medal. Wedi un tymor gyda Chaerlŷr (Leicester C) fe ymunodd Mal â'r Gatrawd Gymreig ar ddechrau'r Ail Ryfel Byd a llwyddodd i ailafael yn ei yrfa gyda Chaerlŷr yn 1945. Roedd ei chwarae cyson a'i groesiadau o'r asgell yn gyfraniad pwysig wrth i'r ymosodwr Arthur Rowley sgorio 187 o goliau yn ystod y chwe thymor y bu'r ddau'n chwarae gyda'i gilydd. Ar ôl un tymor fel rheolwr-chwaraewr gyda Burton Albion aeth Mal i gadw gwesty'r Queen's Head yn nhref Wigston Magna.

* Mal sgoriodd gôl gyntaf erioed Caerlŷr yn Wembley, pan gollwyd ffeinal Cwpan FA Lloegr yn 1949, a hefyd gôl gyntaf erioed Cymru yng Nghwpan y Byd yn yr un flwyddyn.

Chris Gunter
Amddiffynnwr

Ganed: 21 Gorffennaf 1989, Casnewydd (Christopher Ross Gunter)

Cymru: 2007-16
Cap cyntaf: Gêm **548**, 17 oed; **Cap diweddaraf:** Gêm **630**, 26 oed
73 cap (posibl 83); Gemau llawn 59; Eilyddiwyd 9; Ymlaen fel eilydd 4
Cerdyn coch 1 (**581**); Ennill 29; Cyfartal 10; Colli 34
Cwpan y Byd 20; Penc. Ewrop 25 [Ffrainc 2016 = 6 gêm]; *Eraill* 28; Dan 21 oed 8 cap

Clybiau
320 o gemau cynghrair, 2 gôl

2006-08	Caerdydd	28 gêm		(3 chap)
2008-09	Tottenham H	5 gêm		(13 cap)
2009-12	Nottingham F	141 gêm	2 gôl	(21 cap)
2012-16	Reading	146 gêm		(36 cap)

Medalau, ac ati
- Chwaraewr Ifanc y flwyddyn Cymru 2008
- Prentis y flwyddyn Cynghrair Lloegr 2008
- Aelod o dîm adrannol y flwyddyn PFA 2010

Hen ben

Gydag yn agos i 70 o gapiau i'w enw Chris oedd y Cymro gyda'r mwyaf o brofiad rhyngwladol a deithiodd i Ffrainc ar gyfer pencampwriaeth Ewrop 2016. Roedd hynny yn adlewyrchiad o'i gysondeb, ei deyrngarwch a'i benderfyniad i chwarae i Gymru. Daeth hynny'n amlwg i bawb yn 2014 pan gafodd ei adael allan o'r garfan wreiddiol fyddai'n teithio i'r Iseldiroedd oherwydd nad oedd yn holliach, ond wedi iddo wella fe roddodd Chris wybod i **Chris Coleman** ei fod bellach ar gael. Roedd Chris hefyd yn un o'r chwaraewyr allweddol sydd ddim yn cael y clod a haeddant. O'r cannoedd, wel, degau, o chwaraewyr gafodd eu capiau cyntaf dan **John Toshack** efallai mai Chris yw'r un ddylai fod mwyaf diolchgar i'r rheolwr am yr hwb gafodd ganddo yn 2007. Chwe mis wedi iddo ennill ei gap cyntaf doedd Chris ddim hyd yn oed yn cael lle ar fainc Caerdydd. Ond roedd gan Toshack ddigon o ffydd a hyder ynddo i'w ddewis fel cefnwr chwith (nid ei safle arferol ar y dde) yn erbyn Gweriniaeth Iwerddon a'r Almaen. Chwaraeodd Chris yn wych, enillodd le yn syth yn nhîm Caerdydd ac o fewn ychydig wythnosau roedd wedi symud i Tottenham am £2 filiwn. Prin iawn oedd cyfleoedd Chris (a'i gyfaill **Gareth Bale**) i chwarae i Spurs, ac felly fe symudodd i Forest am £1·75 miliwn, ac yna i Reading am oddeutu £2·5 miliwn. Dechreuodd cysylltiad Chris â Chaerdydd pan oedd yn naw oed ac roedd yn un o'r chwaraewyr ymunodd â'r academi agorodd yn 2003. Cyn iddo gael ei le ym mhrif garfan y clwb arferai Chris a'i deulu deithio i gemau'r Adar Glas ar fws y cefnogwyr.

* Enillodd Chris a Gareth Bale eu capiau cyntaf dan 21 oed yr un prynhawn ym Mhort Talbot yn 2006. Roedd Chris yn 16 mlwydd a 299 diwrnod oed, record a dorrwyd y flwyddyn wedyn gan **Aaron Ramsey**. Dim ond 24 mlwydd oed oedd Chris pan enillodd ei hanner canfed cap llawn, sy'n record, ac fe wnaeth hynny mewn ychydig dros chwe blynedd, sydd hefyd yn record.

Gareth Hall
Cefnwr

Ganed: 12 Mawrth 1969, Croydon (Gareth David Hall)

Ei fam o Gaerffili

Cymru: 1988-92
Cap cyntaf: Gêm **410**, 19 oed; **Cap olaf:** Gêm **437**, 23 oed
9 cap (posibl 28); Gemau llawn 5; Eilyddiwyd 2; Ymlaen fel eilydd 2
Ennill 2; Cyfartal 3; Colli 4; Cwpan y Byd 2; *Eraill* 7; Dan 21 oed 1 cap

Clybiau
279 o gemau cynghrair, 7 gôl

1986-95	Chelsea	138 gêm	4 gôl	(9 cap)

1995-98	Sunderland	48 gêm	
1997	*Brentford af*	6 gêm	
1998-01	Swindon T	87 gêm	3 gôl
	Havant &		
	Waterlooville		
	Kingstonion		

Medalau, ac ati
- Yr Ail Adran 1989
- Cwpan Zenith Data Systems 1990
- Adran 1 1996

Rhoi Cymru'n gyntaf
Derbyniodd Gareth wahoddiad Cymru er ei fod yng ngharfan dan 20 oed Lloegr oedd i deithio i Frasil. Credai Gareth fod ganddo well gobaith o ennill capiau rhyngwladol gyda Chymru. Wedi iddo ennill ei chweched cap mewn saith gêm cafodd Gareth ei hun ar gyrion carfanau **Terry Yorath** wrth i'w yrfa ryngwladol adlewyrchu ei yrfa gyda Chelsea. Methodd Gareth sefydlu ei hun yn nhîm cyntaf Chelsea dan bum rheolwr gwahanol. Ei dymor gorau o ddigon oedd 1992-93 pan chwaraeodd 37 gêm. Wedi iddo ymddeol bu'n is-reolwr Yeading ac yna Hayes & Yeading Utd pan ffurfiwyd y clwb newydd yn 2007.

* Gareth oedd yr unig un i ennill ei gap cyntaf yn ystod yr un gêm y bu **David Williams** wrth y llyw. Cofiai Williams fod Gareth wedi cael gêm dda i Chelsea yn erbyn Norwich, tîm Williams, rai misoedd yn gynharach.

Alan Harrington
Hanerwr/cefnwr

Ganed: 17 Tachwedd 1933, Cogan, Penarth (Alan Charles Harrington)

Cymru: 1956-61
Cap cyntaf: Gêm **212**, 22 oed; **Cap olaf:** Gêm **244**, 27 oed
11 cap (posibl 33); Gemau llawn 11; Ennill 3; Cyfartal 5; Colli 3
Cwpan y Byd 2; Penc. Prydain 9

Clybiau
348 o gemau cynghrair, 6 gôl

| | Cardiff Nomads | | | |
| 1951-66 | Caerdydd | 348 gêm | 6 gôl | (11 cap) |

Rheolwr

1966-80	Sili
1980-82	Y Barri

Medalau, ac ati

* Cwpan Cymru 1956
* Gwobr Arbennig Cymdeithas Bêl-droed Cymru 2007

Does unman yn debyg i gartref

Roedd debiw Alan i Gaerdydd fel hanerwr yn erbyn Spurs yn yr Adran Gyntaf yn Ionawr 1953 ac yn y safle hwnnw yr enillodd ei saith cap cyntaf. Chwaraeodd Alan yn nhair gêm olaf Cymru cyn Cwpan y Byd 1958, yn cynnwys y ddwy gêm ail gyfle yn erbyn Israel, ond doedd e ddim yn y garfan a deithiodd i Sweden. Datgymalodd Alan ei ysgwydd yn ystod tymor 1957-58 a rhoddwyd ei le yng ngharfan Cymru i'w gyfaill **Colin Baker**, hefyd o Gaerdydd. Yn dilyn yr anaf symudodd Alan i safle'r cefnwr de ac yno yr enillodd ei bedwar cap olaf.

* Daeth gyrfa Alan i ben yn Ionawr 1966 pan dorrodd ei goes am yr eildro. Y tro cyntaf oedd mewn gêm brawf gyhoeddus ym mis Awst 1963, pan dorrodd ei gyd-gefnwr Trevor Peck ei goes hefyd, y ddau ohonynt wedi cael eu taclo gan Jim Upton oedd yn cael treial gyda Chaerdydd.

Bill Harris
Hanerwr/mewnwr

Ganed: 31 Hydref 1928, Abertawe (William Charles Harris)
Bu farw: Rhagfyr 1989, Middlesbrough, 61 oed

Cymru: 1954-57
Cap cyntaf: Gêm **204**, 25 oed; **Cap olaf:** Gêm **221**, 29 oed
6 chap (posibl 18); Gemau llawn 6; Ennill 1; Cyfartal 1; Colli 4
Cwpan y Byd 3; Penc. Prydain 2; *Eraill* 1

Clybiau
500 o gemau cynghrair, 76 gôl

	Abertawe			
1949-50	Llanelli			
1950-54	Hull C	131 gêm	6 gôl	
1954-65	Middlesbrough	360 gêm	69 gôl	(6 chap)
1965-66	Bradford C	9 gêm	1 gôl	
1967-69	Stockton			

Rheolwr

1965-66	Bradford C
1967-69	Stockton

Y 12fed dyn

Chwaraeodd Bill bron y cyfan o'i 500 o gemau cynghrair yn yr Ail Adran, a bu mewn cwmni da, dan yr enwog Raich Carter yn Hull ac yn cyd-chwarae â Brian Clough a Peter Talor yn Middlesbrough, y ddau yna'n enwog yn ddiweddarach am eu llwyddiant yn rheoli Derby County a Nottingham Forest. Tri o uchafbwyntiau gyrfa Bill oedd helpu Hull i guro Manchester U 2-0 yn Old Trafford yng Nghwpan FA Lloegr, sgorio hatric i Middlesbrough ar faes eu cymdogion Newcastle U, a sgorio wedi dim ond 11 eiliad yn erbyn Amwythig (Shrewsbury T). Doedd cyfnod Bill fel chwaraewr-reolwr Bradford C ddim yr hapusaf wrth i'r clwb orffen yn olaf ond un yn y Bedwaredd Adran yn 1966. Wedi iddo ymddeol bu'n gweithio fel asiant yswiriant.

* Cyn dyddiau carfan ac eilyddion roedd Bill yn gyson yn chwaraewr wrth gefn i'w wlad yn ystod y 1950au gyda'r dewiswyr yn amlwg yn manteisio ar ei brofiad fel asgellwr ac yna fel hanerwr, lle'r enillodd ei bum cap cyntaf. Gallai hefyd chwarae fel mewnwr ac yno yr enillodd ei gap olaf.

Carl Harris
Asgellwr

Ganed: 3 Tachwedd 1956, Castell-nedd (Carl Stephen Harris)

Cymru: 1976-82
Cap cyntaf: Gêm **323**, 19 oed; **Cap olaf:** Gêm **369**, 25 oed
24 cap (posibl 47); 1 gôl; Gemau llawn 12; Eilyddiwyd 7; Ymlaen fel eilydd 5
Ennill 10; Cyfartal 6; Colli 8; Cwpan y Byd 7 – 1 gôl; Penc. Ewrop 4; Penc. Prydain 10; *Eraill* 3
Dan 21 oed 1 cap; Dan 23 oed 1 cap

Clybiau
481 o gemau cynghrair, 50 gôl

1973-82	Leeds U	153 gêm	26 gôl	(24 cap)
1982-85	Charlton Ath	76 gêm	8 gôl	
1985	Leeds U	0 gêm		
1985-87	Bury	38 gêm	4 gôl	
1987	Abertawe	0 gêm		
1987	Caerdydd	0 gêm		
1987	Airdrieonians	1 gêm		

1988	Rochdale	25 gêm	3 gôl
1988-89	Exeter C	16 gêm	1 gôl
1992-94	Llansawel	69 gêm	4 gôl
1994	Ton Pentre	10 gêm	1 gôl
1994-95	Maesteg	10 gêm	
1995-96	Lido Afan	54 gêm	2 gôl
1996	Ton Pentre	3 gêm	
1996-97	Caerfyrddin	26 gêm	1 gôl
1997	Ton Pentre		
Rheolwr			
1989-94	Llansawel		

Ei gyflymder yn ddiarhebol

Cryfder Carl oedd ei gyflymder wrth iddo fomio i lawr yr asgell ond dioddefodd ei yrfa yn Leeds oherwydd ei anghysondeb, a'i cadwodd ar fainc yr eilyddion yn rhy aml, a bu'n rhaid iddo addasu i steil chwe rheolwr gwahanol – Revie, Clough, Armfield, Stein, Adamson a Clarke. Serch hynny gallai Carl gamu o'r cyrion yn Leeds a serennu i Gymru. Cofir amdano'n poenydio Mick Mills, capten Lloegr, ar Barc Ninian yn 1978 ac yn croesi'r bêl tuag at ben **Phil Dwyer** i hwnnw sgorio. Tymor gorau Carl yn Leeds oedd 1980-81 pan orffennodd yn brif sgoriwr gyda 10 gôl ond y tymor nesaf disgynnodd Leeds i'r Ail Adran. Wedi iddo ymddeol ymunodd Carl â busnes ei deulu yn ardal Castell-nedd a daeth yn berchennog y cwmni sy'n symud dodrefn.

* Ar 7 Mai 1988 chwaraeodd Carl i Rochdale ar Barc Somerton, Casnewydd, gêm olaf yr hen Newport County yng Nghynghrair Lloegr.

John Hartson
Blaenwr canol

Ganed: 5 Ebrill 1975, Abertawe

Cartref: Trallwm, Llansamlet

Disgybl yn Ysgol Gynradd Lôn Las ac Ysgol Gyfun Gŵyr

Mab i Cyril – Merthyr T, Hwlffordd, Llanelli a Lido Afan

Ewythr i James Hartson – Portsmouth, Hwlffordd, Port Talbot/12 gêm gynghrair

John Hartson: The Autobiography (2006)

Please Don't Go (2010)

Hartson (2011) [John gyda'i ewythr Lynn Davies, darlledwr ac awdur]

Cymru: 1995-2005

Cap cyntaf: Gêm **459**, 19 oed; **Cap olaf:** Gêm **536**, 30 oed

51 cap (posibl 78); 1 yn gapten; 14 gôl, 1 o'r smotyn

Gemau llawn 20; Eilyddiwyd 18; Ymlaen fel eilydd 13

Ennill 12; Cyfartal 18; Colli 21; Cwpan y Byd 20 – 6 gôl; Penc. Ewrop 17 – 4 gôl; *Eraill* 14 – 4 gôl

Dan 21 oed 9 cap – capten

Clybiau

399 o gemau cynghrair, 167 gôl

1992-95	Luton T	54 gêm	11 gôl	
1995-97	Arsenal	53 gêm	14 gôl	(8 cap)
1997-99	West Ham U	60 gêm	24 gôl	(6 chap)
1999-01	Wimbledon	49 gêm	19 gôl	(6 chap)
2001	Coventry C	12 gêm	6 gôl	(4 cap)
2001-06	Glasgow Celtic	146 gêm	88 gôl	(27 cap)
2006-08	West Bromwich A	21 gêm	5 gôl	
2007	*Norwich C af*	4 gêm		

Prif sgoriwr Uwchgynghrair yr Alban 2005

Medalau, ac ati

* Chwaraewr Ifanc y Flwyddyn Cymru 1995 a 1996
* Chwaraewr y Flwyddyn Cymru 1998, 2001 a 2003
* Aelod o Orsedd y Beirdd 2012 (John o'r Trallwm)
* Uwchgynghrair yr Alban 2002, 2004 a 2006
* Cwpan yr Alban 2004 a 2005
* Cwpan Cynghrair yr Alban 2006
* Chwaraewr y Flwyddyn PFA yr Alban 2005 (ar y cyd â Fernando Ricksen)
* Chwaraewr y Flwyddyn Gohebwyr Pêl-droed yr Alban 2005

Y dewraf un

Syfrdanwyd y byd pêl-droed ym mis Gorffennaf 2009 pan dorrodd y newydd fod John yn ddifrifol wael yn Ysbyty Treforus. Roedd canser y ceilliau wedi ymledu i'w ymennydd, ysgyfaint, lymffiau a'r abdomen, ac fe gafodd niwmonia. Bu John o fewn trwch blewyn i golli ei fywyd, ond fel yn ei yrfa fel chwaraewr fe frwydrodd John yn ddewr ac fe ddaeth drwyddi. Efallai fod y gohebydd a ddisgrifiodd y cawr pengoch, flynyddoedd yn gynharach, fel rhywun annistrywiadwy yn iawn wedi'r cyfan. Bu John yn y penawdau trwy gydol ei yrfa gan ddechrau gyda'i drosglwyddiad i Arsenal am £2·5 milwn, y swm mwyaf ar y pryd am chwaraewr oedd yn dal yn ei arddegau. Bedair blynedd yn ddiweddarach roedd ei werth wedi treblu, oedd yn gwneud John y Cymro mwyaf costus ar y pryd. Do, fe fu yna ambell bennawd hefyd am ddiffyg disgyblaeth yr ymosodwr penboeth, ar ac oddi ar y cae, fel y gic a anelodd John at ben Eyal Berkovic ar y cae ymarfer. Petae Bobby Gould wedi mentro'n gynharach gyda John, yn hytrach na'i gadw yn y tîm dan 21 oed, mae'n bosibl y byddai hanes Cymru yn y 1990au wedi bod yn wahanol, a phan gafodd John ei gyfle gan **Mark Hughes** yn 2001 fe ddaeth yn dalisman Cymru. Fe'i gwelwyd ar ei orau yn erbyn yr Eidal yn 2002 (**508**) pan gafodd Nesta a Canavaro, dau o amddiffynwyr canol gorau'r byd, noson anghyfforddus yn erbyn John, a thraed cyflym y blaenwr canol roddodd y bàs i **Craig Bellamy** sgorio'r gôl fuddugol. Gôl arall ddenodd y penawdau oedd yr un sgoriodd i Celtic yn Anfield yn 2003. Aeth Celtic ymlaen i ffeinal Cwpan UEFA ond methodd John y gêm honno oherwydd anaf. Wedi iddo wella o'r canser fe ddechreuodd John yrfa newydd yn y cyfryngau Cymraeg a Saesneg, yn cynnwys crwydro meysydd Uwchgynghrair Cymru gyda *Sgorio* (S4C), bu'n hyfforddi Cymru a Chasnewydd, ac fe lansiodd Sefydliad John Hartson er mwyn codi arian a hyrwyddo ymwybyddiaeth o ganser y ceilliau.

* Cadwodd John gysylltiad â'r Alban trwy deulu ei ail wraig ac fe siaradodd yn onest ar sianel deledu BBC Alba yn Rhagfyr 2014 am y broblem gamblo sydd wedi bod ganddo ers ei arddegau. Mae'n gwybod y bydd yn rhaid iddo barhau i fynychu cyfarfodydd Gamblers Anonymous nes ei fod yn 70 er mwyn cadw'r broblem o dan reolaeth.

Simon Haworth

Blaenwr

Ganed: 30 Mawrth 1977, Caerdydd (Simon Owen Haworth)
Cartref: Llanrhymni
Llysenw: Bambi

Cymru: 1997-98
Cap cyntaf: Gêm **474**, 20 oed; **Cap olaf:** Gêm **480**, 21 oed
5 cap (posibl 7); Eilyddiwyd 1; Ymlaen fel eilydd 4
Ennill 2; Cyfartal 1; Colli 2; *Eraill* 5; B 1 cap; Dan 21 oed 12 cap

Clybiau
244 o gemau cynghrair, 84 gôl

1995-97	Caerdydd	37 gêm	9 gôl	(1 cap)
1997-98	Coventry C	11 gêm		(4 cap)
1998-02	Wigan Ath	117 gêm	44 gôl	
2002-05	Tranmere R	79 gêm	31 gôl	
Rheolwr				
2013	Eagley			

Medalau, ac ati
• Tlws Cynghrair Lloegr (Auto Windscreens Shield) 1999

Symudiad gwael, yn erbyn ei ewyllys

Enillodd Simon ei bum cap dan Bobby Gould oedd yn dipyn o ffan ohono ac o'r farn mai'r blaenwr heglog oedd seren Cymru ym Mrasil yn 1997 (**477**) yn absenoldeb **John Hartson**. Yn anffodus i Simon roedd e'n cydoesi nid yn unig â Hartson ond hefyd â **Nathan Blake** ac **Iwan Roberts**. Prin fu cyfleon Simon yn Coventry a dalodd £500,000 amdano, ac ymhen ychydig dros flwyddyn roedd e ar ei ffordd i Wigan yn Adran 2 am £600,000 oedd yn record i Wigan. Torrodd Simon ei goes mewn dau le ym Ionawr 2004, a bu'n rhaid iddo ymddeol yn 27 oed.

*   Dyma'r enghraifft berffaith o Gaerdydd yn datblygu chwaraewr, oedd yn cael ei alw y **John Toshack** newydd, ac yna'n ei werthu ar y cyfle cyntaf, yn erbyn ei ewyllys yn achos Simon. Roedd cynnig Coventry o Uwchgynghrair Lloegr yn fana o'r nefoedd i Samesh Kumar, cadeirydd Caerdydd, oedd yn yr adran isaf un.

Adam Henley
Cefnwr

Ganed: 14 Mehefin 1994, Knoxville, Tennessee, UDA (Adam David Henley)
Cartref: Chorley

Ei fam yn Gymraes a'i dad yn Americanwr

Cymru: 2015-16
Cap cyntaf: Gêm **621**, 21 oed; **Cap olaf:** Gêm **623**, 21 oed
2 gap (posibl 3); Ymlaen fel eilydd 2; Colli 2; *Eraill* 2
Dan 21 oed 3 chap

Clybiau
78 o gemau cynghrair, 1 gôl

	Manchester U			
2011-16	Blackburn R	78 gêm	1 gôl	(2 gap)

Medalau, ac ati
* Gwobr Pencampwr Cymunedol PFA 2016

Dewis o dair gwlad

Daeth Adam i sylw cefnogwyr Cymru ym mis Chwefror 2012 pan enillodd ei gap cyntaf dan 21 oed yn y fuddugoliaeth swmpus 4-0 dros Andorra yn Wrecsam.Yna ym mis Mai fe gafodd ei alw i'r garfan hŷn am y tro cyntaf ar gyfer y daith i'w wlad enedigol, gêm gyntaf **Chris Coleman** wrth y llyw. 17 oed oedd Adam ond roedd eisoes wedi chwarae saith gêm i Blackburn yn Uwchgynghrair Lloegr, yn cynnwys gêm lawn pan gurwyd Manchester U yn

Old Trafford, cyn i Blackburn ddisgyn i'r Bencampwriaeth ar ddiwedd tymor 2011-12. Bu Adam yn aelod o garfan Cymru ar gyfer chwe gêm ragbrofol olaf Ewro 2016.

* Symudodd Adam o'i wlad enedigol i Loegr pan oedd yn ddwy flwydd oed ac mae'n gymwys i chwarae i Gymru, yr Unol Daleithiau neu Loegr – nes y bydd wedi chwarae i un wlad mewn gemau Cwpan y Byd neu Bencampwriaeth Ewrop.

Terry Hennessey
Amddiffynnwr/canol y cae

Ganed: 1 Medi 1942, Llai, Wrecsam (William Terrence Hennessey)

Cyfyrder i **Wayne Hennessey**

Cymru: 1962-72
Cap cyntaf: Gêm **245**, 19 oed; **Cap olaf:** Gêm **304**, 30 oed
39 cap (posibl 60); 10 yn gapten; Gemau llawn 37; Eilyddiwyd 2
Ennill 7; Cyfartal 6; Colli 26; Cwpan y Byd 8; Penc. Ewrop 4; Penc. Prydain 20; *Eraill* 7
Dan 23 oed 6 chap

Clybiau
400 o gemau cynghrair, 12 gôl

1959-65	Birmingham C	178 gêm	3 gôl	(16 cap)
1965-70	Nottingham F	159 gêm	5 gôl	(15 cap)
1970-73	Derby Co	63 gêm	4 gôl	(8 cap)
1973	Tamworth			

Rheolwr

1974-78	Tamworth
1978	Tulsa Roughnecks (UDA)
1978-80	Shepshed Charterhouse
1981-83	Tulsa Roughnecks
1986-87	Melbourne Croatia
1987-88	Heidelberg (Awstralia)

Medalau, ac ati
• Cwpan Cynghrair Lloegr 1963

Llygad yn llygad â Pelé
Cyn ei ail gêm i Gymru, yn 19 oed, dywedodd y rheolwr Jimmy Murphy wrth Terry y byddai'n marcio Pelé. "Pam fi?" gofynnodd Terry. "Does neb arall eisiau gwneud", oedd ateb Jimmy. Hyd yn oed cyn iddo ennill ei gap cyntaf roedd Terry a Birmingham wedi cyrraedd ffeinal

y 'Fairs Cup' yn erbyn AS Roma yn 1961. Roedd Terry yn aelod o dîm Forest gyrhaeddodd rownd cyn-derfynol Cwpan FA Lloegr a gorffen yn ail i Manchester U yn yr Adran Gyntaf yn 1967. Roedd Terry ar dop ei gêm a daeth yn drydydd yn rhestr chwaraewr y flwyddyn. Ddechrau 1970 talodd Derby ei swm mwyaf erioed ar y pryd (£110,000) am Terry – fel olynydd i Dave Mackay, roedd pawb yn meddwl. Ond doedd Mackay ddim yn barod i ildio'i le a bu'n rhaid i Terry symud i ganol y cae. Oherwydd anafiadau dim ond 18 gêm chwaraeodd Terry pan enillodd Derby bencampwriaeth yr Adran Gyntaf yn 1972. Y tymor nesaf cafodd Terry chwarae yng Nghwpan Ewrop ac fe gafodd ei ganmol i'r cymylau gan ei reolwr Brian Clough wrth i Derby guro Benfica 3-0 dros ddau gymal. Daeth gyrfa Terry i ben yn rhy gynnar gyda thriniaeth ar ei ben-glin (ddwywaith) a'i Achilles, ac wedi cyfnodau yn UDA a Chanada ymfudodd y teulu i Awstralia lle bu'n un o reolwyr cwmni deunydd pacio hyd at ei ben-blwydd yn 69 oed.

* Daeth enw Terry i sylw'r cyhoedd eto yn 2009 pan ymddangosodd ei gymeriad yn y ffilm *The Damned United* gyda'r actor Laurie Rea yn chwarae'r rhan. Yna yn 2014 canwyd cân 'I knew Terry Hennessey' gan y grŵp Colin and The Three Red Wasps.

Wayne Hennessey
Gôl-geidwad

Ganed: 24 Ionawr 1987, Bangor (Wayne Robert Hennessey)
Cartrefi: Biwmares a Chei Connah

Cyfyrder i **Terry Hennessey**

Cymru: 2007-16
Cap cyntaf: Gêm **548**, 20 oed; **Cap diweddaraf:** Gêm **630**, 29 oed
62 cap (posibl 83); 26 llechen lân; Gemau llawn 50; Eilyddiwyd 9; Ymlaen fel eilydd 3
Ennill 26; Cyfartal 10; Colli 26; Cwpan y Byd 11; Penc. Ewrop 28 [Ffrainc 2016 = 5 gêm]
Eraill 23; Dan 21 oed 6 chap

Clybiau
212 o gemau cynghrair

	Manchester C		
2005-14	Wolverhampton W	152 gêm	(41 cap)
2006	Bristol C af	0 gêm	
2007	Stockport Co af	15 gêm	
2013	Yeovil T af	12 gêm	
2014-16	Crystal Palace	33 gêm	(21 cap)

Medalau, ac ati

- Y Bencampwriaeth 2009
- Aelod o dîm adrannol y flwyddyn PFA 2008

Un o wŷr mawr Môn (6' 5")

Cyn iddo ymuno ag academi Wolves, lle cafodd hyfforddiant gan Chris Evans, cyn-swyddog datblygu pêl-droed Ynys Môn, roedd Wayne gyda Manchester C, ac fe symudodd y teulu o Fôn i Cei Connah er mwyn bod o fewn yr amser teithio a ganiateir i fechgyn ysgol. Pan ffafriodd Manchester C Kasper Schmeichel fe adawodd Wayne am Wolverhampton ond bu'n rhaid iddo fynd ar fenthyg i Stockport Co er mwyn cael ei gyfle cyntaf yng Nghynghrair Lloegr. Dilynodd ei gap cyntaf ar y Cae Ras, ym mis Mai 2007, ac roedd yn amlwg mai Wayne fyddai dewis cyntaf y rheolwyr **John Toshack** a **Gary Speed**. Ond bu'n rhaid i **Chris Coleman** wneud hebddo wedi iddo gael anaf difrifol i'w ben-glin ddwywaith yn 2012. Heblaw am ei gemau ar fenthyg yn Yeovil T dim ond pedair gêm gynghrair chwaraeodd Wayne i Wolves ac yna i Crystal Palace rhwng Ebrill 2012 a diwedd Medi 2015. Serch hynny bu Wayne yn hollbresennol i Gymru ers Hydref 2013 ac erbyn haf 2016 roedd yn ail i'w arwr **Neville Southall** o ran nifer capiau fel gôl-geidwad, a chadw llechen lân.

* Rhwng Ionawr a Mawrth 2007 fe sefydlodd Wayne record newydd yng Ngynghrair Lloegr pan chwaraeodd naw gêm i Stockport heb ildio un gôl. Roedd y record flaenorol wedi sefyll am 119 o flynyddoedd.

Ron Hewitt

Mewnwr

Ganed: 21 Mehefin 1928, Y Fflint (Ronald Hewitt)
Bu farw: 23 Medi 2001, Wrecsam, 73 oed

Ewythr i **Andy Holden**

Cymru: 1958

Cap cyntaf: Gêm **223**, 29 oed; **Cap olaf:** Gêm **229**, 29 oed
5 cap (posibl 7); 1 gôl; Gemau llawn 4; Anafwyd 1
Ennill 2; Cyfartal 2; Colli 1; Cwpan y Byd 4 [Sweden 1958 = 3 gêm]; Penc. Prydain 1 – 1 gôl

Clybiau

428 o gemau cynghrair, 155 gôl

1948-49	Wolverhampton W	0 gêm	
1949-50	*Walsall af*	8 gêm	2 gôl
1950-51	Darlington	36 gêm	3 gôl

1951-57	Wrecsam	204 gêm	83 gôl	
1957-59	Caerdydd	65 gêm	27 gôl	(5 cap)
1959-60	Wrecsam	27 gêm	11 gôl	
1960-62	Coventry C	59 gêm	23 gôl	
1962-63	Caer	29 gêm	6 gôl	
1963-64	Henffordd			
1964	George Cross (Awstralia)			
1964-65	Northwich V			
1965-66	Witton A			
1966-67	Caernarfon			
1967-68	Y Bermo			
1968-70	Congleton T			
1970-72	Bankstown (Awstralia)			

Medalau, ac ati

• Cwpan Cymru 1957

Symud i wireddu ei uchelgais

Ron, oedd â dau gap i'w enw, oedd yr olaf ar y rhestr o 18 chwaraewr fyddai'n teithio i Sweden yn 1958. Blwyddyn yn gynharach roedd Ron wedi symud o Wrecsam i Gaerdydd oherwydd ei fod yn credu y byddai hynny yn gwella ei siawns o chwarae i Gymru. Anafwyd Ron yn ein hail gêm yn erbyn Hwngari (**228**) ond roedd yn holliach i wynebu Pelé a'i gyfeillion drennydd – gêm olaf Ron i Gymru er ei fod yn brif sgoriwr Caerdydd yn 1958-59 am yr ail dymor yn olynol. Wedi iddo ymddeol yn y 1970au bu'n gweithio i gwmni BICC tan 1995.

* Gwaharddwyd Ron am bythefnos gan Wrecsam yn 1956 oherwydd iddo wrthod chwarae fel asgellwr de, ei safle gwreiddiol ar ddechrau'r 1950au. Credai Ron fod gan y clwb chwaraewyr eraill oedd yn fwy addas ar gyfer y safle.

Mick Hill

Blaenwr

Ganed: 3 Rhagfyr 1947, Henffordd (Hereford) (Michael Richard Hill)
Bu farw: 23 Mehefin 2008, Henffordd, 60 oed

Cymru: 1971

Cap cyntaf: Gêm **299**, 23 oed; **Cap olaf:** Gêm **300**, 23 oed
2 gap (posibl 2); Gemau llawn 1; Eilyddiwyd 1; Colli 2; Penc. Ewrop 2

Clybiau

148 o gemau cynghrair, 33 gôl

1965	Caerdydd	0 gêm		
1965	Bethesda			
1965-69	Sheffield U	37 gêm	9 gôl	
1969-73	Ipswich T	66 gêm	18 gôl	(2 gap)
1972	*Blackpool af*	0 gêm		
1973	*Colchester U af*	0 gêm		
1973-75	Crystal Palace	45 gêm	6 gôl	
1976-80	Capel Town C/			
	Durban C (De Affrica)			
	Westfields			
	Ledbury T			

Hanes torcalonnus

Enillodd Mick ei gap cyntaf yn y crys rhif 9 yn absenoldeb **Ron Davies**, **Wyn Davies** a **John Toshack**. O gofio fod dwy gêm Mick ym Mhrâg a Bucharest, tybed faint o'r cefnogwyr selog welodd Mick yno? Er nad oedd Mick wedi cael llwyddiant yn Sheffield U (37 gêm mewn pedair blynedd) roedd (Syr) Bobby Robson yn barod i roi cynnig arno yn Ipswich yn yr Adran Gyntaf. Yna yn gynnar yn 1972 doedd Mick ddim yn nhîm cyntaf Ipswich. Roedd yr effaith gafodd hynny arno yn dorcalonnus ac yn anghyffredin ym myd pêl-droed. Dioddefodd Mick yn enbyd o iselder a barodd am flwyddyn a mwy. Fe lwyddodd i adael ei uffern ac fe gafodd gyfle arall gan Malcolm Allison yn y Palas. Doedd gan Mick ddim ond canmoliaeth i'r modd y cafodd ei drin gan Ipswich a'r Palas. Wedi iddo ymddeol bu Mick yn gyrru tacsi yn Henffordd am 20 mlynedd a bu'n gofalu am y cit yn y clwb lleol.

*   Er na chwaraeodd Mick un gêm gynghrair i Blackpool fe chwaraeodd i'r clwb yn ffeinal y Cwpan Eingl-Eidalaidd yn erbyn Roma yn Rhufain yn 1972.

Trevor Hockey
Canol y cae

Ganed: 1 Mai 1943, Keighley
Bu farw: 2 Ebrill 1987, Keighley, 43 oed
Llysenw: Dai Fungus

Mab i Albert Hockey, chwaraewr rygbi

Cymru: 1971-73

Cap cyntaf: Gêm **298**, 28 oed; **Cap olaf:** Gêm **310**, 30 oed
9 cap (posibl 13); 1 gôl; Gemau llawn 7; Eilyddiwyd 1; Cerdyn coch 1 (**310**)
Ennill 2; Cyfartal 1; Colli 6; Cwpan y Byd 4 –1 gôl; Penc. Ewrop 2; Penc. Prydain 3

Clybiau
523 o gemau cynghrair, 28 gôl

1960-61	Bradford C	53 gêm	5 gôl	
1961-63	Nottingham F	73 gêm	6 gôl	
1963-65	Newcastle U	52 gêm	3 gôl	
1965-71	Birmingham C	196 gêm	8 gôl	
1971-73	Sheffield U	68 gêm	4 gôl	(4 cap)
1973	Norwich C	13 gêm		(4 cap)
1973-74	Aston Villa	24 gêm	1 gôl	(1 cap)
1974-76	Bradford C	44 gêm	1 gôl	
1976	Athlone T			
1976	San Diego Jaws			
1977	Las Vegas Quicksilvers			
1977	San Jose Earthquakes			
1977-78	Ashton U			

Rheolwr

1976	Athlone T
1976	San Diego Jaws
1977	Stalybridge Celtic
1977	San Jose Earthquakes
1977	Las Vegas Quicksilvers
1981	Keighley T

Clamp o gymeriad

Trevor oedd y cyntaf o'r Cymry newydd chwaraeodd i hen wlad eu tadau. Wedi ei eni a'i fagu yn Swydd Efrog, yn fab i gyn-löwr yn Six Bells, Abertyleri, a ymfudodd yn 1937 i chwarae rygbi tri ar ddeg, dyma glamp o gymeriad, 5' 6'' wedi ei orchuddio â gwallt, ei grys tu allan i'w siorts, yn ganwr pop ac archaeolegydd, a'i frwdfrydedd yn heintus. Erbyn ei fod yn 25 oed roedd Trevor wedi chwarae ar bob un o'r 92 maes yng Nghynghrair Lloegr. Roedd yn daclwr ffyrnig yng nghanol y cae oedd hefyd yn gyfforddus ar y bêl ers ei ddyddiau cynnar fel asgellwr. Daeth ei yrfa ryngwladol fer i ben wedi iddo dderbyn cerdyn coch o flaen torf o 120,000 yn Katowice pan wnaeth y Pwyliaid milain yn siwr eu bod yn dial ar Trevor am y ffordd ddiseremoni y cawsant eu chwalu ganddo yng Nghaerdydd. Bu Trevor farw yn ei git pêl-droed ar ôl chwarae mewn cystadleuaeth 5 bob ochr.

*   'Barf Castro, band gwallt Geronimo, gwallt McCartney a chyhyrau Popeye' oedd disgrifiad un gohebydd ohono.

Glyn Hodges
Asgellwr/canol y cae

Ganed: 30 Ebrill 1963, Streatham (Glyn Peter Hodges)

Ei dad o Abertawe

Cymru: 1984-96
Cap cyntaf: Gêm **387**, 21 oed; **Cap olaf:** Gêm **465**, 32 oed

18 cap (posibl 77); 2 gôl; Gemau llawn 4; Eilyddiwyd 5; Ymlaen fel eilydd 9

Ennill 7; Cyfartal 4; Colli 7; Penc. Ewrop 6 – 1 gôl; *Eraill* 12 – 1 gôl; B 1 cap; Dan 21 oed 5 cap

Clybiau
538 o gemau cynghrair, 97 gôl

1981-87	Wimbledon	232 gêm	49 gôl	(5 cap)
1981	*Koparit af* (Y Ffindir)	12 gêm	6 gôl	
1987	Newcastle U	7 gêm		(1 cap)
1987-90	Watford	86 gêm	15 gôl	(7 cap)
1990-91	Crystal Palace	7 gêm		
1991-96	Sheffield U	147 gêm	19 gôl	(5 cap)
1996	Derby Co	9 gêm		
	Sing Tao (Hong Kong)	10 gêm	4 gôl	
1997-98	Hull C	18 gêm	4 gôl	
1998-99	Nottingham F	5 gêm		
1999	Scarborough	1 gêm		
1999	Total Network Solutions	4 gêm		

Rheolwr

2004	Cymru dan 21 oed	

Medalau, ac ati
• Y Bedwaredd Adran 1983

Un o'r criw gwallgo
Ymunodd Glyn â Wimbledon yn y Bedwaredd Adran yn syth o'r ysgol yn 1979, ac erbyn haf 1986 roedd y stori dylwyth teg yn gyflawn, a'r clwb a Glyn yn yr Adran Gyntaf. Fe gafodd y clwb yr enw 'Crazy Gang' a gallai Glyn ymddangos yn wyllt ar brydiau. Bu'n rhaid i Eidalwr gael wyth pwyth yn ei ben ar ôl cyfarfod â Glyn (**413**) ac yn 1991 fe gafodd ei wahardd am chwe gêm, ei ddirwyo £2,000 gan ei glwb a £1,000 gan FA Lloegr am ymosod ar Gordon Armstrong, Sunderland. Bu Glyn yn hyfforddwr (ac yn rheolwr dros dro) yn Barnsley ac yn aelod o dîm hyfforddi **Mark Hughes** yn Blackburn R, Manchester C, Fulham a Stoke C.

* Glyn oedd y chwaraewr cyntaf erioed o glwb Wimbledon i ennill cap llawn, ac fe chwaraeodd Glyn dan y rheolwr Dave Bassett am 11 mlynedd yn Wimbledon, Watford, Sheffield U a Nottingham Forest.

Andy Holden
Amddiffynnwr canol

Ganed: 14 Medi 1962, Y Fflint (Andrew Ian Holden)

Nai i **Ron Hewitt**

Cymru: 1984
Unig gap: Gêm **388**, 21 oed; Ymlaen fel eilydd 1 (wedi 73 munud);
Cyfartal 1; *Eraill* 1; Dan 21 oed 1 cap

Clybiau
171 o gemau cynghrair, 24 gôl

1981-83	Y Rhyl			
1983-86	Caer	100 gêm	16 gôl	(1 cap)
1986-89	Wigan Ath	49 gêm	4 gôl	
1989-95	Oldham Ath	22 gêm	4 gôl	

Druan o Andy
Dinistriwyd gyrfa Andy gan lu o anafiadau – roedd sôn yn 1991 ei fod yn cael triniaeth lawfeddygol am yr unfed tro ar ddeg. Pan dynnodd **Gordon Davies** allan o garfan Cymru oedd i deithio i Israel yn 1984 Andy gafodd yr alwad (er fod Caer newydd orffen tymor 1983-84 yn y safle olaf un yng Nghyngrair Lloegr) ac fe gafodd ei unig gap. Er fod anafiadau yn ei boeni, roedd galw am wasanaeth Andy gyda Wigan yn y Drydedd Adran yn ei brynu ac yna Oldham yn yr Ail Adran yn torri eu record trosglwyddo i sicrhau ei lofnod. Wedi iddo ymddeol arhosodd Andy gydag Oldham fel hyfforddwr dan y rheolwr Joe Royle cyn i'r ddau symud i Everton. Cadwodd Andy swydd rheolwr ail dîm Everton wedi i Royle, a sawl rheolwr arall, adael. Gadawodd Andy Everton yn 2013 ac fe ymunodd â Hibernian yn yr Alban yn 2014.

* Ni anghofiodd Cymru am Andy wedi iddo ennill ei unig gap yn 1984 a bu'n aelod o'r garfan genedlaethol yn achlysurol rhwng 1985 a 1990.

Barry Hole
Hanerwr/mewnwr

Ganed: 16 Medi 1942, Abertawe (Barrington Gerard Hole)

Mab i Billy – Abertawe/341 o gemau cynghrair, 40 gôl/9 cap, 1 gôl. Bu farw 1983; Brawd i Alan – Abertawe, Kettering T, Llanelli a Phenfro/21 o gemau cynghrair. Bu farw 2014

Cymru: 1963-70
Cap cyntaf: Gêm **253**, 20 oed; **Cap olaf:** Gêm **292**, 28 oed

30 cap (posibl 40); Gemau llawn 30

Ennill 7; Cyfartal 6; Colli 17; Cwpan y Byd 9; Penc. Ewrop 1; Penc. Prydain 14; *Eraill* 6

Dan 23 oed 5 cap

Clybiau
412 o gemau cynghrair, 38 gôl

1959-66	Caerdydd	208 gêm	16 gôl	(18 cap)
1966-68	Blackburn R	79 gêm	13 gôl	(7 cap)
1968-70	Aston Villa	47 gêm	6 gôl	(4 cap)
1970-72	Abertawe	78 gêm	3 gôl	(1 cap)

Medalau, ac ati
* Cwpan Cymru 1964 a 1965

Dadrithiad yn 28 oed

Cafodd Barry (neu Barrie?!) ei gyfle cyntaf gan Gaerdydd yn 17 oed yn ystod tymor 1959-60 pan enillodd yr Adar Glas ddyrchafiad i'r Adran Gyntaf. Gallai Barry drin y bêl yn fedrus a deallus a doedd hi ddim yn syndod fod Blackburn yn fodlon talu £40,000 amdano yn 1966, ac Aston Villa £50,000 ddwy flynedd yn ddiweddarach. Yn dilyn anghydfod gyda Villa a'u rheolwr Tommy Docherty penderfynodd Barry yn 28 oed ei fod wedi cael llond bol ar bêl-droed ac fe ddychwelodd i Abertawe i ymuno â'r busnes teuluol. Perswadiodd yr Elyrch Barry i chwarae am ddwy flynedd arall cyn hongian ei esgidiau.

* Enillodd Barry 28 o'i 30 cap mewn un rhediad di-fwlch. Daeth y rhediad i ben ym mis Mai 1969 pan aeth Barry gyda Villa i America yn hytrach na chwarae i Gymru yn erbyn yr Alban, Lloegr a Gogledd Iwerddon. Doedd ei benderfyniad ddim wrth fodd Cymdeithas Bêl-droed Cymru.

Dave Hollins
Gôl-geidwad

Ganed: 4 Chwefror 1938, Bangor (David Michael Hollins)

Brawd i John – Chelsea, QPR, Arsenal/1 cap i Loegr/rheolwr Abertawe 1998-2001

Dave Hollins (Footballer) 2011

Cymru: 1962-66
Cap cyntaf: Gêm **247**, 24 oed; **Cap olaf:** Gêm **270**, 28 oed

11 cap (posibl 24); Gemau llawn 10; Ymlaen fel eilydd1

Ennill 4; Cyfartal 1; Colli 6; Cwpan y Byd 2; Penc. Ewrop 1; Penc. Prydain 4; *Eraill* 4

Dan 23 oed 2 gap

Clybiau
314 o gemau cynghrair

	Merrow		
1955-61	Brighton & H A	66 gêm	
1961-67	Newcastle U	112 gêm	(11 cap)
1967-70	Mansfield T	111 gêm	
1970	*Nottingham F af*	9 gêm	
1970-71	Aldershot	16 gêm	
1971	*Portsmouth af*	0 gêm	
1971	Romford		

O Brasil i … Brasil
Ganwyd Dave ym Mangor pan oedd ei dad Bill (oedd hefyd yn golwr) ar lyfrau clwb y ddinas. Cyfaddefodd Dave mai prin oedd ei ddealltwriaeth o beth oedd bod yn Gymro yn ei olygu iddo nes iddo gael ei ddewis i'r tîm dan 23 oed a chyfarfod y rheolwr Jimmy Murphy, y gwladgarwr ysbrydoledig. Enillodd Dave ei gap cyntaf a'i gap olaf allan ym Mrasil ac unwaith y sefydlodd **Gary Sprake** ei hun yn golwr Cymru, mater o ennill capiau yn absenoldeb Sprake oedd hi i Dave (a **Tony Millington**). Wedi iddo ymddeol fe fu ganddo fusnes paentio yn Llundain.

* Doedd gêm gyntaf Dave i Brighton ddim yn achlysur hapus iddo – cafodd ei guro naw gwaith gyda Brian Clough yn sgorio pedair gôl. Yn ei gêm nesaf sgoriodd Lerpwl bum gôl yn ei rwyd.

Jeff Hopkins
Amddiffynnwr

Ganed: 14 Ebrill 1964, Abertawe (Jeffrey Hopkins)

Symudodd ei deulu i Reading pan oedd Jeff ychydig fisoedd oed.

Cymru: 1983-90
Cap cyntaf: Gêm **378**, 19 oed; **Cap olaf:** Gêm **424**, 26 oed

16 cap (posibl 47); Gemau llawn 14; Eilyddiwyd 1; Ymlaen fel eilydd 1

Ennill 5; Cyfartal 5; Colli 6; Cwpan y Byd 3; Penc. Ewrop 3; Penc. Prydain 4; *Eraill* 6

Dan 21 oed 5 cap

Clybiau
457 o gemau cynghrair, 9 gôl

1981-88	Fulham	219 gêm	4 gôl	(14 cap)
1988-92	Crystal Palace	70 gêm	2 gôl	(2 gap)
1991	*Plymouth A af*	8 gêm		
1992	Bristol R	6 gêm		
1992-97	Reading	131 gêm	3 gôl	
1997-99	Selangor (Malaysia)			
1999-00	Gippsland Falcons (Awstralia)	23 gêm		

Hunllef yn Reykjavik
Dechreuodd Jeff ei yrfa fel cefnwr de cyn gwneud ei farc fel amddiffynnwr canol cadarn i Fulham ac fe enillodd 12 cap yn olynol yn y safleoedd hynny. Yna daeth hunllef Reykjavic (**389**) pan gollodd Cymru yn annisgwyl ac ysgwyddodd Jeff lawer o'r bai am hynny. Gobeithiai Jeff y byddai symud i'r Palas yn adfywio ei yrfa ryngwladol ond daeth anafiadau i'w boeni a'i orfodi i fethu ymweliadau ei glwb â Wembley ar gyfer ffeinal Cwpan FA Lloegr yn 1990 a ffeinal Cwpan Zenith Data Systems yn 1991. Symudodd Jeff a'i deulu i Awstralia yn 1999 ac wedi iddo orffen chwarae fe arhosodd yno fel hyfforddwr.

* Enillodd Jeff ei drydydd cap ar ddeg fel eilydd (**391**) mewn amgylchiadau anarferol. Aeth Jeff i Barc Ninian fel cefnogwr a phan aeth **Alan Curtis** yn sâl ar noson y gêm galwyd ar Jeff i eistedd ar fainc yr eilyddion. Wedi hanner awr roedd Jeff ar y cae yn dilyn anaf i **Jeremy Charles**.

Mel Hopkins
Cefnwr

Ganed: 7 Tachwedd 1934, Yr Ystrad, Rhondda (Melvyn Hopkins)
Bu farw: 18 Hydref 2010, Worthing, Sussex, 75 oed

Cymru: 1956-63
Cap cyntaf: Gêm **212**, 21 oed; **Cap olaf:** Gêm **253**, 28 oed
34 cap (posibl 42); Gemau llawn 33; Anafwyd 1 (**234**, wedi 13 munud)
Ennill 8; Cyfartal 12; Colli 14; Cwpan y Byd 13 [Sweden 1958 = 5 gêm]; Penc. Ewrop 1
Penc. Prydain 16; *Eraill* 4; Dan 23 oed 1 cap

Clybiau
307 o gemau cynghrair, 2 gôl

1952-64	Tottenham H	219 gêm		(34 cap)
1964-66	Brighton & H A	58 gêm	2 gôl	
1966-67	Ballymena			
1967-69	Canterbury C			
1969-70	Bradford PA	30 gêm		
	Wimbledon			

Medalau, ac ati
* Y Bedwaredd Adran 1965
* Gwobr Just Rentals, Oriel Anfarwolion Chwaraeon Y Rhondda 1993
* Gwobr Arbennig Cymdeithas Bêl-droed Cymru 2003

Anaf a gostiodd yn ddrud
Yr Hirgoes Hopkins gyda'i ddull nerfus, ysbonciog, oedd disgrifiad *Y Cymro* o Mel, oedd yn un o'r cefnwyr chwith gorau yng ngwledydd Prydain yn ystod ail hanner y 1950au. Roedd Mel ar ei orau yng Nghwpan y Byd 1958 ac fe gofir amdano'n marcio'r dewin Garrincha o Brasil mor effeithiol. Daeth ei rediad o 23 gêm ryngwladol i ben pan chwalwyd ei drwyn yn yfflon yn yr Alban yn 1959 (**234**). Oherwydd hynny fe gollodd Mel ei le yn nhîm Spurs aeth ymlaen i ennill Cwpan FA Lloegr yn 1961 a 1962, pencampwriaeth yr Adran Gyntaf yn 1961 a Chwpan Enillwyr Cwpanau Ewrop yn 1963 – dyna bosibilrwydd o bum medal wedi mynd. Yn ystod ei gyfnod gyda Bradford Park Avenue gorffennodd y clwb yn y safle olaf un yn y Bedwaredd Adran – tipyn o newid byd o White Hart Lane. Wedi iddo ymddeol fe fu'n hyfforddi mewn ysgolion ac yna'n gofalu am ganolfan hamdden Horsham, Sussex, am 20 mlynedd.

* "Roedden ni'n chwarae i ennill. Heddiw chwarae i beidio colli maen nhw ", meddai Mel yn y *Western Mail*, 20 Mehefin 2002.

Barry Horne
Canol y cae

Ganed: 18 Mai 1962, Llanelwy

Cartref: Bagillt

Graddau o Brifysgol Lerpwl: BSc mewn Cemeg, MSc mewn Peirianneg,

Brawd i Darren – Treffynnon, Y Fflint/182 o gemau cynghrair, 19 gôl

Cymru: 1987-97

Cap cyntaf: Gêm **407**, 25 oed; **Cap olaf:** Gêm **473**, 34 oed

59 cap (posibl 67); 33 yn gapten; 2 gôl; Gemau llawn 52; Eilyddiwyd 4; Ymlaen fel eilydd 3

Ennill 21; Cyfartal 11; Colli 27; Cwpan y Byd 19; Penc. Ewrop 14; *Eraill* 26 – 2 gôl

Clybiau

575 o gemau cynghrair, 34 gôl

	Y Fflint			
	Y Rhyl			
1984-87	Wrecsam	136 gêm	16 gôl	
1987-89	Portsmouth	70 gêm	7 gôl	(8 cap)
1989-92	Southampton	112 gêm	6 gôl	(23 cap)
1992-96	Everton	123 gêm	3 gôl	(23 cap)
1996-97	Birmingham C	33 gêm		(5 cap)
1997-00	Huddersfield T	64 gêm	1 gôl	
2000	Sheffield Wed	7 gêm		
2000-01	Kidderminster H	27 gêm	1 gôl	
2001	Walsall	3 gêm		
2001-02	Belper T			

Medalau, ac ati

- Cwpan Cymru 1986
- Cwpan FA Lloegr 1995
- Cadeirydd Cymdeithas y Pêl-droedwyr Proffesiynol (PFA) 1997-2002
  (A gwobr chwaraewr y flwyddyn dan 19 oed yn Wrecsam – er ei fod yn 23 oed ar y pryd!)

Taclwr ffyrnig

Roedd Barry yn chwaraewr canol y cae solet a gweithgar, yn daclwr ffyrnig ac yn enwog am ei gysondeb, ond nid am ei gyflymder. Bu'n gapten uchel ei barch ar Gymru a gweithredai fel meindar i'r **Ryan Giggs** ifanc. Roedd ei goliau'n tueddu i fod yn rhai cofiadwy, fel yr un sicrhaodd fuddugoliaeth i Wrecsam o 4 gôl i 3 yn erbyn Porto ym Mhortiwgal yng Nghwpan Enillwyr Cwpanau Ewrop, a'r gôl ryfeddol helpodd Everton i aros yn Uwchgynghrair

Lloegr ar ddiwrnod olaf tymor 1993-94. A Barry oedd wedi sgorio gôl gyntaf Everton yn yr Uwchgynghrair newydd yn 1992, yn ei gêm gyntaf i'r clwb y buodd e'n ei gefnogi erioed. Roedd ei drosglwyddiad o Portsmouth i Southampton yn 1989 yn golygu mai Barry oedd y chwaraewr cyntaf i wneud y symudiad yna ers 1946. Wedi iddo ymddeol bu Barry'n athro Ffiseg yn The King's School, Caer (Chester). Penodwyd Barry i fwrdd cyfarwyddwyr Wrecsam yn 2011 ac yna'n gyfarwyddwr pêl-droed y clwb yn 2014.

* Fe ffurfiwyd y band pres The Barry Horns yn 2011 gan griw o gefnogwyr cerddorol fel teyrnged i Barry, a daethant yn rhan annatod o'r awyrgylch yng ngemau Cymru.

Ron Howells
Gôl-geidwad

Ganed: 12 Ionawr 1927, Pont-henri (Ronald Gilbert Howells)
Bu farw: 29 Rhagfyr 2011, Pont-henri, 84 oed

Cymru: 1953
Cap cyntaf: Gêm **201**, 26 oed; **Cap olaf:** Gêm **202**, 26 oed
2 gap (posibl 2); Gemau llawn 2; Cyfartal 1; Colli 1; Cwpan y Byd 2

Clybiau
244 o gemau cynghrair

	Pont-henri		
1948-49	Abertawe	9 gêm	
1949-50	Y Barri		
1950-57	Caerdydd	155 gêm	(2 gap)
1957-58	Worcester C		
1958-59	Caer	80 gêm	
	Ton Pentre		
	Y Barri		

'Bevin Boy'
Roedd Ron yn chwarae i Bont-henri fel mewnwr pan aeth i chwarae yn y gôl am un gêm oherwydd fod y golwr arferol wedi'i anafu. Syfrdanwyd Ron pan gafodd gynnig treial gydag Abertawe, wedi dim ond yr un gêm yna. Wedi cyfnod fel un o'r 'Bevin Boys', oedd yn gweithio yn y pyllau glo tua diwedd yr Ail Ryfel Byd, cynigiwyd cytundeb proffesiynol i Ron ar y Vetch ond wedi dim ond 9 gêm cafodd Ron ei ryddhau gan Abertawe. Gêm gyntaf Ron yn nhîm cyntaf Caerdydd oedd ffeinal Cwpan Cymru 1951, y gêm ail chwarae ar y Vetch a enillwyd gan Ferthyr Tudful. Roedd ei gêm gynghrair gyntaf i'r Adar Glas yn achlysur hapusach iddo – curo Abertawe 3-0 ar Wŷl Sant Steffan 1951 o flaen torf o 46,000 ar Barc

Ninian. Erbyn i Gaerdydd ennill dyrchafiad i'r Adran Gyntaf yn 1952, Ron oedd y dewis cyntaf yn y gôl ac fe gadwodd ei le am bedwar tymor ar y lefel uchaf. Wedi iddo ymddeol fe gafodd Ron ail yrfa yn ei gynefin yng Nghwm Gwendraeth lle sefydlodd fusnes paentio.

* Mae'n amlwg fod gan Gymru amddiffyn fel rhidyll yn 1953. Ildiodd Ron saith gôl yn ei ddwy gêm, tra oedd ei ragflaenydd **Bill Shortt** wedi ildio 11 yn y ddwy gêm flaenorol.

Archie Hughes
Gôl-geidwad

Ganed: 2 Chwefror 1919, Bae Colwyn (William Arthur Hughes)
Bu farw: 11 Mawrth 1992, Bae Colwyn, 73 oed
Llysenw: Archie

Cymru: 1948-49
Cap cyntaf: Gêm **178**, 29 oed; **Cap olaf:** Gêm **182**, 30 oed
5 cap (posibl 5); Gemau llawn 5
Ennill 1; Colli 4; Penc. Prydain 2; *Eraill* 3

Clybiau
56 o gemau cynghrair

1935-37	Bae Colwyn		
1937	Larne		
	Newry T		
1939-45	Huddersfield T		
1945-48	Tottenham H	2 gêm	
1948-50	Blackburn R	27 gêm	(5 cap)
1950	Nelson (Lloegr)		
1950-51	Rochdale	9 gêm	
1951-52	Crystal Palace	18 gêm	
	Canterbury C		

O'r asgell i'r gôl
Oherwydd yr Ail Ryfel Byd roedd Archie yn 27 oed pan chwaraeodd y gyntaf o'i ddwy gêm gynghrair i Spurs. Fel sawl un arall methodd Archie ddisodli'r disglair Ted Ditchburn fu'n golwr Spurs am wyth mlynedd yn cynnwys pum tymor heb fethu gêm. Enillodd Archie ei gap cyntaf ychydig wythnosau wedi iddo ymuno â Blackburn ond dim ond am un tymor y cadwodd y jyrsi. Wedi iddo ymddeol fe fu'n gweithio i gwmni Hotpoint ac yna'n cadw siop dillad dynion yn Hen Golwyn.

* Rhagflaenydd Archie yn y gôl i Gymru oedd **Cyril Sidlow**. Roedd Archie a Sidlow wedi chwarae yn yr un tîm ysgol – Sidlow yn y gôl ac Archie ar yr asgell dde.

Billy Hughes
Cefnwr

Ganed: 6 Mawrth 1918, Llanelli (William Marshall Hughes)
Bu farw: 16 Mehefin 1981, Birmingham, 63 oed

Cymru: 1937-47
Cap cyntaf: Gêm **164** (30 Hydref 1937), 19 oed; **Cap olaf:** Gêm **173**, 29 oed
10 cap (posibl 10); 3 yn gapten; Gemau llawn 10
Ennill 4; Colli 6; Penc. Prydain 9; *Eraill* 1; Gemau answyddogol 14
Tîm Prydain v Gweddill Ewrop 1947

Clybiau
228 o gemau cynghrair

1935-47	Birmingham C	104 gêm	(10 cap)
1947-48	Luton T	31 gêm	
1948-51	Chelsea	93 gêm	
1951-53	Henffordd		
1953-54	Y Fflint		

Medalau, ac ati
* Cwpan Cymru 1954 – capten

Ha' bach Mihangel yn y Fflint
Chwaraeodd Billy ei gêm gyntaf i Birmingham yn yr Adran Gyntaf yn 1936 pan oedd yn 17 oed, enillodd ei gap cyntaf yn 1937 ac erbyn 1938 roedd yn gapten ei glwb. Roedd dyfodol disglair o'i flaen ond holltwyd ei yrfa yn ei hanner gan yr Ail Ryfel Byd. Daeth Billy'n gapten Cymru yn ystod gemau answyddogol cyfnod y rhyfel ac fe gadwodd y swydd am y tymor cyntaf (1946-1947) wedi'r rhyfel pan oedd Billy'n cael ei ystyried yr un o gefnwyr gorau gwledydd Prydain. Billy a **Ron Burgess** oedd yr unig Gymry yn nhîm gwledydd Prydain drechodd weddill Ewrop 6-1 yn Glasgow yn 1947, sef gêm i ddathlu fod gwledydd Prydain wedi ailymuno â FIFA. Wedi iddo ymddeol bu Billy'n cadw'r Bluebell Inn ym mhentref Helygain lle disgleiriodd fel cricedwr, ac yna symudodd i ardal Birmingham ble roedd ei fab Gary ar staff clwb y ddinas.

* Cafodd Billy ha' bach Mihangel i'w gofio gyda'r Fflint wrth iddo godi Cwpan Cymru yn 1954. Roedd Billy wedi ffrwyno **Trevor Ford** wrth i'r Fflint guro Caerdydd yn y rownd gyn-derfynol yn Wrecsam, a dychwelodd y Fflint i'r Cae Ras i guro Caer (Chester C) 2-0 yn y ffeinal.

Ceri Hughes
Canol y cae

Ganed: 26 Chwefror 1971, Llwynypia (Ceri Morgan Hughes)

Cymru: 1992-97
Cap cyntaf: Gêm **439**, 21 oed; **Cap olaf:** Gêm **476**, 26 oed
8 cap (posibl 38); Gemau llawn 1; Eilyddiwyd 3; Ymlaen fel eilydd 4
Ennill 1; Cyfartal 2; Colli 5; Cwpan y Byd 2; Penc. Ewrop 1; *Eraill* 5; B 2 gap

Clybiau
240 o gemau cynghrair, 20 gôl

1989-97	Luton T	175 gêm	17 gôl	(6 chap)
1997-00	Wimbledon	31 gêm	1 gôl	(2 gap)
2000-02	Portsmouth	34 gêm	2 gôl	
2002	Caerdydd	0 gêm		

Y capten na fu
Dywedodd **Terry Yorath**, rheolwr Cymru, yn 1991 y gallai Ceri olynu **Kevin Ratcliffe** fel capten Cymru. Roedd Ceri yn egnïol, penderfynol ac yn llafar ar y cae. Roedd ganddo'r un osgo â **Leighton James**, a awgrymai ei fod yn meddwl tipyn ohono'i hun fel chwaraewr. Beth felly aeth o'i le? Pam mai UN gêm lawn chwaraeodd Ceri i Gymru mewn 5½ mlynedd? Ceir yr eglurhad yn y nifer o anafiadau gafodd Ceri, y cardiau coch roddodd iddo enw o fod yn benboeth, a'r ffaith i Luton ffarwelio â'r lefel uchaf yn 1992. Llwyddodd Ceri i ddychwelyd i'r Uwchgynghrair pan symudodd i Wimbledon. Daeth ei yrfa i ben gyda threial aflwyddiannus i Gaerdydd ac fe ddychwelodd i'r Rhondda i ddatblygu ei fusnes eiddo.

* Talodd Wimbledon £400,000 am Ceri gydag addewid o £130,000 ychwanegol wedi iddo chwarae 40 gêm i'r tîm cyntaf. Wedi 39 gêm penderfynodd yr annwyl Sam Hamman na fyddai hynny'n digwydd a gwerthwyd Ceri i Portsmouth am £100,000.

Iori Hughes
Gôl-geidwad

Ganed: 26 Mai 1925, Llanddulas (Iorwerth Hughes)
Bu farw: 20 Awst 1993, Luton, 68 oed

Cymru: 1950-51
Cap cyntaf: Gêm **188**, 25 oed; **Cap olaf:** Gêm **191**, 25 oed
4 cap (posibl 4); Gemau llawn 4; Ennill 3; Colli 1; Penc. Prydain 2; *Eraill* 2; Amatur 2 gap

Clybiau

168 o gemau cynghrair

	Llanddulas		
1947-49	Llandudno		
1949-51	Luton T	36 gêm	(4 cap)
1951-53	Caerdydd	26 gêm	
1953	Worcester C		
1953-57	Casnewydd	106 gêm	
	Hastings U		

Datrys argyfwng Caerdydd

Ymunodd Iori â Luton yn dilyn ei berfformiad gwych i dîm amatur Cymru gollodd 4-1 yn erbyn Lloegr yn Ionawr 1949. Er iddo dreulio ei ddau dymor yn Luton yng nghysgod Bernard Streten, oedd wedi ennill un cap i Loegr, llwyddodd Iori i ennill ei gap cyntaf yn Nhachwedd 1950 ac fe gadwodd ei le yn nhîm Cymru am weddill y tymor. Erbyn tymor 1951-52 daeth **Bill Shortt** i sefydlu ei hun yn gôl Cymru ac roedd Iori wedi symud i Gaerdydd. Ym mis Awst 1951 anafwyd Phil Joslin, gôl-geidwad Caerdydd ers tri thymor, mewn gêm dreial gyhoeddus ac fe brynwyd Iori i lenwi'r bwlch annisgwyl. Cafodd Caerdydd dymor llwyddiannus gyda Iori yn y gôl ac enillwyd dyrchafiad i'r Adran Gyntaf. Collodd Iori ei le i **Ron Howells** wedi iddo gael anaf.

* Adroddwyd fod Caerdydd wedi talu rhwng £10,000 a £15,000 am Iori a bod hynny'n record am gôl-geidwad ar y pryd.

Mark Hughes

Blaenwr

Ganed: 1 Tachwedd 1963, Wrecsam (Leslie Mark Hughes)

Cartref: Rhiwabon

Llysenw: Sbarci

Tad i Xenna, aelod o dîm hoci Cymru

Sparky: Barcelona, Bayern & back (1989)
Hughesie!: The Red Dragon (1994)

Cymru: 1984-99

Cap cyntaf: Gêm **385**, 20 oed; **Cap olaf:** Gêm **486**, 35 oed

72 cap (posibl 102); 2 yn gapten; 16 gôl; Gemau llawn 63; Eilyddiwyd 9

Ennill 26; Cyfartal 16; Colli 30; Cwpan y Byd 26 – 9 gôl; Penc. Ewrop 21 – 2 gôl

Penc. Prydain 2 – 2 gôl; *Eraill* 23 – 3 gôl; Dan 21 oed 5 cap

Clybiau
606 o gemau cynghrair, 163 gôl

1980-86	Manchester U	89 gêm	37 gôl	(12 cap)
1986-87	Barcelona	28 gêm	4 gôl	(8 cap)
1987-88	*Bayern Munich af*	18 gêm	6 gôl	
1988-95	Manchester U	256 gêm	82 gôl	(37 cap)
1995-98	Chelsea	95 gêm	25 gôl	(9 cap)
1998-00	Southampton	52 gêm	2 gôl	(6 chap)
2000	Everton	18 gêm	1 gôl	
2000-02	Blackburn R	50 gêm	6 gôl	

Rheolwr

1999-04	Cymru – gweler Atodiad 1
2004-08	Blackburn R
2008-09	Manchester C
2010-11	Fulham
2012	Queen's Park R
2013-16	Stoke C

Medalau, ac ati
- Chwaraewr Ifanc y Flwyddyn PFA 1985
- Chwaraewr y Flwyddyn Cymru 1993, 1994, 1997
- Chwaraewr y Flwyddyn PFA 1989, 1991
- Uwchgynghrair Lloegr 1993, 1994
- Cwpan FA Lloegr 1985, 1990, 1994, 1997
- Cwpan Cynghrair Lloegr 1992, 1998, 2002
- Cwpan Enillwyr Cwpanau Ewrop 1991, 1998
- Aelod o Oriel Anfarwolion Chwaraeon Cymru 2003
- Aelod o Oriel Anfarwolion Uwchgynghrair Lloegr 1999
- Personoliaeth Chwaraeon y Flwyddyn Cymru 2002
- Cymrawd Anrhydeddus Prifysgol Bangor 2000
- Medal y Canghellor, Prifysgol Morgannwg 2003
- MBE 1998
- OBE 2004

Y chwaraewr chwedlonol gostiodd £50
'Darganfyddwyd' Mark gan Hugh Roberts, neu Hugh Man U ar lafar gwlad, oedd yn sgowt y clwb yn y gogledd, a derbyniodd Ysgol Rhiwabon £50 pan arwyddodd Mark fel prentis 16 oed. Araf oedd datblygiad Mark yn Old Trafford nes i Syd Owen, hyfforddwr yr ieuenctid, ei symud o ganol y cae i'r ymosod. Talodd hyn ar ei ganfed ac fe sgoriodd Mark yn ei gêm gyntaf i'r clwb a'i gêm gyntaf i Gymru. Cafodd Mark enw am sgorio goliau trawiadol i'w wlad a'i glybiau a'i orau oedd y gic siswrn yn erbyn Sbaen ar y Cae Ras yn 1985 (**394**). Byddai

wedi sgorio mwy na 16 gôl i Gymru oni bai iddo aberthu ei safle fel ymosodwr a chwarae yng nghanol y cae wrth i **Terry Yorath** geisio cynnwys **Ian Rush**, **Dean Saunders** a Mark yn y tîm. Roedd yr hyn gyflawnodd Mark mewn un diwrnod yn 1987 yn nodweddiadol o'r dyn. Wedi iddo chwarae i Gymru ym Mhrâg **(409)** yn y prynhawn teithiodd Mark i Munich i chwarae yn ail hanner gêm gwpan Bayern. Heblaw am **Ian Rush** a **Ryan Giggs** does dim un Cymro arall all herio rhestr gorchestion Mark, ond o'r tri, dim ond Mark ymddangosodd ar raglen *C'mon Midffîld* pan chwaraeodd ar yr Ofal yng Nghaernarfon yn y bennod 'Gweld Sêr'. Ei gyfarchiad i Wali Tomos oedd "Siawns am gêm?" Pwy allai wrthod?

* Y mae ansoddeiriau fel ymroddiad, unplygrwydd, dewrder, cryfder ac yn y blaen yn nodweddiadol – bron yn ystrydebol erbyn hyn – o'r llu o ddisgrifiadau a luniwyd amdano dros y blynyddoedd. … Roedd yn basiwr gwych, yn daclwr ffyrnig, yn beniwr cadarn a chanddo'r ddawn i gysgodi pêl fel crwban ystyfnig. … Nid oes yr un chwaraewr wedi nodweddu ysbryd Owain Glyndŵr ar gae chwarae yn fwy na Mark Hughes dros y blynyddoedd diwethaf. – Cefin Campbell, *Cewri Campau Cymru* (2000)

Jack Humphreys
Canolwr

Ganed: 13 Ionawr 1920, Llandudno (John Vaughan Humphreys)
Bu farw: 14 Medi 1954, Llandudno, 34 oed

Llysdad i Gerry Humphreys – Everton, Crystal Palace, Crewe A, Y Rhyl, Caernarfon/216 o gemau cynghrair, 32 gôl/5 cap Dan 23 oed.

Cymru: 1947
Unig gap: Gêm **173**, 27 oed
Gêm lawn 1; Colli 1; Penc. Prydain 1

Clybiau
53 o gemau cynghrair

	Llandudno		
1943-51	Everton	53 gêm	(1 cap)
1951-53	Llandudno		

Yng nghysgod Tommy a Tommy
Enillodd Jack ei unig gap yn absenoldeb y dihafal **TG Jones**, yr union ddyn oedd yn ei gadw allan o dîm Everton. A phan symudodd TG o Everton yn 1951 daeth Tommy Jones arall i lenwi'r bwlch a chyfyngwyd Jack i 53 o gemau cynghrair dros gyfnod o bum tymor.

* Bu sôn fod Jack yn un o'r chwaraewyr gafodd gynnig arian mawr ar ddechrau'r 1950au i ymuno â chlwb yn Bogota, De America. Does dim sicrwydd fod Jack, yn wahanol i **Roy Paul**, ac eraill, wedi hyd yn oed ymweld â'r man gwyn man draw honedig.

Emyr Huws
Canol y cae

Ganed: 30 Medi 1993, Llanelli (Emyr Wyn Huws)

Cymru: 2014-16
Cap cyntaf: Gêm **609**, 20 oed; **Cap diweddaraf:** Gêm **624**, 22 oed

7 cap (posibl 16); 1 gôl; Gemau llawn 1; Eilyddiwyd 1; Ymlaen fel eilydd 5

Ennill 2; Cyfartal 1; Colli 4; Penc. Ewrop 2; *Eraill* 5 – 1 gôl; Dan 21 oed 6 chap – 1 gôl – capten

Clybiau
73 o gemau cynghrair, 7 gôl

	Abertawe			
2010-14	Manchester C	0 gêm		(2 gap)
2012	*Northampton T af*	10 gêm		
2014	*Birmingham C af*	17 gêm	2 gôl	
2014-16	Wigan Ath	16 gêm		(5 cap)
2015-16	*Huddersfield T af*	30 gêm	5 gôl	

Gwnaeth gryn argraff yn ei gêm gyntaf

Cafodd Emyr ei droedle cyntaf yng ngharfan hŷn Cymru ar gyfer ymweliad y Ffindir â Chaerdydd ym mis Tachwedd 2013, pan oedd **David Vaughan** wedi'i anafu. Arhosodd Emyr ar y fainc y noson honno ond pan ddaeth y gêm nesaf ym mis Mawrth 2014 roedd Vaughan a **Joe Ledley** yn absennol ac fe gafodd Emyr 90 munud yn erbyn Gwlad yr Iâ. Roedd yn hollol gyfforddus ar y bêl ac fe wnaeth gryn argraff – a bu ond y dim iddo sgorio yn ei gêm gyntaf. Ymddangosai fod yr amseru'n berffaith gyda gemau rhagbrofol Ewro 2016 ar y gorwel. Oherwydd anafiadau fe fethodd Emyr 8 o'r 10 gêm ond roedd nôl i wynebu'r Iseldiroedd ym mis Tachwedd 2015, ac fe sgoriodd gyda pheniad grymus. Efallai mai'r syndod mwyaf yng ngharfan Cymru o 23 ar gyfer Ffrainc oedd fod enw Emyr yn absennol. Clwb cyntaf Emyr oedd Abertawe lle bu'n cyd-chwarae yn y tîm ieuenctid â **Joe Allen**. Yna fe symudodd i academi Manchester C lle cafodd gyfle i ddatblygu ac ymarfer gyda chwaraewyr byd enwog fel Aguero, Dzeko a Silva. Daeth yn gapten tîm dan 21 oed y clwb a bu ar y fainc ar gyfer gêm yng Nghynghrair y Pencampwyr ond dim ond un gêm gafodd Emyr i'r tîm cyntaf, sef fel eilydd yng Nghwpan FA Lloegr ym mis Ionawr 2014. Cafodd Emyr gyfnodau llwyddiannus ar fenthyg yn y Bencampwriaeth gyda Birmingham, lle'r enillodd wobr gôl y flwyddyn, a gyda Huddersfield, ond fel y dywedodd yn *Golwg*, 28 Ionawr 2016, mae'n uchelgeisiol ac eisiau "chwarae bob wythnos yn yr Uwchgynghrair a chwarae dros Gymru".

* Pan ymunodd Emyr â Birmingham ei ddewis o gân ar gyfer diddanu ei gyd-chwaraewyr newydd oedd 'Hen Wlad Fy Nhadau'.

Lloyd Isgrove
Asgellwr/canol y cae

Ganed: 12 Ionawr 1993, Yeovil (Lloyd Jeffrey Isgrove)

Cymru: 2016
Unig gap: Gêm **622**, 23 oed; Ymlaen fel eilydd 1; Colli 1; *Eraill* 1; Dan 21 oed 6 chap

Clybiau
44 o gemau cynghrair, 1 gôl

2012-16	Southampton	1 gêm		(1 cap)
2014	*Peterborough U af*	*8 gêm*	*1 gôl*	
2015	*Sheffield Wed af*	*8 gêm*		
2015-16	*Barnsley af*	*27 gêm*		

Medalau, ac ati
Tlws Cynghrair Lloegr (Johnstone's Paint) 2014 a 2016
Enillydd gemau ail gyfle Adran 1 2016 – 1 gôl

Yn y lle iawn ar yr amser iawn
Roedd Lloyd yn un o chwe Cymro ifanc gafodd sylw yn 2013 wrth i **Chris Coleman** gyflwyno wynebau newydd i'r garfan hŷn. Y pump arall oedd Danny Alfei, **Declan John**, Rhoys Wiggins, **Harry Wilson** a **James Wilson**, ac wedi i Lloyd ennill ei gap yn erbyn Gogledd Iwerddon ym mis Mawrth 2016 dim ond Alfei a Wiggins sydd heb gael y wefr honno. Cafodd Lloyd 30 munud addawol iawn yn erbyn y Gwyddelod corfforol. Roedd Lloyd eisoes wedi cael y profiad o eistedd ar fainc yr eilyddion yng ngemau rhagbrofol Cwpan y Byd yn erbyn Macedonia a Gwlad Belg yn 2013, yn ogystal â'i gemau i'r tîm dan 21 oed. Naw oed oedd Lloyd pan ymunodd â Southampton ac fe wnaeth gryn argraff yn nhimau ieuenctid y clwb, yr union fan lle dysgodd **Gareth Bale** ei grefft. Chwaraeodd Lloyd ei gêm gynghrair gyntaf ym mis Mawrth 2014 pan oedd ar fenthyg yn Peterborough U, bum mis cyn ei ymddangosiad cyntaf i Southampton yn Uwchgynghrair Lloegr.

* Mater o fod yn y lle iawn ar yr amser iawn oedd hi i Lloyd pan aeth ar fenthyg i Peterborough yn 2014 ac yna i Barnsley yn 2015. Cynorthwyodd Lloyd y ddau glwb i ennill Tlws Cynghrair Lloegr yn Wembley, a dilynodd hynny wrth i Barnsley ennill ffeinal gemau ail gyfle Adran 1 yn 2016.

Kenny Jackett
Canol y cae/amddiffynnwr

Ganed: 5 Ionawr 1962, Watford (Kenneth Francis Jackett)

Mab i Frank (ganed yn Ystalyfera) – Pontardawe Ath, Watford, Leyton Orient/18 o gemau cynghrair

Cymru: 1982-88
Cap cyntaf: Gêm **373**, 20 oed; **Cap olaf:** Gêm **411**, 26 oed

31 cap (posibl 39); Gemau llawn 29; Eilyddiwyd 2; Ennill 10; Cyfartal 8; Colli 13

Cwpan y Byd 6; Penc. Ewrop 9; Penc. Prydain 4; *Eraill* 12; Dan 21 oed 2 gap

Clybiau
335 o gemau cynghrair, 25 gôl

1980-90	Watford	335 gêm	25 gôl	(31 cap)

Rheolwr

1996-97	Watford
2004-07	Abertawe
2007-13	Millwall
2013-16	Wolverhampton W

Medalau, ac ati
* Cwpan yr FAW 2006 a 2007 – rheolwr
* Tlws Cynghrair Lloegr 2006 – rheolwr
* Gemau ail gyfle Adran 1 2010 – rheolwr
* Adran 1 2014 – rheolwr

Mr Watford
Cafodd Kenny ei eni yn nhref Watford, a bu ei dad yn chwarae i'r clwb lleol. Ymunodd Kenny â'r clwb yn syth o'r ysgol, a bu'n chwaraewr yno tan i'w yrfa ddod i ben yn 28 oed gydag anaf i'w ben-glin. Penodwyd Kenny yn hyfforddwr y tîm ieuenctid yn 1991, yn is-reolwr yn 1993 ac yn rheolwr yn 1996, ond am un tymor yn unig. Bu'n is-reolwr Queen's Park Rangers cyn ymuno ag Abertawe lle sicrhaodd ddyrchafiad i'r Elyrch o Adran 2 yn 2005, ac fe ffarweliodd y clwb â'r Vetch mewn steil yn 2006 trwy ennill Cwpan yr FAW, y gêm olaf ar yr hen gae. Er iddo fynd â'r Elyrch i gemau ail gyfle aflwyddiannus Adran 1 yn 2006, erbyn Chwefror 2007 roedd dyrchafiad arall yn annhebyg a gadawodd Kenny'r swydd. Kenny oedd y rheolwr arwyddodd Gary Monk ddaeth yn gapten a rheolwr Abertawe. Aeth Kenny â Millwall a Wolves i fyny nôl i'r Bencampwriaeth.

* Dau o'r dylanwadau mwyaf ar y Kenny ifanc yn Watford oedd y rheolwr Graham Taylor a hyfforddwr yr ieuenctid **Tom Walley**. Wedi i'r clwb ennill dyrchafiad i'r Adran Gyntaf yn 1982 llwyddwyd i orffen yn ail o'r brig yn 1983 (ac felly chwarae yng Nghwpan UEFA yn 1983-84) a chyrhaeddwyd ffeinal Cwpan FA Lloegr yn 1984.

Glyn James
Amddiffynnwr canol

Ganed: 17 Rhagfyr 1941, Llangollen (Edward Glyn James)

Cymru: 1966-71
Cap cyntaf: Gêm **270**, 24 oed; **Cap olaf:** Gêm **296**, 29 oed
9 cap (posibl 27); Gemau llawn 8; Eilyddiwyd 1; Cyfartal 3; Colli 6;
Penc. Ewrop 1; Penc. Prydain 5; *Eraill* 3; Dan 23 oed 2 gap

Clybiau
401 o gemau cynghrair, 22 gôl

	Derwyddon			
1959-75	Blackpool	401 gêm	22 gôl	(9 cap)

Medalau, ac ati
- Aelod o Oriel Anfarwolion Blackpool 2006

Llenwi bwlch
Er gwaethaf ei enw fe chwaraeodd Glyn i Gymru oherwydd man ei eni yn unig gan mai Saeson oedd ei rieni, ac roedd ei gartref dros y ffin. Enillodd Glyn pob un o'i gapiau pan oedd **Mike England** yn absennol. Er na allod Glyn ddathlu un fuddugoliaeth yn y crys coch gellid dibynnu arno i lenwi'r bwlch yn effeithiol, fel y gwelwyd yn Mhencampwriaeth Prydain ym mis Mai 1971 pan ildiwyd un gôl yn unig mewn tair gêm.

* Penllanw gyrfa Glyn gyda Blackpool oedd llwyddiant y clwb yn y Cwpan Eingl-Eidalaidd. Fe enillwyd y cwpan yn 1971 ond methodd Glyn y ffeinal oherwydd anaf. Fe ddaru Glyn chwarae yn ffeinal 1972 pan gollodd Blackpool i A S Roma.

Leighton James
Asgellwr

Ganed: 16 Chwefror 1953, Casllwchwr

Cymru: 1971-83
Cap cyntaf: Gêm **299**, 18 oed; **Cap olaf:** Gêm **375**, 30 oed
54 cap (posibl 77); 1 yn gapten; 10 gôl, 3 o'r smotyn
Gemau llawn 44; Eilyddiwyd 7; Ymlaen fel eilydd 3
Ennill 19; Cyfartal 11; Colli 24; Cwpan y Byd 12 – 5 gôl; Penc. Ewrop 11 – 2 gôl [1976 = 2 gêm]
Penc. Prydain 25 – 3 gôl; *Eraill* 6; Dan 23 oed 7 cap – capten

Clybiau

656 o gemau cynghrair, 123 gôl

1970-75	Burnley	181 gêm	44 gôl	(22 cap)
1975-77	Derby Co	68 gêm	15 gôl	(13 chap)
1977-78	Queen's Park R	28 gêm	4 gôl	(1 cap)
1978-80	Burnley	76 gêm	9 gôl	(1 cap)
1980-83	Abertawe	98 gêm	27 gôl	(16 cap)
1983-84	Sunderland	52 gêm	4 gôl	(1 cap)
1984-85	Bury	46 gêm	5 gôl	
1985-86	Casnewydd	28 gêm	2 gôl	
1986-89	Burnley	79 gêm	13 gôl	

Rheolwr

1993-94	Gainsborough T
1994	Morecambe
1994-95	Netherfield
1995-96	Ilkeston T
1997-98	Accrington S
1998-00	Llanelli
2001-02	Garden Village
2002-03	Llanelli
2009-10	Aberaman A
2011-12	Hwlffordd

Medalau, ac ati

- Cwpan Cymru 1981 a 1982
- Yr Ail Adran 1973
- Aelod o dîm adrannol y flwyddyn PFA 1975
- Aelod o Oriel Anfarwolion Abertawe 2013

Un o oreuon y byd, pan oedd yn ei hwyliau

Oriog, yn byrlymu o hunan-hyder nes ei fod yn ymddangos yn haerllug, yn casáu colli, ac yn ddiflewyn ar dafod – dyna Leighton oedd, yn ei hwyliau, yn gyfuniad o **Cliff Jones** a Garrincha (Brasil), meddai un gohebydd. Cic gosb yn erbyn Lloegr yn Wembley (**333**), neu chwalu Tsiecoslofacia wedi iddo gael ei adael allan o'r garfan wreiddiol (**331**), dim problem. Ond cael ei roi ar yr asgell dde yn erbyn ei ewyllys, neu wynebu Gwlad yr Iâ ar noson ysgol (**366**), efallai ddim. Ie, Jekyll a Hyde o chwaraewr. Fe adawodd Mike Smith Leighton allan o dîm Cymru am 18 mis wedi i'r ddau gael ffrae, ond pan gafodd yr alwad gan **Mike England** roedd Leighton ar ei orau yn poenydio Lloegr yn 1980 (**354**) a bu'n allweddol wrth i Abertawe esgyn i'r Adran Gyntaf yn 1981. Yn ogystal â'i swyddi rheoli bu Leighton yn hyfforddi Burnley, Casnewydd a Bradford C, yn cadw siop losin yn Burnley, yn ddyn lolipop yn Abertawe ac yn golofnydd a phyndit craff a dadleuol oedd byth yn fodlon eistedd ar y ffens. Fe gafodd ffrae gyhoeddus â **Robbie Savage** ar raglen radio, a thynnodd flewyn o drwyn Caerdydd fwy nag unwaith.

* 'Fe allwch chi eu henwi i gyd, **Cliff Jones**, **Terry Medwin**, **John Charles**, **Ivor Allchurch**. Wnaethon nhw erioed ennill yn Wembley. Fe wnaethon ni … a fi sgoriodd.' – Leighton, *Arcade*, 17 Ebrill 1981.

'Dwi'n teimlo mor grac fod Cymru wedi dewis **Vinny Jones**, dwi'n teimlo fel rhoi fy nghapiau i gyd mewn bocs a'u hanfon nôl i'r FAW.' – Leighton, Radio Lancashire, Rhagfyr 1994.

Robbie James
Canol y cae

Ganed: 23 Mawrth 1957, Gorseinon (Robert Mark James)
Bu farw: 18 Chwefror 1998, Llanelli, 40 oed

Cefnder i Anthony James – Abertawe, Merthyr T, Hwlffordd, Clydach, Treforus, Llanelli a BP Llandarcy/11 o gemau cynghrair, 1 gôl

Robbie James: A Life in Football (2014)

Cymru: 1978-88
Cap cyntaf: Gêm **344**, 21 oed; **Cap olaf:** Gêm **410**, 31 oed
47 cap (posibl 67); 7 gôl; Gemau llawn 39; Eilyddiwyd 6; Ymlaen fel eilydd 2
Ennill 17; Cyfartal 15; Colli 15; Cwpan y Byd 8 – 1 gôl; Penc. Ewrop 15 – 2 gôl
Penc. Prydain 10 – 2 gôl; *Eraill* 14 – 2 gôl; Dan 21 oed 3 chap

Clybiau
849 o gemau cynghrair, 139 gôl

1974-83	Abertawe	394 gêm	102 gôl	(18 cap)
1983-84	Stoke C	48 gêm	6 gôl	(12 cap)
1984-87	Queen's Park R	87 gêm	5 gôl	(14 cap)
1987-88	Leicester C	23 gêm		(2 gap)
1988-90	Abertawe	90 gêm	16 gôl	(1 cap)
1990-92	Bradford C	89 gêm	6 gôl	
1992-93	Caerdydd	51 gêm	2 gôl	
1993-94	Merthyr T			
1994-95	Y Barri	32 gêm	1 gôl	
1996	Weston-super-Mare			
1996-98	Llanelli	35 gêm	1 gôl	

Rheolwr

1993-94	Merthyr T
1997-98	Llanelli

Medalau, ac ati
- Cwpan Cymru 1981,1982, 1983, 1989 a 1993
- Aelod o dîm adrannol y flwyddyn PFA 1978
- Gemau ail gyfle'r Bedwaredd Adran 1988
- Adran 3 1993
- Aelod o Oriel Anfarwolion Abertawe – gweler isod
- Chwaraewr Clwb y Flwyddyn Cymru 1993

Bu farw'n chwarae'r gêm roedd yn ei charu
Cydnabyddir Robbie yn bennaf fel chwaraewr canol y cae ond fe chwaraeodd ym mhob safle ar y cae yn ei dro. I Gymru bu'n bartner i **Peter Nicholas** yng nghanol y cae, i **Ian Rush** yn yr ymosod ac i **Kevin Ratcliffe** yn yr amddiffyn. Yn ogystal â bod yn amryddawn ac yn egnïol roedd yn frwdfrydig a chystadleuol, a gwyddai sut i blesio'r dorf gyda'i ergydion nerthol o bellter. Roedd Robbie'n un o'r drindod o sêr ifanc lleol yn Abertawe (**Alan Curtis** a **Jeremy Charles** oedd y ddau arall) aeth ar y daith chwedlonol o'r Bedwaredd Adran i'r Gyntaf mewn pedair blynedd, ac wedi iddynt gyrraedd gwlad yr addewid daeth Robbie yn brif sgoriwr y clwb yn nhymor 1981-82. Bu Robbie'n chwaraewr y flwyddyn i Abertawe a Chaerdydd, a does dim llawer wedi cyflawni hynny! Pan adawodd Robbie Gaerdydd roedd ei gyfanswm o 782 o gemau yng Nghynghrair Lloegr yn bedwerydd uchaf erioed, ac yn 2016 roedd yn dal yn record i Gymro.

* Bu Robbie farw wrth chwarae i Lanelli yn erbyn Porthcawl ar Stebonheath, Llanelli. Roedd e wedi cael cyngor meddygol yn 1986 fod ganddo guriad calon anghyson ac y dylai orffen chwarae. Gosodwyd plac i'w goffáu ar brif eisteddle Llanelli a dadorchuddiodd ei fab Luke benddelw efydd yn Stadiwm Liberty, Abertawe. Enwir Oriel Anfarwolion Abertawe yn 'Robbie James Wall of Fame'. Am gyfnod roedd tafarn yr Half Moon yn Sgwâr Als, Llanelli, yn cael ei galw y Robbie James.

Alan Jarvis
Canol y cae

Ganed: 4 Awst 1943, Wrecsam (Alan Leslie Jarvis)

Cymru: 1966-67
Cap cyntaf: Gêm **273**, 23 oed; **Cap olaf:** Gêm **275**, 23 oed
3 chap (posibl 3); Gemau llawn 3; Cyfartal 2; Colli 1; Penc. Prydain 3

Clybiau
241 o gemau cynghrair, 12 gôl
1961-64   Everton

1964-71	Hull C	159 gêm	12 gôl	(3 chap)
1971-73	Mansfield T	82 gêm		

Medalau, ac ati

- Y Drydedd Adran 1966

Stori drist

Cydoesai Alan â **Terry Hennessey** yn Ysgol Grove Park, Wrecsam. Treuliodd Alan bythefnos gyda Preston NE ond Everton lwyddodd i arwyddo'r bachgen ifanc addawol. Methodd Alan â chyrraedd y tîm cyntaf mewn tri thymor ar Barc Goodison ac fe ymunodd â Hull C. Rheolwr Hull oedd Cliff Britton oedd wedi methu denu Alan i Preston yn gynharach. Anaml y methodd Alan gêm i Hull rhwng 1965 a 1970 ond tair gêm yn unig chwaraeodd i Gymru, er gwaetha'r ffaith iddo ddisodli'r eilun **Ivor Allchurch** i ennill ei gap cyntaf. Yng ngêm olaf tymor 1971-72 cafodd Alan anaf difrifol i'w lygad wrth chwarae i Mansfield yn erbyn Wrecsam a chredir i hynny effeithio ar weddill ei yrfa. Wedi iddo ymddeol bu'n gweithio fel tirfesurydd.

* Yn Rhagfyr 2014 ymddangosodd adroddiad yn yr *Hull Daily Mail* fod Alan mewn cartref gofal gyda dementia a'i fod, o bosib, wedi cael niwed i'w ymennydd wrth benio'r hen beli lledr yn ystod ei yrfa.

Steve Jenkins
Cefnwr

Ganed: 16 Gorffennaf 1972, Merthyr Tudful (Stephen Robert Jenkins)

Cymru: 1995-2001
Cap cyntaf: Gêm **463**, 23 oed; **Cap olaf:** Gêm **501**, 29 oed
16 cap (posibl 39); Gemau llawn 10; Eilyddiwyd 2; Ymlaen fel eilydd 4
Ennill 1; Cyfartal 5; Colli 10; Cwpan y Byd 8; Penc. Ewrop 4; *Eraill* 4; Dan 21 oed 2 gap

Clybiau
499 o gemau cynghrair, 7 gôl

1990-95	Abertawe	165 gêm	1 gôl	(1 cap)
1995-03	Huddersfield T	258 gêm	4 gôl	(15 cap)
2000	*Birmingham C af*	3 gêm		
2003	Caerdydd	4 gêm		
2003-04	Notts Co	17 gêm		
2004	Peterborough U	14 gêm	1 gôl	
2004-06	Swindon T	24 gêm		

2006	Worcester C		
2006-09	Casnewydd		
2009-12	Llanelli	14 gêm	1 gôl
Rheolwr			
2013-14	Trefynwy		
2014-16	Merthyr T		

Medalau, ac ati

* Tlws Cynghrair Lloegr (Autoglass) 1994
* Cwpan yr FAW 2008
* Aelod o Oriel Anfarwolion Abertawe 2013

Newid rheolwr wedi tanio ei yrfa

Yn ei ieuenctid streicar oedd Steve yn nhîm bechgyn Georgetown ym Merthyr, ac yn rhannu'r goliau â'i gyfaill **Jason Bowen.** Ymunodd y ddau ag Abertawe yr un pryd ond yn 1991 penderfynodd y rheolwr, **Terry Yorath**, ryddhau Steve. O fewn dyddiau cafodd Yorath y sac a phenderfynodd ei olynydd, Frank Burrows, roi cyfle arall i Steve. Daeth Steve yn gefnwr de cadarn ac fe gafodd gêm gyntaf wych i Gymru yn y safle hwnnw. Gyda chlybiau eraill yn ei lygadu dywedodd Abertawe mai ei bris oedd £650,000. Roedd yn dipyn o ddirgelwch sut y penderfynodd tribiwnlys mai dim ond £275,000 fyddai Huddersfield yn gorfod talu amdano. Bu Steve yn gapten Huddersfield am flynyddoedd nes iddo adael yn 2003 wedi i'r clwb fethu talu ei gyflog am rai misoedd a sôn bod y clwb mewn dyled o £6 miliwn. Bu Steve yn chwaraewr– hyfforddwr gyda Chasnewydd ac wedi cyfnod yn is-reolwr i **Andy Legg** yn Llanelli, fe gafodd Steve lwyddiant wrth y llyw yn Nhrefynwy a Merthyr.

* Anafwyd Steve yn ei gêm gyntaf i Gaerdydd ar Ddydd Gŵyl Dewi 2003. Wrth iddo orwedd yn anymwybodol llwyddodd y ffisiotherapydd Clive Goodyear i symud ei dafod ac achub ei fywyd.

Declan John
Cefnwr chwith

Ganed: 30 Mehefin 1995, Merthyr Tudful (Declan Christopher John)

Cymru: 2013-14
Cap cyntaf: Gêm **606**, 18 oed; **Cap olaf:** Gêm **610**, 18 oed
2 gap (posibl 5); Gemau llawn 1; Ymlaen fel eilydd 1
Ennill 1; Colli 1; Cwpan y Byd 1; *Eraill* 1; Dan 21 oed 8 cap

Clybiau
42 o gemau cynghrair

2012-16	Caerdydd	27 gêm	(2 gap)
2015	Barnsley af	9 gêm	
2016	Chesterfield af	6 gêm	

Ble roedd Declan?

Dyna'r cwestiwn yn 2016 wrth iddo ddiflannu oddi ar y radar sy'n tracio datblygiad chwaraewyr ifanc addawol. Mis Hydref 2013 oedd hi pan welsom y cefnwr chwith 18 oed yn cael gêm addawol iawn yn erbyn Macedonia yn absenoldeb **Ben Davies**, **Sam Ricketts** ac **Adam Matthews**, oedd i gyd wedi chwarae yn yr amddiffyn yn y gemau blaenorol. Ar y pryd dim ond un gêm gynghrair oedd Declan wedi chwarae i dîm cyntaf Caerdydd, sef gêm agoriadol tymor 2013-14 yn West Ham yn Uwchgynghrair Lloegr. Streicar oedd Declan pan ymunodd ag academi Caerdydd pan oedd yn wyth oed ac roedd ar ben ei ddigon pan benodwyd ei arwr, Ole Gunnar Solskjaer, yn rheolwr yr Adar Glas ym mis Ionawr 2014. Prin oedd ymddangosiadau Declan i Gaerdydd dan Solskjaer a Russell Slade, felly doedd hi ddim yn syndod iddo golli ei le yng ngharfan Cymru hanner ffordd drwy ymgyrch Ewro 2016.

* Oherwydd fod gemau cynghrair Declan wedi bod mor brin yn ystod tymhorau 2014-15 a 2015-16 roedd ei 20 gêm i Gaerdydd yn Uwchgynghrair Lloegr yn dal bron yn hanner ei gyfanswm o gemau (haf 2016).

Andy Johnson
Canol y cae

Ganed: 2 Mai 1974, Bryste (Andrew James Johnson)

Ei nain o Faesteg

Cymru: 1998-2004
Cap cyntaf: Gêm **481**, 24 oed; **Cap olaf:** Gêm **523**, 30 oed
15 cap (posibl 43); Gemau llawn 6; Eilyddiwyd 3; Ymlaen fel eilydd 6
Ennill 4; Cyfartal 3; Colli 8; Penc. Ewrop 9; *Eraill* 6

Clybiau
343 o gemau cynghrair, 30 gôl

1992-97	Norwich C	66 gêm	13 gôl	
1997-01	Nottingham F	119 gêm	9 gôl	(7 cap)
2001-06	West Bromwich A	132 gêm	7 gôl	(8 cap)
2006-07	Leicester C	22 gêm	1 gôl	
2007-09	Barnsley	4 gêm		
2009	King's Lynn			

Medalau, ac ati

- Adran 1 1998

Ymddeoliad cynnar

Ymddangosai Andy yn dipyn o gaffaeliad pan ymunodd â charfan Cymru dan Bobby Gould yn 1998. Roedd Andy newydd chwarae ei gemau cyntaf yn Uwchgynghrair Lloegr i Nottingham Forest oedd wedi talu dros £2 filiwn amdano y flwyddyn cynt. Enillodd Andy ei gap cyntaf yn erbyn yr Eidal yn Anfield yn syth, ar draul **Robbie Savage** gafodd ei ddisgyblu gan Gould yn dilyn y ffiasco gyda chrys replica Paolo Maldini. Herciog fu ei yrfa ryngwladol dan Mark Hughes oedd yn ffafrio **Gary Speed**, **Mark Pembridge** a Savage yng nghanol y cae a doedd hi ddim yn syndod pan ddilynodd Andy y ffasiwn yn hydref 2004 a chyhoeddi ei ymddeoliad o bêl-droed rhyngwladol. Gyda Speed, Pembridge a Savage hefyd yn ymddeol gallai **John Toshack** fod wedi gwneud gyda phrofiad a chryfder Andy yng nghanol y cae.

* Doedd Dave Bassett, rheolwr Forest, ddim wrth ei fodd pan dderbyniodd Andy'r gwahoddiad i chwarae i Gymru oherwydd fe anghytunai'n chwyrn â'r rheol sy'n caniatáu inni ddewis Saeson sydd â chysylltiadau teuluol Cymreig.

Mike Johnson
Canolwr

Ganed: 13 Hydref 1941, Abertawe (Michael George Johnson)
Bu farw: Hydref 1991, Cas-gwent

Cymru: 1964
Unig gap: Gêm **256**, 22 oed
Gêm lawn 1; Colli 1; Penc. Prydain 1; Dan 23 oed 2 gap

Clybiau
165 o gemau cynghrair

1958-66	Abertawe	165 gêm	(1 cap)
1966-68	Worcester C		
1968-73	Penfro		
1973-79	Hwlffordd		
Rheolwr			
1974-79	Hwlffordd		
1979-80	Lido Afan		
1985-90	Caldicot		

Medalau, ac ati

- Cwpan Cymru 1966
- Aelod o Oriel Anfarwolion Abertawe 2015

Un cam o Wembley

Datblygodd y Mike ifanc yn ganolwr da fel cysgod i **Mel Nurse** a phan adawodd Nurse y Vetch yn 1962 fe sefydlodd Mike ei hun yn y tîm cyntaf, yn yr Ail Adran. Mike oedd capten a chonglfaen yr amddiffyn pan gyrhaeddodd yr Elyrch rownd gyn-derfynol Cwpan FA Lloegr yn 1964, ond colli i Preston yn y mwd ar Barc Villa, un cam yn unig o Wembley.

* Enillodd Mike ei unig gap, ar y Vetch, yn absenoldeb **Terry Hennessey**.

Andy Jones
Blaenwr

Ganed: 9 Ionawr 1963, Wrecsam (Andrew Mark Jones)

Cartrefi: Cynwyd a Rhuthun

Disgybl yn Ysgol y Berwyn, Y Bala (7 lefel 'O' yn cynnwys Cymraeg)

Cymru: 1987-89

Cap cyntaf: Gêm **405**, 24 oed; **Cap olaf:** Gêm **420**, 26 oed

6 chap (posibl 16); 1 gôl; Gemau llawn 2; Ymlaen fel eilydd 4

Ennill 2; Cyfartal 1; Colli 3; Cwpan y Byd 1; Penc. Ewrop 5 – 1 gôl; Lled-broffesiynol 2 gap

Clybiau

276 o gemau cynghrair, 87 gôl

	Wrecsam			
	Corwen			
	Y Bala			
1981-85	Y Rhyl			
1985-87	Port Vale	90 gêm	47 gôl	(3 chap)
1987-90	Charlton Ath	66 gêm	15 gôl	(3 chap)
1989	*Port Vale af*	17 gêm	3 gôl	
1989	*Bristol C af*	4 gêm	1 gôl	
1990-91	Bournemouth	40 gêm	8 gôl	
1991-93	Leyton O	59 gêm	13 gôl	
	Poole T			
	Havant T			

Jones y gôls

Wedi iddo adael Ysgol y Berwyn bu Andy'n gweithio fel saer dodrefn ac yn oruchwyliwr mewn ffatri bwydydd yng Nghorwen. Mentrodd Port Vale dalu oddeutu £3,000 amdano wedi iddo sgorio 92 gôl mewn pedwar tymor i'r Rhyl. Andy oedd prif sgoriwr y Drydedd Adran yn nhymor 1986-87 ac fe enillodd ei gap cyntaf fel partner i **Ian Rush** yn absenoldeb **Mark Hughes**. Andy oedd yr unig chwaraewr i sgorio 5 gôl mewn gêm yng Nghynghrair Lloegr gyfan y tymor hwnnw – yn erbyn Casnewydd. Yn gêm gyntaf y tymor nesaf fe sgoriodd Andy 4 gôl ac o fewn wythnosau talodd Charlton oddeutu £300,000 amdano. Roedd hi'n dipyn caletach sgorio yn yr Adran Gyntaf, dioddefodd Andy sawl anaf ac fe gollodd Charlton eu lle yn yr adran honno yn 1989. Dychwelodd Andy i'r Drydedd Adran gyda Bournemouth lle sgoriodd yn eu gêm gyntaf wedi dim ond 74 eiliad. Bu'n rhaid iddo ymddeol oherwydd anaf i'w ben-glin ac aeth i weithio i British Telecom cyn sefydlu cwmni Eco Food Recycling yn Ringwood, Dorset.

* Mae Andy yn dal yn arwr yn Port Vale ond dangosodd un arolwg fod cefnogwyr Charlton yn gwaredu iddo erioed wisgo crys eu clwb!

Barrie Jones
Asgellwr

Ganed: 10 Hydref 1941, Abertawe (Barrie Spencer Jones)

Cymru: 1962-69
Cap cyntaf: Gêm **249**, 21 oed; **Cap olaf:** Gêm **286**, 27 oed
15 cap (posibl 38); 2 gôl; Gemau llawn 14; Ymlaen fel eilydd 1
Ennill 1; Cyfartal 3; Colli 11; Cwpan y Byd 3; Penc.Ewrop 2; Penc. Prydain 8 – 1 gôl
Eraill 2 – 1 gôl; Dan 23 oed 8 cap

Clybiau
371 o gemau cynghrair, 51 gôl

1959-64	Abertawe	166 gêm	23 gôl	(7 cap)
1964-67	Plymouth A	98 gêm	9 gôl	(1 cap)
1967-70	Caerdydd	107 gêm	19 gôl	(7 cap)
1971-72	Yeovil T			
1972-73	Worcester C			
1973-74	Merthyr T			

Medalau, ac ati
* Cwpan Cymru 1961, 1967, 1968 a 1969
* Aelod o Oriel Anfarwolion Abertawe 2014

Anwybyddwyd am bedair blynedd

Roedd Barrie'n aelod o dîm Abertawe gyrhaeddodd rownd gyn-derfynol Cwpan FA Lloegr yn 1964, ac erbyn hynny roedd yn aelod sefydlog o dîm Cymru. Os byddai'n gadael y Vetch roedd disgwyl y bydda'n symud i glwb yn yr Adran Gyntaf. Ond i ble aeth e? I Plymouth Argyle, clwb yn yr Ail Adran fel yr Elyrch, am £45,000 oedd yn record am asgellwr, ac yn record i'r ddau glwb hyd ail hanner y 1970au. Yr agosaf ddaeth Barrie at lwyddiant gydag Argyle oedd cyrraedd rownd gyn-derfynol Cwpan Cynghrair Lloegr yn 1965. Yn dilyn canlyniad gwael yn Nenmarc (**258**) collodd Barrie ei le yn nhîm Cymru am bedair blynedd. Dychwelodd wrth iddo ddisgleirio ar Barc Ninian fel chwaraewr canol y cae dylanwadol pan gyrhaeddodd yr Adar Glas rownd gyn-derfynol Cwpan Enillwyr Cwpanau Ewrop yn 1968. Yna fe dorrodd Barrie ei goes mewn dau le ym munud olaf gêm Caerdydd yn Blackpool ym mis Hydref 1969, ac ni chwaraeodd yng Nghynghrair Lloegr wedyn. Wedi dau dymor o chwarae'n gyson i Yeovil, lle cyrhaeddodd rownd gyn-derfynol (eto!) Tlws FA Lloegr, teimlai Barrie y gallai chwarae ar lefel uwch ond gwrthododd Caerdydd ad-dalu'r arian yswiriant a gawsant amdano. Wedi iddo ymddeol bu'n gofalu am ganolfan sboncen, bu â chwmni adeiladu a bu'n hyfforddi chwaraeon mewn ysgol yn Abertawe.

* Roedd ei 107 o gemau cynghrair i Gaerdydd i gyd yn ddi-fwlch.

Bryn Jones
Mewnwr

Ganed: 14 Chwefror 1912, Merthyr Tudful (Brynmor Jones)
Bu farw: 18 Hydref 1985, Llundain, 73 oed

Brawd i Shoni – Merthyr T, Aberdâr, Ton Pentre; Ivor – Merthyr T, Caerffili, Abertawe, West Bromwich A, Aberystwyth, Aldershot/10 cap, 1 gôl/129 o gemau cynghrair, 23 gôl; Emlyn – Merthyr T, Everton, Southend, Barrow, Shirley T; a Bertrand Russell (enwyd ar ôl yr athronydd Cymreig) – Southend a Wolverhampton W

Ewythr i **Cliff Jones**.

Cymru: 1935-48
Cap cyntaf: Gêm **157** (27 Mawrth 1935), 23 oed; **Cap olaf:** Gêm **177**, 36 oed
17 cap (posibl 21); 6 gôl; Gemau llawn 17
Ennill 8; Cyfartal 1; Colli 8; Penc. Prydain 17 – 6 gôl; Gemau answyddogol 8

Clybiau
257 o gemau cynghrair, 60 gôl

	Amaturiaid Merthyr
	Plymouth Utd (Merthyr)
1932	Glenavon (Iwerddon)

1933	Aberaman			
1933-38	Wolverhampton W	163 gêm	52 gôl	(10 cap)
1938-49	Arsenal	71 gêm	7 gôl	(7 cap)
1949-51	Norwich C	23 gêm	1 gôl	

Y Cymro cyntaf i dorri'r record drosglwyddo

Pan drosglwyddwyd Bryn o Wolves i Arsenal am £14,000 ym mis Awst 1938, wedi i Spurs gynnig £12,000, roedd y swm yr uchaf a dalwyd erioed yng ngwledydd Prydain (y byd meddai rhai). Roedd yn brif stori newyddion, gydag Arsenal yn cael eu condemnio am wario cymaint o arian am un chwaraewr. Bryn oedd **Gareth Bale** ei ddydd a buan y cafodd ei weld yn hysbysebu hufen iâ, ymddangos mewn ffilm am glwb Arsenal ac yn rhoi ei enw i erthyglau papur newydd. Roedd Bryn eisoes wedi ennill 10 cap yn nhîm llwyddiannus y 1930au enillodd Bencampwriaeth Prydain yn 1933, 1934, a 1937 a'i rhannu yn 1939. Mae'n anodd meddwl am unrhyw Gymro arall brofodd chwe buddugoliaeth yn ei wyth gêm gyntaf. Pan gurwyd Lloegr 4-2 yn 1938 roedd Bryn yn un o chwech o fechgyn Merthyr yn y tîm. Profodd y pris enfawr yn faen melin am wddf y cyn-löwr swil a diymhongar ac roedd Bryn yn chwaraewr gwahanol iawn i'r Albanwr enwog Alex James, ei ragflaenydd yn nhîm Arsenal. Pan ofynnodd Bryn am gael chwarae i'r ail dîm roedd 30,000 yno i'w wylio – dim pwysau! Yna daeth yr Ail Ryfel Byd i chwalu gyrfa Bryn, a phob chwaraewr arall. Erbyn i bêl-droed ailddechrau roedd Bryn yn 34 oed, ac er i Arsenal orffen ar frig yr Adran Gyntaf yn 1948 dim ond saith gêm chwaraeodd Bryn ac felly ni dderbyniodd fedal. Wedi dwy flynedd fel chwaraewr a hyfforddwr yn Norwich fe dorrodd ei iechyd a dychwelodd Bryn i Lundain i gadw siop bapur newydd nid nepell o Highbury, hen gartref Arsenal.

* Pan symudodd Bryn o Wolves i Arsenal arhosodd ei gyflog ar £8 yr wythnos yn y gaeaf a £6 yn yr haf, gyda bonws o £2 am fuddugoliaeth a £1 am gêm gyfartal, sy'n gwneud i'r £50 dderbyniodd Bryn am yr hysbyseb hufen iâ edrych fel ffortiwn fach.

Cliff Jones
Asgellwr

Ganed: 7 Chwefror 1935, Abertawe (Clifford William Jones)

Cartref: Beach Street, Sandfields, Abertawe

Mab i Ivor Jones– Merthyr T, Caerffili, Abertawe, West Bromwich A, Aberystwyth, Aldershot/10 cap, 1 gôl/129 o gemau cynghrair, 23 gôl

Nai i Bryn Jones

Taid i Scott Neilson – Bradford C a Crawley T/54 o gemau cynghrair, 4 gôl

Forward with Spurs (1962)

Cymru: 1954-69

Cap cyntaf: Gêm **204**, 19 oed; **Cap olaf:** Gêm **286**, 34 oed

59 cap (posibl 83); 16 gôl, 2 o'r smotyn; Gemau llawn 58; 1 cerdyn coch – **y cyntaf i Gymro (248)**

Ennill 15; Cyfartal 15; Colli 29; Cwpan y Byd 17 –2 gôl [Sweden 1958 = 5 gêm]

Penc. Ewrop 1 – 1 gôl; Penc. Prydain 31 – 10 gôl; *Eraill* 10 – 3 gôl; Dan 23 oed 1 cap

Tîm Cynghrair Lloegr 1960 – 3 gêm

Clybiau

510 o gemau cynghrair, 185 gôl

1952-57	Abertawe	167 gêm	48 gôl	(16 cap)
1957-68	Tottenham H	318 gêm	135 gôl	(41 cap)
1968-70	Fulham	25 gêm	2 gôl	(2 gap)
	Kings Lynn			
	Wealdstone			
	Bedford T			
	Cambridge C			
	Wingate			
	Scimitars (clwb rygbi Saracens)			

Medalau, ac ati

- Yr Adran Gyntaf 1961
- Cwpan FA Lloegr 1961, 1962 a 1967 (Yn 1967 Cliff oedd y cyntaf i ennill medal enillwyr Cwpan FA Lloegr fel eilydd – heb chwarae)
- Personoliaeth Chwaraeon Cymru 1961
- Cwpan Enillwyr Cwpanau Ewrop 1963
- Aelod o Oriel Anfarwolion Chwaraeon Cymru 1998
- Un o'r '100 Chwaraewr Chwedlonol' ddewiswyd i ddathlu canmlwyddiant Cynghrair Lloegr 1998
- Aelod o Oriel Anfarwolion Tottenham H 2004
- Aelod o Oriel Anfarwolion Abertawe 2013
- Aelod o Oriel Anfarwolion yr Amgueddfa Bêl-droed 2013
- Gwobr cyfraniad oes, Gwobrau Chwaraeon Cymru 2013

Cyw o frid

Bron nad oedd hi'n anochel y byddai Cliff yn bêl-droediwr gyda'i dad Ivor a'i ewythr Bryn wedi gwneud eu marc yn eu dydd. Ac fel ddigwyddodd gyda Bryn ugain mlynedd yn gynharach fe symudodd Cliff am ffi oedd yn record Brydeinig newydd, sef £35,000. Doedd Cliff ddim ar ei orau ychydig fisoedd yn ddiweddarach yng Nghwpan y Byd yn Sweden – efallai fod y ffi yn pwyso ar ei ysgwyddau – ond fe ddaeth yn seren lachar yn nhîm disglair Spurs ar ddechrau'r 1960au. I'r rheolwr Bill Nicholson doedd ennill ddim yn digon, roedd yn rhaid gwneud pethau gyda steil. Yn ogystal â bod yn asgellwr hynod o gyflym roedd Cliff yn flaenwr dewr tu hwnt. Os byddai hanner cyfle i sgorio byddai Cliff yng nghanol y frwydr o flaen y gôl, weithiau'n hyrddio'i ben yn isel i benio'r bêl i'r rhwyd. Ar ddechrau'r 1960au dim ond Gento o Real Madrid allai herio Cliff am y teitl 'asgellwr gorau Ewrop' (os nad y byd!). Er iddo fwynhau cymaint o lwyddiant gyda Spurs, un o Jacs Abertawe oedd Cliff ar hyd ei oes, a dywedodd yn 2013 mai uchafbwynt ei yrfa oedd sgorio'r gôl fuddugol yn erbyn Lloegr yn 1955 (**209**), ei gôl gyntaf i Gymru. Wedi iddo ymddeol bu Cliff â siopau cigydd, oedd yn fethiant, ac yna bu'n hyfforddi chwaraeon yn ysgol Highbury Grove, Llundain.

* 'Cliff yw'r asgellwr mwyaf llathraidd ac ysgafndroed a welodd Cymru ers Billy Meredith.'
   – Geraint H Jenkins, *Cewri'r Bêl-droed yng Nghymru* (1977)

   'Ysbryd anturus oedd Cliff, môr-leidr o flaenwr.' – Robat Powel, *Cewri Campau Cymru* (2000)

David Jones
Amddiffynnwr canol

Ganed: 11 Chwefror 1952, Gosport

Cymru: 1976-80
Cap cyntaf: Gêm **325**, 24 oed; **Cap olaf:** Gêm **354**, 28 oed
8 cap (posibl 30); 1 gôl; Gemau llawn 5; Eilyddiwyd (anaf) 2; Ymlaen fel eilydd 1
Ennill 2; Cyfartal 1; Colli 5 Cwpan y Byd 2; Penc. Prydain 4; *Eraill* 2 – 1 gôl
Dan 23 oed 4 cap

Clybiau
293 o gemau cynghrair, 10 gôl

1970-74	Bournemouth	134 gêm	5 gôl	
1974-75	Nottingham F	36 gêm	1 gôl	
1975-80	Norwich C	123 gêm	4 gôl	(8 cap)
	Wroxham			

Canolbwynt yr anghyfiawnder yn Anfield
Degawdau'n ddiweddarach mae'n anodd credu'r anghyfiawnder ddioddefodd David yn Anfield, Lerpwl, yn 1977 (**337**). Pan neidiodd David am y bêl yn ei grys coch llewys byr, gwelwyd braich mewn crys glas gyda llewys hir a chyffs gwyn yn cyffwrdd y bêl. Dyfarnodd y Ffrancwr Robert Wurtz gic gosb i'r Alban. Mae'r gweddill yn hanes a'r Alban, nid Cymru aeth ymlaen i chwarae yng Nghwpan y Byd 1978. Gŵyr pob cefnogwr gwerth ei halen mai'r dihiryn oedd Joe Jordan ac mae'n anffodus fod David yn cael ei gofio am ei ran yn y digwyddiad yna yn hytrach nag am safon ei chwarae fel rhif 5 effeithiol. Saith mis wedi Anfield fe anafodd David ei ben-glin yn y gêm yn erbyn Lloegr (**341**) ac fe gymerodd 18

mis a nifer o driniaethau cyn iddo chwarae eto. Anafodd David yr un pen-glin eto yn erbyn Lloegr yn 1980 **(354)**, ac ni chwaraeodd i Norwich na Chymru wedi hynny. Roedd e'n 28 oed.

* Diolch i'r drefn, y mae David yn un o'r Cymry prin iawn sydd wedi gorfod ymddeol ar ôl cael eu hanafu wrth chwarae i Gymru.

Ernie Jones
Asgellwr

Ganed: 12 Tachwedd 1920, Abertawe (William Ernest Arthur Jones)
Cartref: Alice Street, Cwmbwrla
Llysenw: Alffabet (ar sail ei dri enw bedydd)
Bu farw: Tachwedd 2002, Bolton

Cymru: 1946-48
Cap cyntaf: Gêm **171**, 25 oed; **Cap olaf:** Gêm **178**, 28 oed
4 cap (posibl 8); Gemau llawn 4
Ennill 1; Colli 3; Penc. Prydain 4; Gemau answyddogol 1

Clybiau
186 o gemau cynghrair, 28 gôl

	Bolton W			
1943-47	Abertawe	37 gêm	3 gôl	(2 gap)
1947-49	Tottenham H	55 gêm	14 gôl	(2 gap)
1949-51	Southampton	44 gêm	4 gôl	
1951-54	Bristol C	50 gêm	7 gôl	
1954	Y Rhyl			
1956	Poole T			
Rheolwr				
1954	Y Rhyl			

Asgellwr dyfeisgar
Erbyn i bêl-droed ailddechrau yn 1946 wedi'r Ail Ryfel Byd roedd Ernie wedi datblygu'n asgellwr medrus, ac fe chwaraeodd yn nwy gêm gyntaf Cymru wedi'r toriad. Wrth i'r Elyrch ddisgyn i'r Drydedd Adran yn 1947 symudodd Ernie i Spurs a thrwy wneud hynny fe arhosodd yn yr Ail Adran, a digwyddodd yr un peth pan symudodd Ernie i Southampton fel rhan o drosglwyddiad yr enwog (Syr) Alf Ramsey i Spurs. Pan oedd Ernie'n rheolwr Y Rhyl fe fu'n gyfrifol am ddylunio a chodi llifoleuadau'r clwb, y cyntaf yng Nghymru. Daeth Ernie'n aelod o Gymdeithas y Dyfeiswyr a bu'n dyfeisio cynnyrch hamdden dŵr.

* Cyn iddo adael Abertawe fe gafodd Ernie ei herwgipio gan fyfyrwyr yn ystod wythnos rag. Gwrthododd y clwb dalu'r pridwerth o £50 ac fe gafodd Ernie ei ryddhau mewn pryd i chwarae drannoeth.

Joey Jones
Cefnwr

Ganed: 4 Mawrth 1955, Bangor (Joseph Patrick Jones)
Cartref: Llandudno

Brawd i Frank – Wrecsam/39 o gemau cynghrair, 1 cap dan 21 oed

Oh Joey, Joey (2005)

Cymru: 1975-86
Cap cyntaf: Gêm **322**, 20 oed; **Cap olaf:** Gêm **402**, 31 oed
72 cap (posibl 81); 3 yn gapten; Dau rediad o 30 gêm yn ddi-fwlch
1 gôl; Gemau llawn 67; Eilyddiwyd 5
Ennill 26; Cyfartal 21; Colli 25; Cwpan y Byd 14; Penc. Ewrop 13 – 1 gôl; Penc. Prydain 24; *Eraill* 21; Dan 23 oed 4 cap

Clybiau
594 o gemau cynghrair, 27 gôl

	Llandudno Swifts			
1973-75	Wrecsam	98 gêm	2 gôl	
1975-78	Lerpwl	72 gêm	3 gôl	(18 cap)
1978-82	Wrecsam	146 gêm	6 gôl	(29 cap)
1982-85	Chelsea	78 gêm	2 gôl	(19 cap)
1985-87	Huddersfield T	68 gêm	3 gôl	(6 chap)
1987-92	Wrecsam	132 gêm	11 gôl	

Medalau, ac ati
- Cwpan Cymru 1975
- Yr Adran Gyntaf 1977
- Yr Ail Adran 1984
- Cwpan Ewrop 1977 – y Cymro cyntaf i'w ennill
- Aelod o dîm adrannol y flwyddyn PFA 1984
- Aelod o Oriel Anfarwolion Wrecsam
- Rhyddfraint Tref Llandudno 1993

Arwr y werin
Yn gystadleuol, brwydfrydig, hoffus, diymhongar ac yn un o'r cymeriadau mwyaf a welodd

pêl-droed Cymru, roedd gan Joey berthynas arbennig gyda'r cefnogwyr lle bynnag y chwaraeai. Fe fu'n chwaraewr y flwyddyn gyda Wrecsam, Chelsea a Huddersfield ac fe gafodd ei anfarwoli gan gefnogwyr Lerpwl gynhyrchodd un o'r baneri enwocaf ar gyfer ffeinal Cwpan Ewrop yn Rhufain yn 1977: 'Joey ate the Frogs legs, made the Swiss roll, now he's Munching Gladbach', sef cyfeiriad at gemau Lerpwl yn erbyn timau o Ffrainc, Y Swistir a'r Almaen. Roedd Joey'n enwog am ei salíwt i'r cefnogwyr a'i ddwrn yn yr awyr. Mae'r straeon doniol amdano'n lleng, ac ni anghofiodd gyngor Bob Paisley, rheolwr Lerpwl, "Joey, mae'n neis bod yn bwysig, ond y mae'n bwysicach fyth fod yn neis". Pan ymunodd Joey â Chelsea roedd e'n un o bedwar yno oedd â chysylltiad â Wrecsam – **Eddie Niedzwiecki**, **Mickey Thomas** a'r rheolwr John Neal oedd y tri arall. Joey oedd â'r cysylltiad cryfaf oherwydd roedd e'n dal i fyw yn Wrecsam ac yn gadael ei dŷ am bump y bore i deithio i Lundain. Bu Joey ar staff hyfforddi Wrecsam ers 1989, ac yn 2004 fe gafodd wahoddiad gan **John Toshack** i gynorthwyo **Brian Flynn** ac **Alan Curtis** gyda thimau dan 17, 19 a 21 Cymru ond bu'n rhaid iddo wrthod oherwydd nad oedd yn hoffi hedfan.

* Joey oedd yr unig un chwaraeodd yn y tair buddugoliaeth dros Loegr yn 1977 (**333**), 1980 (**354**) a 1984 (**385**) – a'r unig un i ennill pedwar cap wedi iddo ymddeol o bêl-droed rhyngwladol. Mis wedi iddo ymddeol yn Chwefror 1986 atebodd Joey alwad **Mike England** yn dilyn anafiadau i bedwar amddiffynnwr ac fe gafodd ei ddewis ar gyfer y pedair gêm nesaf (**399** i **402**).

Keith Jones
Gôl-geidwad

Ganed: 23 Hydref 1928, Nant-y-glo
Bu farw: Awst 2007, Redditch, 78 oed

Cymru: 1949
Unig gap: Gêm **184**, 21 oed
Gêm lawn 1; Colli 1; Cwpan y Byd 1

Clybiau
295 o gemau cynghrair

	Stourport Swifts		
	West Bromwich A		
	Kidderminster H		
1946-57	Aston Villa	185 gêm	(1 cap)
1957-59	Port Vale	64 gêm	
1959-60	Crewe A	46 gêm	
1960-61	Southport		

Medalau, ac ati

- Aelod o Oriel Anfarwolion Aston Villa

Torri ei fraich a cholli ail gap

Tair oed oedd Keith pan symudodd y teulu o Nant-y-glo i Stourport yn Swydd Caerwrangon (Worcestershire) ac fe dreuliodd y rhan fwyaf o'i oes yng nghanolbarth Lloegr. Wedi iddo ennill ei gap ym mis Tachwedd 1949 fe gafodd Keith ei ddewis ar gyfer ein gêm nesaf bythefnos yn ddiweddarach. Ond dridiau cyn y gêm honno torrodd Keith ei fraich wrth chwarae i Villa yn Sunderland a chwalwyd ei freuddwyd o gael rhediad fel golwr Cymru. Llwyddodd Keith i adennill ei le yn nhîm Villa ond nid yn nhîm Cymru, ond erbyn i Villa gyrraedd ffeinal Cwpan FA Lloegr yn 1957 Nigel Sims oedd dewis cyntaf y clwb rhwng y pyst.

* Tra oedd Keith yn chwarae i Port Vale roedd e hefyd yn cadw siop groser rhyw ganllath o'r maes.

Lee Jones

Blaenwr

Ganed: 29 Mai 1973, Wrecsam (Philip Lee Jones)

Cymru: 1997

Cap cyntaf: Gêm **474**, 23 oed; **Cap olaf:** Gêm **475**, 24 oed
2 gap (posibl 2); Ymlaen fel eilydd 2
Ennill 1; Colli 1; Cwpan y Byd 1; *Eraill* 1; B 1 cap; Dan 21 oed 14 cap

Clybiau

349 o gemau cynghrair, 88 gôl

	Lex XI			
1991-92	Wrecsam	39 gêm	10 gôl	
1992-97	Lerpwl	3 gêm		(1 cap)
1993	*Crewe Alex af*	8 gêm	1 gôl	
1996	*Wrecsam af*	20 gêm	9 gôl	
1997	*Wrecsam af*	6 gêm		
1997-00	Tranmere R	86 gêm	16 gôl	(1 cap)
2000-02	Barnsley	40 gêm	5 gôl	
2002-04	Wrecsam	49 gêm	14 gôl	
2004-06	Caernarfon	63 gêm	24 gôl	
2006-08	Derwyddon Cefn	35 gêm	9 gôl	
Rheolwr				
2006	Caernarfon (ar y cyd â Kenny Irons)			

2007-10   Derwyddon Cefn (ar y cyd â Waynne Phillips)

2011   Prestatyn

Nid yr Ian Rush newydd

Blaenwr eiddil,17 oed ar y cynllun hyfforddi ieuenctid YTS oedd Lee pan gafodd ei gyfle cyntaf gan Wrecsam, a hynny yn erbyn Manchester U yng Nghwpan Enillwyr Cwpanau Ewrop ym mis Tachwedd 1990. Talodd Lerpwl £300,000 amdano ym mis Mawrth 1992 ac fe gredai rhai mai Lee fyddai olynydd **Ian Rush**. Treuliodd Lee ei amser yn ail dîm Lerpwl a doedd hi ddim help ei fod wedi torri ei goes a hynny'n rhoi cyfle i Robbie Fowler. Gorffennodd Lee ei yrfa yng Nghynghrair Lloegr yn ôl yn Wrecsam ac fe sgoriodd 5 gôl yn erbyn Caergrawnt (Cambridge U) ym mis Ebrill 2002, i efelychu camp yr arwr mawr Tommy Bamford yn 1934. Wedi cyfnod yn Uwchgynghrair Cymru bu Lee yn hyfforddwr ac yna'n rheolwr academi Wrecsam cyn symud i swydd rheolwr academi a phennaeth recriwtio chwaraewyr yn Tranmere R ym mis Mehefin 2016.

*   Cafodd Lee y rhif 44 ar ei grys gan Wrecsam yn 2002 dim ond oherwydd mai rhifau 4 yn unig oedd ar ôl gan y clwb mor agos at ddiwedd y tymor.

Mark Jones
Canol y cae

Ganed: 15 Awst 1983, Wrecsam (Mark Alan Jones)

Cartref: Rhosllannerchrugog

Cymru: 2006-07
Cap cyntaf: Gêm **544**, 23 oed; **Cap olaf:** Gêm **550**, 24 oed

2 gap (posibl 7); Ymlaen fel eilydd 2; *Eraill* 2; Dan 21 oed 4 cap

Clybiau
309 o gemau cynghrair, 51 gôl

	Aelwyd y Rhos			
2002-08	Wrecsam	128 gêm	22 gôl	(2 gap)
2008-09	Rochdale	9 gêm		
2009-10	Wrecsam	0 gêm		
2010-16	Y Bala	172 gêm	29 gôl	

Medalau, ac ati
· Cwpan yr FAW 2004

· Tlws Cynghrair Lloegr (LDV Vans) 2005

· Chwaraewr Clwb y Flwyddyn Cymru 2006

- Aelod o dîm adrannol y flwyddyn PFA 2006
- Chwaraewr y Flwyddyn Uwchgynghrair Cymru 2012

Yn gwybod ei sdŵff

Mark oedd y seren newydd ar y gorwel yn 2005 ond pan fyddai'n wythnos gemau Cymru roedd Mark wedi ei anafu, sy'n egluro ei 4 cap dan 21 oed a chyfanswm o 67 MUNUD i'r tîm hŷn. Fe gafodd Mark dymor gwych i Wrecsam yn 2005-06 wrth i'r clwb orffen yn 13eg yn Adran 2 a Mark yn brif sgoriwr. Yn ôl y *Western Mail* gwelwyd perfformiad cyflawn chwaraewr canol y cae gan Mark yng ngêm agoriadol y tymor hwnnw (Wrecsam -2, Boston U -0). Roedd yr hogyn o'r Rhos yn gwybod ei sdŵff ac roedd sgowtiaid a rheolwyr yn heidio i'r Cae Ras i'w weld yn mynd trwy'i bethau. Trowch y cloc ymlaen dair blynedd ac roedd Wrecsam wedi disgyn o Gynghrair Lloegr a Mark yn Ebargofiant (gyda phob parch i Rochdale).

* Wrth ymuno â'r Bala yn 2010 dywedodd Mark ei fod wedi cael llond bol ar fod yn chwaraewr llawn amser. Erbyn tymor 2011-12 gwelwyd yr hen Mark, yn greadigol, yn sgorio ac yn mwynhau ei hun eto – caffaeliad pendant i Uwchgynghrair Cymru.

Matthew Jones
Canol y cae

Ganed: 1 Medi 1980, Llanelli (Matthew Graham Jones)
Cartref: Morfa, Llanelli

Cymru: 1999-2003
Cap cyntaf: Gêm **488**, 19 oed; **Cap olaf:** Gêm **512**, 22 oed
13 cap (posibl 25); Gemau llawn 2; Eilyddiwyd 3; Ymlaen fel eilydd 7
Cerdyn coch 1 (**512**); Ennill 2; Cyfartal 4; Colli 7; Cwpan y Byd 7; Penc. Ewrop 1; *Eraill* 5
B 1 cap; Dan 21 oed 7 cap – capten

Clybiau
73 o gemau cynghrair, 2 gôl

1997-00	Leeds U	23 gêm		(5 cap)
2000-03	Leicester C	27 gêm	1 gôl	(8 cap)
2007-09	Llanelli	23 gêm	1 gôl	

Medalau, ac ati
- Chwaraewr Ifanc y Flwyddyn Cymru 1999 a 2000
- Cwpan Uwchgynghrair Cymru 2008

Hen ben ar ysgwyddau ifanc

Yn gyn-gapten ar dimau dan 16, 18 a 21 oed Cymru roedd rhai sylwebyddion yn gweld Matthew fel gobaith mawr y ganrif newydd, y **Terry Yorath** newydd yng nghanol y cae, ac fel olynydd i **Gary Speed** fel capten. Roedd Matthew wedi ymuno â Leeds yn 14 oed oedd yn golygu mynychu ysgol uwchradd yn Leeds a byw mewn hostel. Fe enillodd Gwpan Ieuenctid FA Lloegr gyda Leeds yn 1997, fe chwaraeodd i Leeds yn Uwchgynghrair Lloegr ac yng Nghwpan UEFA, yn cynnwys gêm yn erbyn Galatasaray yn y crochan eirias yn Istanbul. Croesawyd Leeds yno gan y faner enwog 'Croeso i Uffern' ac fe gafodd dau gefnogwr eu lladd. Ym mis Rhagfyr 2000 fe ymunodd Matthew â Chaerlŷr (Leicester C), hefyd yn yr Uwchgynghrair, am £3·25 miliwn, gyda'r rheolwr Peter Taylor yn datgan ei syndod fod Leeds yn fodlon gwerthu Matthew. Cafodd Matthew nifer o anafiadau difrifol pan oedd ar lyfrau Caerlŷr, ac yn haf 2003 fe ryddhawyd Matthew ac 11 chwaraewr arall yn rhad ac am ddim gan y clwb. Yna yn haf 2004, ac yntau'n ddim ond 23 oed, cyhoeddodd Matthew ei ymddeoliad oherwydd yr anafiadau ddioddefodd i'w ben-glin, ei figwrn a'i gefn. Yn ŵr ifanc hyderus a deallus daeth Matthew yn wyneb a llais cyfarwydd ar y cyfryngau.

* Gêm olaf un Matthew ar y lefel uchaf oedd gêm Cymru yn Unol Daleithiau America pan enillodd Matthew gap rhif 13, ac fe gafodd ffarwél hunllefus, yn ildio cic o'r smotyn ac yn ddiweddarach yn derbyn cerdyn coch.

Owain Tudur Jones
Canol y cae

Ganed: 15 Hydref 1984, Bangor

Mab i Iwan Vaughan Jones – Porthmadog/13 o gemau cynghrair (sy'n gefnder i'r actor Gwyn Elfyn, Denzil yn *Pobol y Cwm*)

Ŵyr i Geraint Vaughan Jones, nofelydd, enillydd Gwobr Goffa Daniel Owen 1990, 1998 a 2000

Fyny Gyda'r Swans (2009)

Cymru: 2008-13
Cap cyntaf: Gêm **558**, 23 oed; **Cap olaf:** Gêm **608**, 29 oed
7 cap (posibl 51); Eilyddiwyd 1; Ymlaen fel eilydd 6
Ennill 5; Cyfartal 1; Colli 1; Cwpan y Byd 1; *Eraill* 6; Dan 21 oed 3 chap

Clybiau
246 o gemau cynghrair, 32 gôl

2000-01	Porthmadog		
2001-05	Bangor	96 gêm	24 gôl
2005-09	Abertawe	42 gêm	3 gôl	(4 cap)

2009	Swindon T af	11 gêm	1 gôl	
2009-11	Norwich C	5 gêm	1 gôl	(2 gap)
2010	Yeovil T af	6 gêm	1 gôl	
2010	Yeovil T af	14 gêm		
2011	Brentford af	6 gêm		
2011-13	Inverness C T	48 gêm	2 gôl	
2013-14	Hibernian	14 gêm		(1 cap)
2014	Falkirk	4 gêm		

Medalau, ac ati

- Cwpan yr FAW 2006
- Tlws Cynghrair Lloegr 2006
- Enillydd *Pryd o Sêr* S4C 2016

Mwy na'i siâr o anafiadau

Roedd Owain yn 20 oed, yn gapten Bangor ac wedi dechrau cwrs gradd gwyddoniaeth chwaraeon ym Mhrifysgol Bangor pan gafodd gynnig gan **Kenny Jacket** i droi'n broffesiynol gydag Abertawe. Ei gêm gynta i Abertawe oedd fel eilydd yng ngêm dysteb **Alan Curtis** yng Ngorffennaf 2005, y gêm gynta yn stadiwm newydd y Liberty. Talodd yr Elyrch £5,000 amdano ac fe enillodd ei gap dan 21 oed o fewn wythnosau. Mae'n sicr y byddai Owain wedi ennill mwy na 7 cap llawn oni bai am y nifer o anafiadau a gafodd, yn arbennig i'w ben-glin a olygai ymweliad â'r arbenigwr byd enwog Richard Steadman yn Unol Daleithiau America. Roedd **John Toshack** wedi ei gynnwys mewn mwy nag un carfan cyn iddo ennill ei gap cyntaf ac wedi cadw llygad ar ei ddatblygiad a'i adferiad wedi llawdriniaethau. Drannoeth ei ben-blwydd yn 30 oed ym mis Hydref 2014 cafodd Owain ei chweched llawdriniaeth ar ei ben-glin. Yna ddechrau Mawrth 2015, dim ond 10 mis wedi iddo fod yn aelod o garfan Cymru yn yr Iseldiroedd (**610**), fe gyhoeddodd Owain ar Trydar/Twitter fod ei ddyddiau fel chwaraewr ar ben. Daeth Owain yn ail lais ifanc a gwybodus yn y cyfryngau.

* Fe sgoriodd Owain 'gôl' ryfeddol o bellter yn erbyn Lloegr ar y Cae Ras, yn ei ail gêm dan 21 oed – mor rhyfeddol na welodd y dyfarnwr na'r llumanwr mo'r bêl yn croesi'r llinell, felly ni chafodd y gôl ei chaniatáu.

Paul Jones
Gôl-geidwad

Ganed: 18 Ebrill 1967, Y Waun (Paul Steven Jones)
Cartref: St Martins, Swydd Amwythig

Brawd i Mark – Telford a Henffordd

Cymru: 1997-2006

Cap cyntaf: Gêm **474**, 30 oed; **Cap olaf:** Gêm **542**, 39 oed

50 cap (posibl 69); 15 llechen lân, ildio 66 gôl;

Gemau llawn 41; Eilyddiwyd 7; Ymlaen fel eilydd 2

Ennill 15; Cyfartal 15; Colli 20; Cwpan y Byd 17; Penc. Ewrop 20; *Eraill* 13

Clybiau

338 o gemau cynghrair

	Wem T		
	Bridgnorth		
1986-91	Kidderminster H		
1991-96	Wolverhampton W	33 gêm	
1996-97	Stockport Co	46 gêm	(1 cap)
1997-04	Southampton	193 gêm	(36 cap)
2004	*Lerpwl af*	2 gêm	
2004-06	Wolverhampton W	26 gêm	(8 cap)
2004-05	*Watford af*	9 gêm	
2005	Millwall *af*	3 gêm	
2006-07	Queen's Park R	26 gêm	(5 cap)
2007-08	Bognor Regis T		

Medalau, ac ati

* Tlws FA Lloegr 1987
* Chwaraewr y Flwyddyn Cymru 1999

Aros nes ei fod yn 30 oed

Paul yw'r unig Gymro oedd yn 30 oed yn ennill ei gap cyntaf ac yna mynd ymlaen i ennill 50 o gapiau. Ffermwr oedd Paul ac yn chwaraewr rhan-amser gyda Kidderminster tan i Wolves fentro ac arwyddo'r golwr 24 oed am £40,000. Bu'n rhaid iddo aros pum mlynedd arall cyn chwarae tymor llawn yng Nghynghrair Lloegr. Roedd hynny gyda Stockport a dalodd £60,000 amdano, a phan symudodd y rheolwr Dave Jones i Southampton yn Uwchgynghrair Lloegr aeth â Paul gydag e, am £900,000. Erbyn 2003 Antti Niemi oedd y dewis cyntaf yn y gôl i Southampton ond yn ei absenoldeb chwaraeodd Paul yn rownd gyn-derfynol Cwpan FA Lloegr. Pan anafwyd Niemi yn y ffeinal yng Nghaerdydd fe gafodd Paul gyfle i chwarae am y 25 munud olaf – y Cymro cyntaf i chwarae yn y ffeinal yng Nghymru. Cafodd Paul bleser annisgwyl ym mis Ionawr 2004 pan alwodd Lerpwl am ei wasanaeth wedi i'w dau golwr Jerzy Dudek a Chris Kirkland gael eu hanafu. Bu Paul yn olynydd teilwng i **Neville Southall** yn y gôl i Gymru ac ar ôl gorffen chwarae fe fu'n hyfforddwr ein gôl-geidwaid yn ystod cyfnod **John Toshack**.

* Roedd ei gêm olaf i Gymru yn dipyn o hunllef i Paul wrth inni golli 5-1 yng Nghaerdydd a'r wasg yn cael hwyl am ei ben (yn llythrennol) oherwydd iddo gael draig goch a 50 wedi eu heillio ar ei gorun i ddathlu ei 50fed cap.

Ryan Jones
Canol y cae

Ganed: 23 Gorffennaf 1973, Sheffield (Ryan Anthony Jones)

Ei daid o Ynys Môn

Cymru: 1994
Unig gap: Gêm **454**, 20 oed
Gêm lawn 1; Ennill 1; *Eraill* 1; B 1 cap; Dan 21 oed 3 chap

Clybiau
52 o gemau cynghrair, 9 gôl

1991-98	Sheffield Wed	41 gêm	6 gôl	(1 cap)
1996	*Scunthorpe U af*	11 gêm	3 gôl	

Ar ben yn 23 oed
Ymunodd Ryan â'i glwb lleol, Sheffield Wednesday, yn syth o'r ysgol a chwaraeodd ei gêm gyntaf i'r clwb ym mis Mawrth 1993 pan oedd yn 19 oed. Roedd y clwb yn Uwchgynghrair Lloegr a phroffwydwyd dyfodol disglair i'r chwaraewr canol y cae 6' 2". Ei dymor gorau o ddigon oedd ei dymor llawn cyntaf, 1993-94, pan orffennodd yr Owls yn seithfed yn yr Uwchgynghrair a chyrraedd rownd gyn-derfynol Cwpan Cynghrair Lloegr. Enillodd Ryan ei unig gap ar ddiwedd y tymor pan oedd **Ryan Giggs**, **Gary Speed**, **Mark Bowen**, **Jeremy Goss** a **Clayton Blackmore** yn absennol o'r daith i Estonia. Dair blynedd yn ddiweddarach roedd ei yrfa ar ben oherwydd anaf i'w droed.

* Pan gafodd Ryan ei ddewis i chwarae i dîm 21 oed Cymru doedd e ddim yn siwr beth fyddai ei gyd-chwaraewyr yn feddwl o'r tatŵ o gi tarw ar ei fraich, felly fe roddodd blastar i'w guddio.

Tommy Jones
Canolwr

Ganed: 12 Hydref 1917, Cei Connah (Thomas George Jones)
Bu farw: 3 Ionawr 2004, Bangor, 86 oed

Cymru: 1938-1949
Cap cyntaf: Gêm **166** (16 Mawrth 1938), 20 oed; **Cap olaf:** Gêm **185**, 32 oed
17 cap (posibl 20); Gemau llawn 17; 4 yn gapten
Ennill 7; Colli 10; Cwpan y Byd 2; Penc. Prydain 11; *Eraill* 4; Gemau answyddogol 10

Clybiau
171 o gemau cynghrair, 4 gôl

	Llanerch Celts			
1934-36	Wrecsam	6 gêm		
1936-50	Everton	165 gêm	4 gôl	(17 cap)
1950-56	Pwllheli			

Rheolwr

1950-56	Pwllheli
1956-67	Bangor
1967-68	Y Rhyl

Medalau, ac ati
- Yr Adran Gyntaf 1939
- Cwpan Cymru 1962 – rheolwr
- Gwobr Arbennig Cymdeithas Bêl-droed Cymru 1993
- Cynrychiolydd y 1940au yn oriel clwb Everton, Cewri'r Mileniwm, 2000

Tomi Tŵr – Tywysog y Canolwyr
Dyma un o fawrion y genedl, y canolwr clasurol. Yn ôl neb llai na Dixie Dean, chwaraewr chwedlonol Everton a Lloegr, y chwaraewr gorau a welodd erioed. Frank Beckenbauer ei ddydd, meddai rhai. Oherwydd iddo golli 7 tymor o'i yrfa yn ystod yr Ail Ryfel Byd mae'n bosibl na chafodd TG y clod y mae'n ei haeddu. Y mae'r ffaith iddo fod yn gapten ar ei wlad yn ei bedwaredd gêm yn 21 oed yn arwyddocaol, fel y mae'r ffordd iddo adael Everton mor sydyn. Bu sôn yn 1948 fod AS Roma wedi cynnig y swm anferthol o £15,000 amdano ond nid i'r Eidal aeth TG ond i Bwllheli. Erbyn 1949 roedd TG yn anniddig yn Everton oherwydd fod y rheolwr newydd, Cliff Britton, am iddo newid ei steil a chlirio'r bêl yn sydyn ac yn ddiseremoni yn hytrach na defnyddio'r sgiliau yr oedd pawb arall yn eu hedmygu. Er ei fod yn gapten Everton gadawodd TG ac fe brynodd westy'r Tŵr ym Mhwllheli a chymryd at awenau'r clwb lleol. Wedi iddo symud i Fangor cafodd lwyddiant yng Nghwpan Cymru cyn wynebu cewri Napoli mewn tair gêm fythgofiadwy yng Nghwpan Enillwyr Cwpanau Ewrop. Wedi iddo adael clwb Y Rhyl yn 1968 bu'n ysgrifennu i'r *Daily Post* ac yn cadw siop bapur newydd ger y pier ym Mangor.

* Cofir am TG yn y gogledd-ddwyrain fel y gŵr ailsefydlodd glwb yng Nghei Connah yn 1946, sy'n dal mewn bodolaeth heddiw.

Vinnie Jones
Canol y cae

Ganed: 5 Ionawr 1965, Watford (Vincent Peter Jones)

Ei daid wedi'i eni yn wyrcws Rhuthun

Vinnie: A Kick in the Grass (1991)
Vinnie: The Autobiography (1998)
It's Been Emotional (2013)

Cymru: 1994-97
Cap cyntaf: Gêm **458**, 29 oed; **Cap olaf:** Gêm **473**, 32 oed

9 cap (posibl 16); 1 yn gapten; Gemau llawn 5; Eilyddiwyd 3; Cerdyn coch 1 (**461**)

Ennill 0; Cyfartal 3; Colli 6; Cwpan y Byd 3; Penc. Ewrop 4; *Eraill* 2

Clybiau
386 o gemau cynghrair, 33 gôl

1984-86	Wealdstone			
1986	IFK Holmsund (Sweden)			
1986-89	Wimbledon	77 gêm	9 gôl	
1989-90	Leeds U	46 gêm	5 gôl	
1990-91	Sheffield U	35 gêm	2 gôl	
1991-92	Chelsea	42 gêm	4 gôl	
1992-98	Wimbledon	177 gêm	12 gôl	(9 cap)
1998	Queen's Park R	9 gêm	1 gôl	
	Hollywood U			

Medalau, ac ati
*   Cwpan FA Lloegr 1988
*   Yr Ail Adran 1990

Enwog am fod yn enwog
Vinnie (neu Vinny) oedd yr hanner canfed chwaraewr gyda'r cyfenw Jones i chwarae i Gymru, a'r cyntaf i fanteisio ar y rheol a ganiataodd i chwaraewyr gynrychioli hen wlad eu teidiau a'u neiniau. Er fod Vinnie wedi chwarae yn yr Adran Gyntaf ac yna Uwchgynghrair Lloegr ers 1986 roedd llawer yn amau doethineb Mike Smith (a Chymdeithas Bêl-droed Cymru) yn dewis y chwaraewr oedd â'r record disgyblaeth waethaf yng Nghynghrair Lloegr, e.e. cerdyn melyn 3 EILIAD o ddechrau gêm, a dirwy o £20,000 a gwaharddiad am 6 mis wedi'i ohirio wedi iddo gymryd rhan yn y fideo *Soccer Hard Men*. Roedd Cymru newydd golli yn Moldofa a Georgia ac roedd teimlad fod Mike Smith ychydig yn despret. Prin oedd dylanwad Vinnie ar y maes, yn ei bedwaredd gêm fe gafodd gerdyn coch, ac fe olynwyd

Mike Smith gan Bobby Gould, oedd wedi bod yn rheolwr ar Vinnie yn Wimbledon, yn nyddiau'r Crazy Gang. Llwyddodd Vinnie i ddenu mwy o wylwyr i gemau Cymru am gyfnod byr ac ni ellir amau ei ymroddiad a'i frwdfrydedd. Fe ymdrechodd i ddysgu'r anthem gyda help **Mark Aizelewood**, **John Hartson** ac **Iwan Roberts**, ac fe gafodd datŵ o'r Ddraig Goch. Ar ôl ymddeol fe gafodd Vinnie yrfa lewyrchus fel actor mewn degau o ffilmiau, y gyntaf oedd *Lock, Stock and Two Smoking Barrels* yn 1998 gyda Vinnie'n chwarae rhan gangster (caled, wrth gwrs).

* Yn ôl Bobby Gould dewiswyd Vinnie'n gapten yn erbyn yr Iseldiroedd (**470**), yn absenoldeb **Barry Horne**, yn dilyn pleidlais gudd gan y chwaraewyr, ond dywedodd **Neville Southall** yn ei hunangofiant ei bod yn ymddangos mai **Gary Speed** oedd wedi ennill gyda chwe phleidlais allan o un-ar-ddeg.

Wayne Jones
Canol y cae

Ganed: 20 Hydref 1948, Treorci (Philip Wayne Jones)

Cymru: 1971
Unig gap: Gêm **297**, 22 oed
Gêm lawn 1; Ennill 1; Penc. Ewrop 1; Dan 23 oed 6 chap

Clybiau
223 o gemau cynghrair, 28 gôl

1966-73	Bristol R	223 gêm	28 gôl	(1 cap)

Medalau, ac ati
- Cwpan Watney 1972

Gwendid anghyffredin
Enillodd Wayne ei unig gap yn y Ffindir mewn gêm sy'n enwog oherwydd fod nifer o'r hen wynebau yn absennol. Dydy hynny ddim yn golygu mai oherwydd lwc yn unig y chwaraeodd Wayne yn Helsinki. Fel chwaraewr canol y cae allai basio'r bêl yn gelfydd fe fu'n aelod o garfanau Cymru wedi hynny ond daeth ei yrfa fel chwaraewr i ben ym mis Tachwedd 1972 pan oedd yn 24 oed. Wrth iddo gael triniaeth i'w ben-glin darganfyddwyd fod ganddo wendid anghyffredin iawn i rywun mor ifanc. Adroddwyd y bu iddo dderbyn iawndal o £750 am golli ei yrfa. Wedi hynny bu'n gweithio i nifer o glybiau fel ffisiotherapydd a hyfforddwr, yn cynnwys Casnewydd o 2011 tan 2013. Bu hefyd yn rheolwr cynorthwyol i **David Williams** yn Bristol Rovers ac i Russell Slade yn Notts County.

* Wayne oedd cynorthwyydd Williams pan oedd hwnnw wrth y llyw am un gêm, yn erbyn Iwgoslafia yn 1988 (**410**).

Jack Kelsey
Gôl-geidwad

Ganed: 19 Tachwedd 1929, Llansamlet, Abertawe (Alfred John Kelsey)
Bu farw: 18 Mawrth 1992, Llundain, 62 oed

Over The Bar (1958) – ailargraffwyd 2011

Cymru: 1954-62
Cap cyntaf: Gêm **203**, 24 oed; **Cap olaf:** Gêm **247**, 32 oed
41 cap (posibl 45); Gemau llawn 40; Eilyddiwyd 1
Ennill 10; Cyfartal 14; Colli 17; Cwpan y Byd 13 [Sweden 1958 = 5 gêm, ildio 4 gôl]
Penc. Prydain 22; *Eraill* 6; Tîm Prydain v Gweddill Ewrop 1955; Tîm Cynghrair Lloegr 1960

Clybiau
327 o gemau cynghrair

	Winsh Wen		
1949-62	Arsenal	327 gêm	(41 cap)

Medalau, ac ati
- Yr Adran Gyntaf 1953
- Aelod o Oriel Anfarwolion Chwaraeon Cymru 2010
- Un o'r 32 o gewri Arsenal a anrhydeddir ar furlun ar Stadiwm Emirates

Gôl-geidwad gorau'r 1950au
Cyn dyddiau **Neville Southall** roedd llawer o'r farn mai Jack oedd y gôl-geidwad gorau a welodd Cymru ers yr Ail Ryfel Byd. Fe fu'n ddewis cyntaf i Gymru trwy gydol ei yrfa ryngwladol, er iddo gael y dechrau gwaethaf posibl. Wedi dim ond 40 eiliad o ddechrau ei gêm gyntaf roedd Jack yn codi'r bêl o'r rhwyd. A doedd ei gêm gyntaf i Arsenal yn 1951 ddim yn achlysur hapus iawn chwaith wrth i Charlton ennill 5-2. Wedi i'r clwb ennill pencampwriaeth yr Adran Gyntaf yn 1953 cyfnod o drai oedd hi yn Highbury. Serch hynny sefydlodd Jack ei hun fel gôl-geidwad gorau gwledydd Prydain ac roedd ar ei orau pan ddaeth Cwpan y Byd 1958 gyda Pelé, seren ifanc Brasil, yn disgrifio perfformiad Jack fel un o'r rhai gorau a welodd. Yn eironig, daeth gyrfa ardderchog Jack i ben ym Mrasil pan anafodd ei gefn mewn gwrthdrawiad damweiniol â blaenwr Brasil, Vava. Wedi iddo ymddeol fe fu Jack yn gyfrifol am gynlluniau hapchwarae a phyllau Arsenal ac o 1967 hyd 1989 fe fu â gofal am siopau'r clwb.

* Ym mis Tachwedd 1958 chwaraeodd Jack i Gymru yn erbyn Lloegr ar Barc Villa ar brynhawn Mercher (**231**), ac yna teithiodd i Highbury ar gyfer gêm Arsenal yn erbyn Juventus (a **John Charles**) y noson honno.

Andy King
Canol y cae

Ganed: 29 Hydref 1988, Barnstaple (Andrew Philip King)

Ei daid o Wrecsam

Ei fam Angy yn gaplan tîm merched Cymru, y timau merched dan 17 a 19 oed, a thîm merched Reading.

Cymru: 2009-15
Cap cyntaf: Gêm **570**, 20 oed; **Cap diweddaraf:** Gêm **630**, 27 oed

36 cap (posibl 61); 2 gôl; Gemau llawn 11; Eilyddiwyd 8; Ymlaen fel eilydd 16; Cerdyn coch 1 (**613**)

Ennill 15; Cyfartal 5; Colli 16; Cwpan y Byd 9; Penc. Ewrop 13 [Ffrainc 2016 = 3 gêm]

Eraill 14 – 2 gôl; Dan 21 oed 11 cap – 2 gôl – capten

Clybiau
295 o gemau cynghrair, 53 gôl

| 2007-16 | Leicester C | 295 gêm | 53 gôl | (36 cap) |

Medalau, ac ati
* Adran 1 2009
* Y Bencampwriaeth 2014
* Aelod o dîm adrannol y flwyddyn PFA 2011
* Uwchgynghrair Lloegr 2016

Welodd neb hynna'n dod
Pwy feddyliai y byddai Andy'n hedfan i Ewro 2016 yn berchen ar fedal pencampwriaeth Uwchgynghrair Lloegr a'i glwb Leicester C, o bawb, yn edrych ymlaen at gystadlu yng Nghynghrair y Pencampwyr yn 2016-17. 'Nôl yn 2015 cael a chael oedd hi i Andy a'r clwb osgoi'r cwymp, a'r trobwynt i lawer oedd gôl hwyr Andy yn erbyn West Ham ar 4 Ebrill sicrhaodd fuddugoliaeth gynta'r clwb mewn naw gêm. Daeth tro ar fyd yn nhymor 2015-16 dan Claudio Ranieri, yr Eidalwr fu'n rheolwr ar Chelsea pan oedd Andy ar lyfrau'r clwb hwnnw yn ei arddegau ac yn fascot mewn gemau yng Nghynghrair y Pencampwyr. Tymor cyntaf Andy gyda Chaer-lŷr (Leicester) oedd 2007-08 pan ddisgynnodd y clwb i Adran 1 am un tymor ond erbyn tymor 2010-11, Andy oedd prif sgoriwr y clwb. Bu Andy'n wyneb cyfarwydd yng ngharfan hŷn Cymru ers 2010 ond amharwyd ar ei gyfraniad i lwyddiant ymgyrch ragbrofol Ewro 2016 gan y cerdyn coch ddangoswyd iddo wedi 47 munud yn erbyn Cyprus am gamamseru ei dacl. Cymerodd y rheolwr **Chris Colman** y bai am annog y chwaraewyr i fod yn ymosodol.

* Andy oedd y chwaraewr cyntaf ers 1962 i orffen ar frig y tair adran uchaf gyda'r un clwb, a'r pedwerydd Cymro i orffen ar frig yr Uwchgynghrair ddaeth i fodolaeth yn 1992. (Y tri arall oedd **Clayton Blackmore**, **Ryan Giggs** a **Mark Hughes**).

Johnny King
Gôl-geidwad

Ganed: 29 Tachwedd 1933, Ferndale
Cartref: Blaenllechau
Bu farw: 30 Tachwedd 1982, Awstralia, 49 oed

Cymru: 1954
Unig gap: Gêm **207**, 20 oed; Colli 1; Penc. Prydain 1

Clybiau
363 o gemau cynghrair

1951-64	Abertawe	363 gêm	(1 cap)
	Bath C		
	Sydney Prague (Awstralia)		

Medalau, ac ati
* Cwpan Cymru 1956 a 1957
* Aelod o Oriel Anfarwolion Abertawe 2014

Haeddai fwy nag un cap
Ymunodd Johnny ag Abertawe pan oedd yn 15 oed ac fe arhosodd ar y Vetch trwy gydol ei yrfa broffesiynol. Datblygodd i fod yn gôl-geidwad cydnerth, dewr a dibynadwy i'r Elyrch yn yr Ail Adran pan oedd tîm Abertawe ar un adeg yn cynnwys 11 Cymro, ac 8 ohonynt yn chwaraewyr rhyngwladol. Roedd cyfanswm Johnny o 363 o gemau cynghrair yn record fel gôl-geidwad i'r clwb nes i **Roger Freestone** ei thorri yn 1998. Cydoesai Johnny â **Jack Kelsey** sy'n egluro pam mai dim ond un cap a enillodd.

* Yn 1956 dewiswyd Johnny i arwain llinell flaen Abertawe yn erbyn Y Fenni – ac fe sgoriodd bedair gôl wrth i'r Elyrch ennill 7-1. Cafodd Johnny ail gyfle yn Rotherham yn Ail Adran Cynghrair Lloegr. Y tro hwn collodd Abertawe 6-1 ac fe dreuliodd Johnny weddill ei yrfa yn cadw'r goliau allan yn hytrach na cheisio'u sgorio.

Noel Kinsey
Mewnwr de

Ganed: 24 Rhagfyr 1925, Treorci

Cymru: 1951-55
Cap cyntaf: Gêm **189**, 25 oed; **Cap olaf:** Gêm **210**, 29 oed

7 cap (posibl 22); Gemau llawn 7
Ennill 4; Cyfartal 1; Colli 2
Cwpan y Byd 1; Penc. Prydain 4; *Eraill* 2

Clybiau
444 o gemau cynghrair, 111 gôl

1944-47	Caerdydd			
1947-53	Norwich C	223 gêm	57 gôl	(4 cap)
1953-58	Birmingham C	149 gêm	48 gôl	(3 chap)
1958-61	Port Vale	72 gêm	6 gôl	
	King's Lynn			
	Lowestoft			

Medalau, ac ati
- Yr Ail Adran 1955
- Y Bedwaredd Adran 1959
- Aelod o Oriel Anfarwolion Norwich C 2003

Sgorio yn ffeinal 1956
Cafodd y bachgen ifanc o Gwm Rhondda siom pan gafodd ei ryddhau gan Gaerdydd heb chwarae un gêm. Daeth ail gyfle iddo gyda Norwich dan Cyril Spiers oedd wedi bod yn rheolwr Caerdydd pan ymunodd Noel â chlwb Parc Ninian. Enillodd Noel ei gapiau cyntaf ar ddiwedd tymor 1950-51, tymor gorau Norwich yn ystod ei gyfnod yn Carrow Road. Gorffennodd y clwb yn yr ail safle yn y Drydedd Adran (De), ond doedd hynny ddim yn golygu dyrchafiad. Anrhydeddwyd Noel gan Norwich yn 2003, hanner can mlynedd wedi iddo adael y clwb am Birmingham yn yr Ail Adran. Wedi dau dymor yn yr Ail Adran enillodd Noel a Birmingham ddyrchafiad i'r Adran Gyntaf ond doedd hynny ddim yn ddigon iddo ddisodli **Derek Tapscott** yn nhîm Cymru. Wedi iddo ymddeol fe fu'n gweithio i gwmni Norwich Union.

* Noel sgoriodd unig gôl Birmingham yn ffeinal Cwpan FA Lloegr yn 1956 a enillwyd gan Manchester City 3-1.

Alan Knill
Amddiffynnwr canol

Ganed: 8 Hydref 1964, Slough (Alan Richard Knill)

Ei rieni o Ben-y-bont ar Ogwr

Cymru: 1988
Unig gap: Gêm **414**, 23 oed; Colli 1; Cwpan y Byd 1

Clybiau
560 o gemau cynghrair, 32 gôl

1982-84	Southampton			
1984-87	Halifax T	118 gêm	6 gôl	
1987-89	Abertawe	89 gêm	3 gôl	(1 cap)
1989-93	Bury	144 gêm	9 gôl	
1993	*Caerdydd af*	4 gêm		
1993-97	Scunthorpe U	131 gêm	8 gôl	
1997-01	Rotherham U	74 gêm	6 gôl	

Rheolwr

2005-07	Rotherham U
2008-11	Bury
2011-12	Scunthorpe U
2013-14	Torquay U

Medalau, ac ati
* Cwpan Cymru 1989

Alan – Un, Van Basten – Knill
Cafodd Alan sylw anrhydeddus a haeddiannol yn llyfr Grahame Lloyd *One Cap Wonders: The Ultimate Claim to Football Fame* (2001). A dyna chi gêm gafodd y polyn lein o amddiffynnwr (6' 4'') o'r Drydedd Adran yn Amsterdam yn 1988. Roedd yr Iseldiroedd newydd ennill Pencampwriaeth Ewrop gyda Marco Van Basten ar dân. Roedd **Kevin Ratcliffe** a **Pat Van Den Hauwe** wedi'u hanafu felly fe safodd Alan yn y bwlch – a marcio seren AC Milan o'r gêm. Ni chafodd Alan gyfle arall ar y draffordd ryngwladol a threuliodd y rhan fwyaf o'i yrfa hir ar lain galed adrannau is Cynghrair Lloegr fel chwaraewr, hyfforddwr, is-reolwr a rheolwr.

* Cafodd Alan ddihangfa ffodus yn 2012 pan fuodd ei feic mewn gwrthdrawiad â wiwer. Er iddo lanio ar ei ben a'i ysgwydd ni chafodd ei anafu'n ddifrifol a gwnaeth y ddamwain iddo sylweddoli fod yna bethau pwysicach nag ennill gêm bêl-droed.

Jason Koumas
Canol y cae

Ganed: 25 Medi 1979, Wrecsam

Cymru: 2001-09
Cap cyntaf: Gêm **499**, 21 oed; **Cap olaf:** Gêm **568**, 29 oed
34 cap (posibl 70); 1 yn gapten; 10 gôl, 2 o'r smotyn

Gemau llawn 15; Eilyddiwyd 15; Ymlaen fel eilydd 3; Cerdyn coch 1 (**515**)
Ennill 10; Cyfartal 11; Colli 13; Cwpan y Byd 11; Penc. Ewrop 10 – 4 gôl; *Eraill* 13 – 6 gôl

Clybiau
422 o gemau cynghrair, 67 gôl

	Lerpwl			
1997-02	Tranmere R	127 gêm	25 gôl	(2 gap)
2002-07	West Bromwich A	123 gêm	23 gôl	(21 cap)
2005-06	*Caerdydd af*	44 gêm	12 gôl	
2007-11	Wigan Ath	54 gêm	2 gôl	(11 cap)
2010-11	*Caerdydd af*	23 gêm	2 gôl	
2013-15	Tranmere R	51 gêm	3 gôl	

Medalau, ac ati
* Aelod o dîm adrannol y flwyddyn PFA 2002, 2004, 2006 a 2007
* Chwaraewr y Flwyddyn yn y Bencampwriaeth 2007

Enigma
Dyma enigma'r ganrif bresennol. Gwelsom Jason yn ei lordio hi yng nghanol y cae i Gymru, yn sgorio gydag ergydion o bellter, a gwelsom ef yn hollol aneffeithiol a di-nod. Fe fu'n absennol droeon, weithiau am resymau personol annelwig oedd yn gwneud i bawb amau ei ymroddiad. Bu'r rheolwyr **Mark Hughes** a **John Toshack** yn hynod o amyneddgar gyda Jason, efallai am y gwyddent fod yma chwaraewr â thalent eithriadol, a'r potensial i ddilyn **Ryan Giggs** fel talisman a chapten. Gwelai Toshack ei 'walch hoffus' fel un o'r tri yn ei dîm oedd â'r gallu i ganu'r piano tra oedd yr wyth arall yn hanfodol i gario'r piano. Rhwng Hydref 2006 a Chwefror 2008 chwaraeodd Jason mewn naw o 16 gêm Cymru, ond yn y naw gêm yna fe sgoriodd Jason wyth gôl – rhyfeddol i un o chwaraewyr canol cae Cymru, ond dim ond dwy o'r goliau hynny oedd mewn gemau o bwys, a doedd dim un o'i 10 gôl ryngwladol yn erbyn un o'r gwledydd mwyaf. Talodd West Brom £2·5 miliwn a Wigan £5·6 miliwn am Jason ond efallai mai Caerdydd oedd y clwb gafodd y fargen orau. Treuliodd Jason dymor 2005-06 ar Barc Ninian ac fe sgoriodd 12 gôl, ei dymor mwyaf cynhyrchiol. Ni chwaraeodd Jason yr un gêm yn nhymorau 2011-12 a 2012-13 ac wrth i Tranmere ddisgyn o Gynghrair Lloegr yn 2015 fe gyhoeddodd Jason ei fod yn ymddeol.

* Cymerodd Jason ddwy gêm yn fwy na hyd yn oed Giggs i ennill 34 cap. Ei rediad di-fwlch gorau oedd chwe gêm yn 2008 (**557**-**562**), y cyfan yn gemau 'cyfeillgar' (*Eraill*).

Dick Krzywicki
Asgellwr

Ganed: 2 Chwefror 1947, Llannerch Banna, Maelor Saesneg (Ryszard Lech Krzywicki)

Tad i Tara – 5 cap i dîm merched Cymru cyn troi at redeg traws gwlad

Cymru: 1969-71
Cap cyntaf: Gêm **287**, 22 oed; **Cap olaf:** Gêm **299**, 24 oed

8 cap (posibl 13); 1 gôl; Gemau llawn 7; Ymlaen fel eilydd 1

Ennill 2; Cyfartal 3; Colli 3; Cwpan y Byd 2; Penc. Ewrop 3; Penc. Prydain 3 – 1 gôl

Dan 23 oed 3 chap

Clybiau
182 o gemau cynghrair, 30 gôl

1965-70	West Bromwich A	57 gêm	9 gôl	(2 gap)
1970-74	Huddersfield T	47 gêm	7 gôl	(6 chap)
1973	Scunthorpe U af	2 gêm		
1973	Northampton T af	8 gêm	3 gôl	
1974-76	Lincoln C	68 gêm	11 gôl	

Medalau, ac ati
*   Yr Ail Adran 1970
*   Y Bedwaredd Adran 1976

Un gôl, ond roedd hi'n un dda

Enillodd Dick ei gapiau cyntaf pan oedd gyda West Brom yn yr Adran Gyntaf ond oherwydd na allai gadw ei le yn eu tîm fe symudodd i Huddersfield ym mis Mawrth 1970 am £45,000, oedd yn record i'r clwb hwnnw. O fewn ychydig wythnosau roedd Huddersfield wedi sicrhau dyrchafiad i'r Adran Gyntaf, ac roedd Dick wedi sgorio ei gôl gyntaf yng nghrys Cymru. Hon oedd ei unig gôl, fel ddigwyddodd hi, ond mi roedd hi'n un gofiadwy wrth i bas hyfryd **Alan Durban** hollti amddiffyn Lloegr i alluogi Dick i blannu'r bêl yn rhwyd Gordon Banks. Gorffennodd Dick ei yrfa ar frig y Bedwaredd Adran wrth i Lincoln gael tymor ysgubol dan reolaeth Graham Taylor. Cydnabyddir y tîm hwnnw fel yr un gorau welwyd yn Sincil Bank. Oherwydd anafiadau, gyrfa gymharol fyr gafodd Dick ond llwyddodd i aros yn y byd pêl-droed gyda Phêl-droed yn y Gymuned lle daeth yn gyfarwyddwr rhanbarthol yng ngogledd Lloegr.

*   Cafodd Dick ei eni yng nghymuned Bwylaidd Llannerch Banna yn fab i filwr. Symudodd y teulu i Leek, Swydd Stafford, pan oedd Dick yn dair oed.

Ray Lambert
Cefnwr

Ganed: 18 Gorffennaf 1922, Bagillt (Raymond Lambert)
Bu farw: 22 Hydref 2009, Ewlo, 87 oed

Tad i Wayne – Manchester C, Y Rhyl, Bangor, ac eraill

Cymru: 1946-49
Cap cyntaf: Gêm **171**, 24 oed; **Cap olaf:** Gêm **182**, 26 oed
5 cap (posibl 12); Gemau llawn 5
Ennill 1; Colli 4; Penc. Prydain 2; *Eraill* 3; Gemau answyddogol 4

Clybiau
309 o gemau cynghrair, 2 gôl

1939-56	Lerpwl	309 gêm	2 gôl	(5 cap)

Medalau, ac ati
- Yr Adran Gyntaf 1947

Cefnwr cadarn Lerpwl am 10 mlynedd
Erbyn i bêl-droed ailddechrau yn 1946 wedi'r Ail Ryfel Byd roedd Ray yn 23 oed ac yn ei gêm gyntaf i Lerpwl roedd dau o gymeriadau chwedlonol y clwb yn gwneud eu debiws hefyd, sef Billy Liddell a Bob Paisley. Y tymor hwnnw, 1946-47, Lerpwl oedd pencampwyr yr Adran Gyntaf. Chwaraeodd Ray yn ffeinal Cwpan FA Lloegr yn 1950, a enillwyd gan Arsenal, ond erbyn haf 1954 roedd Lerpwl ar eu ffordd i lawr i'r Ail Adran. Cyfyngwyd Ray i bum cap gan gysondeb y bartneriaeth oedd wedi datblygu dros sawl tymor rhwng **Walley Barnes** ac **Alf Sherwood**. Wedi iddo ymddeol bu Ray yn cadw siop bapur newydd, Lambert's Newsagents, yn Garden City, Queensferry.

* Yn ôl y llyfrau hanes fe ymunodd Ray â Lerpwl ym mis Ionawr 1936 fel chwaraewr amatur pan oedd yn 13 mlwydd a 189 diwrnod oed – un o'r chwaraewyr ieuengaf erioed i ymuno â chlwb yng Nghynghrair Lloegr.

Brian Law
Amddiffynnwr canol

Ganed: 1 Ionawr 1970, Merthyr Tudful (Brian John Law)
Gradd mewn gwyddoniaeth chwaraeon

Cymru: 1990

Unig gap: Gêm **423**, 20 oed; Gemau llawn 1; Colli 1; *Eraill* 1; Dan 21 oed 2 gap

Clybiau

96 o gemau cynghrair, 5 gôl

1987-92	Queen's Park R	20 gêm		(1 cap)
1994-97	Wolverhampton W	31 gêm	1 gôl	
1997-00	Millwall	45 gêm	4 gôl	

Tipyn o deithiwr

Dydd Sadwrn, 23 Ebrill 1988 – gêm gyntaf Brian i QPR, fel eilydd. Nos Fercher, 27 Ebrill – ar y fainc i Gymru yn Stockholm (**411**). Fe ymddangosai fod y taclwr ffyrnig oedd yn gapten 18 oed, 6' 2", tîm ieuenctid Cymru ar drothwy gyrfa ddisglair, ond nid felly y bu. Bu'n rhaid iddo aros dwy flynedd union am ei gap, eto yn Stockholm. Dwy flynedd arall (1992) ac fe ymddangosai fod ei yrfa ar ben oherwydd anafiadau. Aeth Brian i ffawdheglu i bellafoedd y ddaear a dychwelodd yn barod i ailgydio yn ei yrfa. Rhoddodd Wolves gyfle arall iddo er fod hynny'n golygu talu £100,000 i QPR ac ad-dalu £34,000 i gwmni yswiriant. Erbyn Mawrth 1995 roedd Brian yn ôl yng ngharfan Cymru i wynebu Bwlgaria yn Soffia (**459**), un o'r llefydd yr ymwelodd â hwy ar ei deithiau. Wedi iddo ymddeol yr eildro, eto oherwydd anafiadau, sefydlodd Brian elusen Fit for Life oedd yn gweithio gyda ieuenctid yn Birmingham.

* Aeth Brian (a thri arall, yn cynnwys ei frawd iau) ar sbri yn 1995 a malu bws newydd sbon yn Wolverhampton. Cafodd Brian orchymyn i wneud 180 awr o wasanaeth cymunedol a bil am £12,944, a dirwy o £5,000 gan Wolves. Dywedwyd fod ager yn dod allan o glustiau'r rheolwr, Graham Taylor.

Tom Lawrence
Blaenwr

Ganed: 13 Ionawr 1994, Wrecsam (Thomas Morris Lawrence)
Cartref: Pen-y-ffordd

Cymru: 2015-16

Cap cyntaf: Gêm **620**, 21 oed; **Cap diweddaraf:** Gêm **623**, 22 oed
4 cap (posibl 4); Gemau llawn 1; Eilyddiwyd 2; Ymlaen fel eilydd 1
Ennill 1; Cyfartal 1; Colli 2; Penc. Ewrop 1; *Eraill* 3; Dan 21 oed 8 cap – 3 gôl

Clybiau

73 o gemau cynghrair, 8 gôl

2012-14	Manchester U	1 gêm

2013	Carlisle U af	9 gêm	3 gôl	
2014	Yeovil T af	19 gêm	2 gôl	
2014-16	Leicester C	3 gêm		(4 cap)
2014	Rotherham U af	6 gêm	1 gôl	
2015-16	Blackburn R af	21 gêm	2 gôl	
2016	Caerdydd af	14 gêm		

Debiw hanesyddol yn Old Trafford

Bu Tom yn aelod o bob carfan Gymreig ers ein hymweliad ag Amsterdam ym mis Mehefin 2014 (**610**). Cafodd Tom ei gyfle ar yr egwyl yng ngêm ragbrofol olaf Ewro 2016 yn erbyn Andorra ac fe blesiodd ddigon i sicrhau 90 munud yn ein gêm nesaf yn erbyn yr Iseldiroedd fis Tachwedd 2015. Yn absenoldeb **Gareth Bale** fe ddisgleiriodd Tom ar yr asgell ond siomedig oedd ei berfformiadau yn y rôl rhif 10 yn y ddwy gêm baratoi yn erbyn Gogledd Iwerddon a'r Wcráin. Ymddangosai fod symud i Gaerdydd ar fenthyg ar gyfer ail hanner tymor 2015-16 yn gyfle euraid iddo selio ei le yng ngharfan Cymru ar gyfer Ffrainc, ond methodd â tharo deuddeg mewn tîm foddodd wrth y lan yn ei ymdrech i gyrraedd gemau ail gyfle'r Bencampwriaeth.

* Chwaraeodd Tom ei unig gêm gynghrair i Manchester U yng ngêm gartref olaf tymor 2013-14 fel eilydd yn lle **Ryan Giggs**. Honno oedd gêm olaf un Giggs, oedd hefyd yn rheolwr interim ar y pryd.

Cyril Lea

Hanerwr

Ganed: 5 Awst 1934, Moss, Wrecsam
Cartref: Gwersyllt

Cymru: 1965

Cap cyntaf: Gêm **262**, 30 oed; **Cap olaf:** Gêm **263**, 30 oed
2 gap (posibl 2); Gemau llawn 2; Ennill 1; Colli 1
Penc. Prydain 1; *Eraill* 1; Tîm amatur Cymru

Clybiau

312 o gemau cynghrair, 2 gôl

	Bradley Rangers			
1957-64	Leyton Orient	205 gêm		
1964-68	Ipswich T	107 gêm	2 gôl	(2 gap)
Rheolwr				
1983-86	Colchester U			

Medalau, ac ati

- Aelod o Oriel Anfarwolion Ipswich T 2010

Hyfforddwr Cymru yn y 1970au

Cydoesai Cyril â dau hanerwr Cymreig o fri sef **Terry Hennessey** a **Barry Hole**. Felly dim ond dau gap gafodd Cyril yn absenoldeb Hennessey. Serch hynny, fe gafodd yrfa hir a llewyrchus fel chwaraewr ac fel hyfforddwr uchel ei barch. Bu Cyril yn gapten Leyton Orient ac Ipswich, ac fe arhosodd yn Ipswich fel hyfforddwr tan 1979 pan surodd y berthynas rhyngddo a'r rheolwr Bobby Robson. Roedd y ddau wedi mwynhau cryn lwyddiant yn y 1970au yn cynnwys ennill Cwpan FA Lloegr yn 1978. Symudodd Cyril at **Alan Durban** yn Stoke cyn ymuno â Mike Smith yn Hull fel rheolwr cynorthwyol a hyfforddwr. Cyril oedd hyfforddwr Cymru pan oedd Smith wrth y llyw yn y 1970au oedd yn gyfnod pan oedd nifer o glybiau yn cynnwys Arsenal yn ceisio denu Cyril i swydd rheolwr cynorthwyol. Aeth Cyril ymlaen o Hull i Colchester, Caerlŷr (Leicester C) a West Bromwich A cyn troi at sgowtio i Rushden a Diamonds, Derby Co a Manchester U.

* Cofiodd clwb cefnogwyr Orient am Cyril pan oedd yn dathlu ei ben-blwydd yn 80 oed yn 2014. Doedd Cyril ddim wedi methu un gêm yn ystod dau dymor gorau erioed yr Ôs – ennill dyrchafiad i'r Adran Gyntaf yn 1962 ac yna mwynhau un tymor ar y safon uchaf. Mae'r llinell ganol o **Malcolm Lucas**, Sid Bishop a Cyril yn rhan o chwedloniaeth y clwb.

Joe Ledley
Canol y cae

Ganed: 23 Ionawr 1987, Caerdydd (Joseph Christopher Ledley)
Cartref: Tyllgoed

Cymru: 2005-16

Cap cyntaf: Gêm **533**, 18 oed; **Cap diweddaraf:** Gêm **630**, 29 oed
67 cap (posibl 98); 3 yn gapten; 4 gôl, 1 o'r smotyn
Gemau llawn 28; Eilyddiwyd 25; Ymlaen fel eilydd 14
Ennill 25; Cyfartal 11; Colli 31; Cwpan y Byd 13 – 1 gôl
Penc. Ewrop 29 – 1 gôl [Ffrainc 2016 = 6 gêm]; *Eraill* 25 – 2 gôl; Dan 21 oed 5 cap

Clybiau
397 o gemau cynghrair, 50 gôl

2004-10	Caerdydd	226 gêm	25 gôl	(32 cap)
2010-14	Glasgow Celtic	106 gêm	20 gôl	(18 cap)
2014-16	Crystal Palace	65 gêm	5 gôl	(17 cap)

Medalau, ac ati

- Chwaraewr Clwb y Flwyddyn Cymru 2007 a 2008
- Sgoriwr Gôl y Flwyddyn yng Nghynghrair Lloegr 2007
- Aelod o dîm adrannol y flwyddyn PFA 2009
- Uwchgynghrair yr Alban 2012, 2013 a 2014
- Cwpan yr Alban 2013

Y Prif-farf

Joe a Cameron Jerome oedd y chwaraewyr cyntaf i 'raddio' o academi Caerdydd ac fe ddatblygodd Joe yn syfrdanol o gyflym. Cafodd Joe ei gyfle cyntaf yn y Bencampwriaeth ym mis Hydref 2004 pan oedd yn dal yn gyfrifol am lanhau esgidiau'r capten Graham Kavanagh; fe enillodd ei gap cyntaf dan 21 oed ym mis Chwefror 2005, a'i gap llawn cyntaf fel eilydd hwyr yng Ngwlad Pwyl ym mis Medi 2005. (Honno oedd y gêm pan oedd cefnogwyr y ddwy wlad yn cyd-ddathlu fod Gogledd Iwerddon wedi curo Lloegr 1-0 yn Belfast). Ac yntau'n aml yr unig fachgen lleol yn nhîm ein prifddinas ni ellir ond dychmygu ei orfoledd pan sgoriodd ei gôl bwysicaf i'r clwb yr ymunodd ag ef pan oedd yn naw oed. Roedd y gôl honno yn erbyn Barnsley yn rownd gyn-derfynol Cwpan FA Lloegr yn Wembley yn 2008 i roi'r Adar Glas yn y ffeinal am y tro cyntaf ers 1927, gêm a gollwyd 1-0 i Portsmouth. Roedd Joe a Chaerdydd nôl yn Wembley yn 2010, ac fe sgoriodd Joe yno eto wrth i Gaerdydd golli 3-2 i Blackpool yng ngemau ail gyfle'r Bencampwriaeth. Bu Joe'n ddewis cyntaf i Gymru yng nghanol y cae neu fel wing-bac ar y chwith ers 2007 a doedd hi ddim yn syndod fod adroddiadau am gynigion amdano oedd yn cynnwys £6 miliwn gan Stoke City a £5 miliwn gan West Ham. Yn absenoldeb Darren Purse a Stephen McPhail bu Joe'n gapten ar Gaerdydd ac yna ar Gymru pan oeddem heb **Craig Bellamy** a **Simon Davies**. Erbyn haf 2010 roedd cytundeb Joe yng Nghaerdydd ar ben ac fe symudodd i Glasgow Celtic yn rhad ac am ddim. Petae wedi symud i glwb yn Lloegr mae'n debyg y byddai Caerdydd wedi derbyn iawndal o oddeutu £3 miliwn. Wedi tair blynedd a hanner yn yr Alban, lle cafodd gyfle i chwarae yng Nghynghrair y Pencampwyr, a mwynhau buddugoliaeth dros Barcelona, fe symudodd i Crystal Palace ar ddiwrnod olaf Ionawr 2014. Gyda **Joe Allen** ac **Aaron Ramsey** bu Joe'n aelod allweddol o uned canol y cae Cymru yng ngemau Ewro 2016, er gwaethaf yr anaf a gafodd yng ngêm olaf ond un y Palas fis cyn y gemau yn Ffrainc. I'r cefnogwyr doedd yna neb fel Joe ('Ain't nobody like Joe Ledley').

* Tyfodd Joe ei farf yn ystod gemau rhagbrofol Ewro 2016 ac fe ddaeth i'r brig mewn pôl i ddewis y farf sy'n creu'r ddelwedd fwyaf positif o Gymru. Wedi'r farf daeth ei ddawns enwog oedd yn symbol gweledol o undod anhygoel y garfan genedlaethol.

Ken Leek

Blaenwr

Ganed: 26 Gorffennaf 1935, Ynys-y-bŵl (Kenneth Leek)
Bu farw: 19 Tachwedd 2007, Daventry, 72 oed

Taid i Karl Darlow – Nottingham F, *Casnewydd af*, *Walsall af*, Newcastle U, *Nottingham F af*/124 o gemau cynghrair

Cymru: 1960-65

Cap cyntaf: Gêm **237**, 25 oed; **Cap olaf:** Gêm **261**, 29 oed
13 cap (posibl 25); 5 gôl; Gemau llawn 12; Ymlaen fel eilydd 1
Ennill 4; Cyfartal 1; Colli 8; Cwpan y Byd 4 [Sweden 1958 = 0 gêm]; Penc. Prydain 6 – 4 gôl
Eraill 3 – 1 gôl; Dan 23 oed 1 cap

Clybiau

396 o gemau cynghrair, 145 gôl

1952-58	Northampton T	71 gêm	27 gôl	
1958-61	Leicester C	93 gêm	34 gôl	(6 chap)
1961	Newcastle U	13 gêm	6 gôl	(1 cap)
1961	*Montreal Concordia af*			
1961-64	Birmingham C	104 gêm	49 gôl	(5 cap)
1964-65	Northampton T	16 gêm	4 gôl	(1 cap)
1965-68	Bradford C	99 gêm	25 gôl	
1968	Y Rhyl			
	Merthyr T			
	Ton Pentre			

Medalau, ac ati

- Cwpan Cynghrair Lloegr 1963 – 2 gôl

Dirgelwch

Cysylltir Ken ag un o ddirgelion mawr pêl-droed. Roedd Ken wedi sgorio i Gaerlŷr (Leicester C) ym mhob rownd o gystadleuaeth Cwpan FA Lloegr yn nhymor 1960-61 ond pan gyhoeddwyd y tîm ar gyfer y ffeinal doedd enw Ken ddim yno, ac ni chafodd deithio ar fws y tîm i Wembley. Oedd Ken wedi'i anafu, neu ydy hi'n wir ei fod wedi gorddathlu, a digio'r rheolwr, ar ôl ennill y gêm gyn-derfynol, fel yr adroddwyd yn y *Sunday Mercury*, 25 Chwefror 2001? Roedd Ken yn bendant wedi'i anafu yn yr wythnosau cyn y ffeinal ac fe gymerwyd ei le yn y tîm gan Hugh McIlmoyle sgoriodd bedair gôl mewn saith gêm cyn y ffeinal. Ai dewis tactegol oedd rhoi'r crys i McIlmoyle, oedd Ken ddim yn holliach, neu oedd e wedi digio'r rheolwr? Pwy a ŵyr? Beth bynnag, fe gollodd Caerlŷr y ffeinal yn erbyn Tottenham H 2-0, ni chwaraeodd Ken i'r clwb wedi hynny, ac fe symudodd i Newcastle U lle sgoriodd hatric yn ei gêm gyntaf. Wedi iddo ymddeol bu Ken yn gweithio i gwmni ceir Ford yn Daventry, Swydd Northampton, am 22 mlynedd. Gôl-geidwad oedd ei ŵyr Karl Darlow oedd yn drydydd dewis yn Newcastle U ar ddechrau tymor 2015-16. Yn dilyn anafiadau i Tim Krul a Rob Elliott daeth Darlow yn ddewis cyntaf ym mis Ebrill 2016 wrth i'r clwb frwydro (yn aflwyddiannus) i aros yn yr Uwchgynghrair. Gwrthododd Darlow wahoddiad yn 2013 i ymuno â charfan Cymru (**600**).

* Roedd Ken yn aelod o garfan Cymru yng Nghwpan y Byd 1958 yn Sweden ond bu'n rhaid iddo aros tan 1960 i ennill ei gap cyntaf. Roedd ei ddwy gôl hwyr (88 a 89 munud) yn erbyn yr Alban yn 1964 (**257**) yn nodweddiadol o'i ddawn o flaen y gôl.

Andy Legg
Asgellwr, cefnwr a chanol y cae

Ganed: 28 Gorffennaf 1966, Castell-nedd (Andrew Legg)

Alive and Kicking (2009)

Cymru: 1996-2001
Cap cyntaf: Gêm **466**, 29 oed; **Cap olaf:** Gêm **496**, 34 oed
6 chap (posibl 31); Gemau llawn 2; Eilyddiwyd 1; Ymlaen fel eilydd 3
Ennill 1; Cyfartal 2; Colli 3; Cwpan y Byd 3; Penc. Ewrop 1; *Eraill* 2

Clybiau
690 o gemau cynghrair, 68 gôl

	Pontardawe			
	Llansawel			
1988-93	Abertawe	163 gêm	29 gôl	
1993-96	Notts Co	89 gêm	9 gôl	
1996-98	Birmingham C	45 gêm	5 gôl	(4 cap)
1997	*Ipswich T af*	6 gêm	1 gôl	
1998	Reading	12 gêm		
1998	*Peterborough U af*	5 gêm		
1998-03	Caerdydd	175 gêm	12 gôl	(2 gap)
2003-05	Peterborough U	81 gêm	5 gôl	
2006	Maesteg			
2006	Casnewydd			
2006	Llanelli	4 gêm		
2006-07	Hucknall T			
2007-12	Llanelli	110 gêm	7 gôl	

Rheolwr

2007	Hucknall T
2009-12	Llanelli

Medalau, ac ati

- Cwpan Cymru 1989 a 1991
- Cwpan Cymru 2011 – rheolwr
- Cwpan Eingl-Eidalaidd 1995
- Cwpan yr FAW 2002
- Enillydd gemau ail gyfle'r Bencampwriaeth 2003
- Uwchgynghrair Cymru 2008
- Cwpan Uwchgynghrair Cymru 2008
- Aelod o dîm y flwyddyn Uwchgynghrair Cymru 2009

Concro canser – ac ennill brwydrau eraill hefyd

Enillodd Andy ei gap cyntaf ar yr asgell yn y Swistir yn absenoldeb **Ryan Giggs** ond bu'n rhaid iddo adael y cae wedi hanner awr oherwydd anaf. Doedd ei gap olaf ddim yn achlysur hapus chwaith wrth iddo gamu o Adran 3, lle chwaraeai fel ysgubwr, i safle'r cefnwr chwith, a'i gamgymeriad yn arwain at gôl gyntaf Armenia. Pan benodwyd Tommy Burns yn rheolwr Reading yn 1998 fe benderfynodd nad oedd e angen Andy a phedwar chwaraewr arall ac fe gawsant eu gadael i gicio'u sodlau yn yr ail dîm (Y pump ar 'Death Row' fel y cawsant eu galw). Achubwyd gyrfa Andy gan Gaerdydd ond, fel cyn-chwaraewr Abertawe, ymddangosai fod Andy wedi mynd o'r badell ffrio i'r tân wrth i gefnogwyr Parc Ninian leisio'u hanfodlonrwydd fod Jac yn eu plith. Gwnaeth Andy ei siarad ar y cae fel capten, ac fe enillodd wobr chwaraewr y flwyddyn Caerdydd yn 2000 a 2001. Honnwyd i Andy adael Caerdydd yn 2003 wedi i'r cadeirydd Sam Hammam ofyn iddo gymryd gostyngiad o 70% yn ei gyflog, er ei fod wedi bod yn allweddol wrth i'r Adar Glas godi o Adran 3 i Adran 1. Wynebodd Andy ei frwydr fwyaf yn 2005 pan gafodd wybod fod ganddo ganser. Enillodd Andy'r frwydr honno hefyd ac erbyn 2006 roedd Andy yn nhîm Llanelli yng Nghwpan Intertoto yn Ewrop, 17 mlynedd wedi iddo chwarae i Abertawe yng Nghwpan Enillwyr Cwpanau Ewrop. Dan arweiniad Andy fe enillodd Llanelli bencampwriaeth a Chwpan Uwchgynghrair Cymru yn 2008, a chyrraedd gemau terfynol Cwpan Cymru a Chwpan yr FAW. Daeth ei gyfnod ar Stebonheath i ben pan aeth yr hwch drwy'r siop.

* Enillodd Andy ei le yn *Guinness Book of Records 1995* gyda thafliad o 41 metr. Manteisiodd pob un o'i glybiau ar y ddawn hon a ddatblygodd, meddai, oherwydd ei fod wedi chwarae llawer o denis ers ei ieuenctid. Ar adegau eraill cofnodwyd tafliadau o 42·9, 45·54 a 47·1 m ganddo.

Arthur Lever
Cefnwr de

Ganed: 25 Mawrth 1920, Caerdydd (Arthur Richard Lever)
Bu farw: 20 Awst 2004, Caerdydd, 84 oed
Llysenw: Buller

Cymru: 1952
Unig gap: Gêm **196**, 32 oed
Gêm lawn 1 ; Colli 1; Penc. Prydain 1

Clybiau
346 o gemau cynghrair, 9 gôl

	Corinthiaid Caerdydd			
1943-50	Caerdydd	155 gêm	9 gôl	
1950-54	Leicester C	119 gêm		(1 cap)
1954-56	Casnewydd	72 gêm		

Medalau, ac ati
• Y Drydedd Adran (De) 1947

Cefnwr cadarn

Oni bai ei fod yn cydoesi â **Walley Barnes** ac **Alf Sherwood** byddai Arthur wedi ennill llawer mwy nag un cap, ac mae'n bosib mai Arthur a Sherwood oedd y pâr gorau o gefnwyr gafodd Caerdydd erioed. Erbyn iddo ennill ei gap, yn absenoldeb Barnes, roedd Arthur yn 32 oed ac fe gafodd amser caled yn erbyn asgellwr medrus yr Alban, Billy Liddell. Roedd y £15,000 a dalodd Caerlŷr (Leicester C) amdano yn record i'r clwb hwnnw ac fe gafodd ei benodi'n gapten, ond yn ystod ei bedair blynedd yno, Caerdydd, ac nid Caerlŷr, enillodd ddyrchafiad i'r Adran Gyntaf.

* Ni fethodd Arthur un gêm gynghrair yn ystod y ddau dymor cyntaf wedi'r Ail Ryfel Byd wrth i Gaerdydd ennill dyrchafiad i'r Ail Adran yn 1947, a gorffen yn bumed yn yr adran honno yn 1948.

Dudley Lewis
Amddiffynnwr canol

Ganed: 17 Tachwedd 1962, Abertawe (Dudley Keith Lewis)

Cymru: 1983
Unig gap: Gêm **379**, 20 oed; Ymlaen fel eilydd 1; Cyfartal 1; *Eraill* 1
Dan 21 oed 9 cap – capten

Clybiau
345 o gemau cynghrair, 2 gôl

1979-89	Abertawe	230 gêm	2 gôl	(1 cap)
1989-92	Huddersfield T	34 gêm		
1991	*Halifax T af*	11 gêm		
1992	Wrecsam	9 gêm		
1992	Halifax T	13 gêm		
1992-93	Torquay U	9 gêm		
1993	Weymouth			
1993-94	Merthyr T			
1994-95	Inter Caerdydd	27 gêm		
1996-97	Caerfyrddin	12 gêm		
	Llanelli			
	Pen-y-bont ar Ogwr			

Medalau, ac ati
* Cwpan Cymru 1981, 1983 a 1989
* Aelod o Oriel Anfarwolion Abertawe 2012

'Darganfyddiad y tymor'
Chwaraeodd Dudley ei gêm gyntaf i Abertawe ym mis Chwefror 1981, bum mis cyn troi'n broffesiynol, ac fe gadwodd yr hen ben **Leighton Phillips** allan o'r tîm wrth i'r Elyrch fynd am ddyrchafiad i'r Adran Gyntaf. Ar ganiad y chwiban olaf yng ngêm ola'r tymor yn Preston rhedodd y rheolwr **John Toshack** yn syth at ei chwaraewr ieuengaf ac fe gofleidiodd Dudley, darganfyddiad y tymor, meddai. Erbyn i Dudley ennill ei gap ddwy flynedd yn ddiweddarach roedd Abertawe ar y ffordd i lawr a gobeithion Dudley am ragor o gapiau'n pylu. Roedd Doug Sharpe, cadeirydd Abertawe, yn fwy na siomedig pan adawodd Dudley am Huddersfield yn 1989 am £50,000 – roedd e'n meddwl ei fod werth £150,000. Wedi iddo ymddeol bu Dudley'n gweithio fel postmon yn Abertawe.

* Cafodd Dudley ei hanner awr o enwogrwydd wedi i **Jeremy Charles**, hefyd o Abertawe, gael ei anafu eiliadau cyn i Brasil ddod yn gyfartal. Petae'r rheolwr, **Mike England**, wedi

dewis Charles fel blaenwr, yn hytrach nag fel amddiffynnwr yn absenoldeb **Paul Price** a **Kenny Jackett**, byddai Dudley wedi dechrau'r gêm.

Chris Llewellyn
Blaenwr

Ganed: 29 Awst 1979, Merthyr Tudful (Christopher Mark Llewellyn)

Cymru: 1998-2007
Cap cyntaf: Gêm **479**, 18 oed; **Cap olaf:** Gêm **548**, 27 oed

6 chap (posibl 70); 1 gôl; Ymlaen fel eilydd 6

Ennill 3; Cyfartal 2; Colli 1; *Eraill* 6 – 1 gôl; B 1 cap; Dan 21 oed 14 cap – capten

Clybiau
443 o gemau cynghrair, 60 gôl

1997-03	Norwich C	142 gêm	17 gôl	(2 gap)
2003	*Bristol R af*	14 gêm	3 gôl	
2003-05	Wrecsam	91 gêm	15 gôl	(2 gap)
2005-06	Hartlepool U	29 gêm		
2006-08	Wrecsam	79 gêm	12 gôl	(2 gap)
2008-09	Grimsby T	28 gêm		
2009-10	Castell-nedd	34 gêm	9 gôl	
2010-12	Llanelli	24 gêm	4 gôl	
2012	*Aberystwyth af*	2 gêm		
2012-13	West End (Abertawe)			

Medalau, ac ati
• Tlws Cynghrair Lloegr (LDV Vans) 2005

Sgoriwr gôl olaf Wrecsam
Ar ddiwedd y 1990au ymddangosai y byddai Chris a **Craig Bellamy** yn gyd-chwaraewyr yn nhîm Cymru am flynyddoedd. Roedd y ddau yn agos iawn o ran oedran ac wedi ymuno â Norwich oddeutu'r un pryd. Cawsant lefydd yn y tîm cyntaf a dilynodd y capiau dan 21 oed a'r capiau llawn i'r ddau. Tymor gorau Chris yn Norwich oedd 2000-01 pan chwaraeodd 42 gêm yn Adran 1 ond yn dilyn anafiadau a newid rheolwyr gadawyd i Chris symud i Wrecsam. Erbyn hynny roedd Bellamy wedi hen adael am borfeydd brasach Uwchgynghrair Lloegr ac roedd hi'n 2004 pan adunwyd y ddau yng ngharfan Cymru. Sgoriodd Chris ei unig gôl i Gymru yn erbyn Liechtenstein (**544**) pan roddwyd hi iddo ar blât gan ei hen fêt. Fe ymunodd Chris â staff hyfforddi Abertawe yn 2012.

* Chris sgoriodd gôl olaf Wrecsam wrth i'r clwb ddisgyn o Gynghrair Lloegr ym mis Mai 2008.

Brian Lloyd
Gôl-geidwad

Ganed: 18 Mawrth 1948, Llanelwy (Brian William Lloyd)

Tad-yng-nghyfraith i Danny Williams – Wrecsam, Kidderminster H, Bristol R, Y Rhyl, Y Bala, Dinbych, Aelwyd y Rhos/366 o gemau cynghrair, 21 gôl/9 cap Dan 21 oed

Cymru: 1975-76
Cap cyntaf: Gêm **322**, 27 oed; **Cap olaf:** Gêm **325**, 28 oed
3 chap (posibl 4); Gemau llawn 3
Ennill 1; Colli 2; Penc. Ewrop 1; Penc. Prydain 1; *Eraill* 1; Dan 23 oed 2 gap

Clybiau
545 o gemau cynghrair, 1 gôl

1966-67	Y Rhyl		
1967-69	Stockport Co	32 gêm	
1969-71	Southend U	46 gêm	
1971-77	Wrecsam	266 gêm	(3 chap)
1977-81	Caer	94 gêm	
1981	*Port Vale af*	16 gêm	
1981-84	Stockport Co	91 gêm	1 gôl
1984-85	Bangor		
1985	Bae Colwyn		
1988-89	Lex XI		
1996	Brymbo		

Medalau, ac ati
- Cwpan Cymru 1972 a 1975
- Enillydd cyntaf Tlws Coffa Jack Williams 1976 – cyflwynir i chwaraewr y flwyddyn Wrecsam

Bargen
Enillodd Brian ei gap cyntaf yn y fuddugoliaeth fawr dros Awstria aeth â ni i frig grŵp rhagbrofol Ewro 76. Roedd **Dai Davies** wedi ei anafu ond erbyn inni wynebu Iwgoslafia yn rownd gogynderfynol Pencampwriaeth Ewrop bu'n rhaid i Brian fodloni ar eistedd ar y fainc. Rhwng 4 Mawrth 1972 a 20 Awst 1977 chwaraeodd Brian 248 o gemau cynghrair yn ddi-fwlch i Wrecsam (312 ym mhob cystadleuaeth) cyn colli ei le i **Eddie Niedzwiecki** ac yna cyrhaeddodd Dai Davies i hawlio safle'r golwr. Adroddwyd mai £2,500 oedd Wrecsam wedi dalu am Brian – dyna beth oedd bargen! – ac yna'i werthu am £6,000. Hyfforddwyd Brian fel dylunydd pan oedd gyda Stockport ac wedi iddo ymddeol bu'n bensaer uchel ei barch yn Wrecsam.

* Brian ddyluniodd raglen ei ddwy gêm gyntaf i Gymru a'r gêm dan 23 oed yn erbyn yr Alban ym mis Chwefror 1976 – y gemau i gyd ar y Cae Ras.

Steve Lovell
Blaenwr

Ganed: 16 Gorffennaf 1960, Abertawe (Stephen John Lovell)
Cartref: Dyfnant

Mab i Alan Lovell – Abertawe, Stockport Co/1 gêm gynghrair

Cymru: 1981-86
Cap cyntaf: Gêm **367**, 21 oed; **Cap olaf:** Gêm **402**, 25 oed
6 chap (posibl 36); 1 gôl; Eilyddiwyd 2; Ymlaen fel eilydd 4
Ennill 1; Cyfartal 1; Colli 4; Cwpan y Byd 2; *Eraill* 4 – 1 gôl

Clybiau
470 o gemau cynghrair, 141 gôl

1977-83	Crystal Palace	74 gêm	3 gôl	(1 cap)
1979	*Stockport Co af*	12 gêm		
1983-87	Millwall	146 gêm	43 gôl	(5 cap)
1987	*Abertawe af*	2 gêm	1 gôl	
1987-92	Gillingham	233 gêm	94 gôl	
1992	Bournemouth	3 gêm		
1992-93	Sittingbourne			
1993-94	Braintree T			
1994	St Albans C			
1994-95	Hastings T			
1995-96	Sittingbourne			
1996-97	Gravesend & Northfleet			
1997	Weymouth			
1997-99	Tonbridge Angels			
1999-00	Deal T			
2000-01	Ashford T			
2001	Sittingbourne			

Rheolwr

1995-96	Sittingbourne
1996-97	Gravesend & Northfleet
2003-04	Hastings U
2005-07	Sittingbourne
2007-10	Ashford T

Medalau, ac ati

* Tlws FA Lloegr 2000

O'r cefn i'r blaen

Ymddangosodd enw Steve yng ngharfan Cymru am y tro cyntaf ym mis Tachwedd 1980, ar sail chwe gêm i Crystal Palace yn yr Adran Gyntaf. (Hefyd yn y garfan oedd **Peter Nicholas**, **Ian Walsh** a **Terry Boyle**, o'r un clwb). Cefnwr oedd Steve bryd hynny ac fe enillodd ei gap cyntaf yn y safle hwnnw, fel eilydd wedi 87 munud. Pan oedd yna brinder blaenwyr yn y Palas ym mis Hydref 1984 cynigiodd Steve lenwi'r bwlch, a gorffennodd y tymor (a'r tymor nesaf) fel prif sgoriwr ei glwb. Arweiniodd hynny at gael ei alw i garfan Cymru yn Chwefror 1985 – fel blaenwr. Fe enillodd Steve ei ail gap yn absenoldeb **Ian Rush**, ac fe sgoriodd. Cafodd Steve ei anafu yn ei gêm olaf i Gymru oedd hefyd yn gêm olaf un tymor 1985-86. Roedd hi'n fis Chwefror 1987 pan oedd Steve yn barod i chwarae eto. Methodd ag adennill ei le yn Millwall dan reolwr newydd, felly symudodd i Gillingham lle bu'n brif sgoriwr am bedwar tymor yn olynol ac yn brif sgoriwr y Drydedd Adran yn 1988. Roedd Steve nôl yn Gillingham yn 2014 fel hyfforddwr yr ieuenctid.

* Ym mis Mai 2000, ac yntau'n daid ac o fewn deufis i fod yn 40 oed, roedd Steve yn aelod o dîm Deal a gurodd Chippenham yn Wembley i ennill Tlws FA Lloegr.

Steve Lowndes
Asgellwr

Ganed: 17 Mehefin 1960, Cwmbrân (Stephen Robert Lowndes)

Cymru: 1983-88
Cap cyntaf: Gêm **377**, 22 oed; **Cap olaf:** Gêm **411**, 27 oed
10 cap (posibl 35); Gemau llawn 4; Ymlaen fel eilydd 6
Ennill 3; Cyfartal 3; Colli 4; Penc. Ewrop 1; Penc. Prydain 1; *Eraill* 8; Dan 21 oed 4 cap

Clybiau
469 o gemau cynghrair, 79 gôl

1977-83	Casnewydd	208 gêm	39 gôl	(2 gap)
1983-86	Millwall	96 gêm	16 gôl	(8 cap)
1986-90	Barnsley	116 gêm	20 gôl	
1990-92	Henffordd	49 gêm	4 gôl	
1992-96	Casnewydd			

Medalau, ac ati
* Cwpan Cymru 1980

Un o sêr oes aur Casnewydd

17 oed oedd Steve pan chwaraeodd ei gêm gyntaf i Gasnewydd ym mis Ebrill 1978. Rhwng Medi 1978 ac Ebrill 1981 chwaraeodd Steve 160 o gemau cynghrair a chwpan yn ddi-fwlch, oedd yn record newydd i'r clwb. Dyma oes aur y clwb fu'n brwydro yn erbyn y ffactore ers ei sefydlu yn 1912 ac a fu farw o gywilydd yn 1989. Cofir am Steve fel yr arian byw ar yr asgell dde wrth i'r clwb ennill dyrchafiad i'r Drydedd Adran, ac ennill Cwpan Cymru am yr unig dro yn ei hanes. Felly fe gafodd Steve gyfle i chwarae yng Nghwpan Enillwyr Cwpanau Ewrop yn 1980-81. Roedd 18,000 ar Barc Somerton i weld Casnewydd yn colli 1-0 i Carl Zeiss Jena o Ddwyrain yr Almaen yn y rownd gogynderfynol, a gwahoddwyd Steve i ymuno â sesiwn hyfforddi carfan Cymru yn Lilleshall. Er fod Casnewydd yn agos at frig y Drydedd Adran yn 1983 fe adawodd Steve am Millwall ac fe gynorthwyodd ei glwb newydd i godi i'r Ail Adran yn 1985. Yn 2015 roedd yn Gyfarwyddwr Hyfforddi Academi Cirencester T.

* Pan ddaeth ei yrfa fel chwaraewr i ben fe agorodd Steve glinig ffisiotherapi yn ardal Casnewydd a bu'n ffisiotherapydd y tîm cenedlaethol dan Mike Smith.

George Lowrie
Blaenwr canol

Ganed: 19 Rhagfyr 1919, Tonypandy
Bu farw: 3 Mai 1989, Kingswood, Bryste, 69 oed

Cymru: 1947-49
Cap cyntaf: Gêm **174**, 27 oed; **Cap olaf:** Gêm **180**, 29 oed
4 cap (posibl 7); 2 gôl; Gemau llawn 4; Ennill 2; Colli 2
Penc. Prydain 3 – 2 gôl; *Eraill* 1; Gemau answyddogol 9 – 6 gôl

Clybiau
167 o gemau cynghrair, 85 gôl

	Tonypandy			
1937	Abertawe	19 gêm	3 gôl	
1937-39	Preston N E	5 gêm		
1939-48	Coventry C	56 gêm	44 gôl	(3 chap)
1948-49	Newcastle U	12 gêm	5 gôl	(1 cap)
1949-52	Bristol C	48 gêm	21 gôl	
1952-53	Coventry C	27 gêm	12 gôl	
1953-56	Lovell's Ath			

Medalau, ac ati
• Aelod o Oriel Anfarwolion Coventry C

Dau dymor gwych

Un gêm oedd George wedi chwarae i Coventry pan ddechreuodd yr Ail Ryfel Byd a thorri ar draws gyrfa a allai fod wedi bod yn un ddisglair. Wedi iddo sgorio 6 gôl mewn 9 gêm ryngwladol answyddogol fe gafodd George ddau dymor toreithiog i Coventry yn yr Ail Adran. Yr uchafbwyntiau oedd pum hatric yn nhymor 1946-47 a dwy gôl yn ei dair gêm gyntaf i Gymru yn nhymor 1947-48. Does ryfedd i Newcastle ei brynu ym mis Mawrth 1948 i'w helpu i selio dyrchafiad i'r Adran Gyntaf. Roedd y ffi o £18,500 yn record i Newcastle a'r drydedd uchaf yng Nghynghrair Lloegr ar y pryd. Ni chafodd George yr un llwyddiant yno oherwydd anafiadau ac wedi dim ond 18 mis roedd wedi gadael am £10,000.

* Wedi iddo ymddeol bu George yn gweithio i gwmni melysion yng Nghasnewydd a bu'n chwarae am dri thymor i dîm enwog y cwmni sef Lovell's Athletic fu mewn bodolaeth o 1918 hyd 1969.

Billy Lucas
Mewnwr/hanerwr

Ganed: 15 Ionawr 1918, Casnewydd
Bu farw: 29 Hydref 1998, Casnewydd, 80 oed

Cymru: 1948-50
Cap cyntaf: Gêm **177**, 30 oed; **Cap olaf:** Gêm **188**, 32 oed
7 cap (posibl 12); Gemau llawn 7; Ennill 1; Colli 6
Cwpan y Byd 1; Penc. Prydain 3; *Eraill* 3; Gemau answyddogol 8 – 2 gôl

Clybiau
439 o gemau cynghrair, 73 gôl

	Treharris			
1936-37	Wolverhampton W			
1937-48	Swindon T	141 gêm	32 gôl	
1948-53	Abertawe	205 gêm	35 gôl	(7 cap)
1953-61	Casnewydd	93 gêm	6 gôl	
Rheolwr				
1953-61	Casnewydd			
1962-67	Casnewydd			
1967-69	Abertawe			
1970-74	Casnewydd			

Medalau, ac ati
• Y Drydedd Adran (De) 1949

- Cwpan Cymru 1950
- Aelod o Oriel Anfarwolion Abertawe 2013

Mr Casnewydd

Cafodd Billy ei eni ddwy stryd o Barc Somerton, Casnewydd, lle bu ei dad yn chwaraewr rhwng y ddau Ryfel Byd. Chwaraeodd Billy i Swindon cyn ac ar ôl yr Ail Ryfel Byd ond yn Abertawe y gwnaeth ei enw fel chwaraewr. Roedd yr £11,000 dalwyd am Billy yn record i'r clwb ac ymhen y flwyddyn roedd yr Elyrch wedi ennill dyrchafiad i'r Ail Adran, gyda Billy'n gapten. Roedd gadael i Billy symud i Gasnewydd yn 1953 yn gamgymeriad ffôl ar ran rheolwr Abertawe, Billy McCandless. Erbyn Chwefror 1967 roedd Billy nôl ar y Vetch, fel rheolwr. Doedd ei ddwy flynedd wrth y llyw ddim yn amser hapus iddo wrth iddo fethu â chadw'r Elyrch o grafangau'r Bedwaredd Adran yn 1967 ac ym mis Mawrth 1968 llosgwyd rhan o'r brif eisteddle yn ulw. Cyflawnodd Billy wyrthiau am flynyddoedd yng Nghasnewydd ar arian bach iawn, ac fe aeth heb gyflog ei hun ar adegau llwm. Billy roddodd y cyfle cyntaf i **Gil Reece** ac **Alwyn Burton**, gyda'r swm o £12,000 dderbyniwyd am Burton yn sefyll fel record i'r clwb am 15 mlynedd.

* Casnewydd oedd cartref Billy trwy gydol ei gyfnodau fel chwaraewr gyda Swindon ac Abertawe, ac yna fel rheolwr yn Abertawe, a bu'n siopwr a thafarnwr yno yn ogystal â bod yn rheolwr ar Barc Somerton.

Mal Lucas
Hanerwr

Ganed: 7 Hydref 1938, Wrecsam (Peter Malcolm Lucas)

Mab i Arthur – Wrecsam/4 gêm gynghrair

Brawd i Alec – Queens Park R, Wrecsam, Croesoswallt, Bexley U, Wrecsam, Bangor, Croesoswallt, Cei Connah, Nantlle Vale, Lex XI/55 o gemau cynghrair/1 cap dan 23 oed

Cymru: 1962
Cap cyntaf: Gêm **245**, 23 oed; **Cap olaf:** Gêm **251**, 24 oed
4 cap (posibl 7); Gemau llawn 4; Ennill 1; Colli 3; Penc. Prydain 3; *Eraill* 1; Dan 23 oed 1 cap

Clybiau
462 o gemau cynghrair, 17 gôl

	Bradley Rangers			
1958-64	Leyton Orient	157 gêm	6 gôl	(4 cap)
1964-70	Norwich C	183 gêm	8 gôl	
1970-73	Torquay U	122 gêm	3 gôl	
	Lowestoft			
	Gorleston			

Rheolwr

Lowestoft

Gorleston

Hoveton

I fyny gyda'r Ôs

Wrth symud o Bradley i Leyton Orient roedd Malcolm yn dilyn ôl traed **Cyril Lea** oedd wedi gwneud yr un daith flwyddyn yn gynharach. O'r ddau, Malcolm enillodd ei gap gyntaf, yn Ebrill 1962. Roedd hynny yn goron ar y tymor pan enilodd yr Ôs ddyrchafiad i'r Adran Gyntaf am yr unig dro yn hanes y clwb, ac fe erys y llinell ganol o Malcolm, Sid Bishop a Lea yn rhan o chwedloniaeth y clwb o ddwyrain Llundain.

* Perswadiodd Malcolm ei frawd iau Alec i'w ddilyn i Lundain i gymryd prentisiaeth gyda QPR ond dychwelodd Alec i Wrecsam wedi chwe mis i orffen ei brentisiaeth yno.

Joel Lynch
Amddiffynnwr canol/cefnwr chwith

Ganed: 3 Hydref 1987, Eastbourne (Joel John Lynch)

Ei dad o'r Barri

Cymru: 2012
Unig gap: Gêm **595**, 24 oed; Ymlaen fel eilydd 1; Colli 1; *Eraill* 1

Clybiau
281 o gemau cynghrair, 14 gôl

2006-09	Brighton & HA	79 gêm	2 gôl	
2008-09	*Nottingham F af*	23 gêm	1 gôl	
2009-12	Nottingham F	57 gêm	3 gôl	
2012-16	Huddersfield T	122 gêm	8 gôl	(1 cap)

Y dyn ddaeth o unlle

Roedd enw Joel yn un newydd sbon i gefnogwyr Cymru pan dorrodd y newyddion ar wefan clwb Nottingham Forest fod eu hamddiffynnwr wedi cael ei ychwanegu at garfan Cymru oedd i deithio i wynebu Mecsico ym mis Mai 2012, gêm gyntaf **Chris Coleman** wrth y llyw. Doedd hi ddim yn ymddangos fod **James Collins** a **Danny Gabbidon** yn rhan o gynlluniau'r rheolwr newydd ar y pryd, a gyda **Darcy Blake** a **Neal Eardley** wedi'n hanafu, galwyd ar Joel i wneud y daith hir i Efrog Newydd – ac eistedd ar y fainc. Enillodd Joel ei gap yn y gêm nesaf, yna daeth gemau rhagbrofol Cwpan y Byd 2014 a dychwelodd Collins i'r gorlan. Cafodd Joel ei gynnwys mewn nifer o garfanau yn ystod tymor 2012-13 ond bu'n rhaid iddo dynnu allan bob tro oherwydd anafiadau.

* Treuliodd Joel bron y cyfan o dymor 2008-09 ar fenthyg gyda Forest cyn i'r clwb benderfynu talu £200,000 amdano, ac fe symudodd i Huddersfield yn rhad ac am ddim, rhwng ei daith i Efrog Newydd ac ennill ei gap.

Shaun MacDonald
Canol y cae

Ganed: 17 Mehefin 1988, Abertawe (Shaun Benjamin MacDonald)
Cartref: Blaen-y-maes

Cymru: 2010-16
Cap cyntaf: Gêm **582**, 22 oed; **Cap olaf:** Gêm **623**, 27 oed
4 cap (posibl 42); Ymlaen fel eilydd 4
Ennill 2; Colli 2; Penc. Ewrop 3; *Eraill* 1; Dan 21 oed 25 cap – record i Gymru + capten

Clybiau
169 o gemau cynghrair, 10 gôl

2006-11	Abertawe	24 gêm		(1 cap)
2009	*Yeovil T af*	4 gêm	2 gôl	
2009-10	*Yeovil T af*	31 gêm	3 gôl	
2010-11	*Yeovil T af*	15 gêm		
2011	*Yeovil T af*	11 gêm	4 gôl	
2011-16	Bournemouth	84 gêm	1 gôl	(3 chap)

Ei ffyddlondeb i'w edmygu
Rhaid edmygu ffyddlondeb Shaun i Gymru o gofio iddo ymddangos gyntaf ar y fainc mor bell yn ôl â mis Tachwedd 2008 (**566**). Enillodd Shaun ei gap cyntaf i dîm dan 21 oed Cymru ym mis Hydref 2005 cyn i unrhyw un o'r Genhedlaeth Aur [carfan Ewro 2016] ymddangos ar y lefel honno. Pan gyrhaeddon nhw cafwyd buddugoliaethau swmpus yn erbyn Bosnia (4-0), Ffrainc (4-2) a Malta (4-0), gyda Shaun ac **Aaron Ramsey** yn serennu yng nghanol cae. Shaun oedd y capten pan gurwyd yr Eidal 2-1 yn Abertawe yn 2009 (gyda Paloschi, ymunodd ag Abertawe yn Ionawr 2016, yn sgorio gôl yr ymwelwyr), a cham naturiol oedd camu i'r garfan hŷn y tymor hwnnw. Ar gyrion y garfan fu Shaun hyd gemau rhagbrofol Euro 2016 pan wnaeth ddau ymddangosiad byr. Cynorthwyodd Shaun Bournemouth i godi o Adran 1 yn 2013 a chyrraedd Uwchgynghrair Lloegr yn 2015.

* Treuliodd Shaun y rhan fwyaf o dymor 2009-10 ar fenthyg yn Yeovil, a chyfnodau eraill byrrach, a olygai ei fod hyd at ddiwedd 2013 wedi chwarae mwy o gemau ar fenthyg nag a wnaeth gyda'i brif glybiau.

Gavin Maguire
Amddiffynnwr canol

Ganed: 24 Tachwedd 1967, Hammersmith, Llundain (Gavin Terence Maguire)

Ei fam o'r Ystrad a'i dad o Iwerddon

Cymru: 1989-91
Cap cyntaf: Gêm **419**, 21 oed; **Cap olaf:** Gêm **434**, 23 oed
7 cap (posibl 16); Gemau llawn 4; Eilyddiwyd 1; Ymlaen fel eilydd 2
Ennill 1; Colli 6; Cwpan y Byd 3; Penc. Ewrop 1; *Eraill* 3; B 1 cap

Clybiau
148 o gemau cynghrair
1983-84	Northwood		
1985-89	Queen's Park R	40 gêm	
1989-93	Portsmouth	91 gêm	(7 cap)
1991	*Newcastle U af*	3 gêm	
1993-94	Millwall	12 gêm	
1994	*Scarborough af*	2 gêm	
1997	Northwood		

Methu'r prawf yn Nuremberg
Bydd y ffyddloniaid yn cofio Gavin am ddau reswm – ildio ciciau o'r smotyn mewn tair gêm yn olynol a'i hunllef yn Nuremberg, ei gêm olaf i Gymru. Daeth Gavin i sylw Cymru trwy Peter Shreeves fu'n is-reolwr yn Queen's Park R ac yn gynorthwyydd i **Terry Yorath**, rheolwr Cymru. Roedd Gavin yn daclwr caled a digyfaddawd ond doedd e ddim yn gefnwr de. A'r hunllef yn yr Almaen? Roedd hi'n fis Hydref 1991 a'r unig bêl-droed roedd Gavin wedi'i chwarae'r tymor hwnnw oedd un gêm ar fenthyg yn Newcastle. Roedd **Peter Nicholas** a **Clayton Blackmore** wedi'u hanafu, a **Gareth Hall** heb chwarae un gêm i Chelsea. Felly Gavin oedd ein cefnwr de. Wedi 15 munud fe gafodd gerdyn melyn am dacl hwyr ac wedi 39 munud, heb fod dan unrhyw bwysau, fe groesodd Gavin y bêl yn syth i lwybr Rudi Voller ac fe sgoriodd hwnnw'n hawdd. Hanner amser – ta ta Gavin. Wedi iddo ymddeol yn 26 oed bu cais Gavin i fod yn yrrwr tacsi yn Llundain yn aflwyddiannus a phenderfynodd ddilyn gyrfa yn trin gwallt yng Ngwlad yr Haf.

* Gadawodd Gavin QPR wedi i'w dacl ar Danny Thomas o Tottenham H orffen gyrfa'r cefnwr, ac yn eironig daeth gyrfa Gavin i ben yn yr un modd wedi iddo gael ei daclo gan Shaun Reid, Rochdale.

John Mahoney
Canol y cae

Ganed: 20 Medi 1946, Caerdydd (John Francis Mahoney)
Llysenw: Josh

Mab i Joe Mahoney, chwaraewr rygbi 13 gydag Oldham a Dewsbury/5 cap rygbi 13

Cefnder i **John Toshack**

Cymru: 1967-83
Cap cyntaf: Gêm **276**, 21 oed; **Cap olaf:** Gêm **375**, 36 oed
51 cap (posibl 100)
1 gôl; Gemau llawn 42; Eilyddiwyd 7; Ymlaen fel eilydd 2
Ennill 15; Cyfartal 13; Colli 23; Cwpan y Byd 10; Penc. Ewrop 14 – 1 gôl [1976 = 2 gêm]
Penc. Prydain 22; *Eraill* 5; Dan 23 oed 3 chap

Clybiau
487 o gemau cynghrair, 32 gôl

	Ashton U			
1966-67	Crewe Alex	18 gêm	5 gôl	
1967-77	Stoke C	282 gêm	25 gôl	(31 cap)
1977-79	Middlesbrough	77 gêm	1 gôl	(13 cap)
1979-83	Abertawe	110 gêm	1 gôl	(7 cap)

Rheolwr

1984-87	Bangor
1988-89	Casnewydd
1991	Bangor
1996-98	Caerfyrddin

Medalau, ac ati
- Cwpan Cynghrair Lloegr 1972
- Cwpan Cymru 1981
- Aelod o Oriel Anfarwolion Abertawe 2015

Calon tîm chwedlonol 1976
Gadawodd John Gaerdydd yn ei gewyn pan ymunodd ei dad â rhengoedd y chwaraewyr rygbi proffesiynol. Pan ddychwelodd John i'r brifddinas i ennill ei gap cyntaf fel blaenwr canol dibrofiad, yn absendoldeb **Ron** a **Wyn Davies**, ac yna gymryd pum mlynedd i ennill pedwar cap, doedd hi ddim yn ymddangos y byddai'n gwisgo'r crys coch 51 o weithiau dros gyfnod o 15 mlynedd. Er gwaethaf ei fagwraeth ym Manceinion daeth John, yng nghanol y cae erbyn hynny, yn dalisman yr unig dîm Cymreig i ennill grŵp rhagbrofol (Ewro 1976)

gyda'i ganeuon gwladgarol a'r anthem genedlaethol yn byddaru'r ystafell newid. Dyma'r cyfnod y galwodd Bob Humphrys yn y *Western Mail* ef yn athrylith ac wrth edrych yn ôl yn 2016 dywedodd ei gyd-chwaraewr **Dave Roberts** fod John gystal chwaraewr ag **Aaron Ramsey**. John oedd y chwaraewr cyntaf brynwyd gan John Neal pan symudodd y rheolwr o Wrecsam i Middlesbrough ac roedd y ffi o £90,000 yn record i'r Boro ar y pryd. Roedd cyfraniad John yn allweddol wrth i Abertawe ennill dyrchafiad i'r Adran Gyntaf yn 1981. Ei awr fawr fel rheolwr oedd gemau Bangor yn erbyn Frederikstad ac Athletico Madrid yng Nghwpan Enillwyr Cwpanau Ewrop yn 1985.

* John a Ray Gravell oedd y ddau wladgarwr oedd yn wynebau Apêl Cronfa Gŵyl Ddewi Plaid Cymru yn 1976, a dywedodd John wrth gylchgrawn *Shoot* yn 1978 mai ei hoff raglenni teledu oedd *Y Dydd* (HTV Cymru) a *Panorama* (BBC 1).

Paul Mardon
Amddiffynnwr canol

Ganed: 14 Medi 1969, Bryste (Paul Jonathan Mardon)

Ei daid o Gaerdydd (ac wedi chwarae i Bristol C a Notts Co)

Cymru: 1995
Unig gap: Gêm **463**, 26 oed; Ymlaen fel eilydd 1; Colli 1; Penc. Ewrop1; B 1 cap

Clybiau
270 o gemau cynghrair, 8 gôl

1988-91	Bristol C	42 gêm		
1990	*Doncaster R af*	3 gêm		
1991-93	Birmingham C	64 gêm	1 gôl	
1993-01	West Bromwich A	139 gêm	3 gôl	(1 cap)
1999	*Oldham Ath af*	12 gêm	3 gôl	
2000	*Plymouth A af*	3 gêm	1 gôl	
2000	*Wrecsam af*	7 gêm		

Pwy?
Cafodd Paul ei 20 munud o enwogrwydd wedi iddo gael ei alw o'r rhestr wrth gefn oherwydd fod **Adrian Williams** wedi cael y ffliw, ac yna ymddangos fel eilydd yn erbyn yr Almaen. Yn ôl *Wales on Sunday* roedd debiw Paul 'gyda'r mwyaf anhysbys' – fel ychwanegiad hwyr i'r garfan doedd ei enw ddim yn y rhaglen ac felly doedd dim gwybodaeth amdano ar gael ar y noson. Mae'n hawdd anghofio fod Paul yn gapten West Brom ar y pryd ac yn amddiddffynnwr canol atebol oedd yn cael ei ystyried gan ei reolwr Alan Buckley yn werth £2 filiwn. Wedi iddo ennill ei gap fe fu Paul ar y fainc unwaith yn 1996 ac unwaith yn 1998.

Roedd ei gemau olaf yng Nghynghrair Lloegr i Wrecsam ddiwedd 2000 wedi i **Steve Roberts** dorri ei figwrn.

* Paul oedd y cyntaf a'r mwyaf di-nod o'r 13 chwaraewr recriwtiwyd gan y rheolwr Bobby Gould oedd wedi eu geni y tu allan i Gymru – yr ymgyrch FAW, 'Find another Welshman', yn ôl rhai.

Martyn Margetson
Gôl-geidwad

Ganed: 8 Medi 1971, Castell-nedd (Martyn Walter Margetson)

Cymru: 2004
Unig gap: Gêm **522**, 32 oed; Ymlaen fel eilydd 1
Ennill 1; *Eraill* 1; B 1 cap; Dan 21 oed 7 cap

Clybiau
166 o gemau cynghrair

1990-98	Manchester C	51 gêm	
1993	*Bristol R af*	3 gêm	
1994	*Bolton W af*	0 gêm	
1995	*Luton T af*	0 gêm	
1998-99	Southend U	32 gêm	
1999-02	Huddersfield T	48 gêm	
2002-07	Caerdydd	32 gêm	(1 cap)

Gwell hwyr na hwyrach
Ail ddewis fu Martyn gyda'i glybiau am y rhan fwyaf o'i yrfa, ac ar y rhestr wrth gefn gyda Chymru yng nghysgod **Neville Southall**, **Paul Jones** ac eraill oedd yn chwarae'n gyson i'w clybiau. Roedd ei gêm gyntaf yng Nghynghrair Lloegr i Manchester C yng nghrochan berw'r cymdogion yn Old Trafford ym mis Mai 1991, ar ddiwedd y cyntaf o'i 17 tymor yng Nghynghrair Lloegr. Gwnaeth Martyn un ymddangosiad annisgwyl fel eilydd i Man C yng Nghwpan Cynghrair Lloegr yn Hydref 1995 pan aeth ymlaen fel blaenwr oherwydd fod yr eilyddion eraill eisoes wedi cael eu defnyddio. Yn Rhagfyr 2003 cafodd Martyn ei gyfle yn nhîm cyntaf Caerdydd ac fe gadwodd ei le tan ddiwedd y tymor ar draul Neil Alexander oedd yng ngharfan yr Alban. Arweiniodd hynny at le yng ngharfan Cymru ar gyfer tair gêm ola'r tymor. Roedd ennill cap llawn yn erbyn Canada yn cwblhau set gyflawn i Martyn – ysgolion, ieuenctid, dan 21 oed, B a llawn. Bu Martyn ar fainc yr eilyddion ddwywaith wedyn yn nhymor 2005-06 pan oedd **Lewis Price** wedi'i anafu. Bu Martyn yn hyfforddwr gôl-geidwaid Caerdydd 2007-11, West Ham 2011-14, Caerdydd eto ers 2014, a Chymru ers Ionawr 2011.

* Martyn yw'r Cymro hynaf i ennill cap cyntaf yn y cyfnod ers 1946, a'r trydydd hynaf erioed. Roedd 11 mlynedd rhwng ei gap olaf dan 21 oed a'i gap hŷn – dyna beth ydy dyfalbarhad!

Andy Marriott
Gôl-geidwad

Ganed: 11 Hydref 1970, Sutton-in-Ashfield (Andrew Marriott)

Ei daid o Fangor

Cymru: 1996-98
Cap cyntaf: Gêm **466**, 25 oed; **Cap olaf:** Gêm **480**, 27 oed
5 cap (posibl 15); Gemau llawn 2; Eilyddiwyd 1; Ymlaen fel eilydd 2
Ennill 1; Colli 4; Cwpan y Byd 1; *Eraill* 4; Dan 21 oed (Lloegr) 1 cap

Clybiau
470 o gemau cynghrair

1988-89	Arsenal		
1989-93	Nottingham F	11 gêm	
1989	*WBA af*	3 gêm	
1989	*Blackburn R af*	2 gêm	
1990	*Colchester U af*	10 gêm	
1991	*Burnley af*	15 gêm	
1993-98	Wrecsam	213 gêm	(5 cap)
1998-01	Sunderland	2 gêm	
2001	*Wigan Ath af*	0 gêm	
2001-03	Barnsley	54 gêm	
2003	Birmingham C	1 gêm	
2003-04	Beira Mar (Portiwgal)	24 gêm	
2004	Coventry C	0 gêm	
2004	Colchester	0 gêm	
2004-05	Bury	19 gêm	
2005-06	Torquay U	57 gêm	
2006-07	Boston U	46 gêm	
2007-11	Exeter C	13 gêm	

Medalau, ac ati
- Cwpan Cymru 1995
- Cwpan Zenith Data Systems 1992

- Y Bedwaredd Adran 1992
- Chwaraewr Clwb y Flwyddyn Cymru 1997

Jermon

Daeth trobwynt yng ngyrfa Andy pan ymunodd â Wrecsam yn 1993 a darganfod fod ei daid yn Gymro. Ychydig iawn o gemau a fethodd Andy mewn pum mlynedd ar y Cae Ras ac wrth i yrfa **Neville Southall** ddirwyn i ben fe ymddangosai fod gan Andy gyfle da i herio **Paul Jones** fel olynydd Southall. Ddiwedd Mai 1998 cafodd Andy'r profiad unigryw o chwarae i'w wlad yn erbyn ei glwb ei hun mewn gêm ar y Cae Ras, ond fe ddaeth ei yrfa ryngwladol i ben wythnos yn ddiweddarach yng ngwres Tiwnisia wrth i Gymru golli 4-0. Ymhen ychydig fisoedd roedd Andy wedi ymuno â Sunderland wedi iddo gael ffrae â **Brian Flynn**, rheolwr Wrecsam. Dywedodd Andy fod safon ail dîm Sunderland yn Adran 1 yn uwch na safon tîm cyntaf Wrecsam yn Adran 2, ond yn ail dîm Sunderland y byddai am ddwy flynedd a hanner. Heblaw am ei bum mlynedd sefydlog yn Wrecsam does ond un gair i ddisgrifio gyrfa Andy, sef jermon.

* 5 Mai 2007: Wrecsam -3, Boston -1 a'r buddugwyr yn aros yng Nghynghrair Lloegr ar draul y collwyr, ac yn y gôl i Boston roedd Andy.

Chris Marustik
Cefnwr/canol y cae

Ganed: 10 Awst 1961, Abertawe (Christopher Marustik)
Bu farw: 12 Awst 2015, Treforys, 54 oed

Ei dad o Tsiecoslofacia

Cymru: 1982
Cap cyntaf: Gêm **368**, 20 oed; **Cap olaf:** Gêm **373**, 21 oed
6 chap (posibl 6); Gemau llawn 6
Ennill 3; Cyfartal 1; Colli 2; Penc. Ewrop 1; Penc. Prydain 3; *Eraill* 2; Dan 21 oed 7 cap

Clybiau
200 o gemau cynghrair, 12 gôl

1978-85	Abertawe	152 gêm	11 gôl	(6 chap)
1985-87	Caerdydd	48 gêm	1 gôl	
1987-88	Y Barri			
1988-89	Casnewydd			
Rheolwr				
1998	Rhaeadr Gwy			

Medalau, ac ati

* Cwpan Cymru 1982 a 1983

I'r brig ac yn ôl – ac allan o Gynghrair Lloegr

Enillodd Chris ei chwe chap fel cefnwr de pan oedd Abertawe yn yr Adran Gyntaf. Enillodd Cymru'r dair olaf o'i chwe gêm heb ildio un gôl, ond erbyn gêm nesaf Cymru roedd Chris allan o dîm Abertawe a'r clwb ar y ffordd allan o'r Adran Gyntaf. Denwyd Chris i'r Vetch gan **Harry Griffiths** a gwnaeth ei ddebiw i'r tîm cyntaf mewn gêm ar ddechrau tymor 1978-79 i godi arian i weddw Harry. Chwaraeodd Chris i Abertawe yn y tair adran uchaf wrth i **John Toshack** fynd â'r Elyrch ar daith ryfeddol i'r brig, ac yn ôl i'r gwaelodion. Methodd Chris ag osgoi crafangau'r Bedwaredd Adran pan symudodd i Gaerdydd yn gyfnewid am Roger Gibbins. Ar y pryd roedd y ddau glwb yn y Drydedd Adran a disgynnodd y ddau ar ddiwedd tymor 1985-86. Daeth gyrfa broffesiynol Chris i ben yn 26 oed yn 1987 oherwydd anaf a gafodd mewn damwain anghyffredin wrth ymarfer ar gyfer tymor 1986-87. Wedi iddo ymddeol bu Chris yn cadw bar gwin, gweithio i Fragwyr Cymru ac Alcoa, ac fe dreuliodd bum mlynedd yn Awstralia.

* Yn ogystal â dioddef cwymp Abertawe roedd Chris yn un o chwaraewyr Casnewydd pan fethodd y clwb hwnnw â chwblhau tymor 1988-89 yn y Gyngres.

Adam Matthews
Cefnwr

Ganed: 13 Ionawr 1992, Gorseinon (Adam James Matthews)

Cymru: 2011-16
Cap cyntaf: Gêm **585**, 19 oed; **Cap diweddaraf:** Gêm **622**, 24 oed
13 cap (posibl 38); Gemau llawn 4; Eilyddiwyd 4; Ymlaen fel eilydd 5
Ennill 4; Cyfartal 1; Colli 8; Cwpan y Byd 4; Penc. Ewrop 1; *Eraill* 8
Dan 21 oed 5 cap

Clybiau
151 o gemau cynghrair, 5 gôl

2009-11	Caerdydd	40 gêm	1 gôl	(2 gap)
2011-15	Celtic	101 gêm	4 gôl	(10 cap)
2015-16	Sunderland	1 gêm		(1 cap)
2016	*Bristol C af*	9 gêm		

Medalau, ac ati
* Prentis y Flwyddyn yn y Bencampwriaeth 2010

- Chwaraewr Ifanc y Flwyddyn Cymru 2012
- Yn rhestr 2013 y cylchgrawn *In Bed With Maradona* o'r 100 chwaraewr ifanc gorau yn y byd a aned wedi 1.1.91
- Uwchgynghrair yr Alban 2012, 2013, 2014 a 2015
- Aelod o dîm adrannol y flwyddyn PFA 2012 a 2013

Meistr ar Mistar Messi

Gwnaeth Adam dipyn o argraff yn gynnar yn ei yrfa wrth iddo chwarae 32 o gemau i Gaerdydd yn ei dymor llawn cyntaf fel chwaraewr proffesiynol, 2009-10. Fe allai Adam fod wedi gwneud hynny i Abertawe lle roedd yn aelod o'r academi nes iddo dorri ei fraich pan oedd yn wyth oed. Erbyn ei fod yn holliach eto doedd dim lle ar gael yn yr academi felly symudodd i Gaerdydd. Cafodd Adam ei alwad gyntaf i garfan Cymru yn ystod y tymor cyntaf hwnnw, ar gyfer y gêm ryngwladol gyntaf yn stadiwm newydd clwb Caerdydd (**576**). Erbyn 2010 roedd Peter Ridsdale, cadeirydd Caerdydd, yn sôn amdano fel chwaraewr oedd werth £4-5 miliwn ac roedd amryw o glybiau posh yn ei wylio. Doedd ail dymor Adam ddim cystal ac fe ddaeth dan lach y rheolwr Dave Jones am gôl drwy ei rwyd ei hun yn Ipswich ym mis Medi 2010. Wedi iddo symud i Celtic ar drosglwyddiad Bosman fe gafodd Adam gryn lwyddiant ac roedd yn allweddol ym muddugoliaeth fawr y clwb dros Barcelona yng Nghynghrair y Pencampwyr yn 2012 pan farciodd Lionel Messi allan o'r gêm. Talodd Sunderland £2 filiwn amdano ond tymor o ddiflastod oedd 2015-16 i Adam ar lannau'r Wear, ac fe fethodd â chymryd y cyfle i wneud argraff yn erbyn Gogledd Iwerddon ddiwedd Mawrth 2016.

* Tynnodd Adam flewyn o drwynau cefnogwyr Celtic pan ddywedodd iddo symud i Uwchgynghrair Lloegr er mwyn rhoi hwb i'w yrfa ryngwladol. Cafodd ei atgoffa gan y cefnogwyr nad oedd chwarae yn yr Alban wedi bod yn rhwystr i **John Hartson** na **Joe Ledley**.

Terry Medwin
Asgellwr de

Ganed: 25 Medi 1932, Abertawe (Terence Cameron Medwin)

Cymru: 1953-62
Cap cyntaf: Gêm **198**, 20 oed; **Cap olaf:** Gêm **251**, 30 oed
30 cap (posibl 54); 6 gôl; Gemau llawn 30
Ennill 8; Cyfartal 9; Colli 13; Cwpan y Byd 10 – 1 gôl [Sweden 1958 = 4 gêm, 1 gôl]
Penc. Ewrop 1 – 1 gôl; Penc. Prydain 16 – 4 gôl; *Eraill* 3

Clybiau

344 o gemau cynghrair, 122 gôl

1949-56	Abertawe	147 gêm	57 gôl	(3 chap)
1956-65	Tottenham H	197 gêm	65 gôl	(27 cap)

Rheolwr

1965-67	Cheshunt

Medalau, ac ati

- Yr Adran Gyntaf 1961
- Cwpan FA Lloegr 1962
- Gwobr Arbennig Cymdeithas Bêl-droed Cymru 1998
- Aelod o Oriel Anfarwolion Tottenham H 2004
- Aelod o Oriel Anfarwolion Abertawe 2013

Sgoriwr gôl bwysicaf 1958

Anfarwolodd Terry ei hun drwy sgorio'r ail gôl yn yr unig gêm enillwyd gan Gymru yng Nghwpan y Byd 1958 (**228**), gôl a ddisgrifiwyd ganddo flynyddoedd yn ddiweddarach fel gôl bwysicaf ei yrfa. Chwaraeai Terry wrth benelin **John Charles** yn nhîm ysgolion Abertawe ac fe ymunodd â'r Elyrch yn 17 oed. Gwnaeth enw iddo'i hun fel asgellwr de a sgoriai'n gyson. Abertawe oedd Ysgol Glanaethwy y byd pêl-droed yn y 1950au, yn meithrin sêr y dyfodol, a Terry oedd yr enw mawr cyntaf i adael am yr Adran Gyntaf. Roedd Abertawe wedi ei symud (yn llwyddiannus) o'i hoff safle ar yr asgell dde i safle'r blaenwr canol, ond credai Terry mai dyna pam y collodd ei le yn nhîm Cymru am dri thymor. Ar y pryd roedd gan Gymru ddewis da o flaenwyr canol – **Trevor Ford**, John Charles a **Derek Tapscott**. Doedd Terry ddim yn aelod cyson o dîm enwog Spurs enillodd y Dwbwl yn 1961 oherwydd ei fod wedi colli ei le i Terry Dyson, ond erbyn ffeinal Cwpan FA Lloegr yn 1962 roedd yr esgid ar y droed arall. Torrodd Terry ei goes ar daith Spurs i Dde Affrica yn haf 1963 a methodd ag adennill ei ffitrwydd. Bu'n hyfforddi Caerdydd, Fulham, Norwich a Chymru (dan Mike Smith) cyn dychwelyd i'r Vetch yn 1978 fel is-reolwr i **John Toshack** nes i'w iechyd dorri yn 1983.

* Cafodd Terry ei eni o fewn muriau carchar Abertawe (gyferbyn â'r Vetch) lle roedd ei dad yn swyddog oedd wedi symud i garchar Abertawe o garchar Parkhurst, Ynys Wyth, cyn geni Terry.

Andy Melville
Amddiffynnwr canol

Ganed: 29 Tachwedd 1968, Abertawe (Andrew Roger Melville)

Cymru: 1989-2004
Cap cyntaf: Gêm **421**, 20 oed; **Cap olaf:** Gêm **524**, 35 oed

65 cap (posibl 104); 4 yn gapten; 3 gôl; Gemau llawn 55; Eilyddiwyd 5; Ymlaen fel eilydd 5
Ennill 22; Cyfartal 18; Colli 25; Cwpan y Byd 22 – 3 gôl; Penc. Ewrop 19; *Eraill* 24
B 1 cap; Dan 21 oed 2 gap

Clybiau
703 o gemau cynghrair, 54 gôl

1986-90	Abertawe	175 gêm	22 gôl	(4 cap)
1990-93	Oxford U	135 gêm	13 gôl	(11 cap)
1993-99	Sunderland	204 gêm	14 gôl	(19 cap)
1998	*Bradford C af*	6 gêm	1 gôl	
1999-04	Fulham	153 gêm	4 gôl	(27 cap)
2004-05	West Ham U	17 gêm		(4 cap)
2005	*Nottingham F af*	13 gêm		

Medalau, ac ati
- Cwpan Cymru 1989
- Adran 1 1996 a 2001
- Cwpan Intertoto 2002
- Aelod o Oriel Anfarwolion Abertawe 2014

Ar ei orau yn ei 30au
Chwaraeodd Andy ei gêm gyntaf i Abertawe ychydig ddyddiau cyn ei ben-blwydd yn 17 oed, a mater o wythnosau cyn i'r clwb fynd i'r wal yn Rhagfyr 1985. Doedd hyn ddim y dechrau gorau iddo ond erbyn ei fod yn 20 oed roedd Andy'n gapten y clwb a chyda Lerpwl wedi cael addewid o'r cyfle cyntaf i'w brynu, Andy oedd y Gobaith Mawr diwedd y 1990au. Ni ddaeth y trosglwyddiad mawr, ac i mewn ac allan oedd ei hanes gyda Chymru, yn enwedig ar ôl rhai canlyniadau siomedig yn nwyrain Ewrop e.e. Romania–5, Cymru–1 (**438**). Trowch y cloc ymlaen i 1999 ac mae Andy a **Chris Coleman** (cyd-chwaraewr iddo ar y Vetch yn y 1980au) ac yna **Kit Symons** yn ffurfio partneriaethau amddiffynnol cadarn i Gymru ac i Fulham wrth i'r clwb hwnnw ddringo i Uwchgynghrair Lloegr. Rhwng dechrau 2000 (**489**) a haf 2003 (**512**) methodd Andy un gêm yn unig (oherwydd gwaharddiad) allan o 24 i Gymru, ei gyfnod gorau o ddigon. Bu Andy'n hyfforddi Rhydychen rhwng 2009 a 2014 ac yna fe fu'n bennaeth recriwtio

chwaraewyr yn Portsmouth, cyn symud ym mis Mai 2016 i swydd debyg dan **Rob Page** yn Northampton.

* Doedd ei ymddangosiad olaf gyda charfan Cymru ddim yn un i'w gofio wrth iddo gael anaf funudau cyn dechrau'r gêm yn erbyn Lloegr yn Old Trafford (**526**). Ailwampiwyd y tîm ar frys a chollwyd y gêm 2-0.

Ray Mielczarek
Amddiffynnwr canol

Ganed: 10 Chwefror 1946, Caernarfon (Raymond Mielczarek)
Bu farw: 30 Hydref 2013, Rhos-ddu, Wrecsam, 67 oed

Ei daid o Wlad Pwyl, ei nain o Iwerddon a'i dad o Lwcsembwrg

Cymru: 1971
Unig gap: Gêm **297**, 25 oed
Gêm lawn 1; Ennill 1; Penc. Ewrop 1; Dan 23 oed 2 gap

Clybiau
217 o gemau cynghrair, 8 gôl

1962	Caernarfon			
1962-67	Wrecsam	76 gêm		
1967-71	Huddersfield T	26 gêm	1 gôl	
1971-75	Rotherham U	115 gêm	7 gôl	(1 cap)
	Derwyddon			
	Llai RBL			

Y Cofi a'r cefndir rhyngwladol
Roedd Ray newydd ymuno â Chaernarfon fel chwaraewr amatur 16 oed pan gafodd ei weld gan Ken Roberts o glwb Wrecsam. Felly fe ddechreuodd Ray ddringo'r ysgol fel prentis ar y Cae Ras, fe gynorthwyodd y Cochion i ennill Cwpan Ieuenctid Cymru yn 1962 a bu'n gapten tîm ieuenctid Cymru cyn troi'n broffesiynol yn 1964. Wrth adael Wrecsam am Huddersfield yn 1967 am £20,000 roedd Ray yn codi o'r Bedwaredd Adran i'r Ail ond doedd e ddim yn y tîm enillodd ddyrchafiad i'r Adran Gyntaf yn 1970. Wedi iddo symud i Rotherham yn Ionawr 1971 sefydlodd ei hun fel un o'r amddiffynwyr canol gorau yn y Drydedd Adran ac roedd yn ffefryn mawr yn Millmoor. Bu'n rhaid iddo ymddeol yn 1974 yn 28 oed oherwydd anaf i'w ben-glin a dychwelodd i ardal Wrecsam. Bu'n hyfforddi ac yn gwneud nifer o swyddi gwahanol yn cynnwys gweithio yng Nghanolfan Hamdden Plas Madoc ac yna yng ngwaith dur Brymbo fel swyddog diogelwch.

* Enillodd Ray ei unig gap yn y Ffindir ar ddiwedd y tymor pan oedd pedwar chwaraewr yn unig ar gael o'r un-ar-ddeg oedd wedi chwarae gyda'i gilydd yn y tair gêm ym Mhencampwriaeth Prydain ychydig ddyddiau'n gynharach (**294-296**).

Tony Millington
Gôl-geidwad

Ganed: 5 Mehefin 1943, Penarlâg (Anthony Horace Millington)
Bu farw: 5 Awst 2015, Wrecsam, 72 oed

Brawd i Gren – Y Rhyl, Caer, Wrecsam, ac eraill/303 o gemau cynghrair/9 cap amatur/Aelod o garfan Olympaidd Prydain 1974/Rheolwr Cei Connah 1985-86
Nai i Ray Weigh – Bournemouth, Stockport Co, Amwythig (Shrewsbury T), Aldershot/221 o gemau cynghrair, 81 gôl

Cymru: 1962-71
Cap cyntaf: Gêm **249**, 19 oed; **Cap olaf:** Gêm **300**, 28 oed
21 cap (posibl 52); Gemau llawn 20; Ymlaen fel eilydd 1
Ennill 4; Cyfartal 4; Colli 13; Cwpan y Byd 3; Penc. Ewrop 6; Penc. Prydain 9; *Eraill* 3
Dan 23 oed 4 cap

Clybiau
352 o gemau cynghrair

	Cei Connah		
	Sutton T		
1960-64	West Bromwich A	40 gêm	(3 chap)
1964-66	Crystal Palace	16 gêm	(2 gap)
1966-69	Peterborough U	118 gêm	(8 cap)
1969-74	Abertawe	178 gêm	(8 cap)
1974	Glenavon		

Medalau, ac ati
• Aelod o Oriel Anfarwolion Abertawe 2014

Diddanwr
Dyma un o'r cymeriadau mawr oedd yn ffefryn gyda'r torfeydd yn enwedig ar y Vetch, Abertawe. Byddai Tony'n sgwrsio gyda'r gwylwyr y tu ôl i'r gôl, yn rhannu eu losin, yn eu diddanu gyda giamocs acrobataidd, a thrwy wneud i arbediad hawdd edrych yn rhyfeddol. Cafodd Tony lwyddiant yn ifanc, yn rhy ifanc meddai'n ddiweddarach. Yn 18 oed roedd Tony yn y gôl i West Brom yn yr Adran Gyntaf ac yna i Gymru yn 19 oed. Ymddangosai mai Tony fyddai olynydd **Jack Kelsey** ond fe gafodd noson wael yn Wembley pan sgoriodd Lloegr

bedair gwaith (**251**) a rhoddwyd cyfle arall i **Dave Hollins**. Unwaith y daeth **Gary Sprake** ar y sin ail ddewis oedd Tony a Hollins. Ymunodd Tony ag Abertawe yr un pryd â **Dai Davies** ac fe rannodd y ddau ddyletswyddau'r goli yn ystod rhediad gwych yr Elyrch o 19 o gemau cynghrair yn ddiguro rhwng Hydref 1970 a Mawrth 1971. Ar ôl gadael Abertawe bu Tony'n gweithio yn nhafarn ei dad-yng-nghyfraith yn Moira ger Belfast ond torrodd ei wddf mewn damwain car yn 1975 ac fe'i caethiwyd i gadair olwyn am weddill ei oes. Bu Tony'n weithgar yn gofalu am fuddiannau pobl anabl yn ardal Wrecsam yn cynnwys gweithredu fel swyddog anabledd clwb Wrecsam.

* Enillodd Tony'r rhan fwyaf o'i gapiau pan oedd Sprake yn absennol ond gwrthododd Crystal Palace ganiatáu iddo ymuno â charfan Cymru i wynebu Gwlad Groeg yn 1964 (**261**) oherwydd fod y clwb ei angen ar gyfer gêm eu hail dîm. Ffor shêm, Palas.

Graham Moore
Blaenwr/canol y cae

Ganed: 7 Mawrth 1941, Hengoed
Cartref: Cascade
Bu farw: 9 Chwefror 2016, Scarborough, 74 oed

Cymru: 1959-70
Cap cyntaf: Gêm **233**, 18 oed; **Cap olaf:** Gêm **292**, 29 oed
21 cap (posibl 60); 1 gôl; Gemau llawn 21
Ennill 4; Cyfartal 7; Colli 10; Cwpan y Byd 2; Penc. Ewrop 2; Penc. Prydain 13 – 1 gôl; *Eraill* 4
Dan 23 oed 9 cap

Clybiau
403 o gemau cynghrair, 61 gôl

1958-61	Caerdydd	85 gêm	23 gôl	(5 cap)
1961-63	Chelsea	68 gêm	13 gôl	(3 chap)
1963-65	Manchester U	18 gêm	4 gôl	(2 gap)
1965-67	Northampton T	53 gêm	10 gôl	(2 gap)
1967-71	Charlton Ath	110 gêm	8 gôl	(9 cap)
1971-74	Doncaster R	69 gêm	3 gôl	

Medalau, ac ati
* Cwpan Cymru 1959
* Personoliaeth Chwaraeon y Flwyddyn Cymru 1959

Dechrau dramatig

Gadawodd Graham yr ysgol ym Margod yn 15 oed i weithio fel labrwr yng Nglofa Penallta gyda'i dad a'i frawd cyn ymuno â Chaerdydd fel chwaraewr proffesiynol ar ei ben-blwydd yn 17 oed. Fe sgoriodd ym munud olaf ei gêm gyntaf i sicrhau gêm gyfartal ac fe ailadroddodd yr un gamp yn ei gêm gyntaf i Gymru flwyddyn yn ddiweddarach. Yn mis Ebrill 1960 roedd Graham wrthi eto, yn sgorio'r gôl seliodd ddyrchafiad Caerdydd i'r Adran Gyntaf. Wedi tymor a hanner gyda'r Adar Glas ar y lefel uchaf gadawodd Graham am Chelsea, ond ar ddiwedd tymor 1961-62 roedd Caerdydd a Chelsea ar waelod yr Adran. Wrth i Chelsea gamu'n ôl i'r Adran Gyntaf yn 1963 ymddangosai fod gyrfa Graham yn mynd o nerth i nerth wrth iddo ymuno â Matt Busby yn Manchester U. Dyna'r cyfnod y collodd ei ffordd ac roedd ei ddwy flynedd yn Old Trafford yn adlewyrchu ei yrfa ryngwladol – siomedig. Siomedig hefyd oedd ei gyfnod yn Northampton wrth i'r clwb ffarwelio â'r Adran Gyntaf wedi un tymor yn unig – hanner tymor i Graham – ac yna disgyn fel carreg drwy'r Ail Adran. Wedi iddo ymddeol bu Graham yn dafarnwr yn Swydd Efrog ac yna'n is-bostfeistr yn Scarborough.

* Sgoriodd Graham ei unig gôl i Gymru o flaen y dorf fwyaf erioed yn holl hanes Parc Ninian – 62, 634. Yn anffodus roedd ei rieni wedi gadael ychydig cyn iddo sgorio ei gôl hwyr.

Craig Morgan
Amddiffynnwr

Ganed: 18 Mehefin 1985, Llanelwy
Cartref: Bae Colwyn

Cymru: 2006-11
Cap cyntaf: Gêm **543**, 21 oed; **Cap olaf:** Gêm **585**, 25 oed
23 cap (posibl 43); Gemau llawn 19; Eilyddiwyd 1; Ymlaen fel eilydd 3
Ennill 13; Colli 10; Cwpan y Byd 6; Penc. Ewrop 4; *Eraill* 13; Dan 21 oed 12 cap

Clybiau
398 o gemau cynghrair, 11 gôl

2003-05	Wrecsam	52 gêm	1 gôl	
2005-06	Milton Keynes D	43 gêm		(1 cap)
2006	*Wrecsam af*	1 gêm		
2006-10	Peterborough U	125 gêm	4 gôl	(19 cap)
2010-12	Preston N E	50 gêm	3 gôl	(3 chap)
2012-15	Rotherham U	91 gêm	1 gôl	
2015-16	Wigan Ath	36 gêm	2 gôl	

Medalau, ac ati

- Tlws Cynghrair Lloegr (LDV Vans) 2005
- Enillydd gemau ail gyfle Adran 1 2014
- Adran 1 2016
- Aelod o dîm adrannol y flwyddyn PFA 2016

Y dyn io-io

Erbyn haf 2016 roedd Craig wedi treulio 15 tymor (neu ran o dymor) yng Nghynghrair Lloegr. Ar ddiwedd 12 o'r tymorau hynny gwelodd Craig ei glybiau'n esgyn neu'n disgyn. Enillodd Craig ei gap cyntaf pan oedd MK Dons yn Adran 1, y lefel isaf ar y pryd, ac wedi iddo symud i Peterborough daeth Craig yn brif enillydd capiau'r clwb wrth chwarae yn Adrannau 1 a 2. Doedd camu i'r llwyfan rhyngwladol ddim yn anodd i'r amddiffynnwr cadarn oedd yn gonglfaen tîm y Posh a esgynnodd i'r Bencampwriaeth yn 2009. Craig oedd capten Rotherham pan gododd y clwb hwnnw i'r Bencampwriaeth yn 2014 ac roedd y clwb a'r cefnogwyr yn siomedig pan adawodd Craig yn haf 2015, yn enwedig wrth ei weld yn symud i adran is. Ond dros dro yn unig oedd hynny wrth i Craig arwain Wigan yn ôl i'r Bencampwriaeth yn 2016.

* Chwaraeodd Craig ei gêm gyntaf i Wrecsam ddeufis cyn ei ben-blwydd yn 17 oed ac fe sgoriodd ei gôl gynghrair gyntaf pan oedd yn 17 mlwydd a 109 diwrnod oed – sgoriwr ieuengaf erioed Wrecsam yng Nghynghrair Lloegr.

Steve Morison
Blaenwr canol

Ganed: 29 Awst 1983, Enfield (Steven William Morison)

Ei nain o Dredegar

Cymru: 2010-12
Cap cyntaf: Gêm **579**, 26 oed; **Cap olaf:** Gêm **599**, 29 oed
20 cap (posibl 21); 1 gôl; Gemau llawn 2; Eilyddiwyd 14; Ymlaen fel eilydd 4
Ennill 7; Colli 13; Cwpan y Byd 4; Penc. Ewrop 8 – 1 gôl; *Eraill* 8; Lloegr C 8 cap – 3 gôl

Clybiau
287 o gemau cynghrair, 76 gôl

2001-04	Northampton T	23 gêm	3 gôl	
2004-06	Bishop's Stortford			
2006-09	Stevenage B			
2009-11	Millwall	83 gêm	35 gôl	(7 cap)
2011-13	Norwich C	53 gêm	10 gôl	(13 cap)

2013-15	Leeds U	41 gêm	5 gôl
2013-14	*Millwall af*	41 gêm	8 gôl
2015-16	Millwall	46 gêm	15 gôl

Medalau, ac ati
- Tlws FA Lloegr 2007 a 2009
- Enillydd gemau ail gyfle Adran 1 2010

Yr olaf o'r 43

Steve oedd yr olaf o'r 43 chwaraewr enillodd eu capiau cyntaf yn ystod cyfnod **John Toshack** wrth y llyw. Roedd Cymru'n dal i chwilio am olynydd i **John Hartson** oedd wedi ymddeol ers pedair blynedd ac roedd Steve newydd gael tymor cofiadwy wrth i'w 20 gôl helpu i godi Millwall yn ôl i'r Bencampwriaeth. Steve oedd prif sgoriwr Millwall eto yn 2010-11 ac fe symudodd i Norwich oedd newydd ennill dyrchafiad i Uwchgynghrair Lloegr. Er na ddaeth Steve yn agos at lenwi esgidiau Hartson roedd yn un o'r chwaraewyr wrth gefn yn ystod ymgyrch Ewro 2016. Serch hynny nid Steve ond **George Williams** gymrodd le **Sam Vokes** ar gyfer y gêm gyfeillgar yn erbyn yr Iseldiroedd ym mis Tachwedd 2015 (**621**). Sylw anffodus Steve yn y wasg oedd nad oedd wedi clywed am Williams o'r blaen, a chodwyd y cwestiwn faint o ddiddordeb mewn gwirionedd oedd gan Steve yn ein tîm cenedlaethol.

*   Wedi iddo gael ei ryddhau gan Northampton yn 19 oed treuliodd Steve bum mlynedd y tu allan i Gynghrair Lloegr. Cafodd Steve ail gyfle yn Millwall gan **Kenny Jackett** a'i prynodd am £130,000 ac yna'i werthu i Norwich am oddeutu £2·8 miliwn.

Billy Morris
Mewnwr

Ganed: 30 Gorffennaf 1918, Llanddulas (William Morris)
Bu farw: 31 Rhagfyr 2002, Llanelwy, 84 oed

Ewythr i Elfed Morris – Wrecsam, Caer (Chester C), Halifax T, Caernarfon, Bethesda, Llandudno, Bae Colwyn/185 o gemau cynghrair, 77 gôl/Bu farw 2013

Cymru: 1947-52
Cap cyntaf: Gêm **173**, 28 oed; **Cap olaf:** Gêm **195**, 33 oed
5 cap (posibl 23); Gemau llawn 5; Ennill 3; Colli 2
Penc. Prydain 4; *Eraill* 1; Gemau answyddogol 1

Clybiau
211 o gemau cynghrair, 47 gôl

| | Llandudno | | | |
| 1939-54 | Burnley | 211 gêm | 47 gôl | (5 cap) |

Rheolwr

1960-61	Wrecsam
1965	Wrecsam

Un o sêr cynnar Burnley

Roedd Billy'n 20 oed a newydd ddechrau chwarae i dîm cyntaf Burnley pan amharwyd ar ei yrfa am chwe blynedd gan yr Ail Ryfel Byd. Wedi iddo ddychwelyd o India a Burma, lle bu'n gwasanaethu gyda'r Ffiwsilwyr Cymreig, roedd Billy'n un o chwaraewyr hŷn Burnley gyrhaeddodd ffeinal Cwpan FA Lloegr yn 1947 ac a enillodd ddyrchafiad i'r Adran Gyntaf. Yn 1952 penodwyd Billy'n hyfforddwr ieuenctid a bu'n gyfrifol am ddatblygu nifer o dîm Burnley orffennodd ar frig yr Adran Gyntaf yn 1960. Y flwyddyn honno penodwyd Billy'n rheolwr ac hyfforddwr Wrecsam oedd newydd ddisgyn i'r Bedwaredd Adran am y tro cyntaf erioed. Un tymor yn unig fuodd Billy wrth y llyw ond ym mis Mawrth 1965 cafodd gyfle arall. Wedi dim ond tair buddugoliaeth mewn 14 gêm ar ddechrau tymor 1965-66 roedd gyrfa fer Billy fel rheolwr ar ben. Bu Billy'n cadw gwesty bach yn Llandudno, yna siop groser yn Llysfaen cyn ymddeol i Fae Colwyn.

* Turf Moor [cartref Burnley] oedd yr enw roes Billy ar ei fyngalo yn Llysfaen ond anaml y byddai'n gwylio pêl-droed yn ei henaint. "Mae'n codi gormod o hiraeth," meddai wrth y newyddiadurwr Tommy Eyton Jones, *Cyw o Frid* (1985).

Glyn Myhill
Gôl-geidwad

Ganed: 9 Tachwedd 1982, Modesto, California, UDA (Glyn Oliver Myhill)
Llysenw: Boaz

Ei dad yn Americanwr a'i fam o Langollen

Bu'n byw yng Nglyn Ceiriog yn ystod ei ieuenctid

Cymru: 2008-13
Cap cyntaf: Gêm **558**, 25 oed; **Cap olaf:** Gêm **605**, 30 oed
19 cap (posibl 48); Gemau llawn 13; Eilyddiwyd 2; Ymlaen fel eilydd 4
Ennill 7; Cyfartal 1; Colli 11; Cwpan y Byd 7; *Eraill* 12

Clybiau
380 o gemau cynghrair

2000-03	Aston Villa	0 gêm
2002	Stoke C af	0 gêm
2002	Bristol C af	0 gêm
2002	Bradford C af	2 gêm

2003	*Macclesfield T af*	15 gêm	
2003	*Stockport Co af*	2 gêm	
2003-10	Hull C	257 gêm	(8 cap)
2010-16	West Bromwich A	62 gêm	(11 cap)
2011-12	*Birmingham C af*	42 gêm	

Medalau, ac ati

- Enillydd gemau ail gyfle'r Bencampwriaeth 2008

Ei lysenw yn fwy cyfarwydd na'i enw bedydd

Bu sôn yn 2006 fod Cymdeithas Bêl-droed Cymru wedi darganfod fod Boaz yn gymwys i chwarae i Gymru ond fe wrthododd y gwahoddiad bryd hynny am resymau teuluol. Gwnaeth Boaz enw iddo'i hun fel gôl-geidwad o safon wrth i Hull ennill tri dyrchafiad mewn pum tymor a chyrraedd Uwchgynghrair Lloegr yn 2008. Fe enillodd ei gap cyntaf pan aeth **Wayne Hennessey**, oedd eisoes wedi ennill wyth cap, i gynorthwyo'r tîm dan 21 oed, ac am gyfnod gallai **John Toshack** ddewis o ddau golwr yn Uwchgynghrair Lloegr. Mewn gwirionedd Hennessey oedd y dewis cyntaf pan oedd ar gael ac ym mis Mai 2014 cyhoeddodd Boaz ei ymddeoliad o'r garfan genedlaethol.

* Enw Hebraeg yw Boaz. Fe ddywedir fod ei rieni wedi dod ar draws yr enw wrth deithio yn Israel, wedi hoffi'r enw ond heb ei roi ar dystysgrif geni eu mab.

Danny Nardiello
Blaenwr

Ganed: 22 Hydref 1982, Coventry (Daniel Anthony Nardiello)

Mab i **Don Nardiello**

Cefnder i Reis Ashraf, 4 cap i Pacistan

Cymru: 2007-08
Cap cyntaf: Gêm **548**, 24 oed; **Cap olaf:** Gêm **558**, 25 oed
3 chap (posibl 11); Ymlaen fel eilydd 3
Ennill 2; Cyfartal 1; *Eraill* 3

Clybiau
333 o gemau cynghrair, 101 gôl

	Wolverhampton W		
1999-05	Manchester U	0 gêm	
2003	*Abertawe af*	4 gêm	
2004-05	*Barnsley af*	44 gêm	14 gôl

2005-07	Barnsley	64 gêm	14 gôl	(1 cap)
2007-08	Queen's Park R	8 gêm		(2 gap)
2008	Barnsley af	11 gêm	2 gôl	
2008-10	Blackpool	7 gêm		
2009	Hartlepool U af	12 gêm	3 gôl	
2009	Bury af	6 gêm	4 gôl	
2010	Oldham af	2 gêm		
2010-12	Exeter C	66 gêm	19 gôl	
2012-14	Rotherham U	45 gêm	24 gôl	
2014-16	Bury	60 gêm	21 gôl	
2016	Plymouth A af	4 gêm		

Dal ati ar ôl gadael Old Trafford

Bu'n rhaid i Manchester U dalu £200,000 o iawndal i Wolverhampton am gipio Danny o academi Wolves yn 1999. Fel un o gywion Old Trafford breuddwydiai Danny am chwarae i Loegr a bu'n rhaid inni aros tan 2006 cyn clywed ei fod wedi dewis chwarae i Gymru. Tair gêm yn unig gafodd Danny i dîm cyntaf Man U – dwy yng Nghwpan Cynghrair Lloegr ac un yng Nghynghrair y Pencampwyr. Roedd Danny yn aelod o dîm Barnsley enillodd ddyrchafiad i'r Bencampwriaeth yn 2006 trwy guro Abertawe yn ffeinal gemau'r ail gyfle yn Stadiwm y Mileniwm, ac fe sgoriodd y gôl aeth â'r gêm i giciau o'r smotyn.

* Roedd Danny'n gymwys i chwarae i Gymru, Lloegr a'r Eidal (gwlad ei daid), ond yn 2008 fe gafodd alwad ffôn yn gofyn a oedd ganddo ddiddordeb mewn chwarae i Puerto Rico!

Don Nardiello
Asgellwr

Ganed: 9 Ebrill 1957, Aberteifi (Donato Nardiello)

Brawd i Gerry – Amwythig (Shrewsbury T), Caerdydd, Torquay U/82 o gemau cynghrair, 26 gôl

Tad i **Danny Nardiello**

Ewythr i Reis Ashraf, 4 cap i Pacistan

Cymru: 1978
Cap cyntaf: Gêm **338**, 20 oed; **Cap olaf:** Gêm **339**, 20 oed
2 gap (posibl 2); Gemau llawn 1; Ymlaen fel eilydd 1; Cyfartal 1; Colli 1
Cwpan y Byd 1; *Eraill* 1; Dan 21 oed 1 cap

Clybiau
80 o gemau cynghrair, 8 gôl

1974-80	Coventry C	33 gêm	1 gôl	(2 gap)

1980	Worcester C		
	Detroit Express	29 gêm	7 gôl
	Washington Diplomats	18 gêm	
	Stafford R		

Wedi dadrithio â bywyd pêl-droediwr

Symudodd ei deulu (oedd yn Eidalwyr) o Aberteifi i ganolbarth Lloegr pan oedd Don yn 6 oed, a byr fu ei arhosiad ym myd pêl-droed proffesiynol hefyd. Chwaraeodd Don ei gêm gyntaf i Coventry yn yr Adran Gyntaf ar 22 Hydref 1977. Ar 31 Hydref fe gafodd ei enwi yng ngharfan Cymru ac fe enillodd ei ddau gap yn nwy gêm nesaf Cymru. Amharwyd ar ei yrfa pan dorrodd pont ei ysgwydd ddwywaith mewn blwyddyn, prinhaodd ei gemau i Coventry, a gadawodd y clwb ym mis Mawrth 1980, wedi dadrithio â bywyd fel pêl-droediwr, ac fe ymunodd â'r heddlu yng nghanolbarth Lloegr.

*   Bu Don yn aelod o dîm pêl-droed heddlu Lloegr ac fe chwaraeodd yn erbyn heddlu Cymru ar Barc Ninian, Caerdydd, yn 1983 ac ar Barc Somerton, Casnewydd, yn 1984.

Alan Neilson
Amddiffynnwr

Ganed: 26 Medi 1972, Wegburg, Yr Almaen (Alan Bruce Neilson)

Roedd ei dad yn filwr yn yr Almaen

Cymru: 1992-96
Cap cyntaf: Gêm **436**, 19 oed; **Cap olaf:** Gêm **470**, 24 oed
5 cap (posibl 35); Gemau llawn 3; Eilyddiwyd 1; Ymlaen fel eilydd 1
Ennill 2; Colli 3; Cwpan y Byd 1; Penc. Ewrop 1; *Eraill* 3; B 2 gap; Dan 21 oed 7 cap

Clybiau
193 o gemau cynghrair, 4 gôl

1991-95	Newcastle U	42 gêm	1 gôl	(4 cap)
1995-97	Southampton	55 gêm		(1 cap)
1997-01	Fulham	29 gêm	2 gôl	
2001-02	*Grimsby T af*	10 gêm		
2002-05	Luton T	57 gêm	1 gôl	
2006-07	Tamworth			
2007	Salisbury C			

O'r badell ffrio i'r tân

Un o bobl yr ymylon oedd Alan trwy gydol ei yrfa yng Nghynghrair Lloegr a chyda Cymru. Methodd â sefydlu ei hun fel y dewis cyntaf yn Newcastle ond roedd Southampton yn fodlon talu hanner miliwn o bunnau am ei wasanaeth – y naill glwb a'r llall yn Uwchgynghrair Lloegr. Enillodd Alan ei gap olaf ond un yn Georgia (colli 5-0, **457**) pan benderfynodd Mike Smith ddewis Alan (o ail dîm Newcastle) yn hytrach na **Kit Symons** fel cefnwr de. Erbyn hanner amser roedd Symons wedi cymryd lle Alan. Dwy flynedd yn ddiweddarach aeth Alan o'r badell ffrio i'r tân pan gafodd ei ddewis gan Bobby Gould i wynebu'r Iseldiroedd (colli 7-1) – ei gêm olaf. Nid Alan oedd yr unig un allan o'i ddyfnder y noson ddu honno ac fe gafodd pum Cymro dri marc allan o ddeg gan y papur Sul *News of the World*. Wedi iddo ymddeol bu Alan ar staff hyfforddi Luton T a Cambridge U cyn ymuno ag academi Norwich C yn 2015.

* Enillodd Alan bedwar o'i bum cap mewn gemau oddi cartref ac fe gyfaddefodd, cyn ennill ei gap cyntaf (yn Nulyn), nad oedd erioed wedi bod yng Nghymru.

Peter Nicholas
Canol y cae

Ganed: 10 Tachwedd 1959, Casnewydd

Cymru: 1979-91
Cap cyntaf: Gêm **347**, 19 oed; **Cap olaf:** Gêm **435**, 32 oed
73 cap (posibl 89); 9 yn gapten; 2 gôl; Gemau llawn 64; Eilyddiwyd 6; Ymlaen fel eilydd 3
Ennill 26; Cyfartal 19; Colli 28; Cwpan y Byd 18; Penc. Ewrop 18 – 1 gôl
Penc. Prydain 12 – 1 gôl; *Eraill* 25; Dan 21 oed 3 chap

Clybiau
495 o gemau cynghrair, 22 gôl

1976-81	Crystal Palace	127 gêm	7 gôl	(13 cap)
1981-83	Arsenal	60 gêm	1 gôl	(17 cap)
1983-85	Crystal Palace	47 gêm	7 gôl	(4 cap)
1985-87	Luton T	102 gêm	1 gôl	(15 cap)
1987-88	Aberdeen	39 gêm	3 gôl	(5 cap)
1988-91	Chelsea	80 gêm	2 gôl	(15 cap)
1991-92	Watford	40 gêm	1 gôl	(4 cap)

Rheolwr

2000-01	Y Barri
2002	Llanelli
2002-04	Casnewydd
2006-09	Llanelli

Medalau, ac ati

- Yr Ail Adran 1979 a 1989
- Cwpan Zenith Data Systems 1990 – capten
- Uwchgynghrair Cymru 2001 a 2008 – rheolwr
- Cwpan Cymru 2001 – rheolwr
- Rheolwr y Flwyddyn, Uwchgynghrair Cymru 2001 a 2008
- Gwobr Arbennig Cymdeithas Bêl-droed Cymru 2013

Cystadleuol, fel ei arwr

"Fe'i ganwyd i arwain," meddai'r rheolwr **Mike England** wrth roi capteniaeth Cymru i Peter yn 1983 (**376**) ac fe gafodd gyfnodau'n gapten pob un o'i glybiau, gan ddechrau trwy godi Cwpan Ieuenctid FA Lloegr yn 1978. Yn ôl pen pyndit y cyfnod, Jimmy Greaves, Crystal Palace dan Terry Venables fyddai tîm y 1980au ond erbyn gwanwyn 1981 roeddynt ar y ffordd nôl i'r Ail Adran a gwerthwyd Peter i Arsenal am £500,000, y Cymro drutaf erioed ar y pryd. Yn sgil anafiadau collodd Peter ei le yn nhîm Arsenal, symudodd yn ôl i'r Palas yn yr Ail Adran, a sefydlodd **Kevin Ratcliffe** ei hun fel capten Cymru. Serch hynny cafodd Peter yrfa lwyddiannus fel un o chwaraewyr canol y cae mwyaf cystadleuol ei gyfnod – roedd wedi modelu ei hun ar ei arwr **Terry Yorath**. Chwaraeodd Peter yn Ewrop i Arsenal ac Aberdeen ac roedd ei gyfanswm o 73 cap yn record i Gymru nes i **Neville Southall** ei thorri. Wedi iddo ymddeol bu Peter yn hyfforddi Chelsea, Brentford, Crystal Palace a Chymru dan 17 oed. Rhwng Medi 2001 a Mawrth 2002 roedd Peter yn is-reolwr i Colin Addison yn Abertawe yn Adran 3 Cynghrair Lloegr.

* Rhoddodd Peter ei deulu cyn ei yrfa pan symudodd o Aberdeen i Chelsea (yn yr Ail Adran) yn 1988. Ar y pryd roedd ei fab bach Michael yn ddifrifol wael ac angen triniaeth mewn ysbyty yn Llundain.

Eddie Niedzwiecki
Gôl-geidwad

Ganed: 3 Mai 1959, Bangor (Andrej Edward Niedzwiecki)
Cartref: Conwy

Ei rieni o Wlad Pwyl

Cymru: 1985-87
Cap cyntaf: Gêm **395**, 26 oed; **Cap olaf:** Gêm **408**, 28 oed
2 gap (posibl 14); Gemau llawn 1; Ymlaen fel eilydd 1; Colli 2; Penc. Ewrop 1; *Eraill* 1

Clybiau
247 o gemau cynghrair
1976-83	Wrecsam	111 gêm	
1983-88	Chelsea	136 gêm	(2 gap)

Medalau, ac ati
- Y Drydedd Adran 1978
- Yr Ail Adran 1984

Y trydydd aelod o'r Taffia
Ymunodd Eddie â Wrecsam yn syth o'r ysgol ond bu'n rhaid iddo aros yn amyneddgar yng nghysgod **Dai Davies** nes i golwr Cymru adael am Abertawe yn 1981. Erbyn hynny roedd Wrecsam wedi gweld dyddiau gwell a disgynnodd y clwb i'r Drydedd Adran yn 1982 ac i'r Bedwaredd Adran yn 1983. Gadawodd Eddie am Chelsea yn yr Ail Adran oedd dan reolaeth John Neal, rheolwr cyntaf Eddie ar y Cae Ras. Eisoes yn Stamford Bridge roedd **Joey Jones** a chyn bo hir byddai **Mickey Thomas** yno hefyd, y naill a'r llall yn gyn-chwaraewyr Wrecsam. Wedi blwyddyn yn yr Ail Adran roedd Eddie'n chwarae yn yr Adran Gyntaf ond ni allodd ddisodli ei gyfaill ysgol, **Neville Southall**, yn y gôl i Gymru. Daeth gyrfa Eddie i ben pan oedd yn 29 oed wedi iddo gael triniaeth ar ei ben-glin am y pumed tro. Wedi hynny bu'n aelod o dimau hyfforddi/rheoli Chelsea, Reading ac Arsenal cyn ymuno â **Mark Hughes** a **Mark Bowen** (Taffia honedig Uwchgynghrair Lloegr) gyda Chymru, Blackburn R, Manchester C, Fulham, Queen's Park R a Stoke C.

* Hanai ei rieni o Wlad Pwyl ac fe gawsant eu caethiwo mewn gwersyll yn Awstria am bedair blynedd yn ystod yr Ail Ryfel Byd cyn symud i Gymru yn 1947. Yn ôl llythyrwr ym mhapur bro *Dail Dysynni,* Mai 2003, roedd Michael, tad Eddie, yn 'chwaraewr dawnus a chyflym' ac ar ôl gadael Bro Dysynni bu'n rhedeg busnes ailgylchu metel yng Nghonwy ac yn rheolwr tîm pêl-droed lleol.

Lee Nogan
Blaenwr

Ganed: 21 Mai 1969, Caerdydd (Lee Martin Nogan)
Cartref: Grangetown, Caerdydd

Brawd i Kurt– Luton T, Peterborough U, Brighton & H A, Burnley, Preston NE, Caerdydd/333 o gemau cynghrair, 113 gôl/1 cap B, 2 gap Dan 21 oed

Cymru: 1992-95
Cap cyntaf: Gêm **437**, 22 oed; **Cap olaf:** Gêm **462**, 26 oed
2 gap (posibl 26); Eilyddiwyd 1; Ymlaen fel eilydd 1
Ennill 1; Cyfartal 1; Penc. Ewrop 1; *Eraill*; B 1 cap; Dan 21 oed 1 cap

Clybiau
561 o gemau cynghrair, 114 gôl

1987-91	Oxford U	64 gêm	10 gôl
1987	*Brentford af*	11 gêm	2 gôl

1987	*Southend U af*	6 gêm	1 gôl	
1991-95	Watford	105 gêm	26 gôl	(1 cap)
1994	*Southend U af*	5 gêm		
1995-97	Reading	91 gêm	26 gôl	(1 cap)
1997	*Notts Co af*	6 gêm		
1997-99	Grimsby T	74 gêm	10 gôl	
1999-01	Darlington	49 gêm	6 gôl	
2000	*Luton T af*	7 gêm	1 gôl	
2001-06	York C	143 gêm	32 gôl	
2006-07	Whitby T			
2008-09	Whitby T			
2011	FC Halifax			
Rheolwr				
2006-07	Whitby T			

Medalau, ac ati

- Tlws Cynghrair Lloegr 1998
- Enillydd gemau ail gyfle Adran 2 1998

Dau frawd

Bu gyrfaoedd Lee a'i frawd Kurt yn cydredeg trwy gydol y 1990au heb erioed gyrraedd yr uchelfannau. Sgoriai'r ddau'n gyson gyda Kurt yn taro cefn y rhwyd amlaf fesul gêm. Ond Lee, yr hynaf o'r ddau, enillodd y capiau, y cyntaf pan oedd nifer o'r enwau mawr yn absennol am resymau dilys, a'r ail yn sgil cyfnod llewyrchus gyda Reading yn Adran 1. Enillodd Lee ei unig gap dan 21 oed yn 1990 a'i gyd-flaenwr oedd Kurt, y tro cyntaf i frodyr chwarae yn yr un tîm dan 21 oed. Wedi iddo ymddeol bu Lee yn athro ymarfer corff yn ardal Caerefrog (York) ac yn is-reolwr FC Halifax.

* Lee oedd y chwaraewr cyntaf i gael ei werthu gan Oxford U yn dilyn cwymp ymerodraeth Robert Maxwell yn 1991.

Tony Norman
Gôl-geidwad

Ganed: 24 Chwefror 1958, Mancot (Anthony Joseph Norman)
Cartref: Shotton

Cymru: 1986-88
Cap cyntaf: Gêm **399**, 28 oed; **Cap olaf:** Gêm **413**, 30 oed
5 cap (posibl 15); Gemau llawn 3; Eilyddiwyd 1; Ymlaen fel eilydd 1
Ennill 3; Cyfartal 1; Colli 1; *Eraill* 5; B 1 cap

Clybiau

576 o gemau cynghrair

1976-80	Burnley		
1980-88	Hull C	372 gêm	(5 cap)
1988-95	Sunderland	198 gêm	
1995-97	Huddersfield T	6 gêm	

Medalau, ac ati

* Aelod o dîm adrannol y flwyddyn PFA 1985

Yn y lle iawn ar yr amser iawn

Mater o fod yn y lle iawn ar yr amser iawn oedd hi i Tony pan enillodd ei gap cyntaf. Y gêm yn Nulyn yn 1986 oedd y tro cyntaf i Tony eistedd ar fainc yr eilyddion ac wedi i **Neville Southall** gael ei anafu galwyd ar Tony, ac fe chwaraeodd yn wych. Ar y pryd pumed dewis oedd Tony i Gymru ond roedd **Eddie Niedzwiecki**, **Andy Dibble** a **Martin Thomas** i gyd wedi'u hanafu. Tony oedd y chwaraewr cyntaf brynwyd gan Mike Smith wedi iddo adael ei swydd fel rheolwr Cymru i gymryd yr awenau yn Hull ac fe sefydlodd record o 226 o gemau yn ddi-fwlch. Pan symudodd Tony i Sunderland yn 1988 am £200,000 + dau chwaraewr roedd y trosglwyddiad yn werth £450,000, y drutaf yn hanes Sunderland ar y pryd ac yn arian mawr am golwr 30 oed. Cafodd Tony un tymor, 1990-91, yn yr Adran Gyntaf ac fe chwaraeodd yn ffeinal Cwpan FA Lloegr yn 1992 pan drechwyd Sunderland 2-0 gan Lerpwl. Wedi iddo ymddeol fe ymunodd Tony â heddlu Swydd Durham a bu'n hyfforddi yn Middlesbrough nes iddo ddioddef o cardiomyopathy. Lloriwyd Tony yn llwyr gan y sefyllfa ac yn ystod ei iselder fe chwalodd ei briodas a'i fywyd. Dychwelodd Tony i'r byd pêl-droed yn 2008 fel hyfforddwr gôl-geidwaid yn Sunderland ac yna yn Darlington a Gateshead.

* "Dyma'r math o ddyn y byddech yn hoffi i'ch merch ei briodi." – Denis Smith, rheolwr Sunderland yn 1992.

Mel Nurse
Amddiffynnwr canol

Ganed: 11 Hydref 1937, Fforest-fach (Melvyn Tudor George Nurse)
Cartref: Alice Street, Cwmbwrla

Mel Nurse: Mr Swansea (2009)

Cymru: 1959-63
Cap cyntaf: Gêm **233**, 22 oed; **Cap olaf:** Gêm **255**, 26 oed
12 cap (posibl 23); Gemau llawn 12; Ennill 4; Cyfartal 2; Colli 6
Cwpan y Byd 2; Penc. Ewrop 1; Penc. Prydain 7; *Eraill* 2; Dan 23 oed 2 gap

Clybiau
493 o gemau cynghrair, 30 gôl

1955-62	Abertawe	159 gêm	9 gôl	(9 cap)
1962-65	Middlesbrough	113 gêm	8 gôl	(3 chap)
1965-68	Swindon T	123 gêm	10 gôl	
1968-71	Abertawe	98 gêm	3 gôl	
	Penfro			
	Merthyr T			

Medalau, ac ati
* Cwpan Cymru 1961
* Gwobr Arbennig Cymdeithas Bêl-droed Cymru 2004
* Aelod o Oriel Anfarwolion Abertawe 2014
* Gradd MSc er Anrhydedd Prifysgol Abertawe 2015

Ei haelioni'n chwedlonol

Adroddwyd fod Manchester U wedi cynnig £35,000 am Mel wedi Trychineb Munich ond fod Abertawe wedi gwrthod ei werthu. Erbyn 1962 roedd yr Elyrch yn barod i dderbyn £27,000 amdano oherwydd eu bod angen yr arian. Nod Mel oedd chwarae yn yr Adran Gyntaf a doedd cael ei orfodi i symud i Middlesbrough, yn yr Ail Adran fel Abertawe, ddim wrth ei fodd. Hefyd, ni fyddai ei gyflog yn codi o'r £20 yr wythnos yr oedd pawb yn ei dderbyn bryd hynny, ni dderbyniodd unrhyw arian am symud i ben draw'r byd, ac roedd newydd brynu tŷ yn Abertawe yr wythnos cynt! Yn anuniongyrchol roedd Mel wedi achub y clwb a byddai'n gwneud hynny'n uniongyrchol yn 1985, 1997 a 2002 fel cefnogwr, cyfarwyddwr ac aelod o grwpiau weithiodd yn ddiflino i sicrhau parhad y clwb. Mae haelioni Mel yn chwedlonol a'i gyfraniad oes yn anfesuradwy.

* Roedd cyfraniad Mel i barhad clwb Merthyr yn y 1970au hefyd yn sylweddol, fel chwaraewr, chwaraewr-reolwr, cyfarwyddwr ac yna fel cadeirydd.

Lewin Nyatanga
Amddiffynnwr

Ganed: 18 Awst 1988, Burton upon Trent (Lewin John Nyatanga)

Ei fam o'r Drenewydd a'i dad o Zimbabwe

Cymru: 2006-11
Cap cyntaf: Gêm **537**, 17 oed; **Cap olaf:** Gêm **583**, 22 oed
34 cap (posibl 47); Gemau llawn 24; Eilyddiwyd 3; Ymlaen fel eilydd 7
Ennill 14; Cyfartal 5; Colli 15; Cwpan y Byd 5; Penc. Ewrop 10; *Eraill* 19; Dan 21 oed 10 cap

Clybiau

311 o gemau cynghrair, 17 gôl

2005-09	Derby Co	63 gêm	4 gôl	(27 cap)
2006-07	Sunderland af	11 gêm		
2007	Barnsley af	10 gêm	1 gôl	
2007-08	Barnsley af	41 gêm	1 gôl	
2009-13	Bristol C	105 gêm	4 gôl	(7 cap)
2010	Peterborough U af	3 gêm		
2013-16	Barnsley	78 gêm	7 gôl	

Medalau, ac ati

* Chwaraewr Ifanc y Flwyddyn Cymru 2006
* Enillydd cyntaf Gwobr Prentis y Flwyddyn yn y Bencampwriaeth 2006

Record – am un gêm yn unig

Hen ben ar ysgwyddau ifanc oedd y farn am Lewin wrth iddo sefydlu tair record Gymreig: y chwaraewr ieuengaf i chwarae i't tîm dan 21 oed, 16 mlwydd a 174 diwrnod v Yr Almaen, Chwefror 2005; capten ieuengaf y tîm dan 21 oed v Malta, Awst 2005, ail hanner yn unig; y chwaraewr ieuengaf erioed i gynrychioli Cymru, 17 mlwydd a 195 diwrnod v Paraguay, Gŵyl Dewi 2006. Pan enillodd Lewin ei gap llawn cyntaf mor ifanc roedd e'n benderfynol o wneud yn well na'i ragflaenydd **Ryan Green** enillodd ddau gap yn unig. Erbyn gêm nesaf Cymru roedd Lewin wedi colli'r record i **Gareth Bale**. Enillodd Lewin pob un o'i gapiau, heblaw'r olaf, dan **John Toshack,** ond dan **Gary Speed** a **Chris Coleman** fe giliodd i'r cyrion a'i ymweliad olaf â mainc Cymru oedd yn yr Iseldiroedd yn 2014 (**610**). Gyda Barnsley wedi llithro i Adran 1 yn 2014 roedd ei ragolygon am ragor o gapiau wedi gwanhau.

* Wrth i Toshack gyflwyno wynebau newydd yn gyson daeth Lewin yn un o'n chwaraewyr mwyaf profiadol, e.e. yn erbyn yr Alban yn stadiwm newydd Caerdydd yn 2009 (**576**) dim ond **Sam Ricketts** (36 cap) a **Joe Ledley** (31 cap) oedd â mwy o gapiau na Lewin, 21 oed (30 cap).

John Oster

Asgellwr/canol y cae

Ganed: 8 Rhagfyr 1978, Boston (John Morgan Oster)

Cartref: Skegness

Ei fam o Lyn Ebwy

Cymru: 1997-2004

Cap cyntaf: Gêm **476**, 18 oed; **Cap olaf:** Gêm **525**, 25 oed

13 cap (posibl 50); Gemau llawn 6; Eilyddiwyd 3; Ymlaen fel eilydd 4

Ennill 3; Cyfartal 5; Colli 5; Cwpan y Byd 3; Penc. Ewrop 3; *Eraill* 7; B 1 cap; Dan 21 oed 9 cap

Clybiau

420 o gemau cynghrair, 26 gôl

1996-97	Grimsby T	24 gêm	3 gôl	
1997-99	Everton	40 gêm	1 gôl	(3 chap)
1999-05	Sunderland	68 gêm	5 gôl	(10 cap)
2001	*Barnsley af*	2 gêm		
2002	*Grimsby T af*	10 gêm	5 gôl	
2003	*Grimsby T af*	7 gêm	1 gôl	
2004	*Leeds U af*	8 gêm	1 gôl	
2005	Burnley	15 gêm	1 gôl	
2005-08	Reading	76 gêm	2 gôl	
2008-09	Crystal Palace	31 gêm	3 gôl	
2009-12	Doncaster R	111 gêm	2 gôl	
2012-13	Barnet	28 gêm	2 gôl	
2013-15	Gateshead			

Medalau, ac ati

- Chwaraewr Ifanc y Flwyddyn Cymru 1997
- Y Bencampwriaeth 2006

Yn dreth ar amynedd rheolwyr

Talodd Everton £1·9 miliwn am yr asgellwr chwim 18 oed yn 1997 ac fe enillodd ei gap cyntaf yn syth. Yna cafodd John gardiau coch mewn dwy o gemau dan 21 oed Cymru yn erbyn yr Eidal ac fe ddaeth dan lach y rheolwr Bobby Gould a'i disgyblodd trwy ei adael allan o'r garfan hŷn. Cafodd John ei hun ar yr ymylon yn Everton wedi i Walter Smith olynu Howard Kendall, ac fe symudodd i Sunderland am £1 filiwn. Tra roedd John ar fenthyg i Leeds cafodd y clwb hwnnw ef yn euog o gamfihafio ym mharti Nadolig y clwb. Anfonwyd John yn ôl i Sunderland, lle cafodd y sac. Cafodd John gemau da i Gymru dan **Mark Hughes** ond fe ddigiodd **John Toshack** trwy wrthod ymuno â'r garfan aeth i ymarfer yn San Sebastian ym mis Mai 2005, a honnwyd iddo ddweud yn 2007 ei fod yn well na rhai o'r chwaraewyr o'r adrannau is oedd yng ngharfan Toshack. Ar y pryd roedd John yn chwarae i Reading yn Uwchgynghrair Lloegr, ond yn bennaf fel eilydd.

* NAW EILIAD oedd hyd ymddangosiad cyntaf John i Gymru, record a dorrwyd gan Darren Barnard yn 2004 pan aeth ymlaen fel eilydd yn lle John, bedair eiliad cyn y chwiban olaf.

Peter O'Sullivan
Asgellwr/canol y cae

Ganed: 4 Mawrth 1951, Bae Colwyn (Peter Anthony O'Sullivan)

Cymru: 1973-78
Cap cyntaf: Gêm **307**, 22 oed; **Cap olaf:** Gêm **344**, 27 oed
3 chap (posibl 38); 1 gôl; Gemau llawn 1; Ymlaen fel eilydd 2
Ennill 1; Colli 2; Penc. Ewrop 1 – 1 gôl; Penc. Prydain 2; Dan 23 oed 6 chap

Clybiau
509 o gemau cynghrair, 40 gôl

1968-70	Manchester U			
1970-80	Brighton & H A	411 gêm	37 gôl	(3 chap)
1980	San Diego Sockers af (UDA)			
1980-81	Brighton & H A	24 gêm	2 gôl	
1981-83	Fulham	46 gêm	1 gôl	
1982	Charlton Ath af	5 gêm		
1982	Reading af	9 gêm		
1983	Seiko SA (Hong Kong)			
1983-84	Aldershot	14 gêm		
1984	Maidstone U			
1984	Crawley T			
1985	Worthing			
	Newhaven			

Medalau, ac ati
* Aelod o dîm adrannol y flwyddyn PFA 1976

Rivelino
Wedi dwy flynedd aflwyddiannus gyda Manchester U symudodd Peter i Brighton a threuliodd naw mlynedd yno yn yr Ail a'r Drydedd Adran, nes i Brighton gyrraedd yr Adran Gyntaf yn 1979. Dangosodd Brighton eu gwerthfawrogiad o'i gyfraniad a'i ffyddlondeb i'r clwb dros gyfnod o 11 mlynedd gyda thystysgrif arbennig a gêm dysteb. Ei lysenw yn Brighton oedd Rivelino ar ôl un o chwaraewyr chwedlonol Brasil – oherwydd fod steil y ddau, a'u mwstásh, yn debyg. Ar y cyrion oedd Peter gyda Chymru ond roedd ei gêm olaf yn un gofiadwy. Cymerodd Peter le **Les Cartwright** wedi chwarter awr ac fe sgoriodd â'i ben bron yn syth, y gyntaf o'n saith gôl yn erbyn Malta druan. Hefyd, o groesiad Peter y sgoriodd **Ian Edwards** y drydedd o'i bedair gôl. Noson i'w chofio yn wir.

* Yn 1979 Peter oedd testun llyfr i blant am ddiwrnod ym mywyd pêl-droediwr mewn cyfres oedd yn darlunio bywydau nyrs, milfeddyg, dawnswraig, geneth stabl a pheilot awyren (*A Day with a Footballer*, Wayland).

Malcolm Page
Cefnwr/canol y cae

Ganed: 5 Chwefror 1947, Cnwclas, Sir Faesyfed (Malcolm Edward Page)

Cymru: 1971-79
Cap cyntaf: Gêm **297**, 24 oed; **Cap olaf:** Gêm **346**, 32 oed
28 cap (posibl 50); Gemau llawn 23; Eilyddiwyd 3; Ymlaen fel eilydd 2
Ennill 7; Cyfartal 9; Colli 12; Cwpan y Byd 2; Penc. Ewrop 7 [1976 = 2 gêm]; Penc. Prydain 14; *Eraill* 6; Dan 23 oed 6 chap

Clybiau
350 o gemau cynghrair, 9 gôl

1964-81	Birmingham C	336 gêm	8 gôl	(28 cap)
1981-82	Oxford U	14 gêm	1 gôl	

Medalau, ac ati
• Aelod o Oriel Anfarwolion Birmingham C 2012

Y gŵr o'r gororau
Fe gafodd Malcolm ei eni yr ochr iawn i Glawdd Offa yn ystod eira mawr 1947. Roedd ei ymroddiad i'r crys coch yn amlwg ac ymfalchïai ei fod yn rhan o lwyddiant Cymru ym Mhencampwriaeth Ewrop 1976 dan Mike Smith. Enillodd Malcolm y rhan fwyaf o'i gapiau fel cefnwr ond gallai hefyd chwarae fel ysgubwr, marciwr neu yng nghanol y cae. Yn wir dywedir iddo wisgo pob un o grysau Birmingham heblaw un y goli. Treuliodd Malcolm y rhan orau o 17 tymor gyda Birmingham, felly does ryfedd ei fod yn cael ei ystyried yn un o chwaraewyr chwedlonol y clwb. Chwaraeodd Malcolm i'r clwb mewn tair gêm aflwyddiannus yn rownd gyn-derfynol Cwpan FA Lloegr. Yn 1978 cynigiwyd swydd chwaraewr-reolwr Casnewydd i Malcolm ond dewisodd aros yn Birmingham oedd yn brwydo (yn aflwyddiannus) i gadw eu lle yn yr Adran Gyntaf.

* Roedd 28 cap Malcolm yn record i glwb Birmingham a safodd hyd at 2005.

Rob Page
Amddiffynnwr canol

Ganed: 3 Medi 1974, Llwynypia (Robert John Page)
Cartref: Tylorstown

Cymru: 1996-2005
Cap cyntaf: Gêm **471**, 22 oed; **Cap olaf:** Gêm **536**, 31 oed
41 cap (posibl 66); 1 yn gapten; Gemau llawn 36; Eilyddiwyd 2; Ymlaen fel eilydd 3
Ennill 11; Cyfartal 13; Colli 17; Cwpan y Byd 17; Penc. Ewrop 8; *Eraill* 16; B 1 cap; Dan 21 oed 6 chap

Clybiau
476 o gemau cynghrair, 6 gôl

1993-01	Watford	216 gêm	2 gôl	(20 cap)
2001-04	Sheffield U	107 gêm	1 gôl	(13 cap)
2004-05	Caerdydd	9 gêm		(3 chap)
2005-08	Coventry C	70 gêm	1 gôl	(5 cap)
2008	Huddersfield T	18 gêm	1 gôl	
2008-11	Chesterfield	56 gêm	1 gôl	

Rheolwr

2014-16	Port Vale
2016	Northampton T

Medalau, ac ati
- Adran 2 1998 – capten
- Enillydd gemau ail gyfle Adran 1 1999 – capten

Dim ffrils a dim nonsens
Roedd Rob ar ben ei ddigon pan gafodd ei ddewis i fod yn gapten ar Gymru (**528**), ein capten cyntaf o glwb Caerdydd ers **Alf Sherwood** yn y 1950au. Ar y pryd doedd Rob ddim yn chwarae'n gyson i'r clwb oherwydd anafiadau a chystadleuaeth o du'r to ifanc, **Danny Gabbidon** a **James Collins**. Roedd Rob eisoes wedi arwain Watford i Uwchgynghrair Lloegr, a Sheffield U i ffeinal gemau ail gyfle Adran 1 ac i rowndiau cyn-derfynol Cwpan FA Lloegr a Chwpan y Gynghrair. Darganfyddwyd Rob gan y dyfarnwr Keith Cooper a'i hargymhellodd i **Tom Walley** yng nghlwb Watford. Wedi 10 mlynedd yno gwerthodd y rheolwr newydd, Gianluca Vialli, yr amddiffynnwr caled heb hyd yn oed ei weld yn chwarae.

* Cafodd Rob gêm gyntaf ardderchog i Gymru ac fe ysgrifennodd **Vinny Jones** 'Great Debut' ar ei grys.

Des Palmer
Blaenwr canol

Ganed: 23 Medi 1931, Abertawe (Desmond Frederick Palmer)

Cymru: 1957
Cap cyntaf: Gêm **218**, 25 oed; **Cap olaf:** Gêm **220**, 26 oed
3 chap (posibl 3); 3 gôl; Gemau llawn 3; Ennill 1; Colli 2;
Cwpan y Byd 2 – 3 gôl; Penc. Prydain 1

Clybiau
102 o gemau cynghrair, 44 gôl

1950-59	Abertawe	84 gêm	38 gôl	(3 chap)
1959-60	Lerpwl	0 gêm		
	Johannesburg, Ramblers			
	Durban C			
1961-62	Derby Co	18 gêm	6 gôl	
1962	Wellington T			
1962-63	Port Melbourne Slavia			
1964-65	Yugal Ryde (Sydney)			
1965-66	Bath C			
1966-67	Llanelli			

Medalau, ac ati
- Gwobr Arbennig Cymdeithas Bêl-droed Cymru 2008
- Aelod o Oriel Anfarwolion Abertawe 2008

Anafiadau ar adegau pwysig yn ei yrfa
Roedd Des yn brentis ar y Vetch yn 1946 yr un pryd â **John Charles** a **Harry Griffiths** ond roedd yn fis Medi 1952 cyn iddo gael ei gyfle yn Nghynghrair Lloegr. Chwaraeodd Des yn ffeinal Cwpan Cymru yn 1956 a 1957 ond collodd yr Elyrch y ddwy gêm chwaraewyd ar Barc Ninian, y naill i Gaerdydd a'r llall i Wrecsam. Fe enillodd ei gap cyntaf fel mewnwr de ar ôl hedfan allan yn hwyr i Prâg wedi i **Derek Tapscott** gael ei anafu yn Leipzig ar y daith shambolic i Ddwyrain yr Almaen a Tsiecoslofacia. Cafodd Des ei gyfle yn y crys rhif 9 yng ngêm nesaf Cymru oherwydd fod John Charles newydd adael am yr Eidal, a gwnaeth Des y mwyaf o'i gyfle trwy sgorio hatric. Yn ei gêm nesaf i Gymru anafwyd Des yn ystod y munudau cyntaf ac yn yr oes cyn eilyddion pitw fu cyfraniad Des am weddill y gêm. Ym mis Mawrth 1959 trosglwyddwyd Des i Lerpwl (yn yr Ail Adran, fel yr Elyrch) am £4,000 + Roy Saunders, tad **Dean Saunders**. Cafodd Des anaf cas yn ei gêm gyntaf i'r ail dîm ac ni chwaraeodd i'r tîm cyntaf o gwbl wedi hynny. Wedi cyfnodau'n chwarae yn Ne Affrica ac

Awstralia bu Des yn hyfforddi dramor ar ran y Cyngor Prydeinig ac yna'n gweithio i gwmni yswiriant y Co-op.

* Tair gôl mewn tair gêm i Gymru a'i yrfa yn Lerpwl ar ben cyn dechrau – gallai fod wedi bod yn dipyn gwahanol oni bai am yr anafiadau.

Jack Parry
Gôl-geidwad

Ganed: 11 Ionawr 1924, Pontardawe (Brinley John Parry)
Bu farw: 20 Ionawr 2010, Chelmsford, 86 oed

Cymru: 1950
Unig gap: Gêm **187**, 26 oed; Gemau llawn 1; Colli 1
Penc. Prydain 1

Clybiau
234 o gemau cynghrair

	Ynystawe U		
	Clydach U		
1946-51	Abertawe	96 gêm	(1 cap)
1951-55	Ipswich T	138 gêm	
1955-59	Chelmsford C		
	Marconi		

Medalau, ac ati
• Y Drydedd Adran (De) 1949 a 1954

Record am 35 mlynedd
Roedd Jack yn gôl-geidwad dewr a chwaraeodd yn gyson i Abertawe yn y tymhorau cynta wedi'r Ail Ryfel Byd ac fe enillodd y clwb ddyrchafiad i'r Ail Adran yn 1949. Yn ôl pob sôn cafodd Jack amser anhapus pan enillodd ei unig gap yn erbyn yr Alban ac ni chafodd gyfle arall. Wrth i'r **John King** ifanc ennill ei blwyf ar y Vetch fe symudodd Jack i Ipswich ac ennill ail ddyrchafiad. Roedd Jack yn friciwr wrth ei grefft ac fe aeth yn ôl i'r diwydiant adeiladu ar ôl ymddeol.

* Cadwodd Jack lechen lân am bum gêm yn olynol wrth i'r Elyrch ennill dyrchafiad yn 1949 ac fe safodd y record hon nes iddi gael ei thorri gan **Dai Davies** yn 1982.

Paul Parry
Asgellwr/blaenwr

Ganed: 19 Awst 1980, Cas-gwent (Paul Ian Parry)

Cymru: 2004-08
Cap cyntaf: Gêm **519**, 23 oed; **Cap olaf:** Gêm **561**, 28 oed
12 cap (posibl 43); 1 gôl; Eilyddiwyd 4; Ymlaen fel eilydd 8
Ennill 4; Cyfartal 5; Colli 3; Cwpan y Byd 2; Penc. Ewrop 3; *Eraill* 7 –1 gôl
Tîm lled-broffesiynol Cymru

Clybiau
341 o gemau cynghrair, 41 gôl

1995-97	Bristol C			
1997-04	Henffordd			
2004-09	Caerdydd	191 gêm	24 gôl	(12 cap)
2009-12	Preston NE	80 gêm	6 gôl	
2012-14	Amwythig	70 gêm	11 gôl	

Llu o broblemau
Wedi dim ond pum gêm yng Nghynghrair Lloegr fe gafodd Paul gyfle i gymryd lle **Simon Davies** (oedd wedi'i anafu) yn erbyn yr Alban ac fe gyfrannodd at ddwy o bedair gôl Cymru. Er ei fod yn chwarae'n gyson i Gaerdydd, yn brif sgoriwr ar y cyd â **Joe Ledley** yn nhymor 2007-08 ac wedi chwarae i'r clwb yn ffeinal Cwpan FA Lloegr, ni chafodd Paul un rhediad o gemau i Gymru dan **Mark Hughes** na **John Toshack**. Bu sôn ei fod ag ofn hedfan ac fe dynnodd ei enw'n ôl o garfan Cymru am 17 mis tra roedd yng nghanol ysgariad. Ailymunodd Paul â charfan Toshack yn 2008 ond digiodd pan welodd mai **Ched Evans** a **Sam Vokes** gafodd eu hanfon ymlaen fel eilyddion yn erbyn Azerbaijan. Penderfynodd Paul na fyddai'n teithio i Moscow ar gyfer y gêm nesaf er iddo gael sicrwydd gan Toshack y byddai'n dechrau'r gêm, ac fe gyhoeddodd ei ymddeoliad o'r maes rhyngwladol. Cafodd Paul ei lambastio'n ddidrugaredd gan y *Western Mail* am fod yn fyrbwyll a hunanol. Roedd Dave Jones, rheolwr Caerdydd, yn cefnogi ei chwaraewr ond yn annoeth yn y ffordd y gwnaeth hynny. Arweiniodd hynny at ddadl danllyd rhwng Toshack a Jones – sefyllfa ddadleuol a alwyd yn ParryGate.

* Derbyniodd Henffordd £75,000 am Paul yn 2004, a £75,000 arall ar sail gemau a chapiau – arian achubodd y clwb, wel am y tro, beth bynnag.

David Partridge
Amddiffynnwr

Ganed: 26 Tachwedd 1978, Westminster, Llundain (David William Partridge)

Ei dad o Lanelli

Cymru: 2005-06
Cap cyntaf: Gêm **528**, 26 oed; **Cap olaf:** Gêm **538**, 27 oed

7 cap (posibl 11); Gemau llawn 4; Eilyddiwyd 3

Ennill 3; Cyfartal 1; Colli 3; Cwpan y Byd 4; *Eraill* 3; Dan 21 oed 1 cap

Clybiau
230 o gemau cynghrair, 3 gôl

1996-99	West Ham U	0 gêm		
1999-02	Dundee U	62 gêm		
2002	*Leyton Orient af*	7 gêm		
2002-05	Motherwell	76 gêm	2 gôl	(2 gap)
2005-07	Bristol C	11 gêm		(5 cap)
2006	*Milton Keynes D af*	18 gêm		
2006	*Leyton Orient af*	1 gêm		
2007	*Brentford af*	3 gêm		
2007	*Swindon T af*	0 gêm		
2007-08	Brentford	0 gêm		
2008-09	St Patrick's Ath	52 gêm	1 gôl	
2010-11	Cambridge U			
2011	Thurrock			

Diffyg disgyblaeth
Doedd enw David ddim yn adnabyddus i gefnogwyr Cymru pan ymddangosodd yn y tîm cyntaf ddewiswyd gan **John Toshack**. Wedi'r cyfan roedd 8 mlynedd ers iddo ennill ei unig gap dan 21 oed ac roedd ar ei chweched flwyddyn yn chwarae yn yr Alban. Yn ei ieuenctid bu David yn bartner i Rio Ferdinand yn yr amddiffyn yn academi West Ham ac wedi iddo symud i Motherwell cafodd ei hyfforddi gan yr hen ben Terry Butcher. Gwelodd David gerdyn coch am dorri gên Terry Evans, Abertawe, a bu diffyg disgyblaeth yn broblem iddo ar ac oddi ar y cae. Ym mis Medi 2006 carcharwyd David a dau chwaraewr arall o glwb Bryste am eu rhan mewn helynt mewn clwb nos yn y ddinas.

* Bu sôn fod gan David datŵ Lloegr ar ei goes ond fe wadodd hynny'n chwyrn.

Colin Pascoe
Asgellwr/canol y cae

Ganed: 9 Ebrill 1965, Port Talbot (Colin James Pascoe)

Cymru: 1984-91
Cap cyntaf: Gêm **387**, 19 oed; **Cap olaf:** Gêm **431**, 26 oed

10 cap (posibl 45); Gemau llawn 3; Eilyddiwyd 3; Ymlaen fel eilydd 4

Ennill 2; Cyfartal 4; Colli 4; Cwpan y Byd 4; *Eraill* 6; Dan 21 oed 4 cap

Clybiau
428 o gemau cynghrair, 85 gôl

1983-88	Abertawe	174 gêm	39 gôl	(2 gap)
1988-93	Sunderland	126 gêm	22 gôl	(8 cap)
1992	*Abertawe af*	15 gêm	4 gôl	
1993-96	Abertawe	81 gêm	11 gôl	
1996	Blackpool	1 gêm		
1996-97	Merthyr T			
1997-98	Caerfyrddin	31 gêm	9 gôl	
	Hong Kong			

Medalau, ac ati
* Cwpan Cymru 1984 a 1989
* Aelod o dîm adrannol y flwyddyn PFA 1987
* Tlws Cynghrair Lloegr (Autoglass) 1994
* Aelod o Oriel Anfarwolion Abertawe 2014

Bargen
Cafodd Colin ben-blwydd 18 oed i'w gofio – dechrau gêm am y tro cyntaf i Abertawe, a hynny yn Anfield, Lerpwl, yn yr Adran Gyntaf, ond erbyn iddo ennill ei gapiau cyntaf roedd yr Elyrch ar fin disgyn i'r Drydedd Adran. Daeth Colin yn gapten cyn iddo symud i Sunderland am £70,000 oedd yn fargen ond roedd hi'n ddyddiau dreng ar y Vetch a sêr y dyddiau da wedi hen adael am borfeydd brasach. Yn Sunderland bu Colin yn rhan o ddau ddyrchafiad ond un tymor gafodd y clwb yn yr Adran Gyntaf cyn colli eu lle. Wedi iddo ymddeol bu Colin yn hyfforddwr gyda Chaerfyrddin, Caerdydd, Port Talbot ac Abertawe cyn cael ei benodi yn 2010 yn is-reolwr yr Elyrch dan Brendan Rodgers. Symudodd Colin a Rodgers (a dau arall) i Lerpwl yn 2012 ond cafodd Colin y sac ym mis Mehefin 2015 (a Rodgers yn diodde'r un dynged ym mis Hydref).

* Adroddwyd fod Lerpwl wedi talu £5 miliwn i Abertawe am Rodgers a'i dîm rheoli yn 2012. Gorffennodd y clwb yn yr ail safle yn Uwchgynghrair Lloegr yn 2014 ac yn chweched yn 2015 dan Rodgers.

Roy Paul
Hanerwr

Ganed: 18 Ebrill 1920, Gelli Pentre
Bu farw: 21 Mai 2002, Treorci, 82 oed

Ewythr i **Alan Curtis**

A Red Dragon of Wales (1956)

Cymru: 1948-56
Cap cyntaf: Gêm **177**, 28 oed; **Cap olaf:** Gêm **212,** 35 oed

33 cap (posibl 36); 1 gôl; Gemau llawn 33

Ennill 10; Cyfartal 4; Colli 19; Cwpan y Byd 6; Penc. Prydain 17; *Eraill* 10 – 1 gôl

Clybiau
429 o gemau cynghrair, 22 gôl

	Ton Pentre			
1938-50	Abertawe	159 gêm	13 gôl	(9 cap)
1950-57	Manchester C	270 gêm	9 gôl	(24 cap)
	Worcester C			
	Aberhonddu			
	Garw Ath			

Rheolwr

1957-58	Worcester C

Medalau, ac ati
- Y Drydedd Adran (De) 1949
- Cwpan Cymru 1950
- Cwpan FA Lloegr 1956
- Gwobr Just Rentals, Oriel Anfarwolion Chwaraeon Y Rhondda 1990
- Aelod o Oriel Anfarwolion Abertawe 2013

Collodd ei gapiau a'i atgofion
Yn ôl un awdur Roy oedd y pêl-droediwr gyda phopeth heblaw synnwyr cyffredin. Yn ystod haf 1950 aeth Roy, a chwaraewyr eraill, i Bogota, De America, wedi iddynt gael eu temtio gydag addewid o ffortiwn am chwarae i glybiau yno. Gwelodd Roy nad oedd palmant aur yno a dychwelodd i Abertawe lle cafodd ei roi ar y rhestr drosglwyddo. (Roedd ei wraig dan yr argraff fod Roy ar ymweliad â Blackpool!). Achubwyd ei yrfa gan Manchester City ac fel capten fe arweiniodd y clwb i'r Adran Gyntaf yn 1951 ac i ffeinal Cwpan FA Lloegr yn 1955 a 1956. Yn 1956 Roy oedd y Cymro cyntaf i godi'r cwpan ers Fred Keenor i Gaerdydd yn 1927, ac fe fu'n teithio o gwmpas y Rhondda gyda'r cwpan yng nghefn ei gar. Yn 1957 dychwelodd

Roy i'r Rhondda ond collodd ei gapiau ac eitemau eraill mewn llifogydd. Yn 1996 cyflwynodd Cymdeithas Bêl-droed Cymru gap arbennig i Roy i nodi ei yrfa ryngwladol. Tua diwedd ei oes fe gollodd Roy ei atgofion hefyd, i glefyd creulon Alzheimer.

* Ar y maes rhyngwladol fe gydiai sêl Paul dros ei wlad yn nychymyg ei gyd-chwaraewyr. Gyrrai ei hun a phawb o'i gwmpas yn gwbl ddiarbed, a gwelid nerth ei gymeriad a grym ei ewyllys bob tro y gwisgai grys Cymru. – Geraint H. Jenkins, *Cewri'r Bêl-droed yng Nghymru* (1977)

Mark Pembridge
Canol y cae

Ganed: 29 Tachwedd 1970, Merthyr Tudful (Mark Anthony Pembridge)

Cymru: 1991-2004
Cap cyntaf: Gêm **433**, 20 oed; **Cap olaf:** Gêm **526**, 33 oed
54 cap (posibl 94); 6 gôl, 2 o'r smotyn; Gemau llawn 32; Eilyddiwyd 14; Ymlaen fel eilydd 8; Ennill 19; Cyfartal 11; Colli 24; Cwpan y Byd 15 – 4 gôl; Penc. Ewrop 18 – 1 gôl; *Eraill* 21 – 1 gôl
B 2 gap; Dan 21 oed 1 cap

Clybiau
418 o gemau cynghrair, 51 gôl

1989-92	Luton T	60 gêm	6 gôl	(4 cap)
1992-95	Derby Co	110 gêm	28 gôl	(7 cap)
1995-98	Sheffield Wed	93 gêm	11 gôl	(17 cap)
1998-99	Benfica	19 gêm	1 gôl	(5 cap)
1999-03	Everton	91 gêm	4 gôl	(16 cap)
2003-07	Fulham	45 gêm	1 gôl	(5 cap)

O'r Gurnos i Benfica
Roedd un gêm i'r tîm dan 21 ac un i'r tîm B yn ddigon i berswadio **Terry Yorath** i roi cyfle yn y tîm hŷn i'r cochyn bach tanllyd, ond hynod o ddiwyd, a phroffwydodd y rheolwr cenedlaethol yn hollol gywir y byddai'n ennill 50 o gapiau. Bu'n rhaid i Mark aros tan gyfnod Bobby Gould i fod yn aelod cyson o dîm Cymru. Erbyn hynny roedd wedi cael tri thymor llwyddiannus gyda Derby oedd wedi talu £1·25 miliwn amdano. Pan ymunodd Mark â Benfica fe wnaeth hynny yn rhad ac am ddim dan reol Bosman ond ar derfyn ei dymor ym Mhortiwgal bu'n rhaid i Everton dalu £850,000 amdano. Dan **Mark Hughes** y cafodd Mark ei lwyddiant mwyaf i Gymru wrth iddo ddod yn feistr ar chwarae yn 'y twll' o flaen yr amddiffyn ac fe adawodd y ddau Farc y llwyfan rhyngwladol yr un pryd. Roedd amheuaeth a oedd Mark wedi cyhoeddi ei ymddeoliad yn ddamweiniol neu'n fwriadol ar yr union ddiwrnod y

cyflwynwyd **John Toshack** fel olynydd Hughes, o gofio fod Mark wedi beirniadu Cymdeithas Bêl-droed Cymru'n llym oherwydd iddo orfod talu am docynnau i'w deulu ei wylio'n chwarae (yn ei gêm olaf fel y digwyddodd hi). Wedi iddo ymddeol ymunodd Mark â staff hyfforddi Fulham.

* Cyfanswm trosglwyddiadau Mark oedd £3·75 miliwn ac ystyriwyd ei drosglwyddiad i Benfica yn un o'r mwyaf annisgwyl.

Jason Perry
Amddiffynnwr canol

Ganed: 2 Ebrill 1970, Caerffili
Cartref: Bedwas

Tad i Joe – Aberystwyth, Merthyr T, Casnewydd, Cheltenham ac eraill/1 gêm gynghrair

Cymru: 1994
Unig gap: Gêm **452**, 23 oed; Gemau llawn 1; Colli 1; *Eraill* 1; B 2 gap; Dan 21 oed 3 chap

Clybiau
388 o gemau cynghrair, 8 gôl

1987-97	Caerdydd	281 gêm	5 gôl	(1 cap)
1997-98	Bristol R	25 gêm		
1998	Lincoln C	12 gêm		
1998-01	Hull C	15 gêm		
2001-03	Casnewydd			
2003-05	Cwmbrân	55 gêm	3 gôl	

Medalau, ac ati
• Chwaraewr Clwb y Flwyddyn Cymru 1991
• Cwpan Cymru 1992 a 1993
• Adran 3 1993

Seico Caerdydd
Chwaraeodd Jason ei gêm gyntaf i Gaerdydd yn y Bedwaredd Adran fel cefnwr de ddeuddydd cyn ei ben-blwydd yn 17 oed ac roedd hi'n ddau dymor arall cyn iddo ennill ei blwyf ar Barc Ninian. Datblygodd Jason i fod yn un o weision gorau'r Adar Glas ac fe enillodd y label seico gan ffyddloniaid y Bob Banc am ei amddiffyn glew a digyfaddawd. Talodd Jason deyrnged uchel i'r ddau hen ben **Kevin Ratcliffe** a **Mark Aizlewood** am eu rhan yn ei ddatblygiad fel amddiffynnwr canol. Wedi iddo ymddeol bu'n Swyddog Pêl-droed yn y Gymuned ym Mhen-y-bont ar Ogwr, darlithydd a chyfarwyddwr pêl-droed yng Ngholeg Pen-coed, a sylwebydd pêl-droed i Radio Wales.

---

* Enillodd Jason ei gap cyntaf i dîm dan 21 oed Cymru yn 1990, yr un pryd â **Chris Coleman** a **Gary Speed,** a'i unig gap llawn (fel cefnwr de) pan oedd **John Toshack** wrth y llyw am un gêm.

Dave Phillips
Cefnwr/canol y cae

Ganed: 29 Gorffennaf 1963, Wegburg, Yr Almaen (David Owen Phillips)

Ei dad o Gaerfilli (ac yn aelod o'r Awyrlu)

Tad i Aaron – Coventry C, *Nuneaton T af,* Northampton T/53 o gemau cynghrair, 1 gôl

Cymru: 1984-96
Cap cyntaf: Gêm **385**, 20 oed; **Cap olaf:** Gêm **465**, 32 oed

62 cap (posibl 81); 1 yn gapten; 2 gôl; Gemau llawn 56; Eilyddiwyd 3; Ymlaen fel eilydd 3; Ennill 21; Cyfartal 12; Colli 29; Cwpan y Byd 19; Penc. Ewrop 17 – 1 gôl; Penc. Prydain 2 *Eraill* 24 – 1 gôl; Dan 21 oed 4 cap

Clybiau
601 o gemau cynghrair, 62 gôl

1981-84	Plymouth A	73 gêm	15 gôl	(3 chap)
1984-86	Manchester C	81 gêm	13 gôl	(10 cap)
1986-89	Coventry C	100 gêm	8 gôl	(9 cap)
1989-93	Norwich C	152 gêm	18 gôl	(24 cap)
1993-97	Nottingham F	126 gêm	5 gôl	(16 cap)
1997-99	Huddersfield T	52 gêm	3 gôl	
1990-00	Lincoln C	17 gêm		
2000-01	Stevenage B			

Medalau, ac ati
• Cwpan FA Lloegr 1987

Y melys a'r chwerw yn erbyn yr Alban
Daeth Dave i'r amlwg wrth i Plymouth o'r Drydedd Adran gyrraedd rownd gyn-derfynol Cwpan FA Lloegr yn 1984. O fewn wythnosau roedd Dave wedi ennill ei gap llawn cyntaf fel cefnwr de ac yna fe symudodd i Manchester C yn yr Ail Adran. Canol y cae oedd ei hoff safle ond roedd yn ddigon amryddawn i allu chwarae fel cefnwr ac fel asgellwr hefyd. Roedd y £550,000 a dalodd Norwich amdano yn record i'r clwb ar y pryd ac fe chwaraeodd David bob gêm wrth i'r clwb orffen yn y trydydd safle yn Uwchgynghrair Lloegr yn nhymor 1992-93. Symudodd Dave o Norwich cyn campau'r clwb hwnnw yn Ewrop y tymor canlynol

oherwydd nad oedd yn hapus â'r telerau a gynigiwyd iddo. Roedd Dave yr un mor siomedig pan ddaeth Bobby Gould â'i yrfa ryngwladol i ben, a hynny, fel y dywedodd, dim ond 90 munud (sef un gêm) wedi iddo fod yn ddigon da i fod yn gapten ar ei wlad, ac wedi chwarae ym mhob un o'r 28 gêm flaenorol. Bu amryw o goliau trawiadol Dave ar restr fer Gôl y Mis y rhaglen *Match of the Day* ac fe enillodd y wobr ddeufis yn olynol yn ystod tymor 1984-85. Wedi iddo ymddeol bu ar staff hyfforddi Derby a Coventry ac yn sylwebydd i gwmni teledu Sky.

* Yn ôl y rheolwr **Mike England** roedd y ffordd y marciwyd Graeme Souness allan o'r gêm gan Dave yn allweddol yn muddugoliaeth Cymru yn yr Alban yn 1985 (**393**). Pan ymwelodd yr Albanwyr â Chaerdydd chwe mis yn ddiweddarach (**396**) dyfarnwyd cic gosb ddadleuol iawn yn erbyn Dave, ac o ganlyniad i'r gôl honno yr Alban, nid Cymru, aeth ymlaen i Gwpan y Byd 1986.

John Phillips
Gôl-geidwad

Ganed: 5 Gorffennaf 1951, Amwythig (Thomas John Seymour Phillips)

Mab i Reg (ganed yn Llanelli) – Amwythig (Shrewsbury T), Crewe Alex/63 o gemau cynghrair, 35 gôl

Ŵyr i Tom Seymour – Oldham Ath

Cymru: 1973-77
Cap cyntaf: Gêm **308**, 21 oed; **Cap olaf:** Gêm **336**, 26 oed
4 cap (posibl 28); Gemau llawn 3; Ymlaen fel eilydd 1
Ennill 1; Cyfartal 1; Colli 2; Penc. Ewrop 1; Penc. Prydain 2; *Eraill* 1; Dan 23 oed 4 cap

Clybiau
200 o gemau cynghrair

1968-69	Amwythig	51 gêm	
1969-70	Aston Villa	15 gêm	
1970-80	Chelsea	125 gêm	(4 cap)
1979	*Abertawe af*	0 gêm	
1979	*Crewe Alex af*	6 gêm	
1980-81	*Brighton & H A af*	1 gêm	
1981-82	Charlton Ath	2 gêm	
1983	Crystal Palace	0 gêm	
	See Bee (Hong Kong)		

Yng nghysgod Y Gath

Ymunodd John â'i glwb lleol yn Amwythig fel prentis ac yno fe gafodd addysg dda dan y rheolwr Harry Gregg, cyn gôl-geidwad Manchester U a Gogledd Iwerddon (a rheolwr Abertawe yn ddiweddarach). Byr fu arhosiad John yn Aston Villa oherwydd fod Chelsea angen ail goli ar frys a bu John yn Stamford Bridge am 10 tymor, yng nghysgod Peter Bonetti (Y Gath) y rhan fwyaf o'r amser. Yr un oedd ei dynged gyda Chymru – ar y fainc yn ystod 15 gêm yn gwylio **Gary Sprake** ac yna **Dai Davies** yn mynd trwy'u pethau rhwng y pyst. Wedi iddo ymddeol sefydlodd gwmni yn y diwydiant moduro.

* Enillodd John ei gap olaf dan amgylchiadau anarferol pan wrthodwyd mynediad i Dai Davies i wlad Coweit oherwydd fod ganddo stamp Israel ar ei basbort.

Leighton Phillips
Amddiffynnwr canol/canol y cae

Ganed: 25 Medi 1949, Castell-nedd
Cartref: Llansawel

Cymru: 1971-81
Cap cyntaf: Gêm **293**, 21 oed; **Cap olaf:** Gêm **367**, 32 oed
58 cap (posibl 75); 3 yn gapten; Gemau llawn 53; Eilyddiwyd 3; Ymlaen fel eilydd 2
Ennill 19; Cyfartal 15; Colli 24; Cwpan y Byd 13; Penc. Ewrop 17 [1976 = 2 gêm]
Penc. Prydain 22; *Eraill* 6; Dan 23 oed 4 cap; Dan 21 oed 1 cap

Clybiau
474 o gemau cynghrair, 16 gôl

1967-74	Caerdydd	182 gêm	11 gôl	(12 cap)
1974-78	Aston Villa	140 gêm	4 gôl	(26 cap)
1978-81	Abertawe	97 gêm		(18 cap)
1981-83	Charlton Ath	45 gêm	1 gôl	(2 gap)
1983-84	Exeter C	10 gêm		
1984	Llanelli			
Rheolwr				
	Llanelli			

Medalau, ac ati
* Cwpan Cymru 1971, 1973 a 1974
* Cwpan Cynghrair Lloegr 1977
* Gwobr Arbennig Cymdeithas Bêl-droed Cymru 2010
* Aelod o Oriel Anfarwolion Abertawe 2015

Mr Cŵl

Ymunodd Leighton â Chaerdydd yn syth o'r ysgol a bu ar Barc Ninian am naw mlynedd, yn gyntaf fel chwaraewr canol y cae ac yna fel amddiffynnwr canol, ei safle pan gurwyd Real Madrid yn 1971. Erbyn iddo adael am Villa Leighton oedd chwaraewr gorau'r clwb a rhybuddiwyd y cadeirydd gan y rheolwr Jimmy Andrews y byddai'r clwb yn disgyn o'r Ail Adran os caniateid i Leighton adael. Dyna'n union ddigwyddodd ac ar yr un pryd enillodd Villa ddyrchafiad i'r Adran Gyntaf. Pan symudodd Leighton o'r Villa i Abertawe roedd y ffi o £70,000 yn record i'r Elyrch ac fe fwynhaodd ddau ddyrchafiad ar y Vetch. Roedd Leighton yn feistr ar ddarllen y gêm ac fe gafodd ei alw'n Mr Cŵl oherwydd ei allu i gadw ei ben ym mhob sefyllfa. Roedd e hefyd yn amddiffynnwr eithaf caled ac yn cyfaddef iddo fod yn lwcus iawn na chafodd gerdyn coch yn y gêm nid anenwog yn erbyn Iwgoslafia yn 1976 (**328**). Er iddo fod yn chwaraewr–hyfforddwr gyda Charlton ac yn chwaraewr–rheolwr gyda Llanelli gadwodd Leighton y byd pêl-droed am y byd ariannol (buddsoddi ac yswiriant) ar ôl ymddeol.

* Doedd Leighton ddim yn rhan o fisoedd olaf buddugoliaethus Abertawe wrth iddynt ennill dyrchafiad i'r Adran Gyntaf yn 1981. Wedi i'r Elyrch golli pum gêm yn olynol collodd Leighton ei le i'r **Dudley Lewis** ifanc ac fe gafodd yr hen ben ei hun yn ymweld â meysydd cynghrair y de (Welsh League) gyda'r trydydd tîm, ond ar yr un pryd yn cadw ei le yn nhîm Cymru.

David Pipe
Canol y cae/cefnwr de

Ganed: 5 Tachwedd 1983, Caerffili (David Ronald Pipe)
Cartref: Bedwas [yr un stryd â **Robert Earnshaw**]

Cymru: 2003
Unig gap: Gêm **512**, 19 oed; Ymlaen fel eilydd 1 (wedi 70 munud); Colli 1; *Eraill* 1
Dan 21 oed 12 cap – capten

Clybiau
281 o gemau cynghrair, 8 gôl

2000-04	Coventry C	21 gêm	1 gôl	(1 cap)
2004-07	Notts Co	141 gêm	4 gôl	
2007-10	Bristol R	86 gêm	3 gôl	
2009	*Cheltenham T af*	8 gêm		
2011-14	Casnewydd	25 gêm		
2014-16	Forest Green R			
2016	Eastleigh			

Medalau, ac ati
- Enillydd gemau ail gyfle'r Gyngres 2013
- Aelod o dîm y flwyddyn y Gyngres 2013

Chwarae'n troi'n chwerw
Dim ond y ffyddloniaid welodd David yn ennill ei unig gap yn Unol Daleithiau America pan oedd 18 o chwaraewyr Cymru 'ddim ar gael' i wneud y daith. Roedd David newydd gwblhau ei dymor cyntaf yn nhîm cyntaf Coventry yn Adran 1 wedi iddo fwrw ei brentisiaeth yn nhimau iau'r clwb. Methodd â sefydlu ei hun yn Coventry ac fe ymunodd â Notts Co oedd ar y ffordd i lawr o Adran 2 i Adran 3 (y lefel isaf). Ym mis Mehefin 2010 carcharwyd David am 38 mis am dorri penglog dyn â photel y tu allan i glwb nos ym Mryste. Wedi iddo dreulio hanner y ddedfryd dan glo fe gafodd David ail gyfle gan Gasnewydd ac ef oedd y capten pan gyrhaeddwyd ffeinal Tlws FA Lloegr yn 2012, a phan enillodd y clwb ddyrchafiad o'r Gyngres i Gynghrair Lloegr trwy guro Wrecsam yn Wembley yn 2013. Roedd David yn ôl yn Wembley yn 2016 ond colli wnaeth Forest Green i Grimsby T yn ffeinal gemau ail gyfle'r Gyngres.

* Syfrdanwyd David pan gafodd ei ryddhau gan Justin Edinburgh, rheolwr Casnewydd, yn 2014, dim ond blwyddyn wedi'r dathlu yn Wembley. Symudodd i Forest Green lle cafodd ei benodi'n gapten un o glybiau mwya'r Gyngres.

Keith Pontin
Amddiffynnwr canol

Ganed: 14 Mehefin 1956, Pont-y clun

Cymru: 1980
Cap cyntaf: Gêm **354**, 23 oed; **Cap olaf:** Gêm **355**, 23 oed
2 gap (posibl 2); Eilyddiwyd 1; Ymlaen fel eilydd 1
Ennill 1; Colli 1; Penc. Prydain 2; Dan 21 oed 1 cap

Clybiau
193 o gemau cynghrair, 5 gôl

1974-83	Caerdydd	193 gêm	5 gôl	(2 gap)
1983-85	Merthyr T			
1985-91	Y Barri			

Y dechrau gorau posib
Gêm gyntaf Keith i Gaerdydd oedd ffeinal Cwpan Cymru yn 1975 (a gollwyd yn erbyn Wrecsam dros ddau gymal) ond bu'n rhaid iddo aros tan ddechrau tymor 1976-77 am ei gêm gynghrair gyntaf (yn yr Ail Adran). Erbyn hynny roedd **Mike England** wedi gadael

Parc Ninian ond daeth England a Keith yn ôl at ei gilydd ym mis Mai 1980, England fel rheolwr Cymru a Keith yn ennill ei gap cyntaf pan anafwyd **David Jones**. (Ciw ailadrodd y sgôr: Cymru –4, Lloegr –1). Cadwodd Keith ei le ar gyfer y gêm nesaf yn erbyn yr Alban ac wedi hanner cyntaf nerfus yn erbyn Dalglish a Jordan aeth **Leighton Phillips** i gymryd ei le ar yr hanner, a dyna ddiwedd ar ei yrfa ryngwladol. Rhwng 1977 a 1982 dyrnaid o gemau'n unig fethodd Keith i Gaerdydd, ac yna bu rhyw anghydfod rhyngddo a'r rheolwr Len Ashurst a chytunwyd i ddiddymu ei gytundeb. Roedd Keith yn 26 oed ac yn ei breim fel amddiffynnwr. Wedi dwy flynedd gyda Merthyr symudodd Keith i'r Barri lle chwaraeodd yn agos i 300 o gemau dros chwe thymor pan oedd yn gweithio fel postmon.

* Dewiswyd Keith yn gapten Cymru ar gyfer ein gêm gyntaf ar lefel led-broffesiynol yn erbyn Lloegr yn y Drenewydd yn 1984, ond fe gollodd y cyfle oherwydd iddo dorri ei drwyn yr wythnos cynt.

Aubrey Powell
Mewnwr

Ganed: 19 Ebrill 1918, Cwm-twrch
Bu farw: 27 Ionawr 2009, Methley, Leeds, 90 oed

Cymru: 1946-50
Cap cyntaf: Gêm **171**, 28 oed; **Cap olaf:** Gêm **187**, 32 oed
8 cap (posibl 17); 1 gôl; Gemau llawn 8; Ennill 5; Colli 3; Penc. Prydain 7 – 1 gôl; *Eraill* 1
Gemau answyddogol 4

Clybiau
162 o gemau cynghrair, 31 gôl

	Abertawe			
1935-48	Leeds U	112 gêm	25 gôl	(5 cap)
1948-50	Everton	35 gêm	5 gôl	(2 gap)
1950-51	Birmingham C	15 gêm	1 gôl	(1 cap)

Cael ei lorio gan arthritis
Pan dorrodd Aubrey ei goes wrth chwarae i Leeds yn 1937 ofnwyd fod ei yrfa ar ben ond llwyddodd i ailddechrau chwarae nes i'r Ail Ryfel Byd roi terfyn dros dro ar bêl-droed swyddogol. Dewiswyd Aubrey ar gyfer y gemau rhyngwladol cyntaf yn 1946 ac enillodd chwech o'i gapiau cyntaf mewn rhediad o wyth gêm. Talodd Everton oddeutu £10,000 amdano yn 1948, oedd yn swm sylweddol ar y pryd. Erbyn hynny roedd Aubrey'n 30 oed ac ni chafodd lawer o lwyddiant ar Barc Goodison.

* Chwe mis ar ôl ennill ei gap olaf roedd Aubrey wedi gadael Cynghrair Lloegr oherwydd ei fod yn dioddef o arthritis. Dychwelodd y Cymro Cymraeg i ardal Leeds, cartref ei wraig, lle bu'n gweithio i gwmnïau melysion.

Dave Powell

Amddiffynnwr canol

Ganed: 15 Hydref 1944, Dolgarrog (David Powell)

Cymru: 1968-70
Cap cyntaf: Gêm **279**, 23 oed; **Cap olaf:** Gêm **292**, 26 oed

11 cap (posibl 14); 1 gôl; Gemau llawn 11

Ennill 1; Cyfartal 6; Colli 4; Cwpan y Byd 2 – 1 gôl; Penc. Ewrop 1; Penc. Prydain 6; *Eraill* 2

Dan 23 oed 4 cap

Clybiau
259 o gemau cynghrair, 7 gôl

	Gwydyr R			
1963-68	Wrecsam	134 gêm	4 gôl	(1 cap)
1968-72	Sheffield U	89 gêm	2 gôl	(10 cap)
1972-74	Caerdydd	36 gêm	1 gôl	

Medalau, ac ati
• Cwpan Cymru 1973

Cymru, Lloegr a Llanrwst
Pan dorrwyd gyrfa Dave yn fyr gan anafiadau collodd Cymru chwaraewr oedd â'r potensial i fod yn un o'n sêr disgleiriaf yn y 1970au. Roedd Dave yn chwarae i Wrecsam yn y Bedwaredd Adran pan gymerodd le **Terry Hennessey** (oedd wedi'i anafu) wrth ochr **Mike England** yng nghanol yr amddiffyn yn erbyn Gorllewin yr Almaen. Cadwodd Dave lygad barcud ar Siggi Held oedd wedi chwarae yn ffeinal Cwpan y Byd yn 1966 ac o fewn ychydig fisoedd roedd Dave wedi ymuno â Sheffield U yn yr Ail Adran. Yr Eidal oedd gwrthwynebwr nesaf Cymru ac yn absenoldeb England a Hennessey tasg Dave oedd ffrwyno Pietro Anastasi, chwaraewr druta'r byd ar y pryd. Cafodd Dave gêm ardderchog a rhoddodd Anastasi'r ffidil yn y to ar yr egwyl. Cafodd Gerd Muller, Gorllewin yr Almaen, a Derek Dougan, Gogledd Iwerddon, eu marcio allan o gemau gan Dave, a datblygodd dealltwriaeth dda rhyngddo ac England yng nghanol yr amddiffyn. Yna ym mis Mawrth 1971, gyda'i glwb ar fin ennill dyrchafiad i'r Adran Gyntaf, cafodd Dave anaf difrifol i'w ben-glin a dyna ddechrau'r diwedd i'w yrfa. Symudodd Dave, a **Gil Reece**, i Gaerdydd yn gyfnewid am Alan Warboys, ond wedi dim ond 36 gêm

mewn dwy flynedd bu'n rhaid i Dave ymddeol. Rhoddir sylw helaeth i yrfa Dave ar wefan *penmon.org*.

* Ar ôl ymddeol fe ymunodd Dave â Heddlu'r De a bu'n rheolwr tîm heddlu Cymru.

Ivor Powell
Hanerwr

Ganed: 5 Gorffennaf 1916, Gilfach, Bargod (Ivor Verdun Powell)
Bu farw: 6 Tachwedd 2012, Caerfaddon (Bath), 96 oed

Cymru: 1946-50
Cap cyntaf: Gêm **172**, 30 oed; **Cap olaf:** Gêm **187**, 34 oed
8 cap (posibl 16); Gemau llawn 8; Ennill 3; Colli 5; Cwpan y Byd 1; Penc. Prydain 5; *Eraill* 2
Gemau answyddogol 4

Clybiau
278 o gemau cynghrair, 16 gôl

	Bargod			
	Barnet			
1937-48	Queen's Park R	110 gêm	2 gôl	(4 cap)
1948-51	Aston Villa	79 gêm	5 gôl	(4 cap)
1951	Port Vale	6 gêm		
1951-52	Y Barri			
1952-54	Bradford C	83 gêm	9 gôl	

Rheolwr

1951	Port Vale
1952-55	Bradford C
1960-63	Carlisle U
1964	Bath C
	PAOK (Gwlad Groeg)
1973-10	Team Bath

Medalau, ac ati
* Y Drydedd Adran (De) 1948
* MA er Anrhydedd Prifysgol Caerfaddon 1993
* Aelod o Oriel Anfarwolion Chwaraeon Cymru 2004
* MBE 2008

Hyfforddwr hyna'r byd

Mae'r hyn a gyflawnodd Ivor dros wyth degawd yn rhyfeddol: 1930au – gweithio fel glöwr cyn ymuno â Queen's Park R; 1940au – cael ei eilyddio gan Stan Mortensen (o dîm Lloegr) pan dorrodd Ivor bont ei ysgwydd mewn gêm answyddogol yn erbyn Lloegr yn 1943, ac ennill ei gap llawn cyntaf pan oedd yn chwarae yn y Drydedd Adran, cyn symud i Villa yn yr Adran Gyntaf am £17,500 oedd yn record am hanerwr; 1950au a'r 60au – rheoli Port Vale, Bradford C a hyfforddi Leeds U dan Don Revie; 1970au, 80au, 90au a'r 2000au – hyfforddi pêl-droed ym Mhrifysgol Caerfaddon, a'i thîm a elwir yn Team Bath ers 1999; 2006 – cafodd ei gydnabod gan Guinness World Records fel hyfforddwr hyna'r byd; 2010 – ymddeol. Dangosodd y Brifysgol ei gwerthfawrogiad trwy sefydlu ysgoloriaeth yn ei enw a chomisiynu cerflun ohono a gyflwynir yn flynyddol i enillwyr Gwobr Ivor Powell am Ragoriaeth mewn Hyfforddi.

* Gwas priodas Ivor yn 1943 oedd (Syr) Stanley Matthews, asgellwr enwog Blackpool a Lloegr. Daeth y ddau'n gyfeillion pan oedd Ivor â gofal ymarfer corff yn yr Awyrlu yn Blackpool yn ystod yr Ail Ryfel Byd.

Lewis Price
Gôl-geidwad

Ganed: 19 Gorffennaf 1984, Bournemouth (Lewis Peter Price)

Cymru: 2005-12
Cap cyntaf: Gêm **536**, 21 oed; **Cap olaf:** Gêm **599**, 28 oed
11 cap (posibl 64); Gemau llawn 5; Eilyddiwyd 1; Ymlaen fel eilydd 5
Ennill 6; Cyfartal 1; Colli 4; Cwpan y Byd 2; Penc. Ewrop 2; *Eraill* 7; Dan 21 oed 10 cap

Clybiau
130 o gemau cynghrair

	Southampton		
2002-07	Ipswich T	68 gêm	(3 chap)
2004	*Cambridge U af*	6 gêm	
2007-10	Derby Co	6 gêm	(4 cap)
2008	*Milton Keynes D af*	2 gêm	
2009	*Luton T af*	1 gêm	
2009-10	*Brentford af*	13 gêm	
2010-15	Crystal Palace	6 gêm	(4 cap)
2014	*Mansfield T af*	5 gêm	
2014-15	*Crawley T af*	18 gêm	
2015-16	Sheffield W	5 gêm	

Rhy aml yn ail neu drydydd dewis

Galwyd Lewis i garfanau cyntaf **John Toshack** yn 2005 ond oherwydd anafiadau bu'n rhaid iddo aros tan fis Tachwedd i gamu i fyny o'r tîm dan 21 oed lle bu'n ddewis cyntaf. Pan gafodd Lewis ei gyfle yng Nghyprus ef oedd y seren mewn tîm di-glem, 'yr unig arwr' meddai *Golwg*, 24 Tachwedd 2005. Rhoddodd y *Western Mail* naw marc allan o ddeg iddo a dim ond pedwar i wyth o'i gyd-chwaraewyr. Roedd yn ymddangos fod gennym olynydd teilwng i **Paul Jones**, **Mark Crossley** a **Danny Coyne**. Yn anffodus methodd Lewis â sefydlu ei hun fel dewis cyntaf (yn rhannol oherwydd anafiadau) yn Ipswich a Derby, lle'r enillodd wobr Chwaraewr Ifanc y Flwyddyn, ac fe welodd **Wayne Hennessey** a **Boaz Myhill** yn ymgiprys am fod yn ddewis cyntaf i Gymru.

* Treuliodd Lewis flwyddyn gydag academi Southampton pan oedd yn ei arddegau. Golwr y clwb oedd Paul Jones. Pan oedd Lewis ar lyfrau Crystal Palace pwy ddaeth i'w wthio i'r trydydd safle ond Wayne Hennessey.

Paul Price
Amddiffynnwr canol

Ganed: 23 Mawrth 1954, St Albans (Paul Terence Price)

Ei dad o Ynysowen

Cymru: 1980-84
Cap cyntaf: Gêm **354**, 26 oed; **Cap olaf:** Gêm **384**, 29 oed
25 cap (posibl 31); 5 yn gapten; 1 gôl; Gemau llawn 23; Eilyddiwyd 1; Ymlaen fel eilydd 1; Ennill 12; Cyfartal 6; Colli 7; Cwpan y Byd 6; Penc. Ewrop 6; Penc. Prydain 9; *Eraill* 4 – 1 gôl
Dan 21 oed 1 cap

Clybiau
394 o gemau cynghrair, 9 gôl

	Welwyn Garden U			
1971-81	Luton T	207 gêm	8 gôl	(11 cap)
1977-78	*Minnesota Kicks af*			
1981-84	Tottenham H	39 gêm		(14 cap)
1984	Minnesota Strikers			
1985-86	Abertawe	62 gêm	1 gôl	
	Saltash U			
1986-88	Peterborough U	86 gêm		
	Chelmsford			
	Wivenhoe T			
	St Albans C			

Rheolwr (yn Awstralia)
>Western Knights SC
>Sorrento FC
>Armadale SC

Medalau, ac ati
* Cwpan FA Lloegr 1982

Anlwc wedi ei ddilyn o glwb i glwb

Enillodd Paul ei gap cyntaf yng ngêm gyntaf **Mike England** wrth y llyw ac i'r rheolwr yr amddiffynnwr canol newydd oedd arwr tawel y fuddugoliaeth 4-1 dros Loegr. Roedd Paul yn gapten Luton yn yr Ail Adran ac fe ddenodd ei berfformiadau cadarn dros Gymru sylw'r clybiau mawr. Talodd Spurs £250,000 amdano ond fe anafwyd Paul yn ei ail gêm i'r clwb a siomedig fu ei gyfnod yno. Wedi cyfnod byr yn America fe gafodd Paul gyfle arall yng Nghynghrair Lloegr gan John Bond yn Abertawe. Cydnabyddwyd ei gyfraniad i amddiffyn yr Elyrch pan gafodd ei alw'n ôl i garfan Cymru ond er ei syndod a'i siom ni adawodd y fainc wrth i **Robbie James** (chwaraewr canol y cae yn bennaf) bartneru **Kevin Ratcliffe** yng nghanol yr amddiffyn. Yn gynnar yn ei yrfa fe dorrodd Paul yr un goes ddwywaith ac fe gadwodd hynny e'n segur am oddeutu dwy flynedd. Tra roedd Paul gyda Luton, Minnesota, Abertawe a Peterborough doedd sefyllfa ariannol fregus y clybiau hynny fyth ymhell o feddyliau'r chwaraewyr.

* Paul oedd y chwaraewr cyntaf i fod yn gapten ar Gymru oedd wedi ei eni y tu allan i'r wlad. Yn wreiddiol roedd Spurs wedi gwrthod ei ryddhau i wynebu Sbaen (**368**) ond apeliodd Cymru'n llwyddiannus i Gynghrair Lloegr.

Keith Pring
Asgellwr

Ganed: 11 Mawrth 1943, Casnewydd (Keith David Pring)

Cymru: 1965-67
Cap cyntaf: Gêm **268**, 22 oed; **Cap olaf:** Gêm **275**, 24 oed
3 chap (posibl 8); Gemau llawn 2; Eilyddiwyd 1; Ennill 1; Cyfartal 1; Colli 1
Cwpan y Byd 1; Penc. Prydain 1; *Eraill* 1

Clybiau
235 o gemau cynghrair, 15 gôl
>Nash U

1961-64	Casnewydd	62 gêm	3 gôl

1964-67	Rotherham U	81 gêm	6 gôl	(3 chap)
1967-69	Notts Co	44 gêm	2 gôl	
1969-71	Southport	48 gêm	4 gôl	

Un arall o allforion Casnewydd

Fel llawer o chwaraewyr ifanc ei gyfnod roedd Keith yn chwarae'n rhan-amser wrth fwrw prentisiaeth y tu allan i bêl-droed (drafftsman oedd Keith) ac yna troi'n broffesiynol yn 21 oed. Gadawodd Keith Gasnewydd yn y Bedwaredd Adran am Rotherham yn yr Ail Adran ac enillodd ei gap cyntaf ychydig dros flwyddyn wedi iddo symud i'r lefel uwch. Ar y pryd roedd **Dave Bowen**, rheolwr Cymru, yn rheoli Northampton oedd yn yr un adran â Rotherham ac yn cadw golwg arno. Daeth ei yrfa i ben yn 1971 pan dorrodd ei goes.

* Enillodd Keith ei gap cyntaf pan oedd Cymru heb **Gil Reece** oedd wedi'i anafu. Pan adawodd Keith Gasnewydd am Rotherham y chwaraewr gafodd ei le ar Barc Somerton oedd … Gil Reece.

Howard Pritchard
Asgellwr

Ganed: 18 Hydref 1958, Caerdydd (Howard Keith Pritchard)

Cymru: 1985
Unig gap: Gêm **392**, 26 oed; Ymlaen fel eilydd 1 (wedi 45 munud)
Cyfartal 1; *Eraill* 1

Clybiau
388 o gemau cynghrair, 68 gôl

1976-81	Bristol C	38 gêm	2 gôl	
1981-83	Swindon T	65 gêm	11 gôl	
1983-86	Bristol C	119 gêm	22 gôl	(1 cap)
1986-88	Gillingham	86 gêm	20 gôl	
1988-89	Walsall	45 gêm	7 gôl	
1989-90	Maidstone U	33 gêm	6 gôl	
1990-92	Yeovil T			
	Yate T			
	Nailsea T			

Medalau, ac ati
• Tlws Cynghrair Lloegr (Freight Rover) 1986 – 1 gôl

Un a fethwyd ddwywaith gan Gaerdydd

Ie, bachgen o Gaerdydd fethwyd ddwywaith gan yr Adar Glas – y tro cyntaf pan gafodd gynnig prentisiaeth gan Bristol C a'r ail dro pan adawodd Fryste am Swindon, er ei fod wedi cael trafodaeth â Richie Morgan, rheolwr Caerdydd. 19 oed oedd Howard pan chwaraeodd ei gêm gynghrair gyntaf i Bristol C yn erbyn Aston Villa yn yr Adran Gyntaf. Erbyn 1980 roedd y clwb yn y Drydedd Adran a gadawodd Howard am Swindon, ond disgyn o'r Drydedd i'r Bedwaredd Adran oedd ei dynged yno. Wedi iddo ymddeol arhosodd Howard yn ardal Bryste lle bu ganddo ysgol yrru.

* Efallai i Howard fod yn anlwcus i gael un cyfle yn unig, a dim ond 45 munud, yng nghrys Cymru o gofio ei fod ar un adeg yn chwarae yn yr Adran Gyntaf. Cyn i Howard ennill ei gap roedd Terry Cooper, rheolwr Bryste, wedi dweud ei fod yn siomedig nad oedd **Mike England**, rheolwr Cymru, byth yn ei wylio.

Aaron Ramsey
Canol y cae

Ganed: 26 Rhagfyr 1990, Caerffili (Aaron James Ramsey)
Cartref: Bedwas

Disgybl yn Ysgol Gyfun Cwm Rhymni

Cymru: 2008-16
Cap cyntaf: Gêm **566**, 17 oed; **Cap diweddaraf:** Gêm **629**, 25 oed
44 cap (posibl 64); 15 yn gapten; 11 gôl, 3 o'r smotyn; Gemau llawn 26; Eilyddiwyd 14;
Ymlaen fel eilydd 3; Cerdyn coch 1 (**601**)
Ennill 22; Cyfartal 3; Colli 19; Cwpan y Byd 14 – 4 gôl
Penc. Ewrop 18 – 5 gôl [Ffrainc 2016 = 5 gêm, 1 gôl]; *Eraill 12* – 2 gôl
Dan 21 oed 12 cap – 2 gôl; Tîm Olympaidd Prydain 2012 5 gêm – 1 gôl

Clybiau
214 o gemau cynghrair, 30 gôl

2008	Caerdydd	16 gêm	1 gôl	
2008-16	Arsenal	187 gêm	28 gôl	(44 cap)
2010	*Nottingham F af*	*5 gêm*		
2011	*Caerdydd af*	*6 gêm*	*1 gôl*	

Medalau, ac ati
• Gwobr Carwyn James 2008
• Chwaraewr ifanc y flwyddyn Cymru 2009 a 2010
• Cwpan FA Lloegr 2014 a 2015
• Aelod o'r tîm ddewiswyd gan UEFA o'r goreuon yn nhwrnamaint Ewro 2016

Y dewin yng nghanol y cae

Y mae stori bêl-droed Aaron yn dechrau pan oedd yn 6 oed. Dyna pryd y cafodd ei anfon gartref o gwrs hyfforddi'r Urdd yng Nghaerffili gan yr hyfforddwr Gary Lewis (Cyfarwyddwr Chwaraeon yr Urdd yn ddiweddarach) – oherwydd ei fod yn rhy ifanc! Wrth lwc aeth Aaron nôl ymhen ychydig fisoedd pan oedd yn 7 oed a cham naturiol oedd ymuno ag academi Caerdydd lle roedd Gary'n hyfforddwr. Ar 28 Ebrill 2007 ymddangosodd Aaron fel eilydd hwyr i dîm cyntaf Caerdydd, yn 16 mlwydd a 123 diwrnod oed, oedd yn tocio 113 diwrnod oddi ar y record a sefydlodd **John Toshack** yn 1965. Erbyn iddo ymuno ag Arsenal ym mis Mehefin 2008 am £4·8 miliwn (bargen!) roedd Aaron eisoes wedi chwarae yn Wembley ddwywaith i Gaerdydd, fel eilydd yn rowndiau cyn-derfynol a therfynol Cwpan FA Lloegr yn 2008 – yr ail ieuengaf erioed i ymddangos yn y ffeinal, a gellid dadlau i Dave Jones, rheolwr Caerdydd, wneud camgymeriad mawr y diwrnod hwnnw trwy gadw Aaron ar y fainc am awr. Aaron oedd seren tîm dan 21 oed Cymru gafodd fuddugoliaethau cofiadwy dros Sweden (4-3), Malta (3-1 a 4-0), Bosnia (4-0 a 2-1), Ffrainc (4-2), Romania (3-0) a'r Eidal (2-1). Unwaith y collodd carfan iau **Brian Flynn** y gemau ail gyfle ym Mhencampwriaeth Ewrop i Loegr (5-4 ar gyfanswm goliau), roedd dyrchafiad Aaron i'r garfan hŷn yn anochel, a bu cryn dipyn o heip cyn ei gêm gyntaf yn Nenmarc ym mis Tachwedd 2008, yr heip mwyaf ers dyfodiad **Ryan Giggs** yn 1991. Yr ymwelwyr cyntaf â stadiwm newydd Caerdydd ym mis Tachwedd 2009 oedd yr Alban, a dyma'r prynhawn y gwelsom ein seren ddisgleiriaf ers Giggs wrth i Aaron

Chris Gunter ac Aaron Ramsey yn dathlu yn yr Ewros 2016

© David Rawcliffe (Propaganda Photo)

chwalu'r gwrthwynebwyr a sgorio gôl unigol ragorol (**576**). Gwelai Toshack y dewin ifanc fel conglfaen ei dîm ar gyfer y gemau rhagbrofol nesaf, Ewro 2012, ond chwalwyd ei gynlluniau pan dorrodd Aaron ei goes mewn dau le mewn tacl gan Ryan Shawcross, Stoke C, ddiwedd Chwefror 2010. Erbyn i Aaron fod yn holliach unwaith eto roedd **Gary Speed** wrth y llyw ac fe wnaeth Aaron yn gapten, yn 20 mlwydd a 90 diwrnod oed, ein capten parhaol ieuengaf erioed (**584**). Ond does dim yn barhaol a phenderfynodd **Chris Coleman** wedi'r stwffad 6-1 yn Novi Sad (**597**) gymryd y gapteniaeth oddi arno er mwyn iddo ganolbwyntio'n llwyr ar ei berfformiad ei hun. Bu tymor 2013-14 yn un arbennig i Aaron yng nghrys Arsenal wrth iddo gael ei enwi'n chwaraewr y mis y clwb bedair gwaith yn olynol, sgorio'r gôl fuddugol yn ffeinal Cwpan FA Lloegr, ac ennill gwobr chwaraewr y flwyddyn y clwb gyda 58% o'r pleidleisiau. Roedd goliau Aaron i'w wlad ac i'w glwb yn amrywio o giciau rhydd, ciciau o'r smotyn, a goliau unigol gwych. Rhaid nodi yn arbennig ei gôl yn Galatasaray, Twrci, ym mis Rhagfyr 2014, un o'r goliau gorau welwyd erioed yng Nghynghrair y Pencampwyr – 28·7 llath ac 1·1 eiliad o'i droed i gefn y rhwyd, yn ôl y gwybodusion. Bu ei gyfraniad i lwyddiant Cymru yng ngemau rhagbrofol Ewro 2016 yn fwy nag allweddol, a'i gôl yn Haifa (**615**), eiliadau cyn yr egwyl, oedd y sail yr adeiladwyd y fuddugoliaeth dros Israel arni, a'r fuddugoliaeth honno wnaeth i lawer o'r cefnogwyr gredu ein bod yn mynd i gyrraedd Ffrainc. Yn Ffrainc roedd Aaron yn un o sêr disgleiriaf y twrnamaint ac yn seren y gêm yn erbyn Rwsia yn ôl UEFA.

*   Aaron yw'r Cymro ieuengaf erioed i ennill cap dan 21 oed – 16 mlwydd a 238 diwrnod. Ar y pryd roedd Aaron yn gymwys i chwarae i'r tîm dan 17 oed a'r tîm dan 19 oed a mynnodd Dave Jones, rheolwr Caerdydd, fod Cymru'n ei ddewis i un tîm yn unig.

Frank Rankmore
Amddiffynnwr canol

Ganed: 21 Gorffennaf 1939, Caerdydd (Frank Edward John Rankmore)

Tad i Frankie – sgoriodd dros 500 o goliau i glwb Bridgend Street yn Sblot

Cymru: 1966
Unig gap: Gêm **272**, 26 oed; Ymlaen fel eilydd 1 (wedi 79 munud); Colli 1; *Eraill* 1
Dan 23 oed 2 gap

Clybiau
371 o gemau cynghrair, 22 gôl

	Corinthiaid Caerdydd			
1957-63	Caerdydd	67 gêm		
1963-68	Peterborough U	201 gêm	7 gôl	(1 cap)
1968-71	Northampton T	103 gêm	15 gôl	

Aros 23 mlynedd am ei gap

Ni chafodd Frank gyfle yn nhîm cyntaf Caerdydd nes i Danny Malloy adael yn annisgwyl yn 1961. Malloy oedd capten y clwb ac anaml iawn, iawn, y methai gêm. Pan ddilewyd rheol yr uchafswm cyflog yn 1961 gwrthododd Malloy'r telerau a gynigiwyd iddo gan Gaerdydd, gadawodd y clwb a dyrchafwyd Frank i'r tîm cyntaf. Cafodd Frank un tymor yn yr Adran Gyntaf ac un yn yr Ail Adran, ac yna daeth ei dro e i adael Parc Ninian yn annisgwyl. Roedd Frank yn un o dri chwaraewr ifanc werthwyd gan Gaerdydd i godi arian i ddod â **John Charles** nôl o'r Eidal. Treuliodd Frank weddill ei yrfa yn y ddwy adran isaf ac fe enillodd ei unig gap yn Chile pan oedd **Mike England** yn absennol o'r garfan deithiodd i Dde America. Uchafbwynt arall i Frank oedd chwarae yn erbyn Manchester U yng Nghwpan FA Lloegr yn 1970 – er bod y dewin George Best wedi sgorio CHWE gôl yn y fuddugoliaeth o 8-2 dros Northampton, a bod Frank wedi methu cic o'r smotyn. Wedi iddo ymddeol bu Frank yn cadw tafarn yn Northampton ac yna fe ddychwelodd i Gaerdydd lle bu ganddo nifer o swyddi yn cynnwys gofalu am fynedfa Gwesty Dewi Sant yn y Bae.

* Yn 1966 yr enillodd Frank ei gap ond am ryw reswm bu'n rhaid iddo aros tan 1989 i dderbyn y cap.

Kevin Ratcliffe
Amddiffynnwr canol

Ganed: 12 Tachwedd 1960, Mancot
Cartref: Aston Park, Queensferry
My Memories of Everton (2003)

Cymru: 1980-93
Cap cyntaf: Gêm **359**, 19 oed; **Cap olaf:** Gêm **446**, 32 oed
59 cap (posibl 88); 37 yn gapten; Gemau llawn 58; Eilyddiwyd 1
Ennill 20; Cyfartal 21; Colli 18; Cwpan y Byd 16; Penc. Ewrop 16; Penc. Prydain 9; *Eraill* 18
Dan 21 oed 2 gap

Clybiau
417 o gemau cynghrair, 3 gôl

1978-92	Everton	359 gêm	2 gôl	(58 cap)
1992	*Dundee af*	4 gêm		
1993	Caerdydd	25 gêm	1 gôl	(1 cap)
1993	Nottingham F	0 gêm		
1994	Derby Co	6 gêm		
1994-95	Caer	23 gêm		

Rheolwr

1994-99	Caer
1999-03	Amwythig

Medalau, ac ati

- Aelod o dîm adrannol y flwyddyn PFA 1985
- Yr Adran Gyntaf 1985 a 1987
- Cwpan FA Lloegr 1984
- Cwpan Enillwyr Cwpanau Ewrop 1985
- Adran 3 1993
- Gwobr Arbennig Cymdeithas Bêl-droed Cymru 2014
- Aelod o Oriel Anfarwolion Everton

Ein hamddiffynnwr cyflymaf

Cafodd Kevin yrfa ddisglair fel capten mwyaf llwyddiannus erioed Everton ac un o amddiffynwyr canol gorau ei gyfnod. Roedd ganddo ddawn arbennig i ddarllen gêm, yn arweinydd naturiol, ac fel amddiffynnwr roedd ei gyflymder yn ddiarhebol. Fel cefnwr chwith yr enillodd Kevin ei 13 cap cyntaf ac fe gafodd ddebiw gwych yn erbyn Tsiecoslofacia a'u hasgellwr Masny oedd yn berchen ar 60 o gapiau. Penodwyd Kevin yn gapten Everton ym mis Rhagfyr 1983 a thros y 3½ tymor nesaf, Everton oedd y tîm gorau yn yr Adran Gyntaf. Yn anffodus i'r clwb, Kevin a **Neville Southall** yn y gôl, ni chawsant gyfle i gystadlu am Gwpan Ewrop oherwydd y gwaharddiad ar glybiau Lloegr yn dilyn trychineb Heysel yn 1985. Yn ogystal â'r llwyddiannau a nodir uchod chwaraeodd Kevin hefyd yn ffeinal Cwpan FA Lloegr yn 1985, 1986 a 1989, a ffeinal Cwpan Cynghrair Lloegr yn 1984. Collwyd tair o'r gemau hynny yn erbyn Lerpwl oedd yn cynnwys **Ian Rush**. Bu'r ddau'n ffrindiau ers iddynt chwarae yn nhîm ysgolion Sir y Fflint ac arferai'r ddau gyd-deithio o'r gogledd-ddwyrain i'w clybiau yn ninas Lerpwl. Doedd Kevin ddim yn enwog am sgorio goliau ond llwyddodd i sgorio i Gaerdydd (yn Adran 3, y lefel isaf) yn ei gêm gyntaf. Ni chafodd Kevin lawer o lwyddiant fel rheolwr – collodd Amwythig (Shrewsbury T) eu lle yng Nghynghrair Lloegr ar ddiwedd cyfnod Kevin yno – ond bu'r gynulleidfa radio a theledu ar ei hennill wrth iddo rannu ei wybodaeth eang o'r gêm brydferth.

* Wedi iddo ennill ei gap olaf yn erbyn Gwlad Belg, pan ddechreuodd **Ryan Giggs** ei gêm ryngwladol gyntaf, dywedodd Kevin, "Gallaf yn awr ddweud wrth fy wyrion a'm hwyresau imi chwarae yn yr un tîm â Ryan Giggs". Chwaraeodd Giggs ei gêm gyntaf yng Nghynghrair Lloegr fel eilydd yn erbyn Kevin ddwy flynedd yn gynharach.

Karl Ready
Amddiffynnwr canol

Ganed: 14 Awst 1972, Castell-nedd
Cartref: Port Talbot

Cymru: 1997-98
Cap cyntaf: Gêm **472**, 24 oed; **Cap olaf:** Gêm **480**, 25 oed
5 cap (posibl 9); Gemau llawn 5; Ennill 1; Cyfartal 1; Colli 3
Cwpan y Byd 1; *Eraill* 4; B 2 gap – capten; Dan 21 oed 5 cap

Clybiau
262 o gemau cynghrair, 13 gôl

1990-01	Queens Park R	226 gêm	10 gôl	(5 cap)
2001-02	Motherwell	36 gêm	3 gôl	
2002-03	Aldershot T			
2003	Aylesbury U			
2003-04	Crawley T			
2004	Farnborough T			

Dewis anodd: pêl-droed neu... wyddbwyll

Gwrthododd Karl gynnig Caerdydd i droi'n broffesiynol oherwydd ei fod eisiau byw yn Llundain, felly fe ymunodd â Queen's Park R. Chwaraeodd Karl yn gyson yn Uwchgynghrair Lloegr am dri thymor ac yna yn Adran 1 am bedwar tymor. Cafodd Karl ei alwad gyntaf i garfan Cymru ar gyfer ail gêm Mike Smith yn 1994, sef y daith haf i Estonia. Yn wreiddiol roedd Karl ar y rhestr wrth gefn ac o'r rhestr honno y camodd i ennill ei gap cyntaf. Wedi 5 cap daeth gyrfa ryngwladol Karl i ben pan chwalwyd tîm arbrofol Bobby Gould yn Tiwnisia. Wrth i QPR ddisgyn o Adran 1 yn 2001, a wynebu trafferthion ariannol, rhyddhawyd Karl ac wedi dim ond un tymor yn Motherwell aeth y clwb hwnnw i'r un trafferthion a chanslwyd cytundebau Karl a chwaraewyr eraill. Wedi iddo ymddeol bu ganddo fusnes datblygu eiddo.

* Pan oedd Karl yn 11 oed bu'n rhaid iddo ddewis rhwng pêl-droed a gwyddbwyll. Wrth i'w hyfforddiant pêl-droed fynd â'i amser fe benderfynodd adael y gêm arall er ei fod yn chwaraewr addawol iawn.

Gil Reece
Asgellwr

Ganed: 2 Gorffennaf 1942, Caerdydd (Gilbert Ivor Reece)
Cartref: Grangetown

Brawd i Len 'Luggie' Reece, bocsiwr, a thaid i Lewis Reece, chwaraewr rygbi 13 rhyngwladol

Cymru: 1965-75
Cap cyntaf: Gêm **265**, 23 oed; **Cap olaf:** Gêm **321**, 32 oed
29 cap (posibl 57); 2 gôl; Gemau llawn 20; Eilyddiwyd 4; Ymlaen fel eilydd 5
Ennill 8; Cyfartal 6; Colli 15; Cwpan y Byd 4; Penc. Ewrop 8 – 2 gôl; Penc. Prydain 16; *Eraill* 1

Clybiau
345 o gemau cynghrair, 91 gôl

1961-62	Caerdydd			
	Ton Pentre af			
1962-63	Penfro			
1963-65	Casnewydd	32 gêm	9 gôl	
1965-72	Sheffield U	211 gêm	59 gôl	(16 cap)
1972-76	Caerdydd	100 gêm	23 gôl	(13 cap)
1976	Abertawe	2 gêm		
	Y Barri			

Medalau, ac ati
• Cwpan Cymru 1973 a 1974

Gwnaeth yn fawr o'r ail gyfle
Cafodd Gil ail gyfle i ddechrau gyrfa yng Nghynghrair Lloegr gan Gasnewydd wedi i Gaerdydd ryddhau'r bachgen lleol oedd hefyd yn hyfforddi i fod yn blymar. Gwnaeth Gil yn fawr o'i gyfle ac wedi iddo ddisgleirio ar yr asgell i Gasnewydd (fel olynydd i **Keith Pring**) yn y Bedwaredd Adran symudodd at Sheffield U yn yr Adran Gyntaf. O fewn chwe mis roedd Gil nôl ar Barc Ninian, yn ennill ei gap cyntaf. Wedi iddo ennill 7 cap fe adawodd Gil westy tîm Cymru yng Nghaerdydd oherwydd nad oedd hyd yn oed yn un o'r eilyddion ar gyfer gêm yn erbyn Romania (**292**). Rhoddodd Cymru ail gyfle iddo a daeth yn aelod sefydlog o'r garfan. Disgleiriodd Gil wrth i Gaerdydd ennill Cwpan Cymru yn 1973 a 1974 ac roedd yn brif sgoriwr yn nhymor 1974-75 wrth i'r clwb ddisgyn i'r Drydedd Adran am un tymor. Wedi iddo ymddeol aeth Gil nôl at ei grefft fel plymar a bu'n rhedeg Gwesty Clare Court yn Grangetown gyda'i wraig. Collodd Gil ei goes dde yn 2010 wedi i lwmp ddatblygu wrth ei ben-glin.

* Cafodd rhai gohebwyr ac awduron hwyl ar draul Cymdeithas Bêl-droed Cymru wrth ailgylchu hanes Gil yn cael ei adael ym maes awyr Heathrow wrth i weddill y garfan, y gohebwyr a chynrychiolwyr y Gymdeithas Bêl-droed hedfan i Ddwyrain yr Almaen (**282**). Yn ôl y fersiwn ymddangosodd yn rhaglen swyddogol Cymru yn erbyn yr Alban yn 2004 roedd Gil wedi ymuno â'r garfan o'r rhestr wrth gefn ac felly doedd ei enw ddim ar restr teithwyr y cwmni hedfan.

Billy Reed
Asgellwr

Ganed: 25 Ionawr 1928, Ynys-hir (William George Reed)
Bu farw: 31 Rhagfyr 2002, Abertawe, 74 oed

Cymru: 1954
Cap cyntaf: Gêm **205**, 26 oed; **Cap olaf:** Gêm **206**, 26 oed
2 gap (posibl 2); Gemau llawn 2; Colli 2; Penc. Prydain 1; *Eraill* 1; Tîm Amatur Cymru 2 gap

Clybiau
292 o gemau cynghrair, 79 gôl

1947-48	Caerdydd			
1948-53	Brighton & H A	129 gêm	36 gôl	
1953-58	Ipswich T	155 gêm	43 gôl	(2 gap)
1958	Abertawe	8 gêm		
	Worcester C			
	Y Fenni			
	Caerau			
	Aberdaugleddau			
	Ferndale			

Medalau, ac ati
• Y Drydedd Adran (De) 1954 a 1957

Chwaraewr rhyngwladol cyntaf Ipswich
Methodd y Billy ifanc â gwneud argraff ar Barc Ninian a gadawodd Gaerdydd am Brighton lle roedd yn brif sgoriwr yn nhymor 1951-52 yn y Drydedd Adran (De). Wedi iddo symud i Ipswich fe enillodd y clwb ddyrchafiad i'r Ail Adran am y tro cyntaf erioed, ar ddiwedd ei dymor cyntaf yn Portman Road, ac fe enillodd Billy ei ddau gap, ar Barc Ninian o flaen torfeydd o 50,000 a 58,000. Disgynnodd Ipswich y tymor nesaf, 1954-55, ac yn nhymor llawn olaf Billy, sef 1956-57, enillwyd dyrchafiad eto. Tri mis barodd ei gyfnod yn Abertawe cyn

iddo benderfynu ymddeol o fod yn chwaraewr proffesiynol. Bu'n gweithio wedi hynny i gwmni cemegau ac mewn llywodraeth leol yn Abertawe.

*   Billy oedd y chwaraewr cyntaf erioed o glwb Ipswich i ennill cap llawn.

Billy Rees
Mewnwr

Ganed: 10 Mawrth 1924, Blaengarw (William Rees)
Bu farw: 27 Gorffennaf 1996, Pen-y-bont ar Ogwr, 72 oed

Cymru: 1949-50
Cap cyntaf: Gêm **179**, 25 oed; **Cap olaf:** Gêm **186**, 25 oed
4 cap (posibl 8); Gemau llawn 4; Ennill 1; Cyfartal 1; Colli 2
Cwpan y Byd 1; Penc. Prydain 1; *Eraill* 2; Gemau answyddogol 1

Clybiau
296 o gemau cynghrair, 95 gôl

	Carn R [Cwm Garw]			
1944-49	Caerdydd	101 gêm	34 gôl	(3 chap)
1949-50	Tottenham H	11 gêm	3 gôl	(1 cap)
1950-55	Leyton O	184 gêm	58 gôl	
1955-59	Headington U			
1959	Kettering T			

Medalau, ac ati
•   Y Drydedd Adran (De) 1947
•   Yr Ail Adran 1950

Sgoriodd un o goliau chwedlonol Caerdydd
Gweithiai Billy fel glöwr pan ymunodd â Chaerdydd, ac roedd yn aelod amlwg o'r tîm enillodd ddyrchafiad i'r Ail Adran yn 1947. Wedi tri thymor llwyddiannus ar Barc Ninian, yn cynnwys bod yn brif sgoriwr yn nhymor 1947-48, ac ennill ei gap cyntaf ym mis Mawrth 1949, symudodd Billy i Tottenham. Cynorthwyodd Billy'r clwb i ennill dyrchafiad i'r Adran Gyntaf yn 1950 ond prin oedd ei gyfleon ar White Hart Lane. Roedd y £14,500 dalodd Leyton Orient yn y Drydedd Adran (De) amdano yn record i'r clwb hwnnw. Wedi ymddeol fe ddychwelodd Billy i ardal Pen-y-bont lle bu'n gweithio mewn ffatri ac yna i gwmni fferyllol.

*   Y mae gan Billy le yn chwedloniaeth clwb Caerdydd fel y dyn ddaeth â marathon o gêm i ben. Ar 14 Ebrill 1945 roedd Caerdydd gartref yn erbyn Bristol City yn ail gymal ail rownd

Cwpan Cynghrair Lloegr (Gogledd). Ar ddiwedd y 90 munud roedd y sgôr yn gyfartal. Yn ôl rheolau'r cwpan chwaraewyd tan y byddai rhywun yn sgorio. Am 6:40 y nos wedi 202 munud, fe sgoriodd Billy'r gôl hollbwysig.

Jason Rees
Canol y cae

Ganed: 22 Rhagfyr 1969, Aberdâr (Jason Mark Rees)

Cymru: 1992
Unig gap: Gêm **437**, 22 oed; Ymlaen fel eilydd 1 (wedi 87 munud); Cyfartal 1; *Eraill* 1; B 1 cap; Dan 21 oed 3 chap

Clybiau
312 o gemau cynghrair, 11 gôl

1988-94	Luton T	82 gêm		(1 cap)
1993	*Mansfield T af*	15 gêm	1 gôl	
1994-97	Portsmouth	43 gêm	3 gôl	
1997	*Exeter C af*	7 gêm		
1997-98	Cambridge U	20 gêm		
1998-00	Exeter C	87 gêm	5 gôl	
2000	Tiverton T			
2000-02	Torquay U	58 gêm	2 gôl	
2002-04	Tiverton T			
2004-05	Taunton T			

Tair munud o enwogrwydd

Jason oedd y lleiaf adnabyddus o'r triawd gafodd eu 'darganfod' yng nghymoedd y de a'u cipio i Luton gan y sgowt enwog Cyril Beech, cyn-asgellwr gyda Merthyr, Abertawe a Chasnewydd. Cyd-chwaraeai Jason â **Mark Pembridge** a **Ceri Hughes** yn nhîm Luton yn yr Adran Gyntaf ar ddechrau'r 1990au ac o'r tri, dim ond Jason fethodd ag ychwanegu at ei un cap llawn (a chapiau ysgolion, ieuenctid, dan 21 oed a B). Wedi iddo adael Luton cafodd Jason yrfa weddol hir yn y tair adran isaf yng Nghynghrair Lloegr.

* Dim ond tair munud barodd ymddangosiad Jason yn Vienna. Yn ennill ei gap cyntaf ac yn sgorio yn y gêm honno oedd **Chris Coleman**, ac fe enillodd Jason, Coleman a **Gary Speed** eu capiau cyntaf dan 21 oed yr un pryd, yn erbyn Gwlad Pwyl ym Merthyr yn 1991.

Ronnie Rees
Asgellwr

Ganed: 4 Ebrill 1944, Ystradgynlais (Ronald Raymond Rees)
Cartref: Merthyr Tudful

Cymru: 1964-71
Cap cyntaf: Gêm **257**, 20 oed; **Cap olaf:** Gêm **300**, 27 oed
39 cap (posibl 44); 3 gôl; Gemau llawn 33; Eilyddiwyd 2; Ymlaen fel eilydd 4
Ennill 8; Cyfartal 8; Colli 23; Cwpan y Byd 10 – 1 gôl; Penc. Ewrop 5; Penc. Prydain 17 – 2 gôl
Eraill 7; Dan 23 oed 7 cap

Clybiau
439 o gemau cynghrair, 68 gôl

1962-68	Coventry C	230 gêm	42 gôl	(21 cap)
1968-69	West Bromwich A	35 gêm	9 gôl	(2 gap)
1969-72	Nottingham F	85 gêm	12 gôl	(16 cap)
1972-75	Abertawe	89 gêm	5 gôl	
	Hwlffordd			
	Merthyr T			

Medalau, ac ati
- Y Drydedd Adran 1964
- Yr Ail Adran 1967
- Aelod o Oriel Anfarwolion Coventry C

Siomedig ar y Vetch
Roedd teulu Ronnie eisoes wedi symud o Ferthyr i ganolbarth Lloegr cyn iddo ymuno â Coventry fel prentis yn 1960. Dan arweiniad Jimmy Hill chwaraeodd Ronnie ran flaenllaw wrth i'r clwb godi o'r Drydedd Adran yn 1964 ac i'r Adran Gyntaf yn 1967. Collodd Ronnie'r cyfle i fod yn rhan o fuddugoliaeth West Brom yn ffeinal Cwpan FA Lloegr yn 1968 oherwydd ei fod eisoes wedi chwarae i Coventry yn y gystadleuaeth. Enillodd Ronnie ei gap cyntaf yng ngêm gyntaf **Dave Bowen** wrth y llyw a bu'r ddau'n ffyddlon i'w gilydd dros y saith tymor y bu'n aelod o'r garfan, ond ni ddaeth yn un o'n sêr mwyaf. Arhosodd Ronnie yn yr Adran Gyntaf nes iddo symud i Abertawe yn y Drydedd Adran yn Ionawr 1972 am £26,000 oedd yn record i'r Elyrch. Cododd y disgwyliadau ar y Vetch ond erbyn Ebrill 1973 y Bedwaredd Adran, nid yr Ail, oedd yn disgwyl yr Elyrch. Wedi iddo ymddeol bu Ronnie'n gweithio i glwb Caerdydd ac yna i gwmni ceir Ford nes iddo gael strôc yn 51 oed. Bu'n byw mewn cartref gofal oedd yn ei gynorthwyo i fynychu gemau Abertawe.

* Gwnaeth Ronnie argraff fawr ar ei gyd-chwaraewyr newydd yn West Brom wrth iddo serennu (gyda Clive Clark) mewn cabaret yn Nairobi, Kenya, a'r wasg leol yn gofyn ai canwr neu asgellwr oedd Ronnie mewn gwirionedd.

Tony Rees
Blaenwr

Ganed: 1 Awst 1964, Merthyr Tudful (Anthony Andrew Rees)

Cymru: 1984
Unig gap: Gêm **387**, 19 oed; Ymlaen fel eilydd 1 (wedi 65 munud)
Colli 1; *Eraill* 1; B 1 cap; Dan 21 oed 1 cap

Clybiau
297 o gemau cynghrair, 52 gôl

1982-83	Aston Villa	0 gêm		
1983-88	Birmingham C	95 gêm	12 gôl	(1 cap)
1985	*Peterborough U af*	5 gêm	2 gôl	
1986	*Amwythig af*	2 gêm		
1988-89	Barnsley	31 gêm	3 gôl	
1989-94	Grimsby T	141 gêm	33 gôl	
1994-96	West Bromwich A	23 gêm	2 gôl	
1996-98	Merthyr T			

Chwaraeodd ar bob lefel
Roedd Tony'n aelod o dîm Aston Villa enillodd Gwpan Ieuenctid FA Lloegr yn 1980 ond methodd â chyrraedd tîm cyntaf Villa yn yr Adran Gyntaf, yn bennaf oherwydd iddo dorri ei goes ddwywaith. Cafodd Tony'r toriad cyntaf wrth ymarfer gyda charfan ieuenctid Cymru ac yna fe dorrodd yr un goes eto wrth chwarae i ail dîm Villa. Wedi iddo symud ar draws dinas Birmingham fe gafodd Tony ei gyfle yn yr Adran Gyntaf ac o fewn ychydig wythnosau roedd yn ennill ei gap dan 21 oed, ac yn sgorio. Erbyn diwedd ei dymor cyntaf yn Birmingham roedd Tony'n ennill ei gap hŷn pan oedd **Alan Davies**, **Mark Hughes** ac **Ian Rush** i gyd ar joli diwedd tymor gyda'u clybiau. Ni chafodd Tony'r un llwyddiant wedyn heblaw am fod yn brif sgoriwr Grimsby yn nhymor 1989-90 a chynorthwyo'r clwb i ennill dau ddyrchafiad yn olynol yn 1990 a 1991. Yn ystod ei yrfa yng Nghynghrair Lloegr fe chwaraeodd Tony ar bob un o'r pedair lefel.

* Gwelodd Tony gerdyn coch nifer o weithiau yn cynnwys un wedi tair munud yn unig yn 1989, ac un arall yn 1990 am ymladd gydag un o'i gyd-chwaraewyr yn Grimsby.

Christian Ribeiro
Amddiffynnwr

Ganed: 14 Rhagfyr 1989, Castell-nedd (Christian Michael Ribeiro)

Ei daid yn hannu o Bortiwgal

Cymru: 2010
Cap cyntaf: Gêm **578**, 20 oed; **Cap olaf:** Gêm **582**, 20 oed

2 gap (posibl 5); Ymlaen fel eilydd 2; Colli 2; Penc. Ewrop 1; *Eraill* 1; Dan 21 oed 8 cap

Clybiau
159 o gemau cynghrair, 8 gôl

2006-12	Bristol C	14 gêm	(2 gap)
2009	Stockport Co	7 gêm	
2010	*Colchester U af*	2 gêm	
2011-12	*Carlisle U af*	5 gêm	
2012	*Scunthorpe U af*	10 gêm	
2012-14	Scunthorpe U	49 gêm	2 gôl
2014-16	Exeter C	72 gêm	6 gôl
2016	Oxford U		

Aelod o'r tîm gurodd yr Eidal

Symudodd y teulu Ribeiro i Swydd Gaerloyw (Gloucestershire) pan oedd Christian yn 5 oed. Cafodd ei gyfle cyntaf gan Bristol C ym mis Awst 2008, ond fe ddaeth y tymor newydd i ben iddo o fewn hanner awr pan gafodd anaf difrifol. Blwyddyn yn ddiweddarach roedd Christian yn serennu yng nghanol yr amddiffyn gyda **Darcy Blake** yn nhîm dan 21 Cymru gurodd yr Eidal 2-1, tîm oedd yn cynnwys **Neil Taylor**, **Gareth Bale** ac **Aaron Ramsey**. Christian sgoriodd gôl gyntaf Cymru a sgoriwr yr Eidal oedd Paloschi a ymunodd ag Abertawe yn 2016. Bu Christian yn aelod o garfan tîm hŷn Cymru dan **John Toshack** ac yna **Brian Flynn**, er na allai ennill lle yn nhîm Bristol C ar y pryd. Wedi iddo symud i Scunthorpe yn Adran 1, ac a ddisgynnodd i Adran 2 yn 2013, ac yna i Exeter C, hefyd yn Adran 2, doedd ei ragolygon am ragor o gapiau ddim yn addawol.

* Christian oedd chwaraewr y flwyddyn Exeter C yn 2015 a bu sôn fod clybiau o adrannau uwch yn ei lygadu.

Jazz Richards
Cefnwr/canol y cae

Ganed: 12 Ebrill 1991, Abertawe (Ashley Darel Jazz Richards)

Cefnder i Tobias Webb, bocsiwr, ac Eli Walker, chwaraewr rygbi rhyngwladol

Cymru: 2012-16
Cap cyntaf: Gêm **594**, 21 oed; **Cap diweddaraf:** Gêm **625**, 25 oed
10 cap (posibl 32); Gemau llawn 5; Ymlaen fel eilydd 5
Ennill 3; Cyfartal 3; Colli 4; Cwpan y Byd 2; Penc. Ewrop 5 [Ffrainc 2016 = 1 gêm]; *Eraill* 3
Dan 21 oed 16 cap – capten

Clybiau
95 o gemau cynghrair

2009-15	Abertawe	39 gêm	(5 cap)
2013	*Crystal Palace af*	11 gêm	
2013	*Huddersfield T af*	9 gêm	
2015	*Fulham af*	14 gêm	
2015-16	Fulham	22 gêm	(5 cap)

Jazz yn taro'r nodau cywir

Synnwyd llawer o'r cefnogwyr pan welsant fod **Chris Coleman** wedi dewis Jazz i ddechrau'r gêm yn erbyn Gwlad Belg ym mis Mehefin 2015. Hwnnw oedd ei ymddangosiad cyntaf mewn carfan ar gyfer gemau rhagbrofol Ewro 2016 ac ar y pryd roedd newydd orffen cyfnod ar fenthyg yn Fulham oherwydd nad oedd e'n cael gemau yn Abertawe. Bu ei gyfraniad i'r fuddugoliaeth y noson honno yn enfawr wrth iddo wneud yn siwr fod Eden Hazard, un o sêr niferus Gwlad Belg, a Chwaraewr y Flwyddyn yn Uwchgynghrair Lloegr, yn saff yn ei boced gefn drwy'r gêm. Ac wrth i Jazz bwyso ar Nainggolan gwnaeth hwnnw'r camgymeriad annisgwyl a arweiniodd at gôl **Gareth Bale**. Cadwodd Jazz ei le ar gyfer yr ymweliad â Chyprus a chofir yn hir amdano'n derbyn pàs glyfar **Aaron Ramsey** ac yna'n croesi'r bêl yn gelfydd tuag at ben Bale, a hwnnw'n gwneud beth roedd Bale yn mwynhau ei wneud – sgorio. Drannoeth roedd y *Western Mail* yn rhoi naw marc allan o ddeg i **Ashley Williams** a Jazz. Enillodd Jazz ei gap cyntaf yn absenoldeb **Darcy Blake** yn Efrog Newydd yn 2012, gêm gyntaf Coleman wrth y llyw, a bu'n aelod cyson o'r garfan ers hynny.

* Y rheolwr yn Fulham pan aeth Jazz yno gyntaf ar fenthyg oedd **Kit Symons** oedd hefyd yn is-reolwr Cymru ac felly'n gyfarwydd iawn â'r chwaraewr.

Stan Richards
Blaenwr canol

Ganed: 21 Ionawr 1917, Caerdydd (Stanley Verdun Richards)
Cartref: Grangetown
Bu farw: 19 Ebrill 1987, Caerdydd, 70 oed

Cymru: 1946
Unig gap: Gêm **172**, 29 oed
Gêm lawn: 1; Colli: 1; Penc. Prydain: 1

Clybiau
119 o gemau cynghrair, 74 gôl

	Tufnell Park (Llundain)			
	Corinthiaid Caerdydd			
1946-48	Caerdydd	57 gêm	39 gôl	(1 cap)
1948-51	Abertawe	62 gêm	35 gôl	
1951-55	Y Barri			
1955	Hwlffordd			

Medalau, ac ati
* Y Drydedd Adran (De) 1947 a 1949

Record – am 56 mlynedd

Roedd Stan yn 29 oed pan ymunodd â Chaerdydd ar gyfer tymor 1946-47, y cyntaf wedi'r Ail Ryfel Byd. Enillodd yr Adar Glas bencampwriaeth y Drydedd Adran (De) ac fe sgoriodd Stan 30 gôl, record a dorrwyd gan **Rob Earnshaw** yn 2002-03. Doedd ei ail dymor ddim cystal oherwydd anafiadau ac fe ymunodd â'i gyn-reolwr Billy McCandless yn Abertawe. Dywedir na allai Stan ymarfer oherwydd fod ei bennau gliniau yn rhy boenus. Serch hynny fe sgoriodd Stan 26 gôl mewn 32 gêm wrth i'r Elyrch ennill dyrchafiad i'r Ail Adran yn 1949. Enillodd Stan ei unig gap pan oedd **Trevor Ford** wedi'i anafu. Ar ôl ymddeol bu Stan yn adeiladwr nes i'w bennau gliniau ei orfodi i wneud gwaith arall. Wedyn fe fu'n gweithio ym marchnad ffrwythau a llysiau Caerdydd.

* Y gri ar Barc Ninian yn nhymor 1946-47 oedd 'Open the score Richards, open the score and put one in', sef addasiad o gân boblogaidd y cyfnod 'Open the door Richard'.

Sam Ricketts
Amddiffynnwr

Ganed: 11 Hydref 1981, Aylesbury (Samuel Derek Ricketts)

Ei nain o Gaerdydd

Mab i Derek – pencampwr neidio ceffylau'r byd 1978, a nai i John Francome, joci

Cymru: 2005-14
Cap cyntaf: Gêm **528**, 23 oed; **Cap olaf:** Gêm **609**, 32 oed

52 cap (posibl 82); Gemau llawn 29; Eilyddiwyd 11; Ymlaen fel eilydd 12

Ennill 16; Cyfartal 10; Colli 26; Cwpan y Byd 14; Penc. Ewrop 10; *Eraill* 28;

Lloegr C 4 cap – 1 gôl

Clybiau
440 o gemau cynghrair, 7 gôl

2000-03	Oxford U	45 gêm	1 gôl	
2002-03	*Nuneaton B af*			
2003-04	Telford U			
2004-06	Abertawe	86 gêm	1 gôl	(10 cap)
2006-09	Hull C	113 gêm	1 gôl	(24 cap)
2009-13	Bolton W	96 gêm	1 gôl	(14 cap)
2013-15	Wolverhampton W	48 gêm	2 gôl	(4 cap)
2015	*Swindon T af*	9 gêm		
2015-16	Coventry C	43 gêm	1 gôl	

Medalau, ac ati
- Cwpan yr FAW 2006
- Tlws Cynghrair Lloegr 2006
- Gemau ail gyfle'r Bencampwriaeth 2008
- Aelod o dîm adrannol y flwyddyn PFA 2005 a 2014
- Adran 1 2014 – capten

O'r Gyngres i Uwchgynghrair Lloegr
Ar ôl cael ei ryddhau yn rhad ac am ddim gan Oxford U treuliodd Sam dymor gyda Telford U cyn cael ei hun ar y clwt pan aeth y clwb hwnnw i'r wal. Mentrodd **Kenny Jackett**, rheolwr Abertawe, ei arwyddo heb hyd yn oed ei weld yn chwarae, ac fe aeth gyrfa Sam o nerth i nerth. Camodd Sam o Adran 2 i'r llwyfan rhyngwladol yn ddidrafferth ar gyfer gêm gyntaf **John Toshack** wrth y llyw ac fe fu'n aelod sefydlog o garfan Cymru hyd at haf 2015. Talodd Hull £300,000 i Abertawe amdano ac yna'i werthu i Bolton am £2 filiwn, yn ôl rhai adroddiadau.

* Pan oedd ar lyfrau Telford fe enillodd Sam bedwar cap i dîm lled-broffesiynol Lloegr, yn cynnwys y gêm gollwyd 2-0 yn erbyn Cymru ym mis Mai 2004.

Dave Roberts
Amddiffynnwr canol

Ganed: 26 Tachwedd 1949, Southampton (David Frazer Roberts)

Ei dad o Langefni

Cymru: 1973-78
Cap cyntaf: Gêm **306**, 23 oed; **Cap olaf:** Gêm **343**, 28 oed
17 cap (posibl 38); Gemau llawn 14; Ymlaen fel eilydd 3
Ennill 5; Cyfartal 5; Colli 7; Cwpan y Byd 1; Penc. Ewrop 3 [1976 = 1 gêm]
Penc. Prydain 11; *Eraill* 2; Dan 23 oed 4 cap

Clybiau
310 o gemau cynghrair, 13 gôl

1967-71	Fulham	22 gêm		
1971-75	Oxford U	161 gêm	7 gôl	(6 chap)
1975-78	Hull C	86 gêm	4 gôl	(11 cap)
1978-80	Caerdydd	41 gêm	2 gôl	
	Swindon T			
	Kettering T			
	Pen-y-bont ar Ogwr			
	Tsun Wan (Hong Kong)			
	Blackpool			
	Bath C			
	Trowbridge T			
	Y Barri			
	Pen-y-bont ar Ogwr			

Cynnydd syfrdanol yn ei werth
Mae'n amlwg na wnaeth Dave lawer o argraff yn Fulham – 22 gêm mewn 3½ blynedd, cyfnod pan ddisgynnodd y clwb o'r Adran Gyntaf i'r Drydedd. O fewn dwy flynedd i symud i Oxford U yn yr Ail Adran fe enillodd Dave ei gap cyntaf ac fe'i gwelwyd ar ei orau yn erbyn Iwgoslafia yn 1976 (**328**) pan gollodd rhai o'i gyd-chwaraewyr eu pennau. Arhosodd Dave yn yr Ail Adran pan symudodd i Hull ond yn ei dymor olaf yno, 1977-78, fe orffennodd y clwb ar waelod yr adran. Dim ond 41 gêm chwaraeodd Dave i Gaerdydd, oedd wedi buddsoddi £59,555, oherwydd iddo gael problem gyda'i asgwrn cefn ac fe achosodd y broblem honno

iddo gael ei ddiswyddo gan Swindon wedi ychydig wythnosau yn unig fel chwaraewr-hyfforddwr. Wedi iddo ymddeol fe fu'n gweithio i adran hysbysebu papur newydd.

* Talodd Oxford U £2,000 amdano, swm chwerthinllyd meddai eu rheolwr Gerry Summers, ac yna'i werthu i Hull am £60,000.

Gareth Roberts
Cefnwr chwith

Ganed: 6 Chwefror 1978, Wrecsam (Gareth Wyn Roberts)
Cartref: Corwen

Cymru: 2000-05
Cap cyntaf: Gêm **490**, 22 oed; **Cap olaf:** Gêm **536**, 27 oed
10 cap (posibl 47); Gemau llawn 2; Eilyddiwyd 1; Ymlaen fel eilydd 7
Ennill 3; Cyfartal 2; Colli 5; Cwpan y Byd 1; *Eraill* 9; B 1 cap; Dan 21 oed 11 cap

Clybiau
550 o gemau cynghrair, 22 gôl

1996-99	Lerpwl	0 gêm	
1999	Panionios (Gwlad Groeg)	15 gêm	
1999-06	Tranmere R	281 gêm	13 gôl (10 cap)
2006-10	Doncaster R	141 gêm	8 gôl
2010-13	Derby Co	96 gêm	1 gôl
2013-14	Bury	11 gêm	
2014	Notts Co	6 gêm	
2014-15	Caer		
2015	Stockport Co		

Medalau, ac ati
• Tlws Cynghrair Lloegr (Johnstone's Paint) 2007 – eilydd, heb chwarae
• Enillydd gemau ail gyfle Adran 1 2008

I Wlad Groeg ac yn ôl, yn reit handi
Wedi iddo adael Ysgol Dinas Brân yn Llangollen fe ymunodd Gareth â chlwb Lerpwl fel prentis ac fe enillodd fedal Cwpan Ieuenctid FA Lloegr yn 1996. Yr agosaf ddaeth Gareth at dîm cyntaf Lerpwl oedd eistedd ar y fainc deirgwaith, ac yna fe gafodd gyfle i ymuno â Panionios oedd dan reolaeth Ronnie Whelan, gynt o Lerpwl. A dyna beth oedd bedydd tân yn y byd mawr ymhell o glydwch Anfield – poteli'n cael eu taflu ar y maes chwarae, a mynd heb gyflog am fisoedd. Gyda'r clwb at eu clustiau mewn dyledion dychwelodd Gareth i

Lannau Mersi, chwe mis wedi iddo arwyddo cytundeb 3½ blynedd. Ar ddiwedd y cyntaf (a'r gorau) o'i saith tymor gyda Tranmere fe gyrhaeddodd y clwb ffeinal Cwpan Cynghrair Lloegr (a cholli 2-1 i Leicester C).

* Enillodd Gareth ei gap cyntaf fel eilydd yn ein gêm gyntaf yn Stadiwm y Mileniwm ac yna fe ddechreuodd y gêm nesaf yno yn erbyn Brasil – dechrau i'w gofio.

Iwan Roberts
Blaenwr canol

Ganed: 26 Mehefin 1968, Bangor (Iwan Wyn Roberts)
Cartref: Dyffryn Ardudwy

All I want for Christmas (2004)

Cymru: 1989-2001
Cap cyntaf: Gêm **420**, 21 oed; **Cap olaf:** Gêm **502**, 33 oed
15 cap (posibl 83); Gemau llawn 6; Eilyddiwyd 3; Ymlaen fel eilydd 5; Cerdyn coch 1 (**441**)
Ennill 3; Cyfartal 4; Colli 8; Cwpan y Byd 6; Penc. Ewrop 2; *Eraill* 7; B 1 cap

Clybiau
647 o gemau cynghrair, 202 gôl

	Harlech			
	Caernarfon			
1986-90	Watford	63 gêm	9 gôl	(1 cap)
1990-93	Huddersfield T	142 gêm	50 gôl	(3 chap)
1993-96	Leicester C	100 gêm	41 gôl	(3 chap)
1996-97	Wolverhampton W	33 gêm	12 gôl	
1997-04	Norwich C	278 gêm	84 gôl	(8 cap)
2004-06	Gillingham	20 gêm	3 gôl	
2005	*Cambridge U af*	11 gêm	3 gôl	

Medalau, ac ati
* Enillydd gemau ail gyfle Adran 1 1994
* Adran 1 2004
* Aelod o Oriel Anfarwolion Norwich C 2002
* Aelod o Orsedd y Beirdd 2012 (Iwan Gwynedd)

Yr ail feiolin
Dydy 15 cap (a dim un gôl) mewn 12 mlynedd ddim yn adlewyrchiad teg o yrfa'r blaenwr pengoch oedd yn sgoriwr toreithiog, ac wedi chwarae ar y lefel uchaf i Watford yn yr

Adran Gyntaf ac yna i Gaerlŷr (Leicester C) a Norwich yn Uwchgynghrair Lloegr. OND cydoesai Iwan ag **Ian Rush** (ei arwr), **Mark Hughes** a **Dean Saunders**, tri a chwaraeodd i glybiau tipyn mwy na'r rhai a wasanaethwyd yn anrhydeddus gan Iwan. Pan ymunodd Iwan â Watford daeth dan adain yr hyfforddwr **Tom Walley** oedd eisoes wedi denu **Malcolm Allen** i'r clwb – cyd-chwaraeodd y ddau i dîm ieuentid Cymru ac ysgolion Gwynedd. Cipiodd Iwan y penawdau nifer o weithiau yn ystod ei yrfa: yn 1986 ei gôl gyntaf yn 18 oed yn sicrhau buddugoliaeth i Watford dros Manchester U; 1990 – chwaraewr drutaf Huddersfield, £275,000; 1994 – hatric mewn 12 munud wrth i Gaerlŷr ennill dyrchafiad i'r Uwchgynghrair; 1996 a 1997 – Wolves a Norwich yn talu oddeutu £1 filiwn yr un amdano. Enillodd Iwan 'run cap yn ystod cyfnod Bobby Gould fel rheolwr Cymru, sy'n dweud mwy am Gould nag am Iwan. Felly roedd Iwan yn ei 30au pan enillodd ei wyth cap olaf, ac erbyn hynny roedd **John Hartson** a **Nathan Blake** â'u llygaid ar y crys. Ers y 1990au bu Iwan yn gyfrannwr cyson i radio a theledu Cymraeg, ac ers ei ymddeoliad bu'n sylwebydd a phyndit yn y ddwy iaith.

* Cafodd Iwan ei wahardd am dair gêm a'i ddirwyo £2,500 am ddatgelu yn ei hunangofiant iddo sathru'n fwriadol ar Kevin Muscat, Wolverhampton W. Eglurodd Iwan ar raglen *Beti a'i Phobl* ar Radio Cymru, 24 Hydref 2010, mai talu'r pwyth yn ôl oedd hyn am y dacl gan Muscat oedd yn ddechrau'r trafferthion gafodd **Craig Bellamy** gyda'i ben-glin drwy gydol ei yrfa.

Jackie Roberts
Cefnwr

Ganed: 30 Mehefin 1918, Abertawe (John Hopkin Roberts)
Cartref: Alice Street, Cwmbwrla
Bu farw: 12 Mehefin 2001, Fforest-fach, 82 oed

Cefnder i **John** a **Mel Charles**

Cymru: 1949
Unig gap: Gêm **181**, 31 oed
Gêm lawn 1; Colli 1; *Eraill* 1

Clybiau
178 o gemau cynghrair, 20 gôl

	Cwmbwrla			
1936-50	Bolton W	162 gêm	19 gôl	(1 cap)
1950-51	Abertawe	16 gêm	1 gôl	
1951	Llanelli			

Y cyntaf o sêr Alice Street

Jackie oedd yr hynaf o'r pum chwaraewr rhyngwladol godwyd yn Alice Street ac fe chwaraeodd i Bolton yn y tymhorau cyn ac ar ôl yr Ail Ryfel Byd. Cyn y rhyfel mewnwr oedd Jackie ond erbyn 1946 cefnwr oedd ei safle. Er ei fod yn gapten Bolton, ac yn chwarae yn yr Adran Gyntaf, methodd Jackie â disodli **Walley Barnes** ac **Alf Sherwood**, cefnwyr Cymru, ac fe enillodd ei unig gap yn absenoldeb Sherwood. Gêm oedd honno ar daith gyntaf Cymru i'r cyfandir, yn haf 1949, ac roedd Jackie'n amau ei fod yn un o'r 15 Cymro ar y daith oherwydd ei fod hefyd yn eitha abl i chwarae yn y gôl petae **Archie Hughes** yn cael ei anafu. Wedi iddo ddychwelyd i Abertawe fe gafodd Jackie ei gyfyngu i 16 gêm yn unig oherwydd anaf.

* Roedd Jackie'n un o 17 o chwaraewyr Bolton ymunodd â'r 53rd (Bolton) Field Regiment ar ddechrau'r Ail Ryfel Byd. Buont yn ymladd yn Ffrainc, Gogledd Affrica a'r Eidal ac adroddwyd eu hanes gan y ffilm *Wartime Wanderers* (2012).

John Roberts
Amddiffynnwr canol

Ganed: 11 Medi 1946, Abercynon (John Griffith Roberts)
Bu farw: 4 Ionawr 2016, Caer, 69 oed

Cymru: 1971-76

Cap cyntaf: Gêm **294**, 24 oed; **Cap olaf:** Gêm **325**, 29 oed
22 cap (posibl 32); 6 yn gapten; Gemau llawn 21; Eilyddiwyd 1
Ennill 5; Cyfartal 6; Colli 11; Cwpan y Byd 3; Penc. Ewrop 4
Penc. Prydain 14; *Eraill* 1; Dan 23 oed 5 cap; Dan 21 oed 1 cap – capten

Clybiau
395 o gemau cynghrair, 38 gôl

	Abercynon Ath			
1964-67	Abertawe	37 gêm	16 gôl	
1967-69	Northampton T	62 gêm	11 gôl	
1969-72	Arsenal	59 gêm	4 gôl	(7 cap)
1972-76	Birmingham C	66 gêm	1 gôl	(15 cap)
1976-80	Wrecsam	144 gêm	5 gôl	
1980-82	Hull C	26 gêm	1 gôl	
1982	Croesoswallt			

Medalau, ac ati
- Yr Adran Gyntaf 1971
- Y Drydedd Adran 1978
- Cwpan Cymru 1978

Cap dan 21 oed – yn 30 oed!

Blaenwr canol oedd John pan ymunodd ag Abertawe ac un o'i gyd-flaenwyr ar y Vetch oedd Georgio Chinaglia chwaraeodd i'r Eidal yng Nghwpan y Byd 1974. Symudodd John i safle'r amddiffynnwr canol a gyda'r Elyrch yn colli £500 yr wythnos fe'i gwerthwyd i Northampton am £12,000. Roedd yr Elyrch yn y Bedwaredd Adran a Northampton yn y Drydedd. Erbyn haf 1969 roedd John yn yr Adran Gyntaf gydag Arsenal lle wynebodd gryn gystadleuaeth am le yn y tîm cyntaf. Brithwyd ei gyfnod yn Birmingham ag anafiadau a symudodd i Wrecsam lle daeth yn gonglfaen yr amddiffyn ar y Cae Ras pan enillwyd dyrchafiad i'r Ail Adran, ac yna daeth gemau yng Nghwpan Enillwyr Cwpanau Ewrop. Synnwyd pawb yn 1976 pan gafodd John ei ddewis i chwarae i Gymru fel blaenwr, arbrawf fu'n aflwyddiannus. Daeth ei fab Matthew (Matt) yn amlwg yn y 2000au yn y byd ffitrwydd, bwyta'n iach a cholli pwysau.

* John oedd y chwaraewr cyntaf o glwb Wrecsam i ennill cap dan 21 oed. Ar y pryd roedd John yn 30 oed ac eisoes wedi ennill 22 o gapiau hŷn. Y gêm hon yn erbyn Lloegr yn Rhagfyr 1976 oedd y gêm gyntaf un dan 21 oed ac roedd caniatâd i gynnwys un chwaraewr oedd yn hŷn na 21.

Neil Roberts

Blaenwr

Ganed: 7 Ebrill 1978, Wrecsam (Neil Wyn Roberts)

Brawd I **Steve Roberts**

Cymru: 1999-2004
Cap cyntaf: Gêm **488**, 21 oed; **Cap olaf:** Gêm **521**, 26 oed
4 cap (posibl 34); Ymlaen fel eilydd 4
Ennill 1; Cyfartal 1; Colli 2; Penc. Ewrop 2; *Eraill* 2; B 1 cap; Dan 21 oed 2 gap

Clybiau
358 o gemau cynghrair, 76 gôl

1996-00	Wrecsam	75 gêm	17 gôl	(1 cap)
2000-04	Wigan Ath	125 gêm	19 gôl	(3 chap)
2002	*Hull C af*	6 gêm		
2004	*Bradford C af*	3 gêm	1 gôl	
2004-06	Doncaster R	61 gêm	8 gôl	
2006-08	Wrecsam	55 gêm	11 gôl	
2008-09	Y Rhyl	33 gêm	20 gôl	

Medalau, ac ati
• Cwpan yr FAW 1998
• Adran 2 2003

Wrecsam i'r carn

Arferai Neil wylio Wrecsam o'r terasau, lle gwelodd Steve Watkin yn sgorio'r gôl fuddugol yn erbyn Arsenal yng Nghwpan FA Lloegr yn 1992. Pan adawodd Watkin am Abertawe yn 1997 cafodd Neil ei gyfle yn nhîm cyntaf Wrecsam ac fe sgoriodd ddwy gôl yn ei gêm lawn gyntaf yn Adran 2. Dyma'r 'teenage scoring sensation' diweddaraf meddai'r wasg wrth iddo sgorio pum gôl mewn wyth gêm. Roedd cynnig Wigan o £450,000 amdano yn Chwefror 2000 yn gynnig na allai Wrecsam ei wrthod. Pan ddychwelodd Neil i'r Cae Ras yn 2006 roedd ganddo un llygad ar ennill dyrchafiad i'w glwb hoff. Bu'n gapten ysbrydoledig a diflino wrth i'r clwb ymladd, nid am ddyrchafiad, ond am ei einioes yng Nghynghrair Lloegr. Ar 5 Mai 2007 arweiniodd Neil y Cochion i ddiogelwch gyda buddugoliaeth dros Boston o flaen torf o 12,374, y fwyaf ar y Cae Ras yn y gynghrair ers 25 mlynedd. Erbyn Ebrill 2008 roedd y frwydr wedi'i cholli a suddodd y clwb i gors y Gyngres. Neil sgoriodd gôl olaf Wrecsam yng Nghynghrair Lloegr ar y Cae Ras – cic o'r smotyn yn erbyn Accrington Stanley. Wedi iddo ymddeol fe ymunodd Neil â Manchester C a daeth yn bennaeth recriwtio yn academi'r clwb.

* Roedd sicrhau llofnod Neil yn 2008 yn bluen yng nghap clwb Y Rhyl ac Uwchgynghrair Cymru'n gyffredinol. Ymhen y flwyddyn enwyd Neil yn Nhîm y Flwyddyn yr Uwchgynghrair ac roedd yn ail i'w gyd-chwaraewr Gareth Owen fel chwaraewr y flwyddyn.

Phil Roberts
Cefnwr

Ganed: 24 Chwefror 1950, Caerdydd (Philip Stanley Roberts)

Cymru: 1974
Cap cyntaf: Gêm **311**, 24 oed; **Cap olaf:** Gêm **316**, 24 oed
4 cap (posibl 6); 1 gôl; Gemau llawn 3; Eilyddiwyd 1
Ennill 2; Colli 2; Penc. Ewrop 3 – 1 gôl; Penc. Prydain 1; Dan 23 oed 6 chap

Clybiau
436 o gemau cynghrair, 7 gôl

1968-73	Bristol R	175 gêm	6 gôl
1973-78	Portsmouth	153 gêm	1 gôl	(4 cap)
1978-79	Henffordd	3 gêm	
	Dartford af		
1979-82	Exeter C	105 gêm	
	Taunton T		
	Yeovil T		

Ottery St Mary
Weymouth
Chard T

Medalau, ac ati
* Cwpan Watney 1972

Aelod o dîm Cymreig Bryste
Disgleiriodd Phil yn y Drydedd Adran gyda Bristol R ond methodd â disodli **Peter Rodrigues** a **Rod Thomas** yn nhîm Cymru. Cafodd Phil ei gyfle wedi iddo symud i Portsmouth yn yr Ail Adran am £55,000, swm oedd yn torri record trosglwyddo'r ddau glwb. Torrwyd record Portsmouth bedair gwaith mewn cyfnod byr wrth i'r clwb geisio prynu llwyddiant. Dau arall adnabyddus a brynwyd oedd **Ron Davies** a Peter Marinello ac er i Phil chwarae'n dda dioddefodd ei yrfa wrth i'r clwb ddisgyn i'r Drydedd Adran yn 1976 ac i'r Bedwaredd yn 1978. Gadawodd Phil am Hereford U am £5,000 yn unig. Wedi un tymor yno fe ymunodd â'i gyn-gapten **Brian Godfrey** oedd yn rheolwr Exeter C.

* Yn gyson yn y 1970au roedd gan Bristol R un o'r timau mwyaf Cymreig a welwyd erioed yng Nghynghrair Lloegr. Pan enillwyd Cwpan Watney yn 1972 roedd Phil yn un o 5 Cymro yn y tîm – y lleill oedd Frankie Prince, Bryn Jones, **Wayne Jones** a Godfrey.

Steve Roberts
Amddiffynnwr canol

Ganed: 24 Chwefror 1980, Wrecsam (Stephen Wyn Roberts)
Brawd i **Neil Roberts**

Cymru: 2005
Unig gap: Gêm **528**, 24 oed; Ymlaen fel eilydd 1 (wedi 90 munud)
Ennill 1; *Eraill* 1; Dan 21 oed 4 cap

Clybiau
239 o gemau cynghrair, 8 gôl

1998-05	Wrecsam	150 gêm	6 gôl	(1 cap)
2005-08	Doncaster R	73 gêm	1 gôl
2008-09	Walsall	16 gêm	1 gôl

Medalau, ac ati
* Tlws Cynghrair Lloegr (LDV Vans) 2005

Dilyn ei frawd hŷn

Dilynnodd Steve ei frawd hŷn, Neil, o dimau ieuenctid Garden Village i'r Cae Ras lle bu'r ddau'n gwylio Wrecsam o'r terasau. Erbyn 1999 roedd y ddau'n cyd-chwarae yn nhîm cyntaf Wrecsam – yr wythed pâr o frodyr i chwarae i'r clwb ers ymuno â Chynghrair Lloegr yn 1921. Roedd 2005 yn flwyddyn chwerw felys i Steve wrth iddo ennill ei gap cyntaf a chyrraedd ffeinal Tlws LDV Vans, y ddwy gêm yn Stadiwm y Mileniwm, Caerdydd. Anafwyd Steve wedi dim ond 14 munud yn y ffeinal honno, a enillwyd 2-0 gan Wrecsam, ond disgynnodd y clwb i Adran 2 (wedi iddynt gael eu cosbi 10 pwynt) ac fe ymunodd Steve â Doncaster yn Adran 1, lle roedd Neil erbyn hynny. Bu ond y dim i'r ddau frawd ymddangos gyda'i gilydd i Gymru ond methodd Steve y daith i'r Unol Daleithiau yn 2003 (**512),** pan enillodd Neil ei drydydd cap, oherwydd anaf. Wedi iddo ymddeol fe sefydlodd Steve a'i wraig gwmni yn Wrecsam oedd yn dylunio a gweithgynhyrchu cynnyrch pren MDF.

*   Oddeutu 45 eiliad oedd hyd unig ymddangosiad Steve i Gymru ac fe gyffyrddodd y bêl unwaith wrth ildio tafliad i Hwngari.

Tony Roberts
Gôl-geidwad

Ganed: 4 Awst 1969, Bangor (Anthony Mark Roberts)
Cartref: Caergybi

Cymru: 1993-96
Cap cyntaf: Gêm **445**, 23 oed; **Cap olaf:** Gêm **468**, 27 oed
2 gap (posibl 24); Ymlaen fel eilydd 2; Ennill 1; Colli 1
Cwpan y Byd 1; *Eraill* 1; B 2 gap; Dan 21 oed 2 gap; Tîm lled-broffesiynol Cymru – capten

Clybiau
305 o gemau cynghrair

1987-98	Queen's Park R	122 gêm	(2 gap)
1998-99	Millwall	8 gêm	
1999	Atlanta Silverbacks		
1999	St Albans C		
2000-11	Dagenham & Redbridge	175 gêm	

Medalau, ac ati
- Y Gyngres 2007
- Enillydd gemau ail gyfle Adran 2 2010

Chwarae nes ei fod bron yn 41 oed

Er iddo dreulio 12 mlynedd ar Loftus Road ni chafodd Tony'r cyfle i sefydlu ei hun fel prif golwr QPR oherwydd fod pob rheolwr newydd wedi prynu gôl-geidwad arall. Gyda **Neville Southall** yn sefydlog yn nhîm Cymru cyfyngwyd Tony i ddau gap fel eilydd i'r seren – a 25 gêm arall ar y fainc. Anafodd Tony un o'i fysedd wrth chwarae i QPR yn Ionawr 1998 a bu'n rhaid iddo ymddeol o'r gêm broffesiynol yn gynnar yn 1999. Wedi iddo ymuno â Dagenham & Redbridge fe enillodd Tony gapiau i dîm lled-broffesiynol Cymru a bu'n gapten pan enillwyd y bencampwriaeth i wledydd Prydain ddwywaith. Yn 2007 roedd Tony yn y gôl i'r Daggers pan enillodd y clwb le yng Nghynghrair Lloegr. Golygai hynny fod Tony yn gorfod ad-dalu rhan o'r iawndal o £150,000 a dderbyniodd wrth 'ymddeol' yn 1999. Wedi tri thymor yn Adran 2 gwireddodd Tony, 40 oed, freuddwyd trwy chwarae yn Wembley yn y gemau ail gyfle. Cyn hynny yr agosaf ddaeth i chwarae yno oedd fel ecstra yn y ffilm gomedi *Mike Bassett: England Manager*. Tra oedd yn chwarae i Dagenham roedd Tony hefyd yn hyfforddi gôl-geidwaid QPR ac yna Arsenal cyn symud i Abertawe yn 2015.

* Pan aeth Tony am dreial ar gyfer tîm Cymru dan 18 oed roedd y bechgyn eraill i gyd ar lyfrau clybiau mawr. Cymeradwywyd Tony i QPR gan yr amddiffynnwr **Brian Law** ac fe gynigiwyd prentisiaeth iddo.

Carl Robinson
Canol y cae

Ganed: 13 Hydref 1976, Llandrindod (Carl Philip Robinson)

Cymru: 1999-2009
Cap cyntaf: Gêm **487**, 22 oed; **Cap olaf:** Gêm **568**, 32 oed
52 cap (posibl 82); 1 gôl; Gemau llawn 19; Eilyddiwyd 18; Ymlaen fel eilydd 15
Ennill 19; Cyfartal 13; Colli 20; Cwpan y Byd 16 – 1 gôl; Penc. Ewrop 14; *Eraill* 22
B 2 gap; Dan 21 oed 6 chap

Clybiau
405 o gemau cynghrair, 32 gôl

1995-02	Wolverhampton W	164 gêm	19 gôl	(8 cap)
1996	*Amwythig af*	4 gêm		
2002-04	Portsmouth	16 gêm		(9 cap)
2003	*Sheffield Wed af*	4 gêm	1 gôl	
2003	*Walsall af*	11 gêm	1 gôl	
2003	*Rotherham U af*	14 gêm		
2004	*Sheffield U af*	5 gêm		
2004-06	Sunderland	52 gêm	5 gôl	(10 cap)

2006-07	Norwich C	49 gêm	2 gôl	(8 cap)
2007-10	Toronto Lynx	74 gêm	3 gôl	(17 cap)
2010-11	New York Red Bulls	12 gêm	1 gôl	
Rheolwr				
2013-16	Vancouver Whitecaps			

Medalau, ac ati
- Adran 1 2003
- Y Bencampwriaeth 2005
- Pencampwriaeth Canada 2009
- Pencampwriaeth Canada 2015 – rheolwr
- Gwobr dinesydd y flwyddyn Llandrindod 2009

Ei ffyddlondeb i'w edmygu

Cafodd Carl ei addysg gynnar fel pêl-droediwr gan ei dad Phil, un o chwaraewyr chwedlonol Llandrindod, a Mike Smith, cyn-reolwr Cymru, yn ysgol rhagoriaeth y Drenewydd. Chwaraeodd Carl ei gêm gyntaf yng Nghynghrair Lloegr yn 1996 pan oedd ar fenthyg yn Amwythig (Shrewsbury T) ac o fewn ychydig wythnosau chwaraeodd yn ffeinal Tlws Cynghrair Lloegr (Auto Windscreens) yn Wembley (Rotherham –2, Shrewsbury T –1). Cynorthwyodd Carl Portsmouth a Sunderland i gyrraedd Uwchgynghrair Lloegr, ond 6 gêm yn unig gafodd y taclwr cadarn ar y lefel uchaf trwy gydol ei yrfa. Wrth iddo ennill ei gap gyntaf yn 1999 roedd Carl yn dilyn Jeff Jones, y gŵr olaf o Landrindod i chwarae i Gymru yn 1910. Penderfynodd Carl ymddeol o'r maes rhyngwladol yn 2009 i roi cyfle i'r to ifanc ddatblygu, ac fe dalodd y rheolwr, **John Toshack**, deyrnged haeddiannol iddo am ei ffyddloneb ac am groesi'r Iwerydd yn gyson i chwarae i'w wlad. Cafodd Carl lwyddiant fel chwaraewr, hyfforddwr a rheolwr yn yr MLS yn Unol Daleithiau America.

* Bu Lee, brawd hŷn Carl, yn chwarae i'r Drenewydd ac yn athro ysgol yn Llandrindod cyn ymuno â Chaerdydd fel hyfforddwr ac yna'n rheolwr yr academi. Bu wedyn yn bennaeth gwyddoniaeth chwaraeon yn West Bromwich A.

John Robinson
Asgellwr/cefnwr

Ganed: 29 Awst 1971, Bulawayo, Rhodesia/Zimbabwe (John Robert Campbell Robinson)

Ei daid o Gaerdydd

Cymru: 1995-2002
Cap cyntaf: Gêm **464**, 24 oed; **Cap olaf:** Gêm **504**, 30 oed

30 cap (posibl 41); 3 gôl; Gemau llawn 19; Eilyddiwyd 6; Ymlaen fel eilydd 5

Ennill 8; Cyfartal 7; Colli 15; Cwpan y Byd 11 – 1 gôl; Penc. Ewrop 9 – 1 gôl; *Eraill* 10 – 1 gôl
Dan 21 oed 5 cap

Clybiau
440 o gemau cynghrair, 44 gôl

1989-92	Brighton & H A	62 gêm	6 gôl	
1992-03	Charlton Ath	332 gêm	35 gôl	(30 cap)
2003-04	Caerdydd	42 gêm	3 gôl	
2004	Gillingham	4 gêm		
2005	Crawley T			
2005	Lewes			

Medalau, ac ati
- Enillydd gemau ail gyfle Adran 1 1998
- Aelod o dîm adrannol y flwyddyn PFA 1998
- Adran 1 2000
- Chwaraewr y Flwyddyn Cymru 2000

Ymroddiad = 100%, Ymdrech = 100%
Doedd John ddim yn ystyried ei hun yn Gymro go iawn ond roedd gwisgo'r crys coch yn golygu popeth iddo, fel roedd ei deulu. Dim ond marwolaeth ei dad, ei gefnogwr ffyddlonaf, berswadiodd John i ymddeol o'r llwyfan rhyngwladol, ac fe adawodd Gaerdydd i fod yn gefn i'w fam yn ei salwch. Treuliodd John ei flynyddoedd cynnar ar gyfandir Affrica nes i'w rieni adael eu swyddi da yno a symud i Loegr er mwyn i'w mab gael cyfle i ddilyn gyrfa fel pêl-droediwr. Roedd John yn ffefryn gyda'r cefnogwyr oherwydd ei redeg diflino, ei stamina anhygoel a'i allu i chwarae fel asgellwr chwith i Charlton a chefnwr de i Gymru. Roedd ei gôl yn erbyn Belarus (**483**) yn nodweddiadol ohono ac wedi tanio'r dorf a ddangosodd yr un angerdd y noson honno ag a welwyd yn 2015. Wedi iddo ymddeol, ac i'w fam farw, symudodd John a'i deulu i Unol Daleithiau America lle sefydlodd ysgol bêl-droed a bu'n hyfforddwr S W Florida Adrenaline.

* Roedd record sgorio John i Gymru ac yng Nghynghrair Lloegr yn hollol gyfartal – 1 gôl bob 10 gêm.

Hal Robson-kanu
Blaenwr

Ganed: 21 Mai 1989, Acton (Thomas Henry Alex Robson-Kanu)
Ei nain o Gaerffili, a'i dad o Nigeria

Cymru: 2010-16

Cap cyntaf: Gêm **578**, 21 oed; **Cap diweddaraf:** Gêm **630**, 27 oed

35 cap (posibl 53); 4 gôl; Gemau llawn 4; Eilyddiwyd 18; Ymlaen fel eilydd 13

Ennill 15; Cyfartal 6; Colli 14; Cwpan y Byd 8 – 1 gôl;

Penc. Ewrop 16 – 3 gôl [Ffrainc 2016 = 5 gêm, 2 gôl]; *Eraill* 11; Dan 21 oed 4 cap – 2 gôl

Clybiau

240 o gemau cynghrair, 33 gôl

	Arsenal			
2007-16	Reading	198 gêm	24 gôl	(35 cap)
2008	*Southend U af*	8 gêm	3 gôl	
2008	*Southend U af*	14 gêm	2 gôl	
2009	*Swindon T af*	20 gêm	4 gôl	
2016	West Bromwich A			

Medalau, ac ati

• Y Bencampwriaeth 2012

Hal-eliwia!

Roedd Hal yn enw newydd pan enillodd ei gap cyntaf dan 21 oed yn Awstria ym mis Mai 2010, yn dilyn dwy flynedd o berswadio gan **Brian Flynn**, rheolwr y timau iau. Bum diwrnod yn ddiweddarach fe enillodd ei gap hŷn cyntaf fel eilydd yn Croatia, pan oedd 15 chwaraewr wedi aros gartref. Sefydlodd Hal ei hun yn y garfan hŷn ar ddechrau tymor 2011-12, y tymor y sicrhaodd Reading ddyrchafiad i Uwchgynghrair Lloegr. Un tymor yn unig arhosodd Reading ar y lefel uchaf ac fe sgoriodd Hal saith gôl, ei dymor gorau. Sgoriodd Hal ei gôl gyntaf i Gymru yn yr eira yn yr Alban ym mis Mawrth 2013 (**601**) wrth iddo godi fel eryr i benio croesiad **Andy King** i'r rhwyd, gôl enillodd y gêm inni. Daeth ei ail gôl yn erbyn Cyprus ym mis Hydref 2015 (**613**) pan fanteisiodd yn llawn ar y fflic bach gan **Gareth Bale** gyfeiriodd y bêl i'w lwybr. Pam felly oedd blaenwr oedd yn sgorio cyn lleied o goliau i'w glwb yn arwr yng Nghymru ond yn neb yn Reading, ei glwb ers pan oedd yn 15 oed, a'r clwb benderfynodd ei ryddhau ym mis Mai 2016? Doedd ganddo ddim rôl benodol fel blaenwr yn Reading ond gwelodd **Chris Coleman** sut y gallai ddefnyddio rhedeg diflino ac anhunanol Hal, ei allu i ddefnyddio'i gryfder i warchod y bêl, a'i hyblygrwydd i chwarae ar yr asgell chwith neu fel rhif 9 er mwyn gosod y llwyfan ar gyfer chwaraewyr fel Bale ac **Aaron Ramsey**. Yn Ffrainc gôl Hal enillodd y gêm inni yn erbyn Slofacia, ac yna daeth y gôl ryfeddol yna yn erbyn Gwlad Belg yn y rownd gogynderfynol, gôl ddyfarnwyd yn gôl y rownd gan UEFA. 'Hal-eliwia' meddai'r sylwebydd Dylan Griffiths ar Radio Cymru ar y pryd. Hal oedd seren y gêm yn ôl UEFA a'r gôl oedd gôl y twrnamaint ar raglen *Match of the Day* noson y ffeinal.

* Anrhydedd ond swreal oedd ymateb Hal wedi iddo glywed cefnogwyr Cymru yn canu ei enw 'Hal! Robson! Hal Robson-Kanu!' i gyfeiliant y Barry Horns, adlais o'r gân 'Push It' gan Salt-n-Pepa o'r 1980au. Hefyd cynhyrchwyd crysau-T gyda'r slogan 'Dim Hal Dim Hwyl'.

Peter Rodrigues
Cefnwr

Ganed: 21 Ionawr 1944, Caerdydd (Peter Joseph Rodrigues)
Cartref: Llanrhymni, Caerdydd

Ei daid yn forwr o Bortiwgal

Cymru: 1964-73
Cap cyntaf: Gêm **260**, 20 oed; **Cap olaf:** Gêm **310**, 29 oed
40 cap (posibl 51); Gemau llawn 36; Eilyddiwyd 3; Ymlaen fel eilydd 1
Ennill 8; Cyfartal 9; Colli 23; Cwpan y Byd 10; Penc. Ewrop 5; Penc. Prydain 21; *Eraill* 4
Dan 21 oed 5 cap

Clybiau
444 o gemau cynghrair, 13 gôl

1961-66	Caerdydd	85 gêm	2 gôl	(7 cap)
1966-70	Leicester C	138 gêm	6 gôl	(16 cap)
1970-75	Sheffield Wed	162 gêm	2 gôl	(17 cap)
1975-77	Southampton	59 gêm	3 gôl	
1977	Romsey T			

Medalau, ac ati
- Cwpan Cymru 1964 a 1965
- Cwpan FA Lloegr 1976
- Gwobr Arbennig Cymdeithas Bêl-droed Cymru 2012

Gwerthwyd ei fedal gan ei ferch
Bu ond y dim i Gaerdydd werthu Peter i Gasnewydd am £500 yn 1963, ond wrth i'r darpar brynwyr oedi fe dorrodd tri o gefnwyr yr Adar Glas eu coesau ac fe gafodd Peter ei gyfle yn y tîm cyntaf. 15 mis yn ddiweddarach roedd Peter yn nhîm Cymru a doedd hi ddim yn syndod fod Caerdydd wedi methu cadw gafael arno. Roedd Peter yn un o'r cyntaf o frîd newydd o gefnwyr oedd yn defnyddio eu cyflymder i wibio i lawr yr asgell i gefnogi'r ymosod ac roedd y £42,000 a dalodd Leicester C amdano yn record ar Barc Ninian. Cyrhaeddodd Peter ffeinal Cwpan FA Lloegr yn 1969, a enillwyd gan Manchester C 1-0 gyda Peter yn methu cyfle da i sgorio. Aeth Peter un cam yn well gyda Southampton yn 1976 a hynny flwyddyn union wedi iddo gael ei ryddhau yn rhad ac am ddim gan Sheffield W. Yn dilyn ffrae rhwng rheolwr Southampton, Lawrie McMenemy, a'r capten, Mick Channon, rhoddwyd y gapteniaeth i Peter, ac fe arweiniodd y tîm i fuddugoliaeth nodedig dros Manchester U. Ar ôl ymddeol yn 1977 bu Peter yn darfarnwr yn y Felin-wen, Sir Gaerfyrddin, ac yn ardal Southampton.

* Rhoddodd Peter ei fedal o 1976 i'w ferch ar ddiwrnod ei phriodas ond 10 mlynedd yn ddiweddarach gwerthodd y fedal yn erbyn ewyllys ei thad. Ni fu llawer o Gymraeg rhwng y ddau wedi hynny er fod Peter wrth ei fodd pan ddarganfu mai clwb Southampton oedd wedi prynu'r fedal am £10,200.

Vic Rouse
Gôl-geidwad

Ganed: 16 Mawrth 1936, Abertawe (Raymond Victor Rouse)

Cymru: 1959
Unig gap: Gêm **232**, 23 oed
Gêm lawn 1; Colli 1; Penc. Prydain 1; Dan 23 oed 1 cap

Clybiau
361 o gemau cynghrair

1953-56	Millwall		
1956-63	Crystal Palace	238 gêm	(1 cap)
1963	Northampton T		
1963-65	Oxford U	22 gêm	
1965-67	Leyton Orient	40 gêm	
1967-72	Atlanta Chiefs	61 gêm	

Y cyntaf o'r Bedwaredd Adran

Enillodd Vic ei gap yn absenoldeb **Jack Kelsey** oedd wedi'i anafu, ac fe gafodd fedydd tân yn Belfast yn 1959 wrth i'r Gwyddelod sgorio ddwywaith yn yr 11 munud agoriadol. Iwerddon oedd y tîm gorau o ddigon ar y dydd ac yn llawn haeddu gorffen ar frig tabl gwledydd Prydain am 1958-59 (a Chymru ar y gwaelod). Gwasanaethodd Vic y Palas am saith tymor, y ddau gyntaf yn y Drydedd Adran (De), a thri yn y Bedwaredd cyn i'r clwb ennill dyrchafiad i'r Drydedd yn 1961. Gorffennodd Vic ei yrfa gydag Atlanta Chiefs lle bu'n hyfforddwr hefyd. Wedi iddo ddychwelyd o'r Unol Daleithiau bu Vic yn rheolwr a hyfforddwr tîm pêl-droed heddlu Llundain.

* Vic oedd y chwaraewr cyntaf o'r Bedwaredd Adran i ennill cap rhyngwladol llawn, i unrhyw wlad. Ar y pryd roedd yr Adran yn ei phlentyndod, wedi cael ei ffurfio yn 1958 trwy ad-drefnu'r Drydedd Adran (De) a'r Drydedd Adran (Gogledd).

Tony Rowley
Blaenwr canol

Ganed: 19 Medi 1929, Porth-cawl (Antonio Camilio Rowley)
Bu farw: 28 Ebrill 2006, Bromborough, Swydd Gaer, 76 oed

Cymru: 1959
Unig gap: Gêm **232**, 29 oed
Gêm lawn 1; Colli 1; Penc. Prydain 1

Clybiau
160 o gemau cynghrair, 83 gôl

	Wellington T			
1949-51	Birmingham C			
1951-53	Stourbridge			
1953-58	Lerpwl	60 gêm	38 gôl	
1958-61	Tranmere R	100 gêm	45 gôl	(1 cap)
1961-62	Bangor			
1962-63	Northwich V			
1963-64	Mossley			

Bisâr

Ar yr olwg gyntaf mae 38 gôl mewn 60 gêm i Lerpwl yn ymddangos yn record barchus ond rhaid cofio fod hynny wedi ei gwasgaru dros gyfnod o 4½ blynedd. Parhaodd Tony i sgorio ar ôl symud i Tranmere yn y Drydedd Adran, a gyda **Dai Ward** a **Roy Vernon** wedi'u hanafu, Tony gafodd ei ddewis i arwain ymosod Cymru yn Belfast yn Ebrill 1959. Gyda dwy funud ar ôl roedd hi'n 4-0 i'r Gwyddelod pan basiodd Tony'r bêl i **Derek Tapscott** i sgorio gôl gysur i Gymru. Ar y pryd roedd Tony'n un o brif sgorwyr Cynghrair Lloegr gyda 27 gôl am y tymor ac fe sgoriodd 4 gôl i Tranmere ar y Sadwrn cyn teithio i Belfast.

* Sgoriodd Tony hatric yn ei gêm gynghrair gyntaf i Lerpwl, yn yr Ail Adran, ac er iddo unwaith sgorio wyth gôl mewn chwe gêm doedd e byth yn gallu cadw ei le yn y tîm cyntaf sy'n egluro pam fod un hanesydd wedi disgrifio ei yrfa yn Anfield yn bisâr.

Ian Rush
Prif sgoriwr Cymru

Ganed: 20 Hydref 1961, Llanelwy (Ian James Rush)
Cartref: Y Fflint

Tad i Jonathan – Derwyddon Cefn/36 gêm gynghrair, 8 gôl

Brawd i Steffan – Y Fflint, Y Rhyl, Bae Colwyn, a rheolwr Y Fflint yng Ngynghrair Cymru 1995-97

Rush (1985)
My Italian Diary (1989)
Ian Rush: An Autobiography (1996)
Rush: The Autobiography (2008)

Cymru: 1980-96
Cap cyntaf: Gêm **355**, 18 oed; **Cap olaf:** Gêm **465**, 34 oed

73 cap (posibl 111); 5 yn gapten; 28 gôl; Gemau llawn 63; Eilyddiwyd 7; Ymlaen fel eilydd 3; Ennill 26; Cyfartal 19; Colli 28; Cwpan y Byd 20 – 11 gôl; Penc. Ewrop 23 – 7 gôl
Penc. Prydain 10 – 2 gôl; *Eraill* 20 – 8 gôl; Dan 21 oed 2 gap

Clybiau
602 o gemau cynghrair, 254 gôl

1979-80	Caer	34 gêm	14 gôl	
1980-86	Lerpwl	182 gêm	110 gôl	(28 cap)
1986-88	Juventus	29 gêm	7 gôl	(10 cap)
1986-87	*Lerpwl af*	42 gêm	30 gôl	
1988-96	Lerpwl	245 gêm	89 gôl	(35 cap)
1996-97	Leeds U	36 gêm	3 gôl	
1997-98	Newcastle U	10 gêm		
1998	*Sheffield U af*	4 gêm		
1998-99	Wrecsam	17 gêm		
1999-00	Sydney Olympic	3 gêm	1 gôl	

Rheolwr

2004-05	Caer	

Medalau, ac ati
- Chwaraewr Ifanc y Flwyddyn PFA 1983
- Chwaraewr y Flwyddyn PFA 1984
- Chwaraewr y Flwyddyn y Gohebwyr Pêl-droed 1984
- Personoliaeth Chwaraon y Flwyddyn Cymru 1984
- Un o'r 100 Chwaraewr Chwedlonol a ddewiswyd i ddathlu canmlwyddiant Cynghrair Lloegr 1998
- Aelod o Oriel Anfarwolion Chwaraeon Cymru 2001
- Aelod o Oriel Anfarwolion yr Amgueddfa Bêl-droed 2006
- Aelod o dîm adrannol y flwyddyn PFA 1983, 1984, 1985, 1987, 1991
- Yr Adran Gyntaf 1982, 1983, 1984, 1986 a 1990
- Cwpan FA Lloegr 1986, 1989 a 1992
- Cwpan Cynghrair Lloegr 1981, 1982, 1983, 1984 a 1995

- Cwpan Ewrop 1984
- Esgid Aur Ewrop 1984 (32 o goliau cynghrair)
- Rhyddfraint Tref Y Fflint 1987
- MBE 1996

Ffenomenon sgorio

Bendithiwyd Ian â'r ddawn amhrisiadwy i sgorio goliau ar raddfa feiblaidd, ond cael a chael oedd hi iddo pan gafodd lid yr ymennydd yn 5 oed. Dechreuodd y goliau lifo'n gynnar – 72 gôl mewn 33 gêm i dîm ysgolion glannau Dyfrdwy. Ymunodd Ian â Chaer pan oedd yn 16 oed wedi i **Cliff Sear**, eu hyfforddwr ieuenctid, ei 'sbotio'. Bu'n rhaid iddo aros nes i'r clwb werthu **Ian Edwards** i Wrecsam i gael ei le yn y tîm cyntaf. Talodd Lerpwl £300,000 amdano oedd yn arian sylweddol am lanc 18 oed gweddol ddibrofiad. Datblygodd partneriaeth ryfeddol rhwng Ian a Kenny Dalglish a doedd hi ddim yn syndod pan dalodd Juventus £3·2 miliwn am y ffenomenon sgorio. Wedi blwyddyn yn unig yn yr Eidal roedd Ian nôl yn Anfield am £2·8 miliwn a sefydlodd ei hun fel y sgoriwr mwyaf toreithiog yn holl hanes y clwb – 346 o goliau mewn 660 o gemau (a chyfrif pob cystadleuaeth). Roedd yn anochel y byddai arch-sgoriwr gwledydd Prydain yn ystod chwarter olaf yr ugeinfed ganrif yn torri record sgorio Cymru oedd wedi sefyll ers 1956, ac fe wnaeth hynny yn 1993 (**446**). Ei gôl enwocaf yng nghrys coch Cymru oedd yr un enillodd y gêm yn erbyn yr Almaen, pencampwyr y byd, yn 1991 (**432**) – pàs berffaith **Paul Bodin** i'w lwybr a'r meistr yn gyflymach na phawb. Ond meidrol oedd Ian ac fe gafodd hunllef ym Mhrâg yn 1987 (**409**) wrth iddo fethu cyfle ar ôl cyfle. Byddai buddugoliaeth wedi selio ein lle yn rowndiau terfynol Pencampwriaeth Ewrop 1988. Wedi ei dymor fel chwaraewr–hyfforddwr yn Wrecsam bu Ian a **Mark Aizlewood** yng ngofal tîm dan 17 oed Cymru a bu'r ddau wrth y llyw yng Nghaer am un tymor. Ers 2009 bu Ian yn Gyfarwyddwr Perfformiad Elît Cymru.

* Dywedodd Ian yn ei hunangofiant mai ei dad Francis oedd y cenedlaetholwr mwyaf ers Owain Glyndŵr a'i fod wedi mynnu fod ei ddeg plentyn yn cael eu geni yng Nghymru yn hytrach nag yn ysbyty Caer. Mynnodd Ian fod cymal yn ei gytundeb gyda Juventus fyddai'n gorfodi'r clwb i'w ryddhau ar gyfer pob gêm ryngwladol ac wedi i'r anthem anghywir gael ei chwarae yn Copenhagen yn 1987 (**408**) fe roddodd Ian bryd o dafod i arweinydd y band.

Dean Saunders
Blaenwr

Ganed: 21 Mehefin 1964, Abertawe (Dean Nicholas Saunders)

Mab i Roy – Lerpwl (Liverpool) ac Abertawe/226 o gemau cynghrair, 4 gôl

Tad i Callum (ganed yn Istanbul) – Crewe Alex/22 o gemau cynghrair, 2 gôl/1 cap dan 21 oed

Cymru: 1986-2001

Cap cyntaf: Gêm **399**, 21 oed; **Cap olaf:** Gêm **497**, 36 oed

75 cap (posibl 99); 22 gôl, 1 o'r smotyn

Gemau llawn 49; Eilyddiwyd 17; Ymlaen fel eilydd 8; Cerdyn coch 1 (**434**)

Ennill 24; Cyfartal 14; Colli 37; Cwpan y Byd 26 – 10 gôl; Penc. Ewrop 21 – 5 gôl;

Eraill 28 – 7 gôl; Tîm Cynghrair Lloegr

Clybiau

618 o gemau cynghrair, 190 gôl

1982-85	Abertawe	49 gêm	12 gôl	
1985	*Caerdydd af*	4 gêm		
1985-87	Brighton & H A	72 gêm	20 gôl	(5 cap)
1987-88	Oxford U	59 gêm	22 gôl	(6 chap)
1988-91	Derby Co	106 gêm	42 gôl	(16 cap)
1991-92	Lerpwl	42 gêm	11 gôl	(8 cap)
1992-95	Aston Villa	112 gêm	38 gôl	(14 cap)
1995-96	Galatasaray	27 gêm	15 gôl	(3 chap)
1996-97	Nottingham F	43 gêm	5 gôl	(9 cap)
1997-98	Sheffield U	43 gêm	17 gôl	(5 cap)
1998-99	Benfica	17 gêm	5 gôl	(3 chap)
1999-01	Bradford C	44 gêm	3 gôl	(6 chap)

Rheolwr

2008-11	Wrecsam
2011-13	Doncaster R
2013	Wolverhampton W
2014-15	Crawley T
2015	Chesterfield

Medalau, ac ati

- Chwaraewr y Flwyddyn Cymru 1991
- Cwpan FA Lloegr 1992
- Cwpan Cynghrair Lloegr 1994
- Cwpan Twrci 1996

Rhyddhawyd gan Abertawe a Chaerdydd

Wrth edrych nôl dros yrfa hir a llewyrchus Dean fel chwaraewr, a throsglwyddiadau gwerth £10,610,000, maen'n anodd credu iddo gael ei ryddhau yn rhad ac am ddim gan John Bond, rheolwr Abertawe, yn haf 1985. Er ei fod yn gydradd brif sgoriwr gyda **Colin Pascoe** yn nhymor 1984-85 fe aeth Dean ar fenthyg i Gaerdydd. Welodd **Alan Durban**, rheolwr yr Adar Glas, ychwaith ddim ynddo, yn wahanol i Chris Cattlin, rheolwr Brighton, a'i gwelodd mewn gêm i ail dimau. Naw mis wedi iddo gostio £19 i Brighton, sef ei docyn trên (!), roedd

Dean yn ennill ei gap llawn cyntaf, ac fe aeth ymlaen i ennill capiau gyda 10 clwb gwahanol, **sy'n record i Gymro**. Er fod y £2·9 miliwn a dalwyd amdano gan Lerpwl yn record Brydeinig newydd gwyddai Dean mai **Ian Rush** (ei bartner yn Lerpwl) a **Mark Hughes** oedd y dewis cyntaf fel blaen ymosodwyr Cymru – nes i **Terry Yorath** gael brênwêf a symud Hughes i ganol y cae yn 1990. Yn gyflym a phob amser yn frwdfrydig, un disgrifiad ohono oedd daeargi gor-fywiog, ac yn aml Dean oedd y jocar yn y pac yn yr ystafell newid. Bu Dean yn hyfforddwr yn Blackburn a Newcastle dan Graeme Souness oedd wedi bod yn rheolwr arno yn Lerpwl, Galatasaray a Benfica. Roedd Dean ar ben ei ddigon pan gafodd wahoddiad gan **John Toshack** i ymuno â thîm hyfforddi Cymru. Achosodd hyn beth anniddigrwydd ymhlith cefnogwyr Wrecsam pan benodwyd Dean yn rheolwr y clwb hwnnw oherwydd fod rhai o gemau Wrecsam (oedd newydd ddisgyn i'r Gyngres) yn cyd-daro â gemau Cymru. Methodd Dean â chodi Wrecsam yn ôl i Gynghrair Lloegr ac fe gollodd Doncaster, Wolverhampton a Crawley eu llefydd yn eu hadrannau dan ei reolaeth. Fel chwaraewr cafodd Dean yr un profiad gydag Abertawe, Caerdydd, Brighton, Oxford U, Derby Co a Nottingham Forest.

* Yn dilyn tacl gan Dean ar Paul Elliott o Chelsea yn ystod ei gêm olaf i Lerpwl bu'n rhaid i Elliott ymddeol oherwydd yr anaf i'w ben-glin. Hawliodd Elliott iawndal o £1 filiwn ond dyfarnodd yr Uchel Lys nad oedd Dean yn gyfrifol am chwarae peryglus a bod Elliott heb brofi fod Dean wedi bwriadu ei anafu.

Robbie Savage
Canol y cae

Ganed: 18 Hydref 1974, Wrecsam (Robert William Savage)
Cartref: Bradley

Savage! (2011)
I'll Tell You What… (2015)

Cymru: 1995-2004
Cap cyntaf: Gêm **464**, 21 oed; **Cap olaf:** Gêm **527**, 29 oed
39 cap (posibl 64); 2 gôl; Gemau llawn 25; Eilyddiwyd 8; Ymlaen fel eilydd 5; Cerdyn coch 1 (**525**)
Ennill 12; Cyfartal 11; Colli 16; Cwpan y Byd 12 – 2 gôl; Penc. Ewrop 13; *Eraill* 14
Dan 21 oed 5 cap

Clybiau
537 o gemau cynghrair, 37 gôl

1993-94	Manchester U			
1994-97	Crewe Alex	77 gêm	10 gôl	(5 cap)
1997-2002	Leicester C	172 gêm	8 gôl	(20 cap)
2002-05	Birmingham C	82 gêm	11 gôl	(14 cap)

2005-08	Blackburn R	76 gêm	1 gôl
2008-11	Derby Co	124 gêm	7 gôl
2008	*Brighton & H A af*	6 gêm	

Medalau, ac ati
- Cwpan Cynghrair Lloegr 2000
- Cymrawd er Anrhydedd, Prifysgol Glyndŵr, 2014

Mr Marmite
Dyna benawd colofn wythnosol Robbie yn y *Daily Mirror*. Roedd rhai cefnogwyr yn ei addoli, eraill yn ei gasáu, ond allech chi byth ei anwybyddu gyda'i wallt hirfelyn a'r steil ymsodol a'i gwelodd yn casglu 89 o gardiau melyn yn Uwchgynghrair Lloegr rhwng 1997 a 2003. Ar ei orau Robbie oedd yr un y gellid dibynnu arno i ennill y bêl yn deg a'i phasio'n gelfydd i'w flaenwyr, fel y gwnaeth yn y funud gyntaf yn erbyn Azerbaijan yn 2003 (**511**). Ar ei waethaf roedd Robbie'n tynnu blewyn o drwyn chwaraewyr, rheolwyr a dyfarnwyr, a dyna sut ddaeth ei yrfa ryngwladol i ben yn gyn-amserol. Unwaith y gadawodd ei fêt **Mark Hughes** swydd rheolwr Cymru roedd Robbie ar gefn ei geffyl yn cynghori'r Gymdeithas Bêl-droed i beidio â phenodi **John Toshack** oedd fel pyndit teledu wedi bod yn feirniadol o dîm Hughes. Pan benodwyd Toshack daeth y tro pedol gyda Robbie'n awyddus i fod yn gapten i 'Mr Toshack' ac yn llygadu 50 o gapiau. Wedi i Toshack ei adael allan o'r garfan i wynebu Awstria (**529**) aeth Robbie'n bananas gan feirniadu'r gwaith paratoi, y dulliau hyfforddi, y ddisgyblaeth newydd, a'r bwydydd dan y rheolwr newydd. Aeth hyn ymlaen am 3½ blynedd nes i Robbie ymddiheuro am fod yn anghywir. Hyd yn oed cyn iddo ymddeol roedd Robbie wedi dechrau cyfrannu i'r cyfryngau lle cafodd ail yrfa.

* Y diwrnod yr ymunodd Robbie â Chaerlŷr (Leicester C) fe brynodd gar Porsche lliw pinc ac o hynny ymlaen roedd ar flaen y gad yn arddangos cyfoeth y pêl-droediwr proffesiynol modern, nid yn unig yn geir ond hefyd yn jinglarins a dillad fflash. Teg nodi iddo hefyd gyfrannu £10,000 i gronfa achub clwb Wrecsam yn 2004.

Peter Sayer
Asgellwr

Ganed: 2 Mai 1955, Caerdydd (Peter Anthony Sayer)
Cartref: Pentre-baen
Llysenw: Leo

Cymru: 1977
Cap cyntaf: Gêm **331**, 21 oed; **Cap olaf:** Gêm **337**, 22 oed
7 cap (posibl 7); Gemau llawn 4; Eilyddiwyd 3; Ennill 2; Cyfartal 4; Colli 1
Cwpan y Byd 2; Penc. Prydain 3; *Eraill* 2; Dan 21 oed 2 gap

Clybiau
222 o gemau cynghrair, 33 gôl

1973-78	Caerdydd	82 gêm	14 gôl	(7 cap)
1978-80	Brighton & H A	55 gêm	6 gôl	
1980-84	Preston NE	45 gêm	6 gôl	
1981	*Caerdydd af*	4 gêm	1 gôl	
1984-85	Caer	36 gêm	6 gôl	
1985-88	Morecambe			
	Northwich V			
	Colne Dynamos af			
	Southport			
	Chorley			
	Skelmersdale			

Medalau, ac ati
• Cwpan Cymru 1976

Y gôl newidiodd ei fywyd

Asgellwr oedd Peter cyn iddo ymddangos yn annisgwyl fel streicar a sgorio gôl sy'n rhan o chwedloniaeth Caerdydd. 8 Ionawr 1977 oedd hi a Tottenham H oedd yr ymwelwyr i Barc Ninian yn nhrydedd rownd Cwpan FA Lloegr. Roedd Peter wedi colli ei le i Steve Grapes ond gyda **Derek Showers** wedi'i anafu, a'r seining newydd Robin Friday (y ceir ei hanes lliwgar yn *The Greatest Footballer You Never Saw*, 1997) ddim yn cael chwarae yn y gêm gwpan, penderfynodd y rheolwr Jimmy Andrews bartneru Tony Evans a Peter yn y blaen. Wedi saith munud cafodd Peter y cyfle a newidiodd ei fywyd a rhoddodd y bêl heibio Pat Jennings. Lai na thri mis yn ddiweddarach roedd Peter yn ennill ei gap cyntaf yn y fuddugoliaeth dros Tsiecoslofacia, ac yna'n serennu, ac yn poenydio Mick Mills, wrth i Gymru guro Lloegr yn Wembley. Erbyn Ionawr 1978 roedd Caerdydd yn gwahodd cynigion am bob un o'i chwaraewyr a gwerthwyd Peter, seren ddisgleiriaf y clwb, i Brighton am £100,000. Wedi iddo ymddeol bu Peter yn gweithio gyda Phêl-droed yn y Gymuned yn Preston, cadw tafarn am naw mlynedd, ac yna'n stiward Clwb Golff Preston.

* Rhoddwyd sylw helaeth i gêm Caerdydd a Spurs ar *Match of the Day* a defnyddiwyd gôl Peter fel rhan o deitlau agoriadol y rhaglen am weddill y tymor. Derbyniodd Peter gar Triumph TR7 gan noddwr a gwahoddiadau i agor siopau.

Frankie Scrine
Blaenwr

Ganed: 9 Ionawr 1925, Abertawe (Francis Henry Scrine)
Bu farw: 5 Hydref 2001, Abertawe, 76 oed

Ŵyr i Fred Scrine, chwaraewr rygbi rhyngwladol

Cymru: 1949-50
Cap cyntaf: Gêm **183**, 24 oed; **Cap olaf:** Gêm **186**, 25 oed
2 gap (posibl 4); Gemau llawn 2; Cyfartal 1; Colli 1; Cwpan y Byd 2

Clybiau
220 o gemau cynghrair, 67 gôl

1944-53	Abertawe	142 gêm	46 gôl	(2 gap)
1953-56	Oldham Ath	78 gêm	21 gôl	
1955	*Llanelli af*			
1956-57	Llanelli			
	Aberdaugleddau			
	Hwlffordd			
	Betws			

Hatric yn y ffeinal

Roedd Frankie'n flaenwr amryddawn allai chwarae fel mewnwr, blaenwr canol neu ar yr asgell chwith. Frankie oedd yr unig chwaraewr o'r dref yn nhîm Abertawe orffennodd ar frig y Drydedd Adran (De) yn 1949, ac fe gyfrannodd 18 gôl, yn cynnwys tri hatric, mewn 38 gêm wrth i'r Elyrch ennill eu dyrchafiad cyntaf ers 1926. Cafodd Abertawe dymor cyntaf da yn yr Ail Adran (1949-50) a gorffen yn yr wythfed safle gyda Frankie'n brif sgoriwr. Ar ddiwedd y tymor fe sgoriodd Frankie hatric yn ffeinal Cwpan Cymru pan gurwyd Wrecsam 4–1 ar Barc Ninian. Y flwyddyn cynt roedd yr Elyrch wedi colli yn y ffeinal i Ferthyr, 2–0. Enillodd Frankie gic o'r smotyn yn y gêm honno ond methodd McCrory â manteisio ar y cyfle i sgorio. Dim ond dwy gêm chwaraeodd Frankie i Abertawe yn nhymor 1950-51 oherwydd anaf i'w ben-glin. Wedi iddo ymddeol bu'n fforman yng ngwaith AWCO yn Abertawe ac yna'n ofalwr canolfan siopa Dewi Sant yn y ddinas lle'r oedd stiwdio'r rhaglen deledu *Heno*.

* Pan enillodd Frankie ei gap cyntaf roedd yn un o saith chwaraewr yn nhîm Cymru oedd yn chwarae yn yr Ail Adran, a honno yw'r gêm sy'n cael ei chyfrif fel ein gêm gyntaf yng Nghwpan y Byd. Yn ei hunangofiant disgrifiodd y capten, **Walley Barnes**, y dacteg a ddyfeisiwyd i greu cyfle i Frankie sgorio yn syth o'r gic gyntaf. Yn anffodus collwyd y cyfle.

Cliff Sear
Cefnwr

Ganed: 22 Medi 1936, Rhostyllen (Reginald Clifford Sear)
Bu farw: 8 Gorffennaf 2000, Caer, 63 oed

Cymru: 1962
Unig gap: Gêm **251**, 26 oed; Gem lawn 1; Colli 1
Penc. Prydain 1; Dan 23 oed 2 gap – capten

Clybiau
297 o gemau cynghrair, 2 gôl

	Croesoswallt			
1957-68	Manchester C	248 gêm	1 gôl	(1 cap)
1968-70	Caer	49 gêm	1 gôl	
Rheolwr				
1982-70	Caer			

Medalau, ac ati
* Yr Ail Adran 1966

'Aelod pwysica'r staff'

Bydd Cliff yn cael ei gofio, nid am ei un gêm ryngwladol pan gafodd Cymru gweir yn Wembley, ond am ei orchestion wedi iddo ymddeol. Arhosodd Cliff gyda'i glwb olaf, Caer, a gwnaeth nifer o swyddi dros gyfnod o 19 mlynedd – rheolwr tîm ieuenctid, hyfforddwr, sgowt, is-reolwr, ffisiotherapydd, a rheolwr. Cliff sy'n cael y clod am ddarganfod **Ian Rush** pan oedd yn 13 oed. Roedd Cliff yn awyddus i'w hen glwb ym Manceinion arwyddo'r bachgyn ifanc addawol ond wedi iddynt wrthod fe dalodd Lerpwl £300,000 amdano. Derbyniodd Cliff £1,000 gan Gaer, gwobr fach i'r gŵr oedd yn gweithio hyd at 80 awr yr wythnos i'r clwb. Un diwrnod yn 1987 roedd Cliff yn rhy brysur i fynd i nôl dillad glân y tîm cyntaf ac anwybyddwyd y neges a adawodd yn gofyn i rywun arall wneud hynny. Cafodd Cliff ei ddiswyddo ar unwaith ond fe gafodd ei orfodi i fod yn y stadiwm bob dydd am 9 wythnos yn gwneud dim a heb gael siarad ag unrhyw un. Derbyniodd Cliff iawndal o £7,570, llai ei gostau o £2,000. Diolch i Dixie McNeil a chlwb Wrecsam cafodd Cliff gyfle i hyfforddi a datblygu'r ieuenctid ar y Cae Ras a thros y blynyddoedd nesaf cyrhaeddodd nifer ohonynt y tîm cyntaf, e.e. Phil Hardy, Waynne Phillips, Gareth Owen, Steve Watkin, **Lee Jones**, Bryan Hughes a Chris Armstrong. 'Dyma aelod pwysica'r staff,' meddai'r cadeirydd Pryce Griffiths am Cliff yn 1993, ac roedd yn dal i weithio fel cyfarwyddwr datblygu pan fu farw.

* Chwaraewyd gêm dysteb i Cliff ar y Cae Ras yn 1996 (Wrecsam –6, Manchester City –1) ac fe ymddangosodd nifer o'r chwaraewyr roedd wedi eu meithrin ynghyd ag eraill yn

cynnwys **Gary Speed** a **Kevin Ratcliffe**, oedd yn dangos y parch oedd at Cliff yn y byd pêl-droed.

Alf Sherwood
Cefnwr

Ganed: 13 Tachwedd 1923, Aberaman (Alfred Thomas Sherwood)
Bu farw: 11 Mawrth 1990, Y Bont-faen, 66 oed

Cymru: 1946-56
Cap cyntaf: Gêm **172**, 23 oed; **Cap olaf:** Gêm **214**, 33 oed
41 cap (posibl 43); 8 yn gapten; Gemau llawn 41; Ennill 13; Cyfartal 5; Colli 23
Cwpan y Byd 6; Penc. Prydain 24; *Eraill* 11; Gemau answyddogol 1

Clybiau
559 o gemau cynghrair, 35 gôl

	Aberaman Ath			
1942-56	Caerdydd	354 gêm	14 gôl	(39 cap)
1956-61	Casnewydd	205 gêm	21 gôl	(2 gap)
Rheolwr				
1961-63	Y Barri			

Medalau, ac ati
- Y Drydedd Adran (De) 1947
- Aelod o Oriel Anfarwolion Chwaraeon Cymru 2006

Yr Ardderchog Alf
Alf yw'r cefnwr gorau a wisgodd grys Cymru, a phrif enillydd capiau Caerdydd hyd heddiw (2016). I'r 'Gwyliwr' yn *Y Cymro* Alf oedd yr Ardderchog Alf a dewis darllenwyr y papur yn 'Bêl-droediwr y Blynyddoedd' yn 1957. Alf oedd capten Caerdydd pan enillwyd dyrchafiad i'r Adran Gyntaf yn 1952 ac fel capten ei wlad, ef oedd yn gyfrifol am y tactegau pan gurwyd Lloegr 2–1 yn 1955 (**209**). Alf oedd un o'r ychydig gefnwyr allai gael y gorau ar y dewin (Syr) Stanley Matthews. Yn y dyddiau cyn caniatáu eilyddion, Alf oedd yr un y gelwid arno i sefyll yn y bwlch i'w glwb a'i wlad i gymryd lle golwr oedd wedi'i anafu. Byddai'n ymarfer yn y gôl er mwyn cadw'r safon a ddisgwyliai ohono'i hunan ac ar un achlysur fe arbedodd gic gosb yn Anfield gan Billy Liddell, Lerpwl, oedd yn feistr o'r smotyn. Ymddangosai i'r cefnogwr cyffredin fod Alf wedi cael ei drin yn wael gan Gymru, Caerdydd a Chasnewydd. Yn ei gêm olaf dros Gymru fe chwaraeodd Alf yn arwrol yn y gôl wedi i **Jack Kelsey** gael ei gario oddi ar Wembley, ond pan ddaeth y gêm nesaf doedd dim sôn am Alf. Cafodd Alf ei ryddhau gan

Trevor Morris, rheolwr Caerdydd, yn ystod haf 1956, a heb y cefnwr ffyddlon a dibynadwy collodd yr Adar Glas eu lle yn yr Adran Gyntaf ymhen y flwyddyn. Wedi pum mlynedd yng Nghasnewydd ni chafodd Alf y gêm dysteb a addawyd iddo ar Barc Somerton. Treuliodd Alf ei hafau ar ddechrau'r 1960au yn hyfforddi'r New York Americans yn yr Unol Daleithiau ac fe enillodd Wobr Pimms am hyrwyddo cystylltiadau Eingl-Americanaidd, y pêl-droediwr cyntaf i'w hennill.

* Ymhlith ei ddoniau pennaf roedd ei adweithiau miniog, ei chwimdra dros y llathenni cyntaf, a'i sioncrwydd wrth adennill tir. Ar ben hynny, yr oedd rhyw urddas a theilyngdod yn perthyn i'w chwarae… Cofiwn amdano fel cefnwr o athrylith eithriadol. – Geraint H Jenkins, *Cewri'r Bêl-droed yng Nghymru* (1977)

Bill Shortt
Gôl-geidwad

Ganed: 13 Hyfref 1920, Wrecsam (William Warren Shortt)
Bu farw: 20 Medi 2004, Plymouth, 83 oed

Cymru: 1947-53
Cap cyntaf: Gêm **173**, 26 oed; **Cap olaf:** Gêm **200**, 32 oed
12 cap (posibl 28); Gemau llawn 12; Ennill 5; Cyfartal 2; Colli 5
Cwpan y Byd 1; Penc. Prydain 7; *Eraill* 4; Gemau answyddogol 1

Clybiau
342 o gemau cynghrair

	Hoole Alex		
1939-46	Caer		
1946-56	Plymouth A	342 gêm	(12 cap)
	Tavistock T		

Medalau, ac ati
• Y Drydedd Adran (De) 1952

Arwr Plymouth yn y 1950au
Bill oedd y dewis cyntaf yn y gôl i Plymouth am yn agos i ddeg tymor. Enillodd ei gap cyntaf yn 1947 pan aeth **Cyril Sidlow** i'r Unol Daleithiau gyda'i glwb Lerpwl a bu'n rhaid iddo aros tan fis Hydref 1951 am rediad o gemau i Gymru. Erbyn diwedd tymor 1951-52 roedd Bill wedi cynorthwyo'i glwb i adennill y lle a gollodd yn yr Ail Adran yn 1950, a gorffennodd Cymru ar frig tabl gweledydd Prydain, yn gyfartal â Lloegr. Tymor olaf Bill gyda Plymouth oedd 1955-56 pan ddisgynnodd y clwb yn ôl i'r Drydedd Adran (De). Wedi iddo ymddeol

bu Bill yn dafarnwr yn ardal Plymouth lle cafodd gêm dysteb yn 1985, a lle bu farw ar yr un diwrnod â Brian Clough, y ddau'n dipyn o arwyr i'w clybiau.

* Daeth gyrfa ryngwladol Bill i ben pan ildiodd 11 gôl yn ein dwy gêm ar daith haf 1953.

Derek Showers
Blaenwr

Ganed: 28 Ionawr 1953, Merthyr Tudful
Llysenw: Danny

Cymru: 1975
Cap cyntaf: Gêm **320**, 22 oed; **Cap olaf:** Gêm **321**, 22 oed
2 gap (posibl 2); Gemau llawn 1; Ymlaen fel eilydd 1; Cyfartal 1; Colli 1
Penc. Prydain 2; Dan 23 oed 6 chap

Clybiau
271 o gemau cynghrair, 50 gôl

1970-77	Caerdydd	83 gêm	10 gôl	(2 gap)
1977-79	Bournemouth	60 gêm	19 gôl	
1979-80	Portsmouth	39 gêm	8 gôl	
1980-83	Henffordd	89 gêm	13 gôl	
1984	Dorchester T			
1986-87	Y Barri			

Medalau, ac ati
• Cwpan Cymru 1973, 1974 a 1976

Y streicar oedd yn methu sgorio
Gallai Derek sgorio goliau wrth y dwsin i dimau iau Caerdydd ond bob tro y câi gyfle yn y tîm cyntaf roedd yna bostyn neu groesbren yn ei rwystro. Cydnabyddwyd er hynny fod y blaenwr gyda'r gwallt fflamgoch yn un o weithwyr caleta'r clwb, a phan sgoriodd ei gôl gyntaf ar Barc Ninian yn erbyn Nottingham Forest ym mis Tachwedd 1974 roedd y cefnogwyr mor falch drosto fe aethant yn hollol wyllt am funud gyfan yn ôl un adroddiad. O ran gemau a goliau hwnnw oedd tymor gorau Derek ac fe enillodd ei ddau gap ar ddiwedd y tymor. Yr un pryd fe ddisgynnodd Caerdydd o'r Ail Adran (am un tymor) ac fe aeth Jimmy Andrews, rheolwr Caerdydd, allan i siopa ac fe arwyddodd Tony Evans. Roedd yr ysgrifen ar y mur i Derek. Wedi iddo ymddeol bu Derek yn cynorthwyo i hyfforddi timau Hoover Sports a Throed-y-rhiw. Bu mewn nifer o swyddi yn cynnwys gyrru feniau Peters a Castell Hywel, ac yn ohebydd pêl-droed i'r Press Association yng ngemau Caerdydd ac Abertawe.

* Un o ddyletswyddau Derek fel prentis ar Barc Ninian oedd glanhau esgidiau **John Toshack**, y gŵr oedd yn gapten ar Gymru pan enillodd Derek ei gap gyntaf fel eilydd. Yn ei gêm nesaf fe gymerodd Derek le Toshack oedd wedi'i anafu.

Cyril Sidlow
Gôl-geidwad

Ganed: 26 Tachwedd 1915, Bae Colwyn
Bu farw: 12 Ebrill 2005, Codsall, 89 oed

Cymru: 1946-49
Cap cyntaf: Gêm **171**, 30 oed; **Cap olaf:** Gêm **183**, 33 oed
7 cap (posibl 13); Gemau llawn 7; Ennill 3; Colli 4
Cwpan y Byd 1; Penc. Prydain 6; Gemau answyddogol 11; Tîm amatur Cymru

Clybiau
153 o gemau cynghrair

	Bae Colwyn		
	Abergele		
	Y Fflint		
	Llandudno		
1937-46	Wolverhampton W	4 gêm	
1946-52	Lerpwl	149 gêm	(7 cap)
1952	New Brighton		
1953-55	Wolverhampton W		

Medalau, ac ati
• Yr Adran Gyntaf 1947

Un o arloeswyr taflu'r bêl
Roedd Cyril ar drothwy ei yrfa gyda Wolverhampton pan ddechreuodd yr Ail Ryfel Byd yn 1939. Cyril oedd prif golwr Cymru am yn agos i ddeg mlynedd ac fe chwaraeodd yn 11 o'n 17 gêm answyddogol rhwng 1939 a 1946. Erbyn dechrau'r tymor newydd yn 1946 roedd Cyril yn 30 oed a Bert Williams yn debyg o fod yn ddewis cyntaf i Wolves, felly symudodd Cyril i Lerpwl am £4,000, oedd yn record am gôl-geidwad. Yn ystod ei 4½ tymor fel y dewis cyntaf yn Anfield fe orffennodd Lerpwl ar frig yr Adran Gyntaf yn 1947, a chyrhaeddwyd ffeinal Cwpan FA Lloegr yn 1950. Roedd Cyril ar ei orau pan seliodd Lerpwl y teitl gyda buddugoliaeth dros ei gyn-glwb. Ar y pryd roedd Cyril yn dal i fyw yn Wolverhampton, yn gymydog agos i Williams ac yn cael hyfforddi yn Molineux yn ystod yr wythnos. Wedi chwe

chap fe gollodd Cyril ei le yn nhîm Cymru i **Archie Hughes** oedd wedi chwarae yn yr un tîm ysgol â Cyril. Wedi iddo ymddeol aeth Cyril yn ôl i Wolverhampton lle bu'n hyfforddwr am ddau dymor ac yna bu'n gweithio fel saer coed.

* Gwelir enw Cyril yn y llyfrau hanes ar ddau gyfrif, fel un o'r gôl-geidwaid cyntaf i daflu'r bel i un o'i gyd-chwaraewyr yn hytrach na'i chicio o'i ddwylo, ac fel y gôl-geidwad pan gurwyd Caerlŷr (Leicester C) 10–1 gan Wolves yn 1938, sy'n dal yn fuddugoliaeth fwyaf Wolves mewn gemau cynghrair.

Neil Slatter
Cefnwr

Ganed: 30 Mai 1964, Caerdydd (Neil John Slatter)
Cartref: Llanisien

Cymru: 1983-89
Cap cyntaf: Gêm **377**, 18 oed; **Cap olaf:** Gêm **416**, 24 oed
22 cap (posibl 40); 2 gôl; Gemau llawn 16; Eilyddiwyd 2; Ymlaen fel eilydd 4
Ennill 8; Cyfartal 5; Colli 9; Cwpan y Byd 5; Penc. Ewrop 5 – 1 gôl; Penc. Prydain 1;
Eraill 11 – 1 gôl; Dan 21 oed 6 chap

Clybiau
245 o gemau cynghrair, 10 gôl

1982-85	Bristol Rovers	148 gêm	4 gôl	(10 cap)
1985-90	Oxford U	91 gêm	6 gôl	(12 cap)
1990	*Bournemouth af*	6 gêm		

Daeth dros ei ddechrau gwael
Roedd Neil yn un o fechgyn Caerdydd ddaliwyd yn ifanc yn rhwyd sgowtio effeithiol Bristol Rovers (gweler hefyd **Phil Roberts** a **David Williams**), ac fe chwaraeodd ei gêm gynghrair gyntaf pan oedd yn 16 mlwydd oed. Enillodd Neil ei gap cyntaf ddeuddydd cyn ei ben-blwydd yn 19 oed, ac fe gafodd gêm ddifrifol o wael. Daliodd Neil ati yn y Drydedd Adran ac wedi blwyddyn yn y diffeithwch rhyngwladol roedd y cefnwr main nôl ac fe chwaraeodd yn saith gêm Cymru yn nhymor 1984-85 cyn symud i Oxford U oedd newydd ennill dyrchafiad i'r Adran Gyntaf. Pan sgoriodd Neil ei gôl gyntaf i Gymru yn Sawdi Arabia (**398**) roedd y rheolwr **Mike England** yn ffyddiog fod gennym olynydd teilwng i **Joey Jones**. Daeth anafiadau i boeni Neil yn ystod ei gyfnod yn Rhydychen (Oxford U) ac fe gostiodd hynny fedal iddo pan enillodd y clwb Gwpan Cynghrair Lloegr yn 1986. Erbyn 1990 roedd ei yrfa ar ben, yn 26 oed, ac wedi iddo symud nôl i Gaerdydd fe ymunodd â Heddlu'r De yn 1992.

* 8 Tachwedd 1986, gêm gyntaf (Syr) Alex Ferguson fel rheolwr newydd Manchester U. Y sgôr: Oxford U –2, Manchester U –0, gyda John Aldridge (gynt o Gasnewydd) yn sgorio'r gôl gyntaf o'r smotyn a Neil yn rhwydo'r ail ac yn derbyn tlws seren y gêm.

David Smallman
Blaenwr

Ganed: 22 Mawrth 1953, Cei Connah (David Paul Smallman)

Cymru: 1974-75
Cap cyntaf: Gêm **311**, 21 oed; **Cap olaf:** Gêm **322**, 22 oed
7 cap (posibl 12); 1 gôl; Gemau llawn 1; Eilyddiwyd 2; Ymlaen fel eilydd 4
Ennill 3; Cyfartal 1; Colli 3; Penc. Ewrop 2; Penc. Prydain 5 – 1 gôl; Dan 23 oed 5 cap

Clybiau
122 o gemau cynghrair, 44 gôl

1971-75	Wrecsam	101 gêm	38 gôl	(3 chap)
1975-80	Everton	21 gêm	6 gôl	(4 cap)
1980	Wrecsam	0 gêm		
1981	Croesoswallt			
1981-82	Bangor			
1982-88	Green Gully Ajax (Awstralia)			
1988	Y Drenewydd			
	Bae Colwyn			
	Penarlâg			

Hunllef yn Everton
Fe gafodd David dri thymor llwyddiannus gyda Wrecsam yn y Drydedd Adran oedd yn cynnwys dwy gêm, ac un gôl, yn erbyn Hajduk Split yng Nghwpan Enillwyr Cwpanau Ewrop yn 1972, cyrraedd chweched rownd Cwpan FA Lloegr yn 1974, a bod yn brif sgoriwr y clwb yn ei dymor olaf 1974-75. Bu David yn aelod o garfan Cymru ers mis Mai 1974 a denodd sylwr nifer o glybiau mawr. Ym mis Mawrth 1975 fe dalodd Everton £75,000 amdano, datblygodd dealltwriaeth dda rhyngddo a Bob Latchford ar ddechrau tymor 1975-76, ac ymddangosai fod ganddo ddyfodol disglair gydag Everton a Chymru. Dechreuodd ei hunllef ar Ŵyl San Steffan 1976 pan anafodd David ei ysgwydd ac o hynny ymlaen roedd y blynyddoedd nesaf yn un rhes o salwch ac anafiadau, yn cynnwys torri'r un goes yn 1977 ac yn 1979. 'Pêl-droediwr mwyaf anlwcus Cymru' oedd penawd *Y Cymro*, 20 Mai 1980, pan benderfynodd Everton derfynu ei gytundeb.

* Roedd unig gôl David i Gymru yn un dda wrth iddo godi'r bêl o afael Pat Jennings, Gogledd Iwerddon, i'r rhwyd ar y Cae Ras (**313**) – ein gôl gyntaf wedi rhediad o 11 gêm

ym Mhencampwriaeth Prydain heb sgorio un gôl. Yn anffodus i David fe gafodd ei daro'n anymwybodol wrth sgorio ac felly welodd e ddim y bêl yn cyrraedd y rhwyd.

Neville Southall
Gôl-geidwad a phrif enillydd capiau Cymru

Ganed: 16 Medi 1958, Llandudno

In Search of Perfection (1995)
Everton Blues: A Premier League Diary (1997)
The Binman Chronicles (2012)

Cymru: 1982-97

Cap cyntaf: Gêm **371**, 23 oed; **Cap olaf:** Gêm **475**, 38 oed

92 cap (posibl 105); 5 yn gapten; 49 o gemau yn ddi-fwlch (**417 – 465**)

34 llechen lân, ildio 125 gôl; Gemau llawn 86; Eilyddiwyd 6; Ennill 32; Cyfartal 19; Colli 41

Cwpan y Byd 29; Penc. Ewrop 25; Penc. Prydain 7; *Eraill* 31

Clybiau

701 o gemau cynghrair

	Llandudno Swifts		
	Tref Llandudno		
	Conwy		
	Bangor		
1979-80	Winsford U		
1980-81	Bury	39 gêm	
1981-98	Everton	578 gêm	(92 cap)
1993	*Port Vale af*	9 gêm	
1997-98	*Southend U af*	9 gêm	
1998	Stoke C	12 gêm	
1998	Doncaster R	0 gêm	
1998-00	Torquay U	53 gêm	
1999	*Huddersfield T af*	0 gêm	
2000	Bradford C	1 gêm	
2001	York C		
2001	Y Rhyl		
2001	Amwythig		
2001	Dover Ath		
2001-02	Amwythig		
2002	Dagenham & Redbridge		

Rheolwr

1999	Cymru (un gêm **486**) – gweler Atodiad 1
2001-02	Dover Ath
2004-05	Hastings U

Medalau, ac ati

- Chwaraewr y Flwyddyn y Gohebwyr Pêl-droed 1985
- Chwaraewr y Flwyddyn Cymru 1992 a 1995
- Personoliaeth Chwaraeon y Flwyddyn Cymru 1995
- Un o'r 100 Chwaraewr Chwedlonol a ddewiswyd i ddathlu canmlwyddiant Cynghrair Lloegr 1998
- Aelod o Oriel Anfarwolion yr Amgueddfa Bêl-droed 2008
- Aelod o Oriel Anfarwolion Everton
- Aelod o dîm adrannol y flwyddyn PFA 1987, 1988, 1989 a 1990
- Rhif 95 yn rhestr *World Soccer* o Chwaraewyr Gorau'r 20fed ganrif
- Yr Adran Gyntaf 1985 a 1987
- Cwpan FA Lloegr 1984 a 1995
- Cwpan Enillwyr Cwpanau Ewrop 1985
- Rhyddfraint Tref Llandudno 1993
- Aelod o Oriel Anfarwolion Chwaraeon Cymru 2016
- MBE 1996

Y gorau ar y blaned

Neville oedd y gôl-geidwad gorau ar y blaned yng nghanol y 1980au. Ar ôl gwneud nifer o swyddi, fel labro ar safle adeiladu, a chwarae i nifer o glybiau ar arfordir y gogledd, roedd Neville yn hwyrddyfodiad i bêl-droed proffesiynol. Gwnaeth Neville i fyny am

hynny trwy ymestyn ei yrfa i'w 40au ac fe chwaraeodd ei gêm gynghrair olaf i Bradford yn Uwchgynghrair Lloegr ym mis Mawrth 2000 pan oedd yn 41 oed – y Cymro hynaf i chwarae yn yr adran honno. Fel y rhan fwyaf o geidwaid gôl Cymru cafodd ei gadw'n brysur ac yn aml roedd yn seren y gêm, hyd yn oed yn yr Iseldiroedd yn 1996 (**470**) pan sgoriwyd saith gôl yn ein herbyn. Gweithiai Neville yn galed wrth 'gyrchu at berffeithrwydd' – teitl ei lyfr hyfforddi i gôl-geidwaid ifanc – a haeddodd pob un o'r medalau a enillodd yn ystod oes aur Everton. Mae'n bosibl y byddai Neville ac Everton wedi gwneud yn well fyth yn y 1980au petae clybiau Lloegr heb gael eu gwahardd o gystadlaethau Ewrop am bum mlynedd yn dilyn trychineb Heysel yn 1985. Cafodd Neville enw o fod yn ecsentrig: doedd e byth yn edrych yn drwsiadus, hyd yn oed ar ddechrau gêm; roedd e'n llwyrymwrthodwr; hoffai wisgo crysau tywyll fel nad oedd yn amlwg i'w wrthwynebwyr; roedd yn well ganddo fynd yn syth gartref i Landudno yn hytrach na dathlu ennill Cwpan FA Lloegr yn Wembley; a dwywaith fe dreuliodd hanner amser mewn gemau yn eistedd wrth ei bostyn gôl er mwyn cael ei ben yn glir. Doedd gan Neville ddim diddordeb yn ei waith ysgol ond wedi iddo ymddeol aeth ati i gymhwyso ei hun fel athro a bu'n llwyddiannus fel athro a mentor i bobl ifanc oedd wedi disgyn allan o addysg ffurfiol. Gwnaeth Neville y gwaith hwn yn swydd Caint ac yna yng Nglyn Ebwy.

* Uchelgais Neville oedd bod yn rheolwr Cymru ac fe gafodd anferth o siom pan na chafodd y swydd wedi i Bobby Gould ymddiswyddo yn 1999. Bu Neville yn hyfforddi'r timau dan 16, 17, 18 a 19 oed, a bu yng ngofal un o gemau'r tîm hŷn, ar y cyd â **Mark Hughes**, yn erbyn Denmarc.

Gary Speed
Canol y cae

Ganed: 8 Medi 1969, Mancot (Gary Andrew Speed)
Cartref: Aston Park, Queensferry
Bu farw: 27 Tachwedd 2011, Huntington, 42 oed

Gary Speed Remembered (2012)

Cymru: 1990-2004
Cap cyntaf: Gêm **424**, 20 oed; **Cap olaf:** Gêm **527**, 35 oed
85 cap (posibl 104); 44 yn gapten (**sy'n record i Gymru**); 7 gôl
Gemau llawn 65; Eilyddiwyd 11; Ymlaen fel eilydd 9
Ennill 29; Cyfartal 16; Colli 40; Cwpan y Byd 27 – 3 gôl; Penc. Ewrop 29 – 4 gôl; *Eraill* 29
Dan 21 oed 3 chap

Clybiau
677 o gemau cynghrair, 104 gôl

1988-96	Leeds U	248 gêm	39 gôl	(35 cap)
1996-98	Everton	58 gêm	16 gôl	(9 cap)
1998-04	Newcastle U	213 gêm	29 gôl	(36 cap)
2004-08	Bolton W	121 gêm	14 gôl	(5 cap)
2008-09	Sheffield U	37 gêm	6 gôl	
Rheolwr				
2010	Sheffield U			
2010-11	Cymru – gweler Atodiad 1			

Medalau, ac ati

- Chwaraewr Ifanc y Flwyddyn Cymru 1991
- Yr Ail Adran 1990
- Yr Adran Gyntaf 1992
- Aelod o dîm adrannol y flwyddyn PFA 1993
- MBE 2010
- Aelod o Oriel Anfarwolion Chwaraeon Cymru 2016

Eilun cenedl

Syfrdanwyd Cymru gyfan, a'r byd pêl-droed y tu hwnt i Gymru, fore Sul, 27 Tachwedd 2011, pan dorrodd y newyddion fod corff Gary wedi cael ei ddarganfod yn ei gartref yn Swydd Gaer. Ychydig oriau'n gynharach roedd y gŵr ifanc bonheddig a golygus wedi ymddangos ar raglen *Football Focus* (BBC 1) i drafod gobeithion y tîm cenedlaethol y bu mor ffyddlon iddo trwy gydol ei yrfa fel chwaraewr. Fel asgellwr chwith y cafodd Gary ei gyfle cyntaf yn nhîm Leeds cyn datblygu i fod yn chwaraewr canol y cae disglair ochr yn ochr â Gordon Strachan, Gary McAllister a David Batty. Cafodd Gary lwyddiant yn gynnar yn ei yrfa yn Leeds, ond tangyflawnai'n enbyd ar ddechrau ei yrfa ryngwladol a bu'n rhaid inni aros pedair blynedd a 27 gêm am ei gôl gyntaf. Gwelwyd Gary wedi aeddfedu ac ar ei orau wedi iddo olynu **Barry Horne** fel capten yn 1997 (**474**). Gofalai fod y tîm yn drefnus ac yn cadw'i siâp, roedd yn fodlon chwarae fel cefnwr ymosodol (wing-bac) ac fel ysgubwr er mwyn y tîm, ac fe fynegodd ei farn yn glir a huawdl wrth y rheolwr Bobby Gould wedi inni golli 4-0 yn Tiwnisia (**480**). Pan symudodd Gary i Everton, roedd yn ymuno â'r clwb a gefnogai yn ei ieuenctid, ac mae'r gwir reswm pan y gadawodd ei gartref ysbrydol wedi llai na dau dymor yn dal yn aneglur. Un ddamcaniaeth yw ei fod yn anghytuno ag arferiad y clwb o fwyta pysgod a sglodion yn hytrach na phasta. Gyda Newcastle fe gyrhaeddodd Gary ffeinal Cwpan FA Lloegr yn 1998 a 1999 (a cholli ddwywaith) ac fe chwaraeodd yng Nghynghrair y Pencampwyr am ddau dymor. Dechreuodd Gary ddringo'r ysgol fel hyfforddwr yn Bolton ac academi Wrecsam, bu'n cynorthwyo **Glyn Hodges**, hyfforddwr tîm dan 21 oed Cymru, ac yna fe fu'n hyfforddwr yn Sheffield. Bu Gary wrth y llyw yn Sheffield am 18 gêm yn unig cyn derbyn y cynnig na allai ei wrthod, sef rheolwr ei wlad.

* Cafodd Gary un o'r dyrchafiadau cyflymaf erioed o'r tîm dan 21 oed i dîm hŷn Cymru pan chwaraeodd i'r naill ym Merthyr ar brynhawn Sadwrn ac i'r llall drannoeth yng Nghaerdydd.

Gary Sprake
Gôl-geidwad

Ganed: 3 Ebrill 1945, Winsh-wen, Abertawe (Gareth Sprake)
Bu farw: 18 Hydref 2016, 71 oed

Careless Hands: The forgotten truth of Gary Sprake (2006)

Cymru: 1963-74

Cap cyntaf: Gêm **255**, 18 oed; **Cap olaf:** Gêm **316**, 29 oed

37 cap (posibl 62); 11 llechen lân, ildio 55 gôl; Gemau llawn 35; Eilyddiwyd 2

Ennill 7; Cyfartal 9; Colli 21; Cwpan y Byd 9; Penc. Ewrop 5; Penc. Prydain 21; *Eraill* 2

Dan 23 oed 5 cap

Clybiau

396 o gemau cynghrair

| 1962-73 | Leeds U | 380 gêm | (32 cap) |
| 1973-76 | Birmingham C | 16 gêm | (5 cap) |

Medalau, ac ati

- Yr Ail Adran 1964
- Cwpan Cynghrair Lloegr 1968
- European Fairs Cup 1968 a 1971
- Yr Adran Gyntaf 1969
- Gwobr Arbennig Cymdeithas Bêl-droed Cymru 2009

Chwaraewr rhyngwladol rhan-amser

Gwireddodd Gary ei freuddwyd trwy olynu ei arwr yn y gôl i Cymru, sef **Jack Kelsey** oedd wedi byw drws nesaf ond un iddo yn Jersey Road, Winsh-wen. 'Darganfyddwyd' Gary gan Jack Picard, sgowt enwog Leeds roddodd **John Charles** ac araill ar ben eu ffordd. Er ei fod yn ddewis cyntaf yn y gôl i Gymru o 1963 hyd 1974 dim ond 37 cap enillodd Gary mewn 62 o gemau. Pam? Creda Gary ei fod yn gwneud y peth iawn trwy wrando ar ei reolwr, Don Revie, a rhoi ei glwb gyntaf, clwb ddaeth am gyfnod y mwyaf llwyddiannus yn y byd. Ddegawdau'n ddiweddarach roedd Gary'n edifar na fuasai wedi herio Revie a mynnu chwarae i Gymru yn hytrach na chymryd y ffi o £50 a gâi gan Revie. Roedd cyfoedion Gary yn nhimau Cymru a Leeds yn ei ystyried yn un o'r gôl-geidwaid gorau yn y byd, ac anaml y cai gêm wael i'w wlad, er fod ganddo agwedd ffwrdd-â-hi ar brydiau. Dros Glawdd Offa diystyriwyd ei berfformiadau gwych i Gymru ac hyd at heddiw mae'r wasg yn Llundain (oedd yn casáu Leeds y 1960au) yn ceisio ailysgrifennu hanes trwy ganolbwyntio'r sylw ar ei lond dwrn o gamgymeriadau, fel taflu'r bêl i'w rwyd ei hun o flaen y Kop yn Lerpwl. Wedi iddo golli ei le yn Leeds i David Harvey yn 1972 fe dalodd Birmingham £100,000 amdano, oedd

yn record Brydeinig am gôl-geidwad. Doedd hwn ddim yn drosglwyddiad poblogaidd gyda chefnogwyr Birmingham, collodd Gary ei le i Dave Latchford, a bu'n rhaid iddo ymddeol yn 1976 oherwydd problem ddifrifol gyda'i gefn. Bu'n gweithio am nifer o flynyddoedd yng Ngholeg Solihull.

* Bore Sadwrn oedd hi ym mis Mawrth 1962 a Gary, 16 oed, yn dal yn ei wely yn Leeds pan fu'n rhaid iddo godi ar frys i ddal awyren ym Manceinion a hedfan i Southampton. Roedd ei angen i gymryd lle Tommy Younger oedd yn sâl – dyna beth oedd dechrau dramatig i'w yrfa.

Fred Stansfield
Amddiffynnwr canol

Ganed: 12 Rhagfyr 1917, Caerdydd (Frederick Stansfield)
Cartref: Grangetown
Bu farw: 30 Mawrth 2014, Caerdydd, 96 oed

Cymru: 1948
Unig gap: Gêm **177,** 30 oed
Gêm lawn 1; Colli 1; Penc. Prydain 1

Clybiau
127 o gemau cynghrair, 1 gôl

	Grange Albion			
1943-49	Caerdydd	106 gêm	1 gôl	(1 cap)
1949-50	Casnewydd	21 gêm		
Rheolwr				
1950-53	Casnewydd			
1953-55	Bedford T			

Medalau, ac ati
• Y Drydedd Adran (De) 1947

Un o arwyr lleol Caerdydd
Pan ymunodd Fred â Chaerdydd yn ystod yr Ail Ryfel Byd fe gafodd ei wneud yn gapten yn syth, ac fe gadwodd y swydd er fod ei dîm o chwaraewyr rhan-amser wedi cael eu chwalu 10–1 gan Moscow Dynamo ym mis Tachwedd 1945. Roedd y tîm llawn amser ar gyfer tymor 1946-47, y cyntaf wedi'r rhyfel, yn llawer gwell a gyda'r gorau welwyd ar Barc Ninian, ac yn aml yn cynnwys deg Cymro a'r rhan fwyaf ohonyn nhw yn fechgyn lleol. Gorffennwyd y tymor naw pwynt yn glir ar frig yr adran. Dri mis wedi iddo ennill ei gap torrodd Fred ei goes,

methodd ag adennill ei le yn nhîm Caerdydd a diflannodd ei obaith am ail gap. Ymunodd Fred â Chasnewydd, ar fenthyg i ddechrau, yna fel chwaraewr–reolwr, a rheolwr wedi iddo hongian ei esgidiau am y tro olaf. Bu'n cadw siop bapurau newydd yn yr Eglwys Newydd ac roedd ar ben ei ddigon pan aeth yr Adar Glas â thlws y Bencampwriaeth ato yn ei gartref gofal yn 2013.

* Enillodd Fred ei unig gap pan oedd **T G Jones** wedi'i anafu ac fe dderbyniodd yr alwad pan oedd yn y sinema gyda'i wraig. Dangoswyd neges ar y sgrîn i gyfleu'r newyddion da iddo.

Byron Stevenson
Amddiffynnwr/canol y cae

Ganed: 7 Medi 1956 (William Byron Stevenson)
Bu farw: 6 Medi 2007, Llanelli, 50 oed

Cymru: 1978-82
Cap cyntaf: Gêm **343**, 21 oed; **Cap olaf:** Gêm **372**, 25 oed
15 cap (posibl 30); Gemau llawn 13; Ymlaen fel eilydd 1; Cerdyn coch 1 (**353**)
Ennill 8; Cyfartal 3; Colli 4; Cwpan y Byd 2; Penc. Ewrop 5; Penc. Prydain 6; *Eraill* 2
Dan 21 oed 3 chap

Clybiau
200 o gemau cynghrair, 10 gôl

1973-82	Leeds U	95 gêm	4 gôl	(11 cap)
1982-85	Birmingham C	74 gêm	3 gôl	(4 cap)
1985-86	Bristol R	31 gêm	3 gôl	
	Garforth			

Gwaharddwyd am 4½ blynedd
Roedd Byron yn un arall o allforion y sgowt Jack Picard o dde Cymru i Leeds. Gallai chwarae fel cefnwr, ysgubwr neu ganol cae ac felly roedd yn aelod gwerthfawr o garfan Leeds. Enillodd Byron y rhan fwyaf o'i gapiau fel cefnwr ac fe brofodd gryn lwyddiant ar ddechrau ei yrfa ryngwladol gyda phum buddugoliaeth a'r amddiffyn yn cadw chwe llechen lân yn ei saith gêm gyntaf. Yna daeth yr hunllef yn Nhwrci pan anfonwyd Byron o'r cae ac fe'i cyhuddwyd gan UEFA o daro asgellwr Twrci yn ei wyneb â'i ben-elin a thorri asgwrn ei foch. Gwaharddwyd Byron o *bob* cystadleuaeth Ewropeaidd am 4½ blynedd. Lliniarwyd hyn ar apêl i gemau Cymru ym Mhencampwriaeth Ewrop. Mewn ymgais ofer gan Leeds i osgoi crafangau'r Ail Adran aberthwyd Byron trwy ei drosglwyddo i Birmingham ym mis Mawrth 1982 gyda Frank Worthington, oedd wyth mlynedd yn hŷn na Byron, yn symud i'r cyfeiriad

arall. Wedi iddo ymddeol fe fu Byron yn cadw nifer o darfarndai yn ardal Leeds yn cynnwys y New Inn yn Churwell lle bu **John Charles** yn landlord ar un adeg.

*   Lai na blwyddyn wedi'r cerdyn coch yn Izmir fe ymwelodd Twrci â Chaerdydd yng Nghwpan y Byd ond ar y fainc oedd Byron y noson honno wrth i Gymru ennill 4–0 (**358**).

Nigel Stevenson
Amddiffynnwr canol

Ganed: 2 Tachwedd 1958, Abertawe (Nigel Charles Ashley Stevenson)
Cartref: Port Tennant
Llysenw: Speedy

Cymru: 1982
Cap cyntaf: Gêm **369**, 23 oed; **Cap olaf:** Gêm **373**, 23 oed
4 cap (posibl 5); Gemau llawn 4; Ennill 2; Colli 2
Penc. Ewrop 1; Penc. Prydain 3; Dan 21 oed 2 gap

Clybiau
426 o gemau cynghrair, 20 gôl

1976-87	Abertawe	259 gêm	15 gôl	(4 cap)
1985	*Caerdydd af*	14 gêm		
1986	*Reading af*	3 gêm		
1987-89	Caerdydd	68 gêm	2 gôl	
1989-90	Merthyr T			
1990-91	Yeovil T			
1991-92	Y Barri			
1992-93	Llanelli	36 gêm	2 gôl	
1993-94	Maesteg	35 gêm	1 gôl	
1998-99	Hwlffordd	11 gêm		

Medalau, ac ati
•   Cwpan Cymru 1982, 1983 a 1988
•   Aelod o Oriel Anfarwolion Abertawe 2013

Yn unig un aeth ar y daith ryfeddol
Chwaraeodd Nigel ei ddwy gêm gynghrair gyntaf i Abertawe yn y Drydedd Adran ym mis Ebrill 1976. Bu'n rhaid iddo aros yn agos i 2½ flynedd am ei gemau nesaf a bu'n amddiffynnwr amlwg wrth i'r Elyrch godi i frig yr Adran Gyntaf yn 1982, cyn disgyn yn ôl i'r gwaelodion yn 1986. Enillodd Nigel ei gapiau cyntaf yn nhymor cyntaf Abertawe yn yr

adran uchaf – y nawfed chwaraewr o'r clwb i chwarae i Gymru y tymor hwnnw. Dyddiau da. Yn wreiddiol chwaraewr wrth gefn oedd Nigel ar gyfer y gêm gyntaf yn erbyn Lloegr ond gwrthododd Spurs ganiatáu i **Paul Price**, ein capten, chwarae i Gymru oherwydd fod gan y clwb gêm gynghrair ddeuddydd yn ddiweddarach, ac ar yr un pryd yn caniatáu i ddau Sais chwarae! Wrth i Spurs gyrraedd ffeinal Cwpan FA Lloegr (aeth i ddwy gêm), manteisiodd Nigel ar absenoldeb Price ac fe enillodd dri chap mewn mis. Fe gafodd Nigel gêm dysteb haeddiannol ar y Vetch ym mis Mai 1987 yn erbyn Real Sociedad, tîm **John Toshack**, cyn-reolwr Abertawe. Erbyn hynny roedd Nigel wedi hen golli'r cyflymder oedd ganddo yn ystod ei ddyddiau ysgol pan gafodd y llysenw 'Speedy', enw oedd yn cael ei arddel gan bawb, yn cynnwys ei fam a'i brifathro. Wedi iddo ymddeol fe fu Nigel yn bostmon tra bu'n astudio i fod yn ffisiotherapydd ac yna fe ddilynodd ei yrfa newydd yn Ysbyty Cefn Coed, Abertawe.

* Nigel oedd yr unig un o chwaraewyr Abertawe arhosodd yn ffyddlon i'r clwb trwy gydol y daith o'r Bedwaredd Adran i'r Gyntaf, ac yn ôl.

Ron Stitfall
Cefnwr

Ganed: 14 Rhagfyr 1925, Caerdydd (Ronald Frederick Stitfall)
Cartref: Sblot
Bu farw: 25 Mehefin 2008, Caerdydd, 82 oed

Brawd i Albert – Caerdydd a Torquay U/29 o gemau cynghrair, 2 gôl/Bu farw 1998

Cymru: 1952-57
Cap cyntaf: Gêm **197**, 26 oed; **Cap olaf:** Gêm **216**, 31 oed
2 gap (posibl 20); Gemau llawn 2; Ennill 1; Colli 1
Cwpan y Byd 1; Penc. Prydain 1

Clybiau
398 o gemau cynghrair, 8 gôl

1947-64	Caerdydd	398 gêm	8 gôl	(2 gap)

Medalau, ac ati
- Cwpan Cymru 1956 a 1959
- Gwobr Arbennig Cymdeithas Bêl-droed Cymru 1997

17 tymor gyda Chaerdydd
Dywedir i Ron ymuno â Chaerdydd yn ystod yr Ail Ryfel Byd pan oedd yn 14 oed ac iddo chwarae mewn naw safle gwahanol mewn gemau answyddogol. Wedi pedair blynedd yn y fyddin dychwelodd Ron i Gaerdydd lle chwaraeodd ei gêm gynghrair (swyddogol) gyntaf

ar 18 Hydref 1947 a'i gêm olaf ar 14 Rhagfyr 1963, ei ben-blwydd yn 38 oed (a Chaerdydd yn colli 5–1 yn Norwich). Arhosodd Ron ar Barc Ninian tan haf 1964 ac felly fe gwblhaodd 17 tymor o wasanaeth i un clwb. Yna bu Ron yn hyfforddi Casnewydd, tîm ieuenctid Cymru (dan Mike Smith a **Mike England**) a'r tîm hŷn (dan **Terry Yorath**), ac yn gweithio yn y Ganolfan Chwaraeon Genedlaethol yng Nghaerdydd. Am flynyddoedd Ron oedd yng ngofal offer a dillad timau Cymru (y citmon), dan 16, 18 a 21 oed ynghyd â'r tîm hŷn.

* Ar ddiwedd y 1940au roedd Ron yn cael cwmni dau o'i frodyr ar Barc Ninian ac roedd Ron ac Albert yn y tîm a chwalwyd 5–1 gan Abertawe ar y Vetch ar Noswyl Nadolig 1949. Ni chwaraeodd y brawd arall Bob, oedd yn gôl-geidwad, yn y tîm cyntaf.

Brian Stock
Canol y cae

Ganed: 24 Rhagfyr 1981, Caer-wynt (Winchester) (Brian Benjamin Stock)

Ei nain o Gaerdydd

Cymru: 2009-10
Cap cyntaf: Gêm **573**, 27 oed; **Cap olaf:** Gêm **579**, 28 oed
3 chap (posibl 7); Gemau llawn 1; Eilyddiwyd 2; Ennill 1; Colli 2
Cwpan y Byd 1; *Eraill* 2; Dan 21 oed 4 cap

Clybiau
377 o gemau cynghrair, 34 gôl

2000-06	Bournemouth	145 gêm	16 gôl	
2006-07	Preston NE	8 gêm	1 gôl	
2006	*Doncaster R af*	15 gêm		
2007-12	Doncaster R	175 gêm	17 gôl	(3 chap)
2012-14	Burnley	34 gêm		
2014-16	Havant & Waterlooville			

Medalau, ac ati
• Enillydd gemau ail gyfle Adran 1 2008 – capten

Eithriad, yn y chwyldro ieuenctid
Galwyd Brian i garfan Cymru sawl tro yn ystod 2008 a 2009 ond oherwydd anafiadau bu'n rhaid iddo aros tan fis Medi 2009 am ei gap cyntaf. Daeth y cyfle hwnnw yn absenoldeb hwyr **Jack Collison** – a does dim sôn am Brian yn rhaglen y gêm yn erbyn Rwsia. Brian, **Aaron Ramsey** a **Wayne Hennessey** oedd chwaraewyr gorau Cymru y diwrnod hwnnw a bu ond y dim i Brian, oedd â llygad am gôl, sgorio o 30 llath. Cyfyngwyd Brian i dri chap oherwydd

ei anafiadau a hefyd dyma oedd cyfnod chwyldro ieuenctid y rheolwr **John Toshack**. Roedd Brian bum mlynedd a mwy yn hŷn na'i gyd-chwaraewyr, a nhw oedd dyfodol Cymru. Daeth holl lwyddiant Brian ar lefel clwb dan y rheolwr Sean O'Driscoll yn Bournemouth ac yn Doncaster, ac fe dalodd deyrnged i O'Driscoll am ei roi nôl ar y llwybyr cul wrth i arian mawr pêl-droediwr ifanc fynd i'w ben. Wrth i Donny esgyn i'r Bencampwriaeth yn 2008 bu sôn y byddai Brian yn symud i Uwchgynghrair Lloegr am filiwn neu ddwy – ddigwyddodd hynny ddim. Yn 2014 fe benderfynodd Brian adael pêl-droed llawn amser er mwyn rhoi mwy o sylw i'w fusnes.

* Roedd ail gôl Brian i Bournemouth yn erbyn Wrecsam ym mis Tachwedd 2001 yn un hanesyddol i'w glwb, sef y gôl gyntaf wedi i stadiwm Dean Court gael ei ailadeiladu.

Derrick Sullivan
Hanerwr

Ganed: 10 Awst 1930, Casnewydd
Bu farw: 16 Medi 1983, Casnewydd, 53 oed

Cymru: 1953-59
Cap cyntaf: Gêm **198**, 22 oed; **Cap olaf:** Gêm **234**, 29 oed
17 cap (posibl 37); Gemau llawn 17; Ennill 3; Cyfartal 6; Colli 8
Cwpan y Byd 5 [Sweden 1958 – 4 gêm]; Penc. Prydain 11; *Eraill* 1

Clybiau
342 o gemau cynghrair, 19 gôl

1947-61	Caerdydd	275 gêm	19 gôl	(17 cap)
1961-62	Exeter C	44 gêm		
1962-63	Casnewydd	23 gêm		
1963-64	Henffordd			
1964-65	Glyn Ebwy			

Medalau, ac ati
• Cwpan Cymru 1956

Tebyg i un o hogia go iawn Bryn Fôn?
Enillodd Derrick ei bedwar cap cyntaf fel cefnwr de, yn bartner i **Alf Sherwood,** hefyd o glwb Caerdydd, pan oedd yr Adar Glas yn chwarae yn yr Adran Gyntaf. Cafodd ei gapiau eraill un ai fel hanerwr neu fel canolwr, ac yn ystod ei 14 tymor ar Barc Ninian fe chwaraeodd Derrick ym mhob safle heblaw gôl-geidwad a blaenwr canol. Doedd dim disgwyl iddo fod yn y garfan fyddai'n teithio i Gwpan y Byd yn Sweden yn 1958 oherwydd ei fod wedi methu naw

gêm ryngwladol yn olynol oherwydd anaf i'w ben-glin. Ond fe gafodd gêm wych yn erbyn Gogledd Iwerddon, ein gêm olaf cyn yr antur fawr, ac fe gofiodd y dewiswyr hynny. Yn ôl ei gyd-chwaraewr yng Nghaerdydd a charfan Cymru, Ken Jones, roedd Derrick yn hoff iawn o'i gwrw a gallai yfed 10-12 peint. Wedi iddo ymddeol bu'r cymeriad poblogaidd gyda'r gwallt fflamgoch yn gweithio yn y dociau yng Nghasnewydd, a mwynhau ei fywyd y tu allan i bêl-droed fel yr oedd wedi arfer ei wneud, ac, o bosib, fe gyfrannodd hynny at ei farwolaeth gynnar.

* Didaro oedd un disgrifiad o Derrick. Roedd wedi gadael Casnewydd ar gyfer y daith i Sweden heb ei basbort a'r unig ddillad oedd ganddo oedd dau grys, dau drowsus a dau bâr o sanau.

Kit Symons
Amddiffynnwr canol

Ganed: 8 Mawrth 1971, Basingstoke (Christopher Jeremiah Symons)

Ei deulu o Gaerdydd

Cymru: 1992-2004
Cap cyntaf: Gêm **436**, 20 oed; **Cap olaf:** Gêm **519**, 32 oed

37 cap (posibl 84); 2 gôl

Gemau llawn 31; Eilyddiwyd 3; Ymlaen fel eilydd 3

Ennill 13; Cyfartal 5; Colli 19; Cwpan y Byd 15; Penc. Ewrop 11 – 2 gôl; *Eraill* 11

B 1 cap; Dan 21 oed 2 gap

Clybiau
436 o gemau cynghrair, 27 gôl

1988-95	Portsmouth	161 gêm	10 gôl	(18 cap)
1995-98	Manchester C	124 gêm	4 gôl	(9 cap)
1998-01	Fulham	102 gêm	13 gôl	(9 cap)
2001-06	Crystal Palace	49 gêm		(1 cap)

Rheolwr

2014-15	Fulham

Medalau, ac ati
• Adran 2 1999
• Adran 1 2001

Profiad annymunol
Kit oedd yr aelod cyntaf o'i deulu i gael ei eni yn Lloegr wedi i'w rieni symud o Gaerdydd

ac er gwaetha'i acen de Lloegr roedd yn Gymro i'r carn. Ar ôl iddo fwrw prentisiaeth hir gyda Portsmouth ar yr ail lefel doedd hi ddim yn syndod fod Manchester C yn fodlon talu £1·2 miliwn amdano yn Awst 1995. Dim ond un tymor gafodd Kit yn Uwchgynghrair Lloegr cyn i City ddisgyn yn 1996 ac fe aeth ei gyfnod ar Maine Road o ddrwg i waeth. Collodd Kit y gapteniaeth a'i le yn nhîm Cymru, ac wrth i'r clwb ddisgyn eto yn 1998 rhyddhawyd Kit yn rhad ac am ddim. Achubwyd ei yrfa gan Kevin Keegan, rheolwr Fulham, a datblygodd partneriaeth amddiffynnol gref rhwng Kit a **Chris Coleman**, i'w glwb ac i'w gwlad. Enillwyd dau ddyrchafiad mewn tri thymor a chyrhaeddwyd yr Uwchgynghrair yn 2001. Daeth y bartneriaeth i ben pan gafodd Coleman ei ddamwain car yn Ionawr 2001. Wedi dim ond pedair gêm yn yr Uwchgynghrair symudodd Kit i Crystal Palace lle daeth yn hyfforddwr, rheolwr yr ail dîm ac is-reolwr cyn symud i Colchester fel is-reolwr. Dychwelodd Kit i Fulham fel rheolwr yr academi, rheolwr y tîm dan 21 oed ac yna'n rheolwr. Bu'n is-reolwr Cymru dan Coleman o Ionawr 2012 tan Mehefin 2015.

* Yn Manchester C fe gafodd Kit y profiad annymunol o glywed ei gefnogwyr ei hun yn troi yn ei erbyn. Pan dderbyniodd Kit gerdyn melyn pan gollwyd 3-1 yn Stockport yn 1997 cefnogwyr City oedd y rhai oedd yn gweiddi 'off, off, off'.

Derek Tapscott
Asgeller/mewnwr

Ganed: 30 Mehefin 1932, Y Barri (Derek Robert Tapscott)
Bu farw: 12 Mehefin 2008, Caerdydd, 75 oed

Cefnder i Johnny Tapscott – Wrecsam/172 o gemau cynghrair, 4 gôl/Bu farw 1981
Tappy (2004)

Cymru: 1954-59
Cap cyntaf: Gêm **204**, 21 oed; **Cap olaf:** Gêm **232**, 26 oed
14 cap (posibl 29); 4 gôl; Gemau llawn 14; Ennill 3; Cyfartal 3; Colli 8
Cwpan y Byd 2; Penc. Prydain 9 – 3 gôl; *Eraill* 3 – 1 gôl

Clybiau
325 o gemau cynghrair, 142 gôl

	Y Barri			
1953-58	Arsenal	119 gêm	62 gôl	(12 cap)
1958-65	Caerdydd	193 gêm	79 gôl	(2 gap)
1965-66	Casnewydd	13 gêm	1 gôl	
	Cinderford			
	Hwlffordd			
	Caerfyrddin			

Medalau, ac ati

- Cwpan Cymru 1959
- Aelod o Oriel Anfarwolion Y Barri
- Gwobr Arbennig Cymdeithas Bêl-droed Cymru 1999

Dewr a chyflym

Roedd Derek yn un o sgorwyr mwyaf toreithiog ei gyfnod ac fe ddylai fod wedi bod yn ein carfan yng Nghwpan y Byd yn Sweden yn 1958. Ychydig fisoedd wedi iddo ymuno ag Arsenal am £2,000 fe sgoriodd ddwy gôl yn ei gêm gyntaf a deuddydd yn ddiweddarach fe gafodd ei ddewis i wynebu Awstria yn Vienna. Ni fethodd gêm i Gymru am y ddwy flynedd nesaf ac uchafbwynt y cyfnod oedd ei gôl yn y fuddugoliaeth dros Loegr yn 1955 (**209**). Bu'n brif sgoriwr Arsenal yn 1956 gyda 17 gôl, ac yn 1959 pan sgoriodd 25 gôl mewn 38 gêm yn yr Adran Gyntaf. Doedd ei gôl olaf un i Arsenal ddim yn un yr oedd yn dymuno ei chofio. Honno oedd y gôl olaf a sgoriwyd yn erbyn Manchester U cyn trychineb Munich pan gollodd wyth o chwaraewyr eu bywydau. Pam felly nad oedd Derek yn Sweden? Wyth gêm chwaraeodd Derek i Arsenal yn nhymor 1957-58 oherwydd anaf i'w ben-glin ond erbyn y gwanwyn roedd yn fit ac roedd Caerdydd ar ei ôl. Dywedwyd wrtho gan Fred Dewey, un o ddewiswyr Cymru a chyfarwyddwr ar Barc Ninian, y byddai yn y garfan os byddai'n symud i Gaerdydd. Gwelai Derek hyn fel blacmêl. Erbyn Medi 1958 roedd Derek wedi ymuno â Chaerdydd dan Bill Jones, yr union ddyn oedd wrth y llyw yn y Barri pan adawodd Derek yn 1953. Bu'n brif sgoriwr Caerdydd yn 1960, pan enillwyd dyrchafiad i'r Adran Gyntaf, yn 1961 ac yn 1962, ac mae ei chwe gôl yn erbyn Trefyclo yng Nghwpan Cymru yn 1961 yn dal yn record i'r clwb. Roedd Derek yn enwog am ei ddewrder a'i gyflymder ond erbyn y 1960au roedd anafiadau yn dechrau effeithio arno. Serch hynny cyfrannodd at ymgyrch gyntaf Caerdydd yng Nghwpan Enillwyr Cwpanau Ewrop yn 1964 gyda gôl gofiadwy yn Lisbon yn erbyn Sporting Lisbon, deiliaid y cwpan. Wedi iddo ymddeol bu Derek yn gweithio i gwmnïau Gola a Diadora a bu'n gadeirydd Cymdeithas Bêl-fasged Merched Cymru.

* Derek a **Jack Kelsey** oedd y Cymry cyntaf i chwarae yn Ewrop pan oeddynt yn nhîm cyfun Llundain yng Nghwpan yr Inter-Cities Fairs yn 1956, a Derek oedd y Cymro cyntaf i chwarae yn Ewrop mewn dwy gystadleuaeth Ewropeaidd wahanol.

Gareth Taylor

Blaenwr

Ganed: 25 Chwefror 1973, Weston-super-Mare (Gareth Keith Taylor)

Ei dad o Abardâr

Cymru: 1995-2004

Cap cyntaf: Gêm **464**, 22 oed; **Cap olaf:** Gêm **523**, 31 oed

15 cap (posibl 60); 1 gôl; Gemau llawn 1; Eilyddiwyd 4; Ymlaen fel eilydd 10

Ennill 4; Cyfartal 6; Colli 5; Cwpan y Byd 3; Penc. Ewrop 1; *Eraill* 11 – 1 gôl

Dan 21 oed 7 cap

Clybiau

498 o gemau cynghrair, 123 gôl

	Southampton			
1991-95	Bristol R	47 gêm	16 gôl	
1992	*Gloucester C af*			
1992	*Weymouth af*			
1995-96	Crystal Palace	20 gêm	1 gôl	(2 gap)
1996-98	Sheffield U	94 gêm	25 gôl	(6 chap)
1998-01	Manchester C	43 gêm	9 gôl	
2000	*Port Vale af*	4 gêm		
2000	*Queen's Park R af*	6 gêm	1 gôl	
2001-03	Burnley	95 gêm	36 gôl	(4 cap)
2003-06	Nottingham F	90 gêm	19 gôl	(3 chap)
2006	*Crewe Alex af*	15 gêm	4 gôl	
2006-08	*Tranmere R af*	60 gêm	10 gôl	
2008-09	Doncaster R	29 gêm	1 gôl	
2009	*Carlisle U af*	5 gêm	1 gôl	
2009-11	Wrecsam			

Peniwr penigamp

John Ward, rheolwr Bristol Rovers, benderfynodd symud Gareth o'r amddiffyn, lle chwaraeodd ei gêm gynghrair gyntaf yn 1992, i'r llinell flaen. Credai Ward fod Gareth gystal peniwr pêl â **Ron** a **Wyn Davies**. Fe gytunai Bobby Gould, rheolwr Cymru, a rhoddodd gap cyntaf i Gareth yn Albania – fel cefnwr ymosodol (wing-bac) chwith! Roedd Crystal Palace newydd dalu £1·25 miliwn am Gareth ond wedi un gôl, a newid rheolwr, roedd y blaenwr tal ar ei ffordd allan wedi dim ond naw mis, ac o glwb o glwb oedd hi iddo wedi hynny. Ar y maes rhyngwladol gwyddai Gareth mai chwaraewyr fel **Nathan Blake** a **John Hartson** oedd y dewis cyntaf, ond bob tro y câi'r alwad byddai Gareth yno, fel y daith i'r Unol Daleithiau yn 2003 pan oedd 17 o'r garfan wedi aros gartref.

* Dechreuodd Gareth baratoi ar gyfer gyrfa fel hyfforddwr tra oedd gyda Wrecsam yn y Gyngres ac ym mis Medi 2011 fe gafodd gyfle i ymuno â staff hyfforddi Manchester City.

Jake Taylor
Canol y cae

Ganed: 1 Rhagfyr 1991, Ascot (Jake William Trevor Taylor)

Ei daid o'r Barri

Cymru: 2014
Unig gap: Gêm **613**, 22 oed; Ymlaen fel eilydd 1 (wedi 85 munud)

Ennill 1; Penc. Ewrop 1; Dan 21 oed 12 cap – capten

Clybiau
102 o gemau cynghrair, 10 gôl

2009-16	Reading	31 gêm	2 gôl	(1 cap)
2011	Aldershot T af	3 gêm		
2011-12	Exeter C af	30 gêm	3 gôl	
2012-13	Cheltenham T af	8 gêm	1 gôl	
2013	Crawley T af	4 gêm		
2015	Leyton Orient af	3 gêm		
2015	Motherwell af	7 gêm		
2016	Exeter C	16 gêm	4 gôl	

Dilynodd y llwybr

Roedd Jake yn aelod o garfan Cymru ar gyfer y pedair gêm ragbrofol gyntaf yn ymgyrch Ewro 2016. Daeth i'r garfan deithiodd i Andorra ym mis Medi 2014 yn lle **Hal Robson-Kanu**, ei gyd-chwaraewr yng nghlwb Reading oedd wedi ei anafu. Cadwodd Jake ei le gyda'r rhif 20 ac fe enillodd ei gap oddi ar y fainc bum munud o ddiwedd y gêm yn erbyn Cyprus, yn lle Robson-Kanu. Bu Jake gyda Reading ers pan oedd yn wyth oed a'i dymor gorau gyda'r clwb oedd 2014-15 pan chwaraeodd 22 o gemau yn y Bencampwriaeth, ac ennill ei gap. Aeth Jake i Motherwell ar fenthyg ar gyfer tymor 2015-16 ond fe gafodd ei alw nôl i Reading yn Rhagfyr 2015 a'i ryddhau i ymuno â Chaerwysg. Gyda'r clwb hwnnw yn Adran 2 roedd ei obaith y gallai ychwanegu at ei unig gap wedi lleihau'n sylweddol.

* Pan enillodd Jake ei gap roedd yn gyfarwydd iawn â phatrwm chwarae a dulliau hyfforddi Cymru yn sgil ei naw cap dan 19 oed a 12 cap dan 21 oed – y llwybr tuag at y tîm cyntaf sydd wedi cyfrannu at ein llwyddiant yn 2014-16.

Neil Taylor
Cefnwr chwith

Ganed: 7 Chwefror 1989, Llanelwy (Neil John Taylor)
Cartref: Rhuthun

Ei fam o India

Cymru: 2010-16
Cap cyntaf: Gêm **578**, 21 oed; **Cap diweddaraf:** Gêm **630**, 27 oed
34 cap (posibl 53); 1 gôl; Gemau llawn 26; Eilyddiwyd 6; Ymlaen fel eilydd 2
Ennill 15; Cyfartal 6; Colli 13; Cwpan y Byd 2; Penc. Ewrop 19 – 1 gôl [Ffrainc 2016 = 6 gêm, 1 gôl];
Eraill 13; Dan 21 oed 13 cap; Tîm Olympaidd Prydain 2012 5 gêm

Clybiau
175 o gemau cynghrair

	Manchester C		
2007-10	Wrecsam	26 gêm	(1 cap)
2010-16	Abertawe	149 gêm	(33 cap)

Medalau, ac ati
* Chwaraewr Asiaidd y Flwyddyn 2013 a 2015
* Llywydd Clwb Pêl-droed Rhuthun 2016

Fydd Wrecsam yn elwa?
Cafodd Neil ei gyfle yn nhîm cyntaf Wrecsam yn gynnar yn ystod tymor 2007-08, tymor olaf y clwb yng Nghynghrair Lloegr (am y tro). Enillodd Neil ei gap llawn cyntaf yn ystod ail dymor Wrecsam yn y Gyngres ac roedd yn anochel y byddai'n symud i lefel uwch yn fuan. Talodd Abertawe £150,000 amdano yng Ngorffennaf 2010 ac ni chafodd unrhyw drafferth camu o'r Gyngres i'r Bencampwriaeth. Methodd Neil y fuddugoliaeth dros Reading yn Wembley yng ngemau ail gyfle 2011 oherwydd iddo gael ei anfon i ffwrdd wedi 52 eiliad yn unig yn y gêm gyn-derfynol yn erbyn Nottingham Forest. Aeth ei yrfa ryngwladol o nerth i nerth dan **Gary Speed**, tan iddo dorri ei ffêr ddechrau Medi 2012 ac fe gipiwyd crys rhif 3 Cymru gan **Ben Davies**, y bachgen ifanc dibrofiad gymerodd le Neil yn nhîm Abertawe. Wedi iddo wella bu Neil a Davies yn cystadlu am yr un safle i'w clwb a'u gwlad tan i Davies symud i Tottenham yn 2014. Gyda Davies hefyd yn effeithiol fel amddiffynnwr canol, bu'r ddau'n chwaraewyr allweddol yn ystod ymgyrch gyfan Ewro 2016, gyda Neil yn ddewis cyntaf fel cefnwr chwith ymosodol.

* Os digwydd i Neil adael Abertawe gall Wrecsam ddisgwyl 10% o elw'r trosglwyddiad yn unol â'r cytundeb wnaed rhwng y ddau glwb yn 2010.

Ben Thatcher
Cefnwr chwith

Ganed: 30 Tachwedd 1975, Swindon (Benjamin David Thatcher)

Ei nain o'r Barri

Cymru: 2004
Cap cyntaf: Gêm **520**, 28 oed; **Cap olaf:** Gêm **527**, 28 oed

7 cap (posibl 8); Gemau llawn 5; Eilyddiwyd 2; Ennill 3; Cyfartal 2; Colli 2

Cwpan y Byd 3; *Eraill* 4; Dan 21 oed (Lloegr) 4 cap – capten

Clybiau
330 o gemau cynghrair, 2 gôl
1992-96	Millwall	90 gêm	1 gôl	
1996-00	Wimbledon	86 gêm		
2000-03	Tottenham H	36 gêm		
2003-04	Leicester C	29 gêm	1 gôl	
2004-07	Manchester C	47 gêm		(3 chap)
2007-08	Charlton Ath	22 gêm		(4 cap)
2008-09	Ipswich T	20 gêm		

Medalau, ac ati
* Aelod o dîm adrannol y flwyddyn PFA 1995

Thyg
Cafodd Ben gyfle i chwarae i hen wlad ei nain pan ganiataodd FIFA chwaraewyr oedd eisoes wedi cynrychioli un wlad dan 21 oed, ond heb ennill cap hŷn i'r wlad honno, i chwarae i wlad arall. Ar yr olwg gyntaf fe ymddangosai Ben yn gaffaeliad i Gymru – bu'n gapten tîm dan 21 oed Lloegr, roedd Spurs wedi talu £5 miliwn amdano, ac roedd yn gefnwr chwith oedd wedi chwarae yn Uwchgynghrair Lloegr ers iddo ymuno â Wimbledon yn 1996. Ar ochr arall y geiniog doedd ei record disgyblaeth ddim yn un fyddai'n pleiso nain unrhyw un, ac efallai'n adlewyrchu'r ffaith iddo fwrw'i brentisiaeth gyda Millwall a Wimbledon y 1990au. Wedi chwe gêm foddhaol i Gymru roedd y *Western Mail* o'r farn y gallai Ben wisgo'r crys rhif 3 am y pum mlynedd nesaf. Roedd wedi ffrwyno David Beckham yn Old Trafford (**526**), a Beckham, nid Ben, gafodd gerdyn melyn am dacl filain. (Cyfaddefodd Beckham fod hynny'n fwriadol er mwyn osgoi taith i Azerbaijan). Yna daeth ein gêm yng ngwlad Pwyl a dangosodd tystiolaeth fideo i Ben sathru pen amddiffynnwr ac fe gafodd ei wahardd gan UEFA am dair gêm. Cadwodd ein rheolwr newydd, **John Toshack**, ffydd yn Ben ond wedi iddo fethu mwy nag un gêm, collodd Toshack ei amynedd a welwyd mo Ben wedyn – a gwynt teg ar ei ôl, meddai rhai.

* Cafwyd y cadarnhad terfynol yn 2006 mai thyg oedd Ben. Yn dilyn ei ymosodiad ciaidd ar Pedro Mendes, Portsmouth, fe gafodd Ben ei wahardd am 6 gêm a cholli 6 wythnos o gyflog gan ei glwb ei hun (Man C), ac am 8 wythnos gan Gymdeithas Bêl-droed Lloegr, a 15 gêm wedi eu gohirio am ddwy flynedd.

Dai Thomas
Cefnwr

Ganed: 1 Awst 1926, Abercregan, Port Talbot (David Thomas)
Bu farw: 13 Tachwedd 2014, Castell-nedd, 88 oed

Cymru: 1957
Cap cyntaf: Gêm **218**, 30 oed; **Cap olaf:** Gêm **219**, 31 oed
2 gap (posibl 2); Gemau llawn 2; Ennill 1; Colli 1; Cwpan y Byd 2

Clybiau
354 o gemau cynghrair, 16 gôl

1948-61	Abertawe	296 gêm	15 gôl	(2 gap)
1961-63	Casnewydd	58 gêm	1 gôl	
1963-65	Henffordd			
1965-67	Port Talbot			

Medalau, ac ati
• Aelod o Oriel Anfarwolion Abertawe 2014

Mewn cwmni da

Chwaraeodd Dai ei gêm gyntaf i Abertawe ym mis Hydref 1949, fel mewnwr chwith, ac yn ei dymor llawn cyntaf, 1950-51, roedd yn ail yn rhestr y sgorwyr, gydag wyth gôl. Y tymor nesaf fe symudodd i safle'r hanerwr ac yna i safle'r cefnwr chwith. Yn nhymor 1956-57 fe sefydlodd ei hun yn gefnwr de ac yno yr enillodd ei ddau gap. Cydoesai Dai ag **Alf Sherwood** ac erbyn i yrfa ryngwladol Alf ddirwyn i ben roedd Dai'n 30 oed a'i ddyddiau gorau fel chwaraewr, o bosib, y tu cefn iddo. Roedd ei gêm gyntaf ym Mhrâg yn un anodd iawn i'r Cymry wrth inni golli 2–0. Gallai'n hawdd fod wedi bod yn 6–0 meddai un gohebydd a dim ond **Jack Kelsey**, **Bill Harris** a **Ray Daniel** allai ddal eu pennau'n uchel. Er inni ennill ail gêm Dai o 4–1 fe gollodd ei le i **Stuart Williams**, datblygodd partneriaeth sefydlog rhwng Williams a **Mel Hopkins** yn y cefn, a doedd Dai ddim ar yr awyren i Sweden yn 1958. Bu Dai yn chwaraewr wrth gefn i Gymru nifer o weithiau yn y 1950au yn cynnwys y daith i Ffrainc ac Iwgoslafia ym mis Mai 1953. Wedi iddo ymddeol bu Dai'n gweithio fel saer coed ac yna'n gasglwr rhenti i Gyngor Castell-nedd Port Talbot.

* Gyda **Len Allchurch**, **Mel Charles**, **Cliff Jones** a **Des Palmer** roedd Dai yn un o bump chwaraewr o glwb Abertawe pan enillodd ei ail gap ar Barc Ninian.

Martin Thomas
Gôl-geidwad

Ganed: 28 Tachwedd 1959, Senghennydd (Martin Richard Thomas)

Cymru: 1986
Unig gap: Gêm **403**, 26 oed
Gêm lawn 1; Cyfartal 1
Penc. Ewrop 1; Dan 21 oed 2 gap

Clybiau
449 o gemau cynghrair

1977-83	Bristol R	162 gêm	
1982	*Caerdydd af*	15 gêm	
1982-83	Tottenham H	0 gêm	
1983	*Southend af*	6 gêm	
1983-88	Newcastle U	118 gêm	(1 cap)
1984	*Middlesbrough af*	4 gêm	
1988-93	Birmingham C	144 gêm	
	Aston Villa af	0 gêm	
	Crystal Palace af	0 gêm	
1993-95	Cheltenham T		

Medalau, ac ati
• Tlws Cynghrair Lloegr (Leyland-Daf) 1991

Un cap mewn 10 mlynedd
Ar ddiwedd y 1970au proffwydwyd dyfodol disglair i Martin oedd wedi chwarae ei gêm gynghrair gyntaf i Bristol R yn yr Ail Adran ychydig wythnosau wedi ei ben-blwydd yn 17 oed. Erbyn tymor 1979-80 roedd Martin wedi sefydlu ei hun fel ail golwr Cymru. Yna fe gafodd anaf cas i'w law a'i cadwodd yn segur am 11 mis, ac o bosib, fe gostiodd hynny symudiad i'r Adran Gyntaf iddo. Fe gollodd Rovers eu lle yn yr Ail Adran a bu'n rhaid i Martin fodloni ar fynd o glwb i glwb ar fenthyg am gyfnodau byrion cyn setlo yn Newcastle. Enillodd Martin ei unig gap yn Helsinki pan oedd **Neville Southall**, **Eddie Niedzwiecki** a **Tony Norman** i gyd wedi'u hanafu. Ar y pryd roedd Martin yn ddewis cyntaf i Newcastle yn yr Adran Gyntaf ac yn llawn haeddu cael ei ddewis. Erbyn gêm nesaf Cymru, Southall

a Niedzwiecki oedd y ddau ar ddyletswydd, ac roedd hi'n dair blynedd arall cyn i Martin gymryd lle Norman ar y fainc, eto yn Helsinki (**419**). Wedi iddo ymddeol cymhwysodd Martin ei hun fel ffisiotherapydd a bu'n hyfforddwr gôl-geidwaid Birmingham, Norwich a Swindon cyn ymuno â staff Cymdeithas Bêl-droed Lloegr.

* 21 Ebrill 1986: West Ham U –8, Newcastle U –1, ac roedd Martin yr un o *dri* golwr a geisiodd rwystro'r llif goliau (ond nid yr un pryd!), ac Alvin Martin yn sgorio hatric – un gôl yn erbyn pob golwr.

Mickey Thomas
Asgellwr/canol y cae

Ganed: 7 Gorffennaf 1954, Mochdre (Michael Reginald Thomas)

Tad i Aaron – Bangor, Y Rhyl, Caernarfon/68 gêm gynghrair, 3 gôl. Pencampwr bocsio amatur Cymru, pwysau welter, a chynrychiolydd Cymru yng Ngemau'r Gymanwlad 2006

Tad i Jade – tîm pêl–droed merched Cymru

Mickey Thomas: Wild at Heart (1997)
Kick-ups, Hiccups, Lock-ups (2008)

Cymru: 1976-86
Cap cyntaf: Gêm **329**, 22 oed; **Cap olaf:** Gêm **398**, 31 oed

51 cap (posibl 70); 4 gôl; Gemau llawn 34; Eilyddiwyd 7; Ymlaen fel eilydd 10
Ennill 19; Cyfartal 10; Colli 22; Cwpan y Byd 13 – 1 gôl; Penc. Ewrop 11 – 1 gôl
Penc. Prydain 17 – 1 gôl; *Eraill* 10 – 1 gôl; Dan 23 oed 1 cap; Dan 21 oed 2 gap – capten

Clybiau
635 o gemau cynghrair, 77 gôl

1972-78	Wrecsam	230 gêm	33 gôl	(11 cap)
1978-81	Manchester U	90 gêm	11 gôl	(13 cap)
1981	Everton	10 gêm		(1 cap)
1981-82	Brighton & H A	20 gêm		(5 cap)
1982-84	Stoke C	57 gêm	14 gôl	(10 cap)
1984-85	Chelsea	44 gêm	9 gôl	(9 cap)
1985-86	West Bromwich A	20 gêm		(2 gap)
1986	*Derby Co af*	9 gêm		
1986-88	Wichita (UDA)			
1988-89	Amwythig	40 gêm	1 gôl	
1989-90	Leeds U	3 gêm		
1990	*Stoke C af*	8 gêm		
1990-91	Stoke C	38 gêm	7 gôl	

1991-92	Wrecsam	34 gêm	2 gôl
1992-93	Treffynnon	2 gêm	
1993	Conwy		
1994	Brymbo		
1994	Inter Caerdydd		
1994-95	Porthmadog	30 gêm	
1996	Bwcle		
1996	Mochdre		
1998	Amlwch		
	Llandudno		

Rheolwr

1995	Porthmadog

Medalau, ac ati

- Cwpan Cymru 1972, 1975 a 1978
- Y Drydedd Adran 1978
- Yr Ail Adran 1984
- Aelod o dîm adrannol y flwyddyn PFA 1978
- Aelod o Oriel Anfarwolion Wrecsam
- Gwobr Arbennig Cymdeithas Bêl-droed Cymru 2011

Y gwalch hoffus

Daeth Mickey i amlygrwydd wrth i Wrecsam gael llwyddiant yng Nghwpan Cymru, Cwpan FA Lloegr a Chwpan Enillwyr Cwpanau Ewrop yn hanner cynta'r 1970au. Enillodd Mickey ei 10 cap cyntaf pan oedd Wrecsam yn dal yn y Drydedd Adran, cyn i'r clwb ennill dyrchafiad i'r Ail Adran yn 1978. Dri mis yn ddiweddarach roedd Mickey wedi ymuno â Manchester U am £300,000. Cofir am ei winc ddireidus i lygad y camera wedi iddo ennill cic o'r smotyn i'r Cochion. Fe chwaraeodd yn ffeinal Cwpan FA Lloegr yn 1979 ond teimlai bwysau anferthol ar ei ysgwyddau yn Old Trafford, a dechreuodd ei broblemau, a'i gamgymeriadau. Dechreuodd yfed a symudodd i Everton. Camgymeriad. Yna i Brighton. Camgymeriad. Fe gafodd broblemau 'domestig' a bob hyn a hyn byddai'n 'diflannu' – i Fochdre gan amlaf. Roedd e'n casáu hedfan, sy'n egluro pam iddo fethu nifer o gemau Cymru. Wedi'r crwydro fe ddychwelodd Mickey i Wrecsam lle sgoriodd gôl enwocaf ei yrfa pan oedd yn 37 oed. 4 Ionawr 1992 oedd y dyddiad a'r gwrthwynebwyr oedd Arsenal, pencampwyr yr Adran Gyntaf yn 1991, y flwyddyn pan orffennodd Wrecsam yn olaf un yn y Bedwaredd Adran. Dyma gyfnod ei gamgymeriad mwyaf. Wythnos wedi'r fuddugoliaeth annisgwyl dros Arsenal ar y Cae Ras fe gafodd Mickey ei arestio a'i gyhuddo o ddosbarthu papurau deg ac ugain punt ffug. Ym mis Gorffennaf 1993 carcharwyd Mickey am 18 mis am y drosedd. Wedi iddo gael ei ryddhau ym mis Ebrill 1994 bu'n chwarae i Inter Caerdydd yng Nghwpan UEFA ond diflas iawn oedd ei record fel rheolwr Porthmadog – ennill un pwynt mewn tri mis. Carcharwyd ei fab Aaron am chwe blynedd ym mis Medi 2009 am ei ran mewn lladrad arfog.

* Mickey oedd y Cymro cyntaf i gyfanswm ei drosglwyddiadau gyrraedd £1 filiwn. Fe wnaeth bunt neu ddwy wrth symud ac fe gyfaddefodd iddo golli'r rhan fwyaf wrth brynu (a chwalu) ceir cyflym, gamblo a mynychu clybiau nos, ac ati.

Rod Thomas
Cefnwr

Ganed: 11 Ionawr 1947, Glyncorrwg (Roderick John Thomas – nodwyd yn anghywir fel Rodney yn rhaglenni Cymru yn y 1960au)

Cymru: 1967-77
Cap cyntaf: Gêm **275**, 20 oed; **Cap olaf:** Gêm **338**, 30 oed
50 cap (posibl 64); Gemau llawn 48; Eilyddiwyd 2
Ennill 11; Cyfartal 16; Colli 23; Cwpan y Byd 10; Penc. Ewrop 11 [1976 = 1 gêm]
Penc. Prydain 25; *Eraill* 4; Dan 23 oed 6 chap

Clybiau
484 o gemau cynghrair, 6 gôl

	Gloucester C			
1964-73	Swindon T	296 gêm	4 gôl	(30 cap)
1973-77	Derby Co	89 gêm	2 gôl	(19 cap)
1977	Caerdydd	96 gêm		(1 cap)
	Gloucester C			
	Bath C			
1982	Casnewydd	3 gêm		

Medalau, ac ati
• Cwpan Cynghrair Lloegr 1969
• Cwpan Eingl-Eidalaidd 1970
• Yr Adran Gyntaf 1975

Y coesau telesgopig
Rod oedd y cefnwr gorau yn y Drydedd Adran yn ystod tymor 1968-69 pan enillodd Swindon Gwpan Cynghrair Lloegr trwy guro Arsenal 3–1 yn y mwd yn Wembley, ac ennill dyrchafiad i'r Ail Adran. Roedd Rod eisoes wedi ennill ei gapiau cyntaf a bu'n ddewis cyntaf i Gymru am saith tymor yn olynol, a methodd bedair gêm yn unig. Roedd hi'n dipyn o syndod fod y cefnwr tal gyda'r coesau telesgopig wedi gorfod aros tan fis Tachwedd 1973 cyn symud i'r Adran Gyntaf, fel seining cynta Dave Mackay yn Derby a 18 mis yn ddiweddarach roedd y clwb yn dathlu ennill pencampwriaeth y brif adran yn Lloegr. Un o gyd-chwaraewyr Rod

yn Derby oedd Francis Lee a bu'r ddau'n gyd-berchnogion ceffyl rasio. Bu Rod yn gweithio i Lee, oedd â busnes cynhyrchu papur tŷ bach, bu'n cadw tafarn yn Cheltenham, gweithio i gwmni cyfrifiaduron, sgowtio i Derby ac yn gyfarwyddwr pêl-droed i'r clwb cyn ymuno ag asiantaeth newyddion.

* Rod oedd yr amddiffynnwr cyntaf i ennill 50 cap i Gymru, ac roedd ei gyfanswm o 30 cap yn dal yn record i Swindon yn 2016.

Syd Thomas
Asgellwr de

Ganed: 12 Tachwedd 1919, Machynlleth (David Sidney Thomas)
Bu farw: 19 Ionawr 2012, Machynlleth, 92 oed

Syd Thomas (2011)

Cymru: 1947-48
Cap cyntaf: Gêm **174**, 27 oed; **Cap olaf:** Gêm **177**, 28 oed
4 cap (posibl 4); Gemau llawn 4; Ennill 2; Colli 2
Penc. Prydain 4

Clybiau
70 o gemau cynghrair, 5 gôl

	Machynlleth			
1938-50	Fulham	57 gêm	4 gôl	(4 cap)
1950-51	Bristol C	13 gêm	1 gôl	

Medalau, ac ati
• Yr Ail Adran 1949

Un o'r rhai mwyaf anlwcus
Ym mis Awst 1938 aeth Syd, 19 oed, o Fachynlleth yng nghynghrair enwog y Cambrian Coast i Fulham yn yr Ail Adran. Oherwydd yr Ail Ryfel Byd bu'n rhaid iddo aros tan fis Tachwedd 1946 i chwarae ei gêm gyntaf i Fulham, a hynny ar ôl cwblhau saith mlynedd o wasanaeth yn yr awyrlu. Er i'r asgellwr bach (5' 6") gael gêm gyntaf wych yn erbyn Tottenham H, oedd yn cynnwys **Ron Burgess**, dim ond naw gêm chwaraeodd Syd y tymor hwnnw. Y tymor nesaf, 1947-48, oedd ei dymor gorau o ddigon wrth iddo chwarae 31 o gemau i Fulham ac ennill ei gap cyntaf, gyda Burgess erbyn hynny yn gapten Cymru. Adroddwyd fod 12 llond bws o gefnogwyr wedi teithio o Fachynlleth i Gaerdydd i weld Syd yn y crys coch. Gorffennodd Fulham ar frig yr Ail Adran yn 1949 ond tair gêm yn unig chwaraeodd Syd yn yr Adran Gyntaf yn dilyn y dyrchafiad ac fe symudodd i Bristol C yn y Drydedd Adran (De) yn haf 1950. Daeth

gyrfa Syd i ben wedi dim ond 13 gêm i glwb Bryste wedi iddo ef a'i wraig Ivy gael y diciâu. Dychwelodd y teulu i Fachynlleth ac wedi iddo wella aeth Syd yn ôl i weithio ym mecws y teulu, lle bu'n gweithio am bum mlynedd ar ôl gadael yr ysgol yn 14 oed. Bu yno tan 1987 pan brynwyd yr adeilad gan archfarchnad ac fe gaeodd y becws oedd wedi bod yno ers yn agos i ganrif.

*   Doedd Bristol City ddim yn hapus o gwbl mai dim ond 13 gêm chwaraeodd Syd wedi iddynt dalu £9,000 i Fulham amdano a bu dadl rhwng y ddau glwb am yr arian am beth amser. Ni thalwyd unrhyw arian yn ôl i glwb Bryste.

John Toshack
Blaenwr

Ganed: 22 Mawrth 1949, Caerdydd (John Benjamin Toshack)
Cartref: Northumberland Street, Treganna

Tad i Cameron – Abertawe, Bristol C, Caerdydd/5 gêm gynghrair. Hyfforddwr gydag Abertawe ers 2013

Cefnder i **John Mahoney**

Gosh it's Tosh (1976)
Tosh (1982)
John Toshack (2002)

Cymru: 1969-79
Cap cyntaf: Gêm **281**, 20 oed; **Cap olaf:** Gêm **352**, 30 oed
40 cap (posibl 72); 1 yn gapten; 12 gôl
Gemau llawn 36; Eilyddiwyd 3; Ymlaen fel eilydd 1
Ennill 9; Cyfartal 12; Colli 19; Cwpan y Byd 9 – 1 gôl
Penc. Ewrop 12 – 5 gôl [1976 = 2 gêm]; Penc. Prydain 15 – 6 gôl; *Eraill* 4; Dan 23 oed 3 chap

Clybiau
397 o gemau cynghrair, 173 gôl

1966-70	Caerdydd	162 gêm	74 gôl	(8 cap)
1970-78	Lerpwl	172 gêm	74 gôl	(26 cap)
1978-84	Abertawe	63 gêm	25 gôl	(6 chap)

Rheolwr

1978-84	Abertawe
1984-85	Sporting Lisbon
1985-89	Real Sociedad
1989-90	Real Madrid
1991-94	Real Sociedad

1994	Cymru – gweler Atodiad 1
1995-97	Deportivo La Coruna
1997-99	Besiktas
1999	Real Madrid
2000-01	Saint Etienne
2001-02	Real Sociedad
2002-03	Catania
2004	Real Murcia
2004-10	Cymru – gweler Atodiad 1
2011-12	Macedonia
2013	Khazar Lankaran
2014-16	Wydad Casablanca

Medalau, ac ati

- Cwpan Cymru 1968, 1969 a 1970
- Cwpan Cymru 1981, 1982 a 1983 – rheolwr
- Yr Adran Gyntaf 1973, 1976 a 1977
- Cwpan FA Lloegr 1974
- Cwpan Ewrop 1977
- Cwpan UEFA 1973 a 1976
- Personoliaeth Chwaraeon Cymru 1981
- MBE 1982
- Hyfforddwr y Flwyddyn La Liga 1989 a 1990
- Copa Del Rey 1987 – rheolwr
- La Liga 1990 – rheolwr
- Supercopa De Espana 1995 – rheolwr
- Cwpan Twrci 1998 – rheolwr
- Uwchgwpan Azerbaijan 2013 – rheolwr
- Botola (Cynghrair Morocco) 2015 – rheolwr
- Aelod o Oriel Anfarwolion Chwaraeon Cymru 2005
- Cymrawd er Anrhydedd Athrofa Addysg Uwch Abertawe 2007
- Aelod o Oriel Anfarwolion Abertawe 2012

'Rheolwr y ganrif'

Does 'na 'run Cymro arall wedi cyflawni cymaint â John fel chwaraewr a rheolwr. Roedd John yn 16 mlwydd a 236 diwrnod oed pan chwaraeodd ei gêm gynghrair gyntaf i Gaerdydd yn 1965, bum mis cyn arwyddo'n broffesiynol, record a dorrwyd gan **Aaron Ramsey** yn 2007. Pan adawodd John Barc Ninian am borfa frasach Anfield yn 1970 roedd ei goliau wedi rhoi'r Adar Glas o fewn cyrraedd i frig yr Ail Adran, ac roedd dyrchafiad ar y gorwel. Gwerthwyd John am £110,000 (swm sylweddol ar y pryd), fe gollwyd y cyfle i esgyn a dywedir i rai o'r cefnogwyr droi cefn ar y clwb am byth. Gwelwyd yr un diffyg uchelgais pan gafodd

Caerdydd gyfle i groesawu John gartref yn 1978, un ai fel chwaraewr neu fel chwaraewr-hyfforddwr. Yn ôl y rheolwr Jimmy Andrews doedd cymwysterau hyfforddi John ddim digon da. Mae'n amlwg nad oedd llond drôr o fedalau gyda Lerpwl wedi gwneud llawer o argraff ar Andrews. Yn ôl un ddamcaniaeth gwelai Andrews John fel bygythiad i'w swydd ei hun. Ar Ddydd Gŵyl Dewi 1978 fe ddechreuodd John ar ei waith fel chwaraewr-reolwr yn Abertawe, yn y Bedwaredd Adran. Erbyn mis Mai 1981 roedd yr Elyrch wedi codi i'r Adran Gyntaf, a John oedd rheolwr y ganrif yn ôl Bill Shankley, ei gyn-reolwr yn Lerpwl. Wedi dau dymor ar y lefel uchaf roedd yr Elyrch ar y ffordd i lawr. Dros yr 20 mlynedd nesaf bu John yn rheolwr llwyddiannus yn Sbaen, yn bennaf, cyn dychwelyd i reoli Cymru. Brithwyd ei yrfa fel chwaraewr rhyngwladol ag anafiadau, absenoldebau yn sgil llwyddiant Lerpwl yn Ewrop, a'r gystadleuaeth o du **Ron** a **Wyn Davies**. Chwaraeodd John mewn saith o'r wyth gêm yn ymgyrch gofiadwy Cymru yn Mhencampwriaeth Ewrop 1976 gan sgorio tair gôl, a rhaid sôn hefyd am ei hatric perffaith yn erbyn yr Alban ar Barc Ninian yn 1979 – troed dde, troed chwith a pheniad (**347**). Ac ar yr un maes hanesyddol y sgoriodd John ei gôl gynghrair olaf ar Ŵyl San Steffan 1983 – i Abertawe, wrth gwrs.

* Bu dau archwiliad meddygol aflwyddiannus yn allweddol yng ngyrfa John. Bwriad gwreiddiol Lerpwl yn 1970 oedd prynu Frank Worthington o Huddersfield ond fe fethodd hwnnw'r archwiliad meddygol ac fe drodd Lerpwl eu sylw at John. Ym mis Tachwedd 1974 roedd John yn paratoi i adael Lerpwl am Leicester C ond doedd y clwb hwnnw ddim yn hapus gyda'r gwendid yn ei glun, ac fe arhosodd John yn Anfield nes iddo symud i Abertawe yn 1978.

Paul Trollope
Canol y cae

Ganed: 3 Mehefin 1972, Swindon (Paul Jonathan Trollope)

Ei nain o Risga

Mab i John – Swindon T/770 o gemau cynghrair, 22 gôl

Cymru: 1997-2003
Cap cyntaf: Gêm **474**, 24 oed; **Cap olaf:** Gêm **511**, 30 oed
9 cap (posibl 38); Gemau llawn 3; Ymlaen fel eilydd 6
Ennill 4; Cyfartal 3; Colli 2; Penc. Ewrop 2; *Eraill* 7; B 1 cap

Clybiau
383 o gemau cynghrair, 37 gôl

1989-92	Swindon T		
1992-94	Torquay U	106 gêm	16 gôl
1994-97	Derby Co	65 gêm	5 gôl	(2 gap)

1996	*Grimsby T af*	7 gêm	1 gôl	
1996	*Crystal Palace af*	9 gêm		
1997-02	Fulham	76 gêm	5 gôl	(3 chap)
2002	Coventry C	6 gêm		(1 cap)
2002-04	Northampton T	84 gêm	8 gôl	(3 chap)
2004-06	Bristol R	30 gêm	2 gôl	
Rheolwr				
2005-10	Bristol R			
2016	Caerdydd			

Medalau, ac ati

- Adran 2 1999
- Adran 1 2001
- Enillydd gemau ail gyfle Adran 2 2007 – rheolwr

Hyfforddwr Cymru yn Ewro 2016

Mae cyfanswm gemau John Trollope, tad Paul, i Swindon yn dal yn record i glwb unigol, ac fe fu gyda'r clwb fel chwaraewr a rheolwr am 37 mlynedd cyn i'r anochel ym mhêl-droed ddigwydd – cafodd y sac. Mae stori Paul yn hollol wahanol. Wedi iddo fethu cyrraedd tîm cyntaf Swindon bu'n dipyn o grwydryn, ond yn wahanol i'w dad gall ddweud iddo chwarae pêl-droed yn rhyngwladol ac yn Uwchgynghrair Lloegr. Roedd Paul gyda Derby yn yr Uwchgynghrair pan enillodd ei gap cyntaf ond methodd â sefydlu ei hun gyda Derby a Chymru, ac erbyn iddo ennill ei gapiau olaf roedd ei glwb Northampton ar fin disgyn o Adran 2 i'r lefel isaf. Cafodd Paul beth llwyddiant fel rheolwr yn Bristol R trwy godi'r clwb o'r gwaelodion gyda buddugoliaeth yn Wembley a chyrraedd ffeinal Tlws Cynghrair Lloegr yn Stadiwm y Mileniwm, Caerdydd, yn yr un flwyddyn (2007). Wedi pum mlynedd wrth y llyw, sy'n gyfnod eithaf parchus, cafodd y sac ac yna bu'n hyfforddi Birmingham C, Norwich C a Chaerdydd. Cafodd ei benodi'n rheolwr Caerdydd ym mis Mai 2016.

* Ym mis Mehefin 2015 penodwyd Paul yn hyfforddwr tîm Cymru i olynu Osian Roberts a ddyrchafwyd yn is-reolwr i **Chris Coleman** wedi i **Kit Symons** adael y swydd honno.

Pat Van Den Hauwe
Amddiffynnwr

Ganed: 16 Rhagfyr 1960, Dendermonde, Gwlad Belg (Patrick William Roger Van Den Hauwe)

Deiliad pasbort Prydeinig – dim cysylltiadau Cymreig

Mab i René Van Den Hauwe, gôl-geidwad proffesiynol yng Ngwlad Belg

Psycho Pat: Legend or Madman? (2011)

Pat Van Den Hauwe (2015)

Cymru: 1985-89

Cap cyntaf: Gêm **394**, 24 oed; **Cap olaf:** Gêm **417**, 28 oed

13 cap (posibl 24); Gemau llawn 12; Eilyddiwyd 1

Ennill 4; Cyfartal 4; Colli 5; Cwpan y Byd 3; Penc. Ewrop 5; *Eraill* 5

Clybiau

401 o gemau cynghrair, 3 gôl

1978-84	Birmingham C	123 gêm	1 gôl	
1984-89	Everton	135 gêm	2 gôl	(13 cap)
1989-93	Tottenham H	116 gêm		
1993-95	Millwall	27 gêm		
1996	Hellenic			
1997	Wynberg St Johns (De Affrica)			

Medalau, ac ati

- Yr Adran Gyntaf 1985 a 1987
- Cwpan Enillwyr Cwpanau Ewrop 1985
- Cwpan FA Lloegr 1991

Bywyd roc a rol

Ein rheolwr **Mike England** berswadiodd Pat i chwarae dros Gymru ar ôl darganfod fod gan yr amddiffynnwr profiadol basbort Prydeinig a'i fod wedi coll'r hawl i chwarae dros Wlad Belg pan wrthododd ymgymryd â gwasanaeth milwrol dros y wlad honno. Doedd pawb ddim yn hapus fod tramorwr yn cymryd lle Cymro yn ein tîm cenedlaethol, ac wedi dim ond blwyddyn rhaid oedd amau ei ymrwymiad i Gymru wrth iddo fethu pum gêm yn olynol. Pan fethodd ag ymuno â'r garfan ar gyfer gêm yn erbyn Gorllewin yr Almaen yn 1989 (**418**) dywedodd y rheolwr **Terry Yorath** mai digon yw digon. Erbyn hynny roedd Pat ar fin gadael Everton, lle bu'n rhan o oes aur y clwb, ac fe ymunodd â Spurs lle bu'n llwyddiannus yn ffeinal Cwpan FA Lloegr, ar ôl bod yn aflwyddiannus deirgwaith gydag Everton. Yn addas iawn fe orffennodd ei yrfa yn Millwall lle cafodd gerdyn melyn wedi 14 eiliad yn ei gêm gyntaf. Am gyfnod byr bu Pat yn briod â Mandy Smith, cyn-fodel a chyn-wraig Bill Wyman o'r Rolling Stones. Symudodd Pat i Dde Affrica yn y 1990au.

* Yn ei hunangofiant bu Pat yn sôn am ei fywyd roc a rôl – alcohol, cyffuriau, gangsters a sut y cafodd ei heintio un noson gan ferch pan oedd Cymru yn chwarae ym Malta yn 1988 (**412**).

David Vaughan
Canol y cae

Ganed: 18 Chwefror 1983, Llanelwy (David Owen Vaughan)
Cartref: Rhuddlan

Cymru: 2003-16
Cap cyntaf: Gêm **512**, 20 oed; **Cap olaf:** Gêm **624**, 33 oed

42 cap (posibl 113); 1 gôl; Gemau llawn 16; Eilyddiwyd 13; Ymlaen fel eilydd 13
Ennill 17; Cyfartal 5; Colli 20; Cwpan y Byd 11 – 1 gôl; Penc. Ewrop 10 [Ffrainc 2016 = 0 gêm];
Eraill 21; Dan 21 oed 8 cap – 3 gôl

Clybiau
407 o gemau cynghrair, 27 gôl

2001-07	Crewe Alex	185 gêm	18 gôl	(11 cap)
2007-08	Real Sociedad	7 gêm	1 gôl	(3 chap)
2008-11	Blackpool	109 gêm	4 gôl	(11 cap)
2011-14	Sunderland	49 gêm	3 gôl	(13 cap)
2013-14	*Nottingham F af*	9 gêm		
2014-16	Nottingham F	48 gêm	1 gôl	(4 cap)

Medalau, ac ati
• Enillydd gemau ail gyfle'r Bencampwriaeth 2010

Hynafgwr tawel y garfan
Bu mwy nag un digwyddiad annisgwyl yn ystod gyrfa David. Daeth y cyntaf yn 2002 pan fu'n rhaid i Gymru aros iddo ddewis rhwng chwarae i Gymru neu Loegr, gwlad ei daid. Roedd rhieni David yn Gymry ac yntau'n rhugl ei Gymraeg. Dewiswyd David i garfan Lloegr ar gyfer Pencampwriaeth Ewrop dan 19 oed, a dyna pryd y dewisodd ei famwlad. O fewn deufis fe enillodd ei gap cyntaf dan 21 oed – i Gymru. Roedd David wedi ymuno â Crewe yn naw oed ac wedi chwarae ei gêm gynghrair gyntaf ym mis Awst 2000, yn 16 oed, wrth i academi Dario Gradi ddatblygu talentau ifanc. Arhosodd David yn Crewe tan fis Awst 2007 pan dalodd Real Sociedad £300,000 amdano. Roedd y clwb o San Sebastian newydd ddisgyn o La Liga i'r ail adran yng Nghynghrair Sbaen ac wedi penodi rheolwr newydd, **Chris Coleman**. Yn anffodus i David fe gafodd anaf yn fuan wedi i Coleman adael yn Ionawr 2008, ac fe adawodd draeth Gwlad y Basg am draeth Blackpool am £200,000. Daeth David yn chwaraewr allweddol wrth i Blackpool esgyn i Uwchgynghrair Lloegr yn 2010, ar draul Caerdydd, ac ar ddiwedd unig dymor y clwb ar y lefel uchaf, David oedd dewis ei gyd-chwaraewyr fel chwaraewr y flwyddyn. Gwelwyd David ar ei orau i Gymru yn ystod ei gyfnod gyda Blackpool a chofir iddo greu gôl wych i **Craig Bellamy** yn Helsinki (**574**) a chael ei enwi'n seren y gêm fwy nag

unwaith. Doedd hi ddim yn annisgwyl fod Coleman wedi cadw ffydd ynddo ar gyfer Ewro 2016.

* David oedd y Cymro hynaf i chwarae yng ngemau rhagbrofol Ewro 2016, chwe mis yn hŷn na **James Collins** a 12 mlynedd yn hŷn na **George Williams**.

Nigel Vaughan
Canol y cae

Ganed: 20 Mai 1959, Caerllion (Nigel Mark Vaughan)

Tad i Erin – Amwythig, Aston Villa/12 cap

Cymru: 1982-84
Cap cyntaf: Gêm **374**, 23 oed; **Cap olaf:** Gêm **390**, 25 oed

10 cap (posibl 17); Gemau llawn 6; Eilyddiwyd 1; Ymlaen fel eilydd 3

Ennill 1; Cyfartal 6; Colli 3; Cwpan y Byd 1; Penc. Ewrop 4

Penc. Prydain 1; *Eraill* 4; Dan 21 oed 2 gap

Clybiau
484 o gemau cynghrair, 85 gôl

1977-83	Casnewydd	224 gêm	32 gôl	(3 chap)
1983-87	Caerdydd	149 gêm	41 gôl	(7 cap)
1987	*Reading af*	5 gêm	1 gôl	
1987-90	Wolverhampton W	93 gêm	10 gôl	
1990-92	Henffordd	13 gêm	1 gôl	
1992-93	Worcester C			
1993-96	Casnewydd			
	Stourbridge			

Rheolwr

Ludlow T

Medalau, ac ati
- Cwpan Cymru 1980
- Tlws Cynghrair Lloegr (Sherpa Vans) 1988
- Y Bedwaredd Adran 1988
- Y Drydedd Adran 1989

Seren yr oes aur
Nigel oedd seren ddisgleiriaf Casnewydd yn ystod oes aur y clwb ar ddechrau'r 1980au. Yn 1980 sicrhawyd dyrchafiad i'r Drydedd Adran ac fe enillwyd Cwpan Cymru am yr unig dro yn

eu hanes. Arweiniodd hynny at gynrychioli Cymru yng Nghwpan Enillwyr Cwpanau Ewrop. Disgleiriodd Nigel wrth i Gasnewydd guro Crusaders 4–0 a Haugar 6–0 cyn ildio i Carl Zeiss Jena 3–2. Dilynodd ei gapiau cyntaf ac erbyn Ebrill 1983 roedd ei glwb ar frig y Drydedd Adran ond Caerdydd, nid Casnewydd, gafodd ddyrchafiad. Roedd yr oes aur ar ben ac fe symudodd Nigel i Gaerdydd fel rhan o drosglwyddiad anarferol welodd Nigel a Karl Elsey yn gadael Casnewydd, a John Lewis, Tarki Micallef a Linden Jones yn gadael Caerdydd. Uchelgais Nigel oedd chwarae yn yr Adran Gyntaf a chadw ei le yng ngharfan Cymru. Chwalwyd y gobeithion hynny ar Barc Ninian wrth i'r Adar Glas ddisgyn i'r Drydedd Adran yn 1985 ac i'r Bedwaredd yn 1986, gyda Nigel yn brif sgoriwr yn y ddau dymor. Gyda Wolves fe chwaraeodd Nigel yn Wembley ac fe enillodd ddau ddyrchafiad yn olynol. Wedi iddo ymddeol bu'n hyfforddwr ieuenctid gyda Wolves ac Amwythig (lle'r oedd **David Edwards** dan ei ofal) ac yna yn Unol Daleithiau America.

* Mae tri chap Nigel yn dal yn record i Gasnewydd. Nigel oedd y chwarewr cyntaf o'r clwb i ennill cap ers **Alf Sherwood** nôl yn 1956. Enillodd Nigel, 5'5", wyth o'i gapiau pan oedd **Brian Flynn**, 5'4", hefyd yng nghanol y cae i Gymru.

Graham Vearncombe
Gôl-geidwad

Ganed: 28 Mawrth 1934, Caerdydd
Bu farw: 5 Mawrth 1993, Caerdydd, 58 oed

Cymru: 1957-60
Cap cyntaf: Gêm **219**, 23 oed; **Cap olaf:** Gêm **236**, 26 oed
2 gap (posibl 18); Gemau llawn 2; Ennill 2; Cwpan y Byd 1; *Eraill* 1

Clybiau
207 o gemau cynghrair

1952-64	Caerdydd	207 gêm	(2 gap)
	Merthyr T		

Medalau, ac ati
• Cwpan Cymru 1956, 1959 a 1964

Aeth i forio am bedwar mis
Roedd Graham yn un o dri gôl-geidwad yng ngharfan Cymru ar gyfer Cwpan y Byd 1958 yn Sweden ond fe arhosodd gartref, ar stand-bei gyda thri chwaraewr arall, oherwydd fod Cymdeithas Bêl-droed Cymru am leihau'r costau. Chwaraeodd Graham ei gêm gynghrair gyntaf i Gaerdydd yn yr Adran Gyntaf yn 1953 ond bu'n rhaid iddo aros tair blynedd cyn

disodli **Ron Howells** a sefydlu ei hun fel dirprwy i **Jack Kelsey** yn y gôl i Gymru. Daeth dau gap Graham yn absenoldeb Kelsey, oedd yn ddigwyddiadau prin.Yn nhymor 1957-58 bu'n rhaid i Graham rannu safle golwr Caerdydd gyda Ken Jones, ac efallai ar sail perfformiad gwych yng ngêm gyntaf tîm dan 23 oed Cymru ym mis Ebrill 1958, Jones gafodd ei ddewis i ̄ ̄ ̄ lodd Jones gap). Un gêm chwaraeodd Graham i Gaerdydd yn nhymor 1958-59 oherwydd iddo gael anghydfod gyda'r clwb ac fe aeth i weithio fel peiriannydd ar long fasnach am bedwar mis. Dychwelodd i Gaerdydd ac adennill ei le fel prif golwr y clwb. Ei gêm olaf i'r Adar Glas oedd ffeinal Cwpan Cymru yn 1964. Wedi iddo ymddeol bu Graham yn cadw siop bapurau newydd a diodydd.

* Enillodd Graham gap hefyd fel chwaraewr pêl-fas.

Roy Vernon
Mewnwr

Ganed: 14 Ebrill 1937, Ffynnongroyw (Thomas Royston Vernon)
Bu farw: 4 Rhagfyr 1993, Blackburn, 56 oed

Cymru: 1957-67
Cap cyntaf: Gêm **215**, 19 oed; **Cap olaf:** Gêm **276**, 30 oed
32 cap (posibl 62); 8 gôl; Gemau llawn 32; Ennill 10; Cyfartal 5; Colli 17
Cwpan y Byd 8 – 5 gôl [Sweden 1958 = 1 gêm]; Penc. Ewrop 1
Penc. Prydain 18 – 3 gôl; *Eraill* 5; Dan 23 oed 2 gap; Tîm amatur Cymru

Clybiau
399 o gemau cynghrair, 172 gôl

	Mostyn YMCA			
1955-60	Blackburn R	131 gêm	49 gôl	(9 cap)
1960-65	Everton	176 gêm	101 gôl	(13 cap)
1965-70	Stoke C	88 gêm	22 gôl	(10 cap)
1970	*Halifax T af*	4 gêm		
1970	Cape Town C			
1970-72	Great Harwood			

Medalau, ac ati
- Yr Adran Gyntaf 1963

Roy o'r Rovers, a seren Everton
Pan ymunodd Roy ag Everton fe gadwodd ei statws fel chwaraewr amatur nes ei fod wedi ennill cap amatur (yn yr un tîm â **Phil Woosnam**). Ddwy flynedd yn ddiweddarach roedd

Roy yn ennill ei gap hŷn cyntaf yn ystod ei wasanaeth milwrol. Roedd ei gôl gyntaf i Gymru yn ddigon i guro Tsiecoslofacia yng Nghaerdydd (**216**) ac fe ddylai'r fuddugoliaeth honno fod wedi bod yn sylfaen i ymgyrch lwyddiannus am Gwpan y Byd 1958. Wedi inni gyrraedd Sweden ar yr ail gynnig fe gafodd Roy un gêm, yn erbyn Sweden (**227**). Yr un flwyddyn fe enillodd Blackburn ddyrchafiad i'r Adran Gyntaf, ond fe adawodd y rheolwr Johnny Carey am Everton ac fe'i holynwyd gan Dally Duncan. Ym mis Chwefror 1960 aeth Carey yn ôl i Blackburn a thalu £27,000 am Roy, gydag Eddie Thomas (Abertawe'n ddiweddarach) yn symud i'r cyfeiriad arall. Am y pedwar tymor llawn nesaf Roy oedd y prif sgoriwr ar Barc Goodison ac fe ystyriai ei hun yn un o'r tri sgoriwr gorau yng Nghynghrair Lloegr, gyda Denis Law a Jimmy Greaves. Gellir ychwanegu twtsh o haerllugrwydd a diawlineb at y beiddgarwch hwn, a dydy hi ddim yn syndod fod Roy, oedd mor eiddil â beiro, ychydig yn gwerylgar hefyd. Bu anghytuno rhyngddo a Dally Duncan yn Blackburn, a Harry Catterick, olynydd Carey yn Everton, ac fe gafodd Roy ei anfon adref o daith Everton i'r Unol Daleithiau yn 1962. Serch hynny roedd gan Catterick ddigon o barch at Roy fel chwaraewr i'w wneud yn gapten, ac fe orffennodd y clwb ar frig yr Adran Gyntaf yn 1963. Seliodd Roy'r bencampwriaeth gyda hatric yng ngêm ola'r tymor pan drechwyd Fulham 4–1. Roedd ei gywirdeb gyda chiciau o'r smotyn yn ddiarhebol, fel roedd ei ysmygu. Dywedir ei fod â sigaret yn ei geg yn y twnel cyn gêm, ac yn y gawod ar ôl gêm, ond ni ellir cadarnhau hynny! Adroddwyd hefyd ei fod yn mynnu, tan yr eiliad olaf, y byddai'n mynd â'i ymbarél ar y cae ar ddiwrnod eithriadol o wlyb. Pan ymunodd Roy â Stoke am £40,000 fe ddywedodd wrth y rheolwr Tony Waddington 'Llongyfarchiadau, rwyt ti wedi gwneud dy seining gorau erioed i Stoke'. Anfarwol!

* 	'Ef oedd y pêl-droediwr perffaith. Cydbwysedd, cyflymder, dawn, rheolaeth dan bwysau – roedd y cyfan ganddo.' – Len Capeling, *Daily Post*, 5 Ionawr 1994, hefyd yn *Pêl-droedwyr Sir y Fflint* (2005)

Tony Villars
Asgellwr/canol y cae

Ganed: 24 Ionawr 1952, Cwmbrân (Anthony Keith Villars)

Cymru: 1974
Cap cyntaf: Gêm **311**, 22 oed; **Cap olaf:** Gêm **313**, 22 oed
3 chap (posibl 3); Gemau llawn 2; Ymlaen fel eilydd 1; Ennill 1; Colli 2
Penc. Prydain 3; Dan 23 oed 2 gap

Clybiau
102 o gemau cynghrair, 5 gôl
　　　　Casnewydd
　　　　Pontnewydd
　　　　Pant-teg

1971-76	Caerdydd	73 gêm	4 gôl	(3 chap)
1976-77	Casnewydd	29 gêm	1 gôl	
1977-79	Blaenafon			

Medalau, ac ati

- Cwpan Cymru 1974

Seren wib

£4 yr wythnos oedd cyflog Tony fel prentis yng Nghasnewydd a phan gafodd gyfle i fod yn brentis trydanwr roedd y dewis yn hawdd – allai Tony ddim byw ar £4 yr wythnos! Ond roedd gan Tony arall ffydd ynddo. Gweithiwr ffatri oedd Tony Leighton oedd yn rheolwr Pontnewydd, un o'r arwyr tawel ac enaid ein gêm genedlaethol ar lawr gwlad. Trwy ddyfalbarhad Leighton cafodd Tony dreial llwyddiannus yng Nghaerdydd a blwyddyn yn ddiweddarach (1972) roedd Jimmy Scoular, rheolwr yr Adar Glas, yn darogan dyfodol disglair i'r asgellwr bach. Daeth uchafbwyntiau gyrfa Tony i gyd yn nhymor 1973-74 pan oedd Caerdydd yn brwydro am eu bywyd yn yr Ail Adran. Erbyn 30 Ebrill 1974 roedd popeth yn dibynnu ar y gêm olaf yn erbyn Crystal Palace, a Tony sgoriodd y gôl hollbwysig fyddai'n anfon Palas, nid Caerdydd, i'r Drydedd Adran. Ond gohirio'r anochel oedd hynny a disgynnodd Caerdydd yn 1975. Bach iawn oedd cyfraniad Tony wrth i Gaerdydd godi eto yn 1976 ac fe gafodd ei ryddhau yn rhad ac am ddim i ymuno â Chasnewydd lle roedd Scoular bellach yn rheolwr. Yn nhîm Blaenafon ei reolwr oedd Leighton unwaith eto. Rhyfedd o fyd. Un sylw wnaed am Tony oedd fod y gair enigma wedi cael ei fathu ar ei gyfer.

* Enillodd Tony ei dri chap mewn cyfnod o 8 diwrnod ym mis Mai 1974 ar sail ei berfformiadau i Gaerdydd ar ddiwedd y tymor. Y gemau hynny ym Mhencampwriaeth gwledydd Prydain oedd gemau olaf **Dave Bowen** wrth y llyw. Erbyn yr hydref roedd Mike Smith yn rheolwr a doedd Tony ddim yn rhan o'i gynlluniau.

Sam Vokes
Blaenwr

Ganed: 21 Hydref 1989, Southampton (Samuel Michael Vokes)
Cartref: Lymington

Ei daid o Fae Colwyn

Cymru: 2008-16
Cap cyntaf: Gêm **559**, 18 oed; **Cap diweddaraf:** Gêm **630**, 26 oed
44 cap (posibl 72); 7 gôl; Gemau llawn 4; Eilyddiwyd 9; Ymlaen fel eilydd 31
Ennill 18; Cyfartal 5; Colli 21; Cwpan y Byd 12 – 1 gôl;
Penc. Ewrop 10 – 1 gôl [Ffrainc 2016 = 4 gêm, 1 gôl]; *Eraill* 22 – 5 gôl; Dan 21 oed 14 cap – 4 gôl

Clybiau
286 o gemau cynghrair, 69 gôl

2007-08	Bournemouth	54 gêm	16 gôl	(2 gap)
2008-12	Wolverhampton W	47 gêm	6 gôl	(19 cap)
2009	*Leeds U af*	8 gêm	1 gôl	
2010	*Bristol C af*	1 gêm		
2011	*Sheffield U af*	6 gêm	1 gôl	
2011	*Norwich C af*	4 gêm	1 gôl	
2011-12	*Burnley af*	9 gêm	2 gôl	
2012	*Brighton & H A af*	14 gêm	3 gôl	
2012-16	Burnley	143 gêm	39 gôl	(23 cap)

Medalau, ac ati
• Y Bencampwriaeth 2009 a 2016

Dechrau syfrdanol

Cafodd Sam ddechrau syfrdanol i'w yrfa ryngwladol pan sgoriodd wedi dim ond 36 eiliad o ddechrau ei gêm gyntaf i'r tîm dan 21 oed yn Belfast ym mis Chwefror 2007. Gwnaeth hyd yn oed yn well yn ei ail gêm – 27 eiliad ar ôl mynd ymlaen fel eilydd. Ac mae 'ymlaen fel eilydd' yn disgrifio rhan helaeth o'i yrfa, gyda Chymru a'i glybiau yn ei ddefnyddio fel chwaraewr sy'n gallu dylanwadu ar gêm yn ystod yr ail hanner (*impact player*). Sgoriodd Sam chwech o'i saith gôl i Gymru fel eilydd, ac o'r triawd a gydoesai yn y tîm dan 21 oed – Sam, **Ched Evans** a **Simon Church** – Sam sydd wedi bod fwyaf llwyddiannus. Enillodd Sam ei gap hŷn cyntaf ar ddiwedd ei dymor llawn cyntaf yn Bournemouth ond gyda'r clwb yn nwylo'r gweinyddwyr collasant 10 pwynt a'u lle yn Adran 1, ac fe symudodd y blaenwr mawr gyda'r esgidiau maint 12 i Wolverhampton. Ymhen blwyddyn roedd Wolves wedi codi i Uwchgynghrair Lloegr ond prinhaodd y gemau i Sam ac fe dreuliodd gyfnodau ar fenthyg cyn symud i Burnley. Ei dymor gorau oedd 2013-14 gyda 20 gôl gan Sam a 21 gôl gan ei bartner Danny Ings yn sicrhau dyrchafiad i Uwchgynghrair Lloegr. Cafodd Sam anaf cas i'w ben-glin ar ddiwedd y tymor a'i cadwodd yn segur tan y Nadolig, un o'r ffactorau olygodd fod Burnley'n disgyn yn ôl i'r Bencampwriaeth ar eu hunion yn 2015. Roedd Sam nôl yng ngharfan Cymru ar gyfer yr ymweliad ag Israel ym mis Mawrth 2015, ac fe ddatblygodd partneriaeth dda rhyngddo ac Andre Gray yn nhîm Burnley yn ystod 2015-16 wrth i'r clwb adennill eu lle yn yr Uwchgynghrair. Gôl wych Sam, o groesiad perffaith **Chris Gunter,** seliodd y fuddugoliaeth wefreiddiol dros Wlad Belg i fynd â ni i rownd gyn-derfynol Ewro 2016.

* Cyn i **Brian Flynn**, rheolwr timau iau Cymru, ddod i'w fywyd yn 2006 mae'n debyg nad oedd Sam wedi dychmygu chwarae i unrhyw wlad heblaw ei wlad enedigol. "Dwi'n meddwl fod yr anthem genedlaethol yn y Gymraeg" oedd sylw syn Sam yn *Wales on Sunday*, 28 Hydref 2007.

Tom Walley
Hanerwr/canol y cae

Ganed: 27 Chwefror 1945, Caernarfon (John Thomas Walley)

Brawd i Ernie – Tottenham H a Middlesbrough/13 o gemau cynghrair. Hyfforddwr Arsenal, Crystal Palace a Chelsea. Rheolwr Crystal Palace (1980) a Bangor (1992). Is-reolwr/hyfforddwr tîm Cymru dan 21 oed 1996-99

Cymru: 1971
Unig gap: Gêm **293**, 26 oed
Gêm lawn 1; Colli 1; Penc. Ewrop 1; Dan 23 oed 4 cap – capten

Clybiau
388 o gemau cynghrair, 24 gôl

	Caernarfon			
1964-67	Arsenal	14 gêm	1 gôl	
1967-71	Watford	204 gêm	17 gôl	(1 cap)
1971-76	Orient	157 gêm	6 gôl	
1976-78	Watford	13 gêm		
Rheolwr				
1996-99	Cymru dan 21 oed			

Medalau, ac ati
* Y Drydedd Adran 1969

Mentor
Bu Tom i mewn ac allan o garfanau Cymru rhwng 1968 a 1974 ac fe enillodd ei unig gap yn erbyn Tsiecoslofacia ar y Vetch gyda **Leighton Phillips** ac **Arfon Griffiths** (eilydd) hefyd yn ennill eu capiau cyntaf. Roedd nifer o Gymry'n absennol oherwydd fod eu clybiau yn Lloegr wedi gwrthod eu rhyddhau, ond y noson honno Tom a gweddill y garfan oedd chwaraewyr gorau Cymru. Yn ôl y sôn fe wrthododd Tom fynd gyda Chymru i'r Ffindir fis yn ddiweddarach oherwydd ei fod ofn hedfan. Yn arferol ni fyddai trosglwyddiad Tom o'r Orient i Watford am £3,000 wedi teilyngu mwy na llinell neu ddwy yn y wasg ond fe gafodd Tom ei hun yn rhan o seremoni bisâr ar seithfed llawr gwesty yn Coventry. Tom oedd y chwaraewr cyntaf i ymuno â Watford wedi i'r diddanwr Elton John gael ei benodi'n gadeirydd y clwb. Roedd y wasg yno a bu'n rhaid i Tom gael ei lun wedi'i dynnu wrth y piano gydag Elton. Wedi iddo ymddeol bu Tom yn hyfforddwr ieuenctid a mentor uchel iawn ei barch gyda Watford (am 13 blynedd), Millwall ac Arsenal, a bu'n allweddol yn natblygiad nifer fawr o chwaraewyr yn cynnwys **Malcolm Allen** ac **Iwan Roberts**. Chwaraeodd John Barnes 79 o weithiau i Loegr ac fe gyflwynodd un o'i gapiau i Tom fel arwydd o barch a

gwerthfawrogiad. Bu Tom a'i frawd Ernie yng ngofal tîm dan 21 oed Cymru yn ystod cyfnod Bobby Gould.

* 'Dyn da, dyn da iawn, ydi Tom Walley. Hyd heddiw bu'n fentor ac yn gyfaill mynwesol i mi ac yn gymorth hawdd ei gael ym mhob cyfyngder, yn ganllaw amhrisiadwy ymhob storm.' – Malcolm Allen yn ei hunangofiant, 2009.

Ian Walsh
Blaenwr

Ganed: 4 Medi 1958, Tyddewi (Ian Patrick Walsh)

Ewythr i **Simon Davies**

Cymru: 1979-82
Cap cyntaf: Gêm **351**, 21 oed; **Cap olaf:** Gêm **372**, 23 oed
18 cap (posibl 22); 7 gôl; Gemau llawn 8; Eilyddiwyd 7; Ymlaen fel eilydd 3
Ennill 10; Cyfartal 4; Colli 4; Cwpan y Byd 7 – 3 gôl; Penc. Ewrop 1
Penc. Prydain 6 – 3 gôl; *Eraill* 4 – 1 gôl; Dan 21 oed 2 gap

Clybiau
261 o gemau cynghrair, 67 gôl

	Solfach			
1975-82	Crystal Palace	117 gêm	23 gôl	(14 cap)
1982-84	Abertawe	37 gêm	11 gôl	(4 cap)
1984-86	Barnsley	49 gêm	15 gôl	
1986-88	Grimsby T	41 gêm	14 gôl	
1988-89	Caerdydd	17 gêm	4 gôl	
	Cheltenham T af			

Medalau, ac ati
• Yr Ail Adran 1979

Llygad am gôl
Wedi iddo sgorio 49 gôl mewn tymor i Solfach pan oedd yn ddisgybl yn Ysgol Uwchradd Dewi Sant, Tyddewi, fe ymunodd Ian â Crystal Palace yn 15 oed. Yn ôl rhai gwybodusion Palas fyddai Tîm yr Wythdegau ac fe chwaraeodd Ian ran flaenllaw pan enillodd y clwb ddyrchafiad i'r Adran Gyntaf yn 1979. Fe enillodd Ian ei gap cyntaf ym mis Medi 1979 ac fe gafodd ddechrau syfrdanol i'w yrfa ryngwladol gyda phum gôl yn ei chwe gêm gyntaf, sy'n dal yn record i Gymro. Dwy flynedd barodd Palas ar y lefel uchaf a dechreuodd y tîm chwalu i bedwar ban. Ym mis Chwefror 1982 fe symudodd Ian i Abertawe gyda **David Giles** yn

symud i'r cyfeiriad arall. Dyma dymor cyntaf yr Elyrch yn yr Adran Gyntaf a gwelwyd Ian, 23 oed, fel olynydd i Bob Latchford, 31 oed, ond aeth hwnnw ymlaen ac ymlaen. Ian oedd prif sgoriwr Abertawe yn nhymor 1983-84, ond gyda chwe gôl yn unig, wrth i'r Elyrch ddisgyn i'r Drydedd Adran, ac roedd eisoes wedi colli crys rhif 9 Cymru i **Ian Rush**. Wedi iddo ymddeol bu Ian yn gweithio i gwmni yswiriant Cornhill ac yn aelod o dîm sylwebu BBC Cymru.

* Enillodd Ian ei gap cyntaf yn erbyn Gweriniaeth Iwerddon, gwlad yr oedd yn gymwys i'w chynrychioli oherwydd roedd teulu ei dad yn hanu o Waterford.

Dai Ward
Mewnwr

Ganed: 16 Gorffennaf 1934, Y Barri (David Ward)
Bu farw: 12 Ionawr 1996, Caergrawnt, 61 oed

Cymru: 1958-61
Cap cyntaf: Gêm **231**, 24 oed; **Cap olaf:** Gêm **243**, 27 oed
2 gap (posibl 13); Gemau llawn 2; Cyfartal 2; Penc. Prydain 2

Clybiau
315 o gemau cynghrair, 160 gôl

	Y Barri			
1954-61	Bristol R	175 gêm	90 gôl	(1 cap)
1961-62	Caerdydd	34 gêm	18 gôl	(1 cap)
1962-63	Watford	59 gêm	31 gôl	
1963-65	Brentford	47 gêm	21 gôl	
	Worcester C			
	Bath C			
	Cambridge U			

Roedd yn gwybod ble roedd y gôl

Dai oedd y cyntaf o'r Cymry niferus fu gyda Bristol R yn ystod ail hanner yr ugeinfed ganrif i ennill ei gap. Roedd yn sgoriwr cyson yn yr Ail Adran ac fe gafodd ei gynnwys yn y garfan gychwynnol o 40 ar gyfer Cwpan y Byd 1958. Pan enillodd Dai ei gap cyntaf bu'n rhaid iddo chwarae mewn dau safle, fel mewnwr i ddechrau ac yna disgyn nôl i chwarae fel hanerwr wedi i'n capten **Dave Bowen** gael ei anafu. Serch hynny awgrymai adroddiad y *Western Mail* fod Dai wedi cael gêm foddhaol ac fe haeddai ail gap. Bu'n rhaid iddo aros tair blynedd am hwnnw. Erbyn hynny roedd Dai'n chwarae i Gaerdydd yn yr Adran Gyntaf ac fe orffennodd y tymor (1961-62) yn brif sgoriwr y clwb gyda 17 gôl – ei unig dymor llawn ar y lefel uchaf. Doedd hynny ddim yn ddigon i gadw'r Adar Glas yn yr Adran Gyntaf ac fe symudodd

Dai i Watford yn y Drydedd Adran. Wedi iddo ymddeol bu Dai yn rheolwr tîm ieuenctid Cambridge U.

* Adroddir i Dai sgorio mewn wyth gêm yn olynol i Bristol R, a hatric mewn pedair munud yn erbyn Doncaster R, ac yn ei gêm gyntaf i Brentford fe sgoriodd ddwy o'r naw gôl ildiwyd gan Wrecsam yn 1963.

Danny Ward
Gôl-geidwad

Ganed: 22 Mehefin 1993, Wrecsam (Daniel Ward)
Cartref: Sandycroft, Queensferry

Cymru: 2016
Cap cyntaf: Gêm **622**, 22 oed; **Cap diweddaraf:** Gêm **625**, 22 oed
3 chap (posibl 4); Gemau llawn 1; Ymlaen fel eilydd 2
Ennill 1; Cyfartal 1; Colli 1; Penc. Ewrop 1 [Ffrainc 2016 = 1 gêm]; *Eraill* 2; Dan 21 oed 4 cap

Clybiau
28 o gemau cynghrair

2011-12	Wrecsam		
	Tamworth af		
2012-16	Lerpwl	2 gêm	(3 chap)
2015	*Morecambe af*	5 gêm	
2015	*Aberdeen af*	21 gêm	

Un arall o Benarlâg
Meithrinwyd Danny yng nghanolfan rhagoriaeth Wrecsam wedi iddo ymuno â'r clwb yn 2007 yn 14 oed. Ni chafodd Danny gyfle yn y tîm cyntaf ar y Cae Ras ond chwaraeodd un gêm i Tamworth yn y Gyngres ym mis Mawrth 2011 pan oedd yno ar fenthyg am gyfnod byr. Ar 30 Ionawr 2012 fe ymunodd Danny â Lerpwl. Adroddwyd mai'r ffi ddechreuol oedd £100,000 gyda Wrecsam i dderbyn rhagor wedi iddo chwarae ei gêm gystadleuol gyntaf i glwb Anfield. Cafodd Danny ei gyfle cyntaf i eistedd ar fainc eilyddion Cymru ym mis Tachwedd 2013 ac fe fu ar y fainc yn gyson i Lerpwl yn ystod tymor 2014-15 cyn cael cyfnod ar fenthyg yn Morecambe yn Adran 2. Aeth Danny i Aberdeen ar fenthyg ar gyfer tymor 2015-16 a gwnaeth argraff dda iawn yno cyn cael ei alw'n ôl i Lerpwl ym mis Ionawr 2016 fel ail ddewis i Simon Mignolet. Chwaraeodd Danny ei gêm gyntaf i Lerpwl yn Uwchgynghrair Lloegr yn Bournemouth ar 17 Ebrill 2016. Bu Danny yng ngharfan Cymru ar gyfer saith gêm ragbrofol Ewro 2016, ac felly, gyda Ffrainc ar y gorwel, doedd hi ddim yn annisgwyl iddo ennill ei gap cyntaf dros y Pasg 2016. Gyda **Wayne Hennnessey** wedi'i anafu Danny oedd yn

y gôl wrth inni wynebu Slofacia yn ein gêm gyntaf yn Ffrainc.

* Danny yw'r trydydd cyn-ddisgybl o Ysgol Uwchradd Penarlâg i chwarae i Gymru wrth iddo ddilyn yn ôl traed **Andy Dorman** a **Gary Speed**.

Darren Ward
Gôl-geidwad

Ganed: 11 Mai 1974, Worksop

Ei fam o Dinas, Y Rhondda

Cymru: 2000-04
Cap cyntaf: Gêm **492**, 26 oed; **Cap olaf:** Gêm **519**, 29 oed

5 cap (posibl 28); Gemau llawn 1; Eilyddiwyd 2; Ymlaen fel eilydd 2

Ennill 1; Cyfartal 2; Colli 2; *Eraill* 5; B 1 cap; Dan 21 oed 2 gap

Clybiau
489 o gemau cynghrair

1992-95	Mansfield T	81 gêm	
1995-01	Notts Co	251 gêm	(1 cap)
2001-04	Nottingham F	123 gêm	(4 cap)
2004-06	Norwich C	1 gêm	
2006-09	Sunderland	33 gêm	
2009	*Wolverhampton W af*	0 gêm	

Medalau, ac ati
- Adran 3 1998
- Y Bencampwriaeth 2007
- Aelod o dîm adrannol y flwyddyn PFA 1996 a 1998

Y trydydd o'r ddau glwb yn Nottingham

Ar ddiwedd y 1990au roedd Darren yn cael ei weld fel olynydd posibl i **Neville Southall** yn y gôl i Gymru. Er iddo fod yn ddewis cyntaf i'r ddau glwb yn Nottingham am naw tymor bu'n rhaid i Darren fodloni ar ambell gêm yma ac acw i Gymru yn absenoldeb **Paul Jones**. I fanylu, pum cap a 14 gêm ar y fainc rhwng iddo ymuno â'r garfan yn 1998 (**481**) a'r tro olaf iddo ateb yr alwad yn 2007 (**547**). Erbyn hynny roedd Darren yn dathlu dyrchafiad i Uwchgynghrair Lloegr gyda Sunderland ac fe ymddangosai y byddai rhwng Darren a **Danny Coyne** i gystadlu am grys rhif 1 Cymru. Ond penderfynodd Darren ddod â'i yrfa ryngwladol i ben ac fe fanteisiodd **Wayne Hennessey** yn llawn ar y sefyllfa. Un gêm fel eilydd gafodd Darren yn yr Uwchgynghrair i Norwich oherwydd iddo fethu disodli Robert Green, ac wedi i Sunderland esgyn i'r lefel uchaf yn 2007 fe aethant i'r Alban a thalu £9 miliwn am Craig Gordon. Roedd Darren yn ôl yn ail ddewis eto. Wedi iddo ymddeol fe fu Darren yn hyfforddi gôl-geidwaid yn Peterborough (lle'r olynodd **Andy Dibble**), Preston NE a Sheffield U.

* Darren oedd y trydydd Cymro i ennill capiau gyda'r ddau glwb yn Nottingham a rhaid mynd nôl ganrif i chwilio am y ddau arall, AW Green ac AT Jones.

Colin Webster
Blaenwr

Ganed: 17 Gorffennaf 1932, Caerdydd
Cartref: Trelái
Bu farw: Dydd Gŵyl Dewi 2001, Abertawe, 68 oed

Cymru: 1957-58
Cap cyntaf: Gêm **216**, 24 oed; **Cap olaf:** Gêm **229**, 25 oed
4 cap (posibl 14); Gemau llawn 4; Ennill 1; Cyfartal 2; Colli 1
Cwpan y Byd 4 [Sweden 1958 = 3 gêm]

Clybiau
253 o gemau cynghrair, 96 gôl

	Cardiff Nomads			
1950-52	Caerdydd			
1952-58	Manchester U	65 gêm	26 gôl	(4 cap)
1958-63	Abertawe	157 gêm	66 gôl	
1963-64	Casnewydd	31 gêm	4 gôl	
	Worcester C			
	Merthyr T			
	Porthmadog			

Medalau, ac ati
- Yr Adran Gyntaf 1957
- Cwpan Cymru 1961
- Aelod o Oriel Anfarwolion Abertawe 2014

'Busby Babe'
Enillodd Colin dri o'i bedwar cap yn ffeinals Cwpan y Byd yn Sweden yn 1958, ac fel yn ei gêm gyntaf yn erbyn Tsiecoslofacia yng Nghaerdydd, pan fethodd ddau os nad tri chyfle i sgorio, doedd Colin ddim wedi serennu. Gallai Colin chwarae ar yr asgell, lle chwaraeodd yn erbyn Hwngari a Mecsico, fel mewnwr neu fel blaenwr canol, lle chwaraeodd yn erbyn

Tsiecoslofacia a Brasil, ac mae'n debyg fod hynny o'i blaid pan ddewiswyd y garfan o 18 i deithio i Sweden. Ni ddaeth Colin yn agos at lenwi esgidiau **John Charles**, oedd wedi ei anafu, yn erbyn Brasil (ond pwy fyddai, beth bynnag?), ac oni bai am yr anaf hwnnw i'r Brenin mae'n bosib y byddai Colin wedi cael ei anfon adref yn gynnar. Roedd ganddo enw o fod yn chwaraewr oedd yn colli ei dymer ac yn dadlau gyda dyfarnwyr. Pan oedd ar yr asgell yn erbyn Mecsico doedd eu cefnogwyr hwy ddim yn hoff o daclo Colin ac fe aeth dau ohonynt ar y cae yn eu sombreros a rhedeg ar ôl Colin, a bu'n rhaid iddo gyfnewid lle gyda **Terry Medwin**, y mewnwr. Yna, yn ystod y dathliadau wedi'r fuddugoliaeth dros Hwngari fe gafodd Colin ei daflu allan o'r clwb nos yng ngwesty'r chwaraewyr am benio un o'r gweinyddion a thorri tri o'i ddannedd. Pan ddychwelodd Colin i Old Trafford fe gafodd ei gardiau ond llwyddodd i berswadio Matt Busby i roi cyfle arall iddo. Cyn trychineb Munich ym mis Chwefror 1958, pan laddwyd wyth o'r chwaraewyr (y 'Busby Babes'), deuddegfed dyn oedd Colin yn aml, fel yr oedd y Sadwrn cyn y trychineb. Wedi'r trychineb roedd ei brofiad yn werthfawr wrth i Busby a Jimmy Murphy, rheolwr Cymru, ailadeiladu'r tîm, a Colin sgoriodd y gôl fuddugol yn rownd gogynderfynol Cwpan FA Lloegr yn 1958. Chwaraeodd Colin ar yr asgell yn ffeinal y Cwpan pan enillodd Bolton 2–0. Ymunodd Colin ag Abertawe ddyddiau'n unig wedi i'r Elyrch werthu **Ivor Allchurch** i Newcastle U ac fe fu'n brif sgoriwr ar y Vetch am ddau dymor, 1959-60 a 1960-61.

* Oni bai ei fod yn dioddef o'r ffliw, a gartref yn ei wely ym Manceinion, byddai Colin wedi bod ar daith Manchester U ddaeth i ben yn drychinebus yn yr eira ar faes awyr Munich.

Rhys Weston
Amddiffynnwr

Ganed: 27 Hydref 1980, Kingston upon Thames (Rhys David Weston)

Ei dad o Gaerffili

Cymru: 2000-05
Cap cyntaf: Gêm **492**, 19 oed; **Cap olaf:** Gêm **528**, 24 oed
7 cap (posibl 37); Eilyddiwyd 3; Ymlaen fel eilydd 4
Ennill 2; Cyfartal 3; Colli 2; Penc. Ewrop 3; *Eraill* 4; Dan 21 oed 4 cap

Clybiau
382 o gemau cynghrair, 4 gôl

1999-00	Arsenal	1 gêm	(1 cap)
2000-06	Caerdydd	182 gêm	2 gôl	(6 chap)
2006	Viking Stavanger (Norwy)	1 gêm	
2007	Port Vale	15 gêm	
2007-10	Walsall	102 gêm	1 gôl	

2010-12	Dundee	55 gêm	1 gôl
2012	K R Reykjavik	13 gêm	
2012	Sabah FA (Borneo)	6 gêm	
2013-14	AFC Wimbledon	7 gêm	
2014	*Sutton U af*		

Medalau, ac ati
* Cwpan yr FAW 2002
* Enillydd gemau ail gyfle Adran 2 2003

Yn brin o hunanhyder
Chwaraeodd Rhys ei gêm gynghrair gyntaf wrth ochr Martin Keown yng nghanol amddiffyn Arsenal yn Newcastle ym mis Mai 2000. Y tîm cartref a orfu gyda **Gary Speed** (dwy) ac Alan Shearer yn sgorio. Naw diwrnod yn ddiweddarach roedd Rhys ar y fainc i Gymru ar gyfer ein hail gêm yn Stadiwm y Mileniwm, yn erbyn Brasil, ac fe enillodd ei gap cyntaf yn ein gêm nesaf ym Mhortiwgal – cyn chwarae i'r tîm dan 21 oed. Gwelai Rhys mai cyfyngedig fyddai ei gyfleon gydag Arsenal felly symudodd i Gaerdydd yn Adran 3 yn Nhachwedd 2000 am £300,000. Bu Rhys yn weddol sefydlog yn nhîm yr Adar Glas am y chwe thymor nesaf wrth iddynt ennill dau ddyrchafiad. 12 munud barodd ei unig gêm i Viking yn Norwy oherwydd iddo ddatgymalu ei ysgwydd ac wedi hynny roedd hi'n fater o deithio i ennill ei fywoliaeth. Gwendid Rhys oedd ei fod yn brin o hunanhyder a gwelwyd hynny y tro cyntaf iddo ddechrau gêm i Gymru yn erbyn Bosnia Herzegovina (**510**) pan oedd yn bennaf gyfrifol am gôl gyntaf yr ymwelwyr wedi pedair munud, ac fe gyfaddedodd i'w yrfa yn Arsenal ddioddef oherwydd fod ganddo ormod o barchedig ofn wrth gymysgu efo sêr y clwb.

* Daeth gyrfa Rhys gyda thîm dan 21 oed Cymru i ben wedi iddo ef a thri chwaraewr arall (Kevin Evans, Steve Evans a Lee Kendall) aros allan yn hwyr wedi gêm yn Armenia ym mis Mawrth 2001.

Adrian Williams
Amddiffynnwr canol

Ganed: 16 Awst 1971, Reading

Ei dad o Gynwyd

Cymru: 1994-03
Cap cyntaf: Gêm **454**, 22 oed; **Cap olaf:** Gêm **512**, 31 oed
13 cap (posibl 59); 1 gôl; Gemau llawn 11; Ymlaen fel eilydd 2
Ennill 4; Cyfartal 2; Colli 7; Penc. Ewrop 8 – 1 gôl; *Eraill* 5

Clybiau

435 o gemau cynghrair, 21 gôl

1989-96	Reading	196 gêm	14 gôl	(7 cap)
1996-00	Wolverhampton W	27 gêm		(5 cap)
2000	*Reading af*	5 gêm	1 gôl	
2000-04	Reading	132 gêm	3 gôl	(1 cap)
2004-06	Coventry C	35 gêm	2 gôl	
2005	*Millwall af*	12 gêm	1 gôl	
2006-08	Swindon T	28 gêm		
	Weston-super-Mare			

Rheolwr

2010	Bedford T
2011	Didcot T

Medalau, ac ati

- Adran 2 1994
- Aelod o dîm adrannol y flwyddyn PFA 1994

Noson i'w chofio yn Nenmarc

Enillodd Adrian ei gap cyntaf yn fuan wedi i Gymdeithas Bêl-droed Cymru gadarnhau ei achau, a'r un pryd roedd yn dathlu ennill dyrchafiad i Adran 1. Blwyddyn yn ddiweddarach daeth Adrian o fewn trwch blewyn i arwain Reading i Uwchgynghrair Lloegr pan sgoriodd yn ffeinal y gemau ail gyfle, ond Bolton a orfu 4–3 yn yr amser ychwanegol. Ar y pryd roedd gwerth Adrian ar y farchnad drosglwyddo oddeutu £3 miliwn ond pan symudodd i Wolverhampton yn haf 1996 dim ond £750,000 dalodd Mark McGhee i'w hen glwb. Diflastod yn unig gafodd Adrian gyda'i glwb newydd oherwydd anafiadau ac fe aeth nôl i Reading, y clwb lle gwisgodd bob crys o rhif 2 i rif 11, ac yn 2005 fe gafodd Adrian ei enwi'n amddiffynnwr canol gorau'r clwb, *erioed*.

* Roedd gêm Cymru yn Nenmarc yn 1998 (**482**) yn un gofiadwy i Adrian am sawl rheswm. Roedd Adrian, **Chris Coleman** a **Kit Symons** yn wych yn yr amddiffyn wrth i Gymru sicrhau buddugoliaeth annisgwyl a nodedig, ac Adrian yn sgorio ein gôl gyntaf. Yn anffodus fe gafodd Adrian anaf i'w wddf a olygodd na chwaraeodd eto i'w glwb na'i wlad am wyth mis.

Andy Williams

Asgellwr chwith

Ganed: 8 Hydref 1977, Bryste (Andrew Phillip Williams)

Cymru: 1997-98
Cap cyntaf: Gêm **477**, 20 oed; **Cap olaf:** Gêm **479**, 20 oed
2 gap (posibl 3); Eilyddiwyd 1; Ymlaen fel eilydd 1; *Eraill* 2; Dan 21 oed 9 cap

Clybiau
65 o gemau cynghrair, 1 gôl

1996-99	Southampton	21 gêm		(2 gap)
1999-01	Swindon T	44 gêm	1 gôl	
2001-04	Bath C			

Seren wib arall
Roedd Bobby Gould, rheolwr Cymru, ar ben ei ddigon pan welodd Andy'n disgleirio i dîm dan 18 oed Cymru ym Mangor, a doedd hi ddim yn syndod pan gafodd yr asgellwr chwim ei gynnwys yn y garfan a deithiodd i Brasil ym mis Tachwedd 1997. Mis yn gynharach roedd Andy wedi ennill ei gap cyntaf dan 21 oed mewn tîm oedd yn cynnwys **Craig Bellamy**, **John Oster** a **Matthew Jones** ac roedd yn aelod o garfan Southampton yn Uwchgynghrair Lloegr yn ystod tymor 1997-98. Proffwydwyd dyfodol diaglair iddo gydag un gohebydd yn dweud mai'r unig beth yr oedd ei angen i'w wneud yn seren go iawn oedd y gallu i ganu 'Moon River'. Wedi dim ond un gêm fel eilydd yn ystod tymor 1998-99 gadawodd Southampton iddo ymuno â Swindon am £65,000. Erbyn 2001 roedd ei yrfa fel pêl-droediwr ar ben oherwydd anafiadau ac fe ymunodd â'r heddlu yng ngorllewin Lloegr.

* Er gwaethaf ei yrfa gymharol ddi-nod doedd Andy ddim yn haeddu cael ei anwybyddu'n llwyr gan un llyfr am bêl-droedwyr Cymru.

Ashley Williams
Amddiffynnwr canol

Ganed: 23 Awst 1984, Wolverhampton (Ashley Errol Williams)
Ei daid o'r Gelli, Y Rhondda
Ashley Williams: My Premier League Diary (2012)

Cymru: 2008-16
Cap cyntaf: Gêm **558**, 24 oed; **Cap diweddaraf:** Gêm **630**, 31 oed
65 cap (posibl 73); 33 yn gapten; 2 gôl; Gemau llawn 59; Eilyddiwyd 6
Ennill 28; Cyfartal 6; Colli 31; Cwpan y Byd 16
Penc. Ewrop 24 – 1 gôl [Ffrainc 2016 = 6 gêm, 1 gôl]; *Eraill 25* – 1 gôl

Clybiau

484 o gemau cynghrair, 17 gôl

	Tamworth			
	West Bromwich A			
	Hednesford T			
2003-08	Stockport Co	162 gêm	3 gôl	(1 cap)
2008-16	Abertawe	322 gêm	14 gôl	(64 cap)
2016	Everton			

Medalau, ac ati

- Chwaraewr y Flwyddyn Cymru 2009
- Chwaraewr Clwb y Flwyddyn Cymru 2009, 2010, 2011, 2013 a 2014
- Enillydd gemau ail gyfle'r Bencampwriaeth 2011
- Cwpan Cynghrair Lloegr 2013
- Aelod o dîm adrannol y flwyddyn PFA 2010 a 2011
- Aelod o'r tîm ddewiswyd gan UEFA o'r goreuon yng ngemau rhagbrofol Ewro 2016

Y graig amddiffynnol

Darganfyddwyd nifer o chwaerwyr Cymru gan **Brian Flynn** pan oeddynt yn eu harddegau. Roedd Ashley dipyn yn hŷn pan aeth Flynn i Stockport i wylio **Wayne Hennessey** a sylwi ar yr amddiffynnwr gyda'r cyfenw Williams. Cafwyd gwybod fod gan Ashley gysylltiad Cymreig, nid ar ochr ei dad Errol Williams ond ar ochr ei fam oedd yn ferch i Bill Rowlands o'r Rhondda. Yn absenoldeb **James Collins** a **Danny Gabbidon** cafodd Ashley ei gyfle i Gymru yn gynt na'r disgwyl, allan yn Lwcsembwrg ddiwedd Mawrth 2008, ac ar y ffordd gartref fe ymunodd ag Abertawe. Talodd yr Elyrch £400,000 amdano gan dorri'r record a osodwyd yn 1981 pan dalwyd £340,000 i Lerpwl am Colin Irwin. Roedd Ashley eisoes wedi ennill gwobr chwaraewr y flwyddyn gogledd-orllewin Lloegr yn 2007, a churo chwaraewyr enwog fel Ronaldo, Rooney a Gerrard, a'r beirniaid yn sylwi ar ei ymweliadau ag ysgolion ac ysbytai, a'i waith gydag elusennau lleol. Daeth Ashley'n gonglfaen amddiffyn Abertawe wrth i'r clwb esgyn i Uwchgynghrair Lloegr yn 2011. Rhwng Awst 2008 a Mawrth 2012 chwaraeodd Ashley 166 o gemau cynghrair yn ddi-dor sy'n adlewyrchu ei gysondeb, a gwelyd yr un cysondeb i Gymru. Gwnaed Ashley'n gapten gan **Chris Coleman** yn 2012, ac wrth iddo ein harwain tuag at Ffrainc 2016, os na fyddai **Gareth Bale** yn cael ei enwi'n seren y gêm, gallwch fentro y byddai enw Ashley'n agos at frig y rhestr. Ac wrth gwrs fe ddysgodd yr anthem, gyda help **Owain Tudur Jones** yn Abertawe, cyn i **Gary Speed** annog chwaraewyr Cymru i wneud hynny. Ers 2010 bu Ashley a'i wraig Vanessa'n rhedeg elusen WillsWorld sy'n cynorthwyo plant difreintiedig.

* Pan oedd Ashley'n chwarae'n rhan-amser i Hednesford bu ganddo nifer o swyddi yn cynnwys gweithio yn y ffair ym mharc hamdden Drayton Manor.

David Williams
Canol y cae

Ganed: 11 Mawrth 1955, Caerdydd (David Michael Williams)

Cymru: 1986
Cap cyntaf: Gêm **398**, 30 oed; **Cap olaf:** Gêm **403**, 31 oed
5 cap (posibl 6); Gemau llawn 2; Eilyddiwyd 2; Ymlaen fel eilydd 1
Ennill 2; Cyfartal 2; Colli 1; Penc. Ewrop 1; *Eraill* 4; Dan 23 oed 1 cap; Dan 21 oed 1 cap – capten

Clybiau
413 o gemau cynghrair, 76 gôl

	Clifton Ath			
1975-85	Bristol R	352 gêm	65 gôl	
1985-88	Norwich C	60 gêm	11 gôl	(5 cap)
1993	Bournemouth	1 gêm		
Rheolwr				
1983-85	Bristol R			
1988	Cymru – gweler Atodiad 1			
1994	Cymru B			

Medalau, ac ati
* Yr Ail Adran 1986
* Aelod o dîm adrannol y flwyddyn PFA 1983 a 1985
* Aelod o Oriel Anfarwolion Norwich C 2002

Deallus
Dechreuodd David ei yrfa gyda Bristol R fel chwaraewr amatur tra roedd yn parhau i weithio fel athro mathemateg yng Nghaerdydd. Yn 1978, yn 23 oed, dechreuodd David ar ei yrfa broffesiynol ac erbyn 1983 fe ymddangosai mai gyrfa fer fyddai hi wrth iddo gael ei benodi'n chwaraewr–reolwr Rovers (i olynu Bobby Gould). Ar y pryd David oedd y rheolwr ieuengaf yng Nghynghrair Lloegr. Wedi dau dymor wrth y llyw gwnaeth David dro pedol ac fe arwyddodd i Norwich C fel chwaraewr llawn amser. Gwnaeth ei farc yno fel chwaraewr canol y cae deallus a dylanwadol wrth i'r clwb esgyn i'r Adran Gyntaf yn 1986. Yn ystod haf 1987 penodwyd David yn chwaraewr-hyfforddwr yn Norwich, a bu'n rheolwr cynorthwyol yno cyn symud yn 1992 i swydd debyg yn Bournemouth (dan Tony Pulis) ac yna yn Everton (dan Mike Walker). Dilynodd cyfnodau yn Leeds U, Manchester U, a Norwich eto, a'i swydd olaf oedd fel cynorthwyydd i **Brian Flynn** yn Doncaster R. Dim ond un gêm gafodd David yn rheolwr tîm hŷn Cymru (**410**) oherwydd nad oedd Norwich yn fodlon i'w chwaraewr-hyfforddwr wneud y ddwy swydd.

* Mae gyrfa ryngwladol David yn llawn o anghysondebau wrth i anafiadau yn nhymor 1986-87 ei rwystro rhag ychwanegu at ei bum cap. Bu David yn gynorthwyydd i Mike Smith, i Flynn gyda'r timau iau ac yna i Flynn ar gyfer ei ddwy gêm fel rheolwr. Enillodd David ei gap dan 23 oed yn 1976, a'i gap dan 21 oed yn 1982 fel chwaraewr hŷn.

Gavin Williams
Asgellwr

Ganed: 20 Mehefin 1980, Pontypridd (Gavin John Williams)

Cymru: 2005
Cap cyntaf: Gêm **531**, 25 oed; **Cap olaf:** Gêm **536**, 25 oed
2 gap (posibl 6); Ymlaen fel eilydd 2; Cyfartal 1; Colli 1; *Eraill* 2

Clybiau
262 o gemau cynghrair, 33 gôl

1996-02	Henffordd			
2002-04	Yeovil T	55 gêm	11 gôl	
2004-05	West Ham U	10 gêm	1 gôl	(2 gap)
2005-08	Ipswich T	54 gêm	3 gôl	
2008-11	Bristol C	52 gêm	3 gôl	
2010	*Yeovil T af*	8 gêm	5 gôl	
2010	*Yeovil T af*	12 gêm	1 gôl	
2011	Bristol R	19 gêm	2 gôl	
2011-13	Yeovil T	52 gêm	7 gôl	
2013	Woking			
2013-16	Merthyr T			
Rheolwr				
2016	Merthyr T			

Medalau, ac ati
- Y Gyngres 2003
- Adran 2 2005

Jocar
Daeth Gavin i amlygrwydd fel asgellwr yn nhîm Henffordd (Hereford U) gyrhaeddodd drydedd rownd Cwpan FA Lloegr yn nhymor 1999-2000. (Ar yr asgell arall roedd **Paul Parry** a'r golwr oedd Mark Jones, brawd **Paul Jones**). Roedd Henffordd yn chwarae yn y Gyngres ac fe arhosodd Gavin yn y gynghrair honno pan symudodd i Yeovil T ar gyfer

tymor 2002-03. Erbyn diwedd y tymor roedd Yeovil yn dathlu esgyn i Gynghrair Lloegr am y tro cyntaf erioed, ac yn ei dymor cyntaf yn Adran 3 Gavin oedd prif sgoriwr a chwaraewr y flwyddyn y clwb. Ymunodd Gavin â West Ham yn ystod y tymor pan gyrhaeddodd y clwb Uwchgynghrair Lloegr ond ni chwaraeodd yr un gêm ar y lefel uchaf. Roedd Gavin yn un o'r llu o wynebau newydd gyflwynwyd i garfan Cymru gan **John Toshack** wrth iddo gymryd yr awenau. Oherwydd anafiadau fe gyfyngwyd Gavin i ddau gap yn 2005, a phan gafodd ei gynnwys yn y garfan i wynebu'r Ffindir yn 2009 fe gafodd anaf eto.

* Bu Gavin yn y penawdau fwy nag unwaith oherwydd ei hoffter o dynnu coes, ac fe gostiodd hynny'n ddrud iddo yn 2007. Bu'n rhaid iddo dalu iawndal o £3,000 i gyd-chwaraewr yn Ipswich am baentio ei gar. Ar achlysur arall fe lofnododd 'Pelé' ar grys ar gyfer elusen, ac fel cefnogwr brwd o Gaerdydd doedd Gavin ddim yn boblogaidd o gwbl yn Abertawe pan wnaeth yr 'ayatollah' wedi iddo sgorio yno i Yeovil.

Geraint Williams
Canol y cae

Ganed: 5 Ionawr 1962, Treorci (David Geraint Williams)
Cartref: Cwm-parc
Llysenw: George, ar ôl ei arwr George Best

Cymru: 1987-95
Cap cyntaf: Gêm **409**, 25 oed; **Cap olaf:** Gêm **463**, 33 oed
13 cap (posibl 55); Gemau llawn 6; Eilyddiwyd 6; Ymlaen fel eilydd 1
Ennill 2; Cyfartal 2; Colli 9; Cwpan y Byd 4; Penc. Ewrop 2; *Eraill* 7; Dan 21 oed 2 gap

Clybiau
674 o gemau cynghrair, 20 gôl

1980-85	Bristol R	141 gêm	8 gôl	
1985-92	Derby Co	277 gêm	9 gôl	(11 cap)
1992-98	Ipswich T	217 gêm	3 gôl	(2 gap)
1998-00	Colchester U	39 gêm		

Rheolwr

2006-08	Colchester U
2009-10	Leyton Orient
2012-16	Timau Cymru Dan 17,19 a 21 oed

Medalau, ac ati
• Yr Ail Adran 1987

Olynydd Brian Flynn

Wedi iddo fwrw ei brentisiaeth gyda Bristol R roedd Geraint yn allweddol yng nghanol y cae wrth i Derby Co ennill dau ddyrchafiad yn olynol i gyrraedd yr Adran Gyntaf yn 1987. Dim ond £40,000 oedd Derby wedi talu amdano a gyda'r hirben Arthur Cox yn cadw ei drwyn ar y maen datblygodd y daeargi o'r Rhondda yn un o chwaraewyr mwyaf poblogaidd a chyson y clwb. Enillodd Geraint wobr chwaraewr y flwyddyn yn 1987 a bu'n gapten am 1991-92 pan enillwyd dyrchafiad i'r Uwchgynghrair newydd, wedi un tymor nôl yn yr Ail Adran. Enillodd Geraint bron y cyfan o'i gapiau wedi i Derby ennill dyrchafiad i'r Adran Gyntaf yn 1987, y cyntaf yng ngêm olaf **Mike England** wrth y llyw a'r olaf ar ddechrau cyfnod Bobby Gould. Ar ôl gorffen chwarae bu Geraint yn hyfforddwr ac yna'n is-reolwr yn Colchester U cyn cymryd at yr awenau yn 2006 ar gyfer tymor cyntaf erioed y clwb ar yr ail lefel. Tymor 2006-07 oedd y tymor mwyaf llwyddiannus yn hanes y clwb bach gyda thorfeydd o lai na 6,000 wrth iddynt orffen yn ddegfed yn y Bencampwriaeth. Doedd y tymor nesaf ddim cystal wedi i'r clwb golli nifer o chwaraewyr, disgynnnodd Colchester a gadawodd Geraint. Ym mis Gorffennaf 2012 penodwyd Geraint i olynu Brian Flynn fel rheolwr timau iau Cymru.

*   Roedd y £650,00 dalodd Ipswich amdano yng Ngorffennaf 1992 yn record i'r clwb oedd newydd orffen y tymor ar frig yr Ail Adran.

George Williams
Canol y cae

Ganed: 7 Medi 1995, Milton Keynes (George Christopher Williams)

Cymru: 2014-16
Cap cyntaf: Gêm **610**, 18 oed; **Cap diweddaraf:** Gêm **623**, 20 oed
7 cap (posibl 14); Eilyddiwyd 2; Ymlaen fel eilydd 5
Ennill 2; Cyfartal 3; Colli 2; Penc. Ewrop 4 [Ffrainc 2016 = 0 gêm]; *Eraill* 3; Dan 21 oed 2 gap

Clybiau
31 o gemau cynghrair

2009-12	Milton Keynes D	2 gêm	
2012-16	Fulham	15 gêm	(7 cap)
2015	*Milton Keynes D af*	4 gêm	
2016	*Gillingham af*	10 gêm	

Aelod ieuengaf y garfan

Chwaraeodd George, 16 oed, ei ddwy gêm i Milton Keynes Dons yn Adran 1 cyn symud i Fulham yn Uwchgynghrair Lloegr ym mis Mehefin 2012. Roedd hynny'n dipyn o siom i'r Dons oedd wedi ei feithrin yn y timau ieuenctid ac roedd y rheolwr Karl Robinson (chwaraeodd i Gaernarfon a'r Rhyl) ar ben ei ddigon pan lwyddodd i ddenu George yn ôl ar fenthyg ym mis Chwefror 2015. Wedi dim ond pedair gêm fe gafodd George anaf difrifol i'w ben-glin a'i cadwodd yn segur am chwe mis ac a olygodd ei fod wedi methu chwe gêm ragbrofol olaf Cymru yn ymgyrch Ewro 2016. Erbyn hynny roedd gan George bum cap, er nad oedd yn chwarae'n gyson i Fulham, y cyntaf ohonynt wedi ei ennill pan gymerodd le **Gareth Bale** yn y garfan deithiodd i Amsterdam ym Mehefin 2014. Gwnaeth George gryn argraff pan gymerodd le **Jonny Williams** wedi 70 munud – roedd yn hyderus a di-ofn wrth redeg tuag at y gwrthwynebwyr ac fe chwaraeodd ei ran ym mhedair gêm agoriadol ymgyrch 2016, aelod ieuengaf y garfan. A George enillodd y gic rydd alluogodd Bale i ennill y gêm gyntaf yn Andorra. Proffwydwyd dyfodol disglair i George, y gŵr a ddisgrifiwyd yn rhagolwg y cylchgrawn *FourFourTwo* o rowndiau terfynol Ewro 2016 fel y chwaraewr sydd â'i enw ar wefusau… neb.

* Roedd George yn 16 mlwydd a 66 diwrnod oed pan sgoriodd i MK Dons yn erbyn Nantwich T yn rownd gyntaf Cwpan FA Lloegr ym mis Tachwedd 2011, y sgoriwr ieuengaf erioed yn y gystadleuaeth, heb gyfri'r rowndiau rhagbrofol.

Glyn Williams
Amddiffynnwr

Ganed: 3 Tachwedd 1918, Caerau, Maesteg (Glyndwr James John Williams)
Bu farw: 6 Mai 2011, Pen-y-bont ar Ogwr, 92 oed

Cymru: 1951
Unig gap: Gêm **191**, 32 oed
Gêm lawn 1; Ennill 1; *Eraill* 1

Clybiau
144 o gemau cynghrair

	Caerau		
1946-55	Caerdydd	144 gêm	(1 cap)
1955-60	Aberystwyth		
	Tywyn		

Medalau, ac ati
• Cwpan Amatur Cymru 1946

Un o'r rhai hynaf
Treuliodd Glyn bedair blynedd yn y fyddin a dwy flynedd yn y llynges cyn gadael amaturiaid Caerau am Gaerdydd yn 1946 ar ddechrau'r tymor swyddogol cyntaf wedi'r Ail Ryfel Byd.

Erbyn diwedd y tymor roedd Glyn wedi chwarae saith gêm wrth i'r Adar Glas godi i'r Ail Adran lle buont tan 1952 pan enillwyd dyrchafiad i'r Adran Gyntaf. Daeth gyrfa Glyn fel chwaraewr ar y lefel uchaf i ben pan dorrodd ei goes yn Chelsea ym mis Tachwedd 1952. Fel cefnwr yn bennaf wynebai Glyn gryn gystadleuaeth am y safle ar Barc Ninian gydag **Alf Sherwood**, **Ron Stitfall**, **Arthur Lever** a **Derrick Sullivan** i gyd yn chwaraewyr rhyngwladol, ac i Gymru roedd Sherwood a **Walley Barnes** yn bartneriaeth sefydlog. Enillodd Glyn ei unig gap yn erbyn y Swistir pan oedd Barnes wedi ymuno â thaith Arsenal i Brasil. Wedi iddo adael Caerdydd bu Glyn yn chwaraewr-hyfforddwr gydag Aberystwyth a bu'n gweithio i'r Bwrdd Dŵr yn yr ardal cyn dychwelyd i Gaerau yn 1964.

* Roedd Glyn ar y fainc ar gyfer gêm Gymru yn erbyn Portiwgal yng Nghaerdydd yn 1951, y gêm cyn yr un pan enillodd ei gap. Ar gais Portiwgal byddai dau eilydd yn cael eu caniatáu pe digwyddai anafiadau yn ystod yr hanner cyntaf, a gôl-geidwad unrhyw bryd. Y ddau Gymro arall ar y fainc oedd **Bill Shortt** a **Billy Lucas**.

Graham Williams
Cefnwr

Ganed: 2 Ebrill 1938, Henllan (Graham Evan Williams)

Cymru: 1960-68
Cap cyntaf: Gêm **235**, 22 oed; **Cap olaf:** Gêm **280**, 30 oed
26 cap (posibl 46); 2 yn gapten; 1 gôl
Gemau llawn 26; Ennill 8; Cyfartal 3; Colli 15
Cwpan y Byd 5; Penc. Ewrop 1; Penc. Prydain 15 – 1 gôl; *Eraill* 5; Dan 23 oed 2 gap

Clybiau
314 o gemau cynghrair, 10 gôl

	Y Rhyl			
1954-72	West Bromwich A	314 gêm	10 gôl	(26 cap)
1972-75	Weymouth			
Rheolwr				
1972-75	Weymouth			
1981-82	Caerdydd			

Medalau, ac ati
• Cwpan Cynghrair Lloegr 1966
• Cwpan FA Lloegr 1968

Cymro ar wasgar

Enillodd Graham ei bedwar cap cyntaf yn absenoldeb **Mel Hopkins** (oedd wedi cael anaf difrifol yn ein gêm flaenorol) a'i gyd-gefnwr yn ei ddwy gêm gyntaf (ac yn ddiweddarach) oedd **Stuart Williams**, hefyd o glwb West Bromwich A. Yn y clwb hwnnw roedd Graham yn cystadlu am safle cefnwr gyda Williams a Don Howe, cefnwr Lloegr, nes i Williams adael ym Medi 1962. Uchafbwynt ei 18 mlynedd yn yr Hawthorns oedd bod y capten gododd Gwpan Cynghrair Lloegr yn 1966 (dros ddau gymal bryd hynny) a Chwpan FA Lloegr yn 1968. Wedi cyfnod llwyddiannus fel chwaraewr-reolwr yn Weymouth fe deithiodd Graham y byd fel hyfforddwr – Coweit, Creta, Cenia, Y Lapdir, Bahrain, Qatar, De Affrica, Libanus – a Cheltenham. Treuliodd Graham ddau gyfnod yng Nghymru. Ym mis Tachwedd 1981 penodwyd Graham yn brif hyfforddwr Caerdydd yn hanner uchaf yr Ail Adran gyda Richie Morgan yn symud i swydd weinyddol. Bu Graham yng ngofal y tîm am 11 gêm gynghrair yn unig; enillwyd dwy a chollwyd naw. Diswyddwyd Graham a Morgan ym mis Mawrth 1982 gyda'r Adar Glas ar y ffordd i lawr i'r Drydedd Adran. Synnwyd cefnogwyr Cymru ym mis Mawrth 1998 pan benodwyd Graham yn gynorthwywr i Bobby Gould, y rheolwr cenedlaethol, ac fe fu yn y swydd honno am 15 mis pan adawodd yn sgil ymddiswyddiad Gould.

* Graham oedd y cefnwr geisiodd ffrwyno George Best pan chwaraeodd yr arian byw hwnnw ei gêm gynghrair gyntaf i Manchester U yn Old Trafford ym mis Medi 1963, a'i gêm gyntaf i Ogledd Iwerddon yn Abertawe ym mis Ebrill 1964 (**256**).

Graham Williams
Asgellwr chwith

Ganed: 31 Rhagfyr 1936, Wrecsam (George Graham Williams)
Llysenw: Fflica

Tad i Phil – Crewe Alex, Wigan Ath, *Caer (Chester C) af*, Crewe Alex/69 o gemau cynghrair, 6 gôl

Cymru: 1961
Cap cyntaf: Gêm **239**, 24 oed; **Cap olaf:** Gêm **243**, 24 oed
5 cap (posibl 5); 1 gôl; Gemau llawn 5; Ennill 1; Cyfartal 2; Colli 2
Cwpan y Byd 2; Penc. Prydain 2 – 1 gôl; *Eraill* 1; Dan 23 oed 1 cap

Clybiau
250 o gemau cynghrair, 45 gôl

	Croesoswallt			
1955-56	Bradford C	8 gêm	2 gôl	
1956-59	Everton	31 gêm	6 gôl	
1959-64	Abertawe	90 gêm	18 gôl	(5 cap)
1964-65	Wrecsam	24 gêm	6 gôl	

1965	*Glentoran af*		
1965-66	Wellington T		
1966-68	Tranmere R	74 gêm	12 gôl
1968-69	Port Vale	23 gêm	1 gôl
1969-70	Runcorn		
1970	Croesoswallt		

Medalau, ac ati

- Cwpan Cymru 1961

Cafodd geffyl wedi ei enwi ar ei ôl

Wedi iddo adael yr ysgol roedd Graham yn brentis saer coed, ar lyfrau Wrecsam fel chwaraewr amatur, ac yn chwarae i Groesoswallt (Oswestry T). Ychydig fisoedd wedi i'r rheolwr Peter Jackson symud o Wrecsam i Bradford C fe aeth yn ôl i arwyddo Graham. Saith mis fuodd Graham gyda'r clwb yn y Drydedd Adran (Gogledd) cyn i Everton dalu £5,000 amdano ac yna'i werthu i Abertawe am yr un swm. Ar y Vetch y cafodd Graham ei lwyddiant mwyaf ac roedd yr asgellwr bach (5 troedfedd 5 modfedd), chwim a dewr, yn ffefryn mawr yno. Enillwyd Cwpan Cymru, cynrychiolwyd Cymru yn Ewrop, ac fe enillodd Graham ei bum cap. Roedd torf o dros 60,000 ar Barc Ninian i'w weld yn sgorio yn erbyn Lloegr (yn ei gêm olaf) ond bach iawn oedd ei gyfraniad am yr hanner awr olaf wedi tacl ffyrnig gan Johnny Haynes. Ym mis Chwefror 1962 fe dorrodd Graham ei goes ac ni chwaraeodd i Abertawe na Chymru wedyn. Roedd gadael Wrecsam yn 1965 yn golygu gadael Cynghrair Lloegr ond cafodd ei demtio'n ôl gan Tranmere R ac fe gynorthwyodd y clwb hwnnw i godi o'r Bedwaredd Adran i'r Drydedd yn 1967. Wedi iddo ymddeol aeth Graham nôl i weithio fel saer coed yn ardal Wrecsam.

* Ar ôl gorffen chwarae daeth ei fab Phil, a aned yn Abertawe, yn ŵr busnes llwyddiannus a sefydlydd cwmni recriwtio Twenty Four Seven Recruitment Services gyda'i bencadlys yn Wrecsam. Roedd hefyd yn berchennog ar geffyl rasio a enwodd yn Son of Flicka ac fe enillodd Gwpan Coral yn Cheltenham yn 2012.

Harold Williams
Asgellwr

Ganed: 17 Mehefin 1924, Llansawel
Bu farw: 12 Medi 2014, Leeds, 90 oed

Cymru: 1949-50

Cap cyntaf: Gêm **179**, 24 oed; **Cap olaf:** Gêm **187**, 26 oed
4 cap (posibl 9); Gemau llawn 4; Ennill 1; Cyfartal 1; Colli 2;
Cwpan y Byd 1; Penc. Prydain 2; *Eraill* 1

Clybiau
311 o gemau cynghrair, 49 gôl

	Llansawel			
1946-49	Casnewydd	75 gêm	17 gôl	(2 gap)
1949-57	Leeds U	211 gêm	32 gôl	(2 gap)
1957	Casnewydd	10 gêm		
1957	Bradford	15 gêm		

Un o'r rhai lleiaf

Er mai dim ond 5 troedfedd 4 modfedd oedd ei daldra roedd Harold yn dipyn o arwr yn Leeds yn ystod hanner cynta'r 1950au. Fel asgellwr uniongyrchol gwibiai Harold i lawr yr ystlys cyn croesi'r bêl i **John Charles** sgorio – 42 yn nhymor 1953-54, sy'n dal yn record i'r clwb. Daeth Harold i sylw Leeds ym mis Ionawr 1949 pan chwaraeodd ran flaenllaw ym muddugoliaeth annisgwyl Casnewydd o'r Drydedd Adran (De) yn Leeds yng Nghwpan FA Lloegr. Wedi i Harold ennill ei gap cyntaf ddeufis yn ddiweddarach Leeds enillodd y ras i'w arwyddo yn haf 1949 am £12,000, oedd yn swm sylweddol ar y pryd. Yn 1956 fe enillodd Leeds ddyrchafiad i'r Adran Gyntaf ond ni chwaraeodd Harold yr un gêm i Leeds ar y lefel uchaf yn nhymor 1956-57. Ei glwb olaf oedd Bradford oedd yn cael ei adnabod fel Bradford Park Avenue, i'w wahaniaethu o Bradford City. Wedi iddo ymddeol bu Harold yn dafarnwr yn ardal Leeds.

* Sgôr y gêm gwpan yn Leeds yn Ionawr 1949 oedd 3–1. Wythnos union yn ddiweddarach fe gollodd Casnewydd, gyda'r un un-ar-ddeg chwaraewr, 11–1 yn Notts County – un o ryfeddodau pêl-droed.

Herbie Williams
Mewnwr/canol y cae/amddiffynnwr

Ganed: 6 Hydref 1940, Abertawe (Herbert John Williams)

Un o'r chwaeaewyr cyntaf i wisgo lensys cyffwrdd

Cymru: 1964-71
Cap cyntaf: Gêm **260**, 24 oed; **Cap olaf:** Gêm **300**, 31 oed
3 chap (posibl 41); Gemau llawn 3; Ennill 1; Colli 2;
Cwpan y Byd 2; Penc. Ewrop 1; Dan 21 oed 5 cap

Clybiau
510 o gemau cynghrair, 102 gôl

1958-75	Abertawe	510 gêm	102 gôl	(3 chap)

Medalau, ac ati

- Cwpan Cymru 1966
- Aelod o Oriel Anfarwolion Abertawe 2012

Un o'r ffyddlonaf

Does dim llawer o Gymry wedi bod yn ffyddlonach i un clwb na Herbie. Dechreuodd Herbie ei yrfa ar y Vetch yn 17 oed yn 1958 yn yr un tîm ag **Ivor Allchurch** ac roedd yn dal yno tan 1975 pan ymfudodd i Awstralia am gyfnod byr cyn dychwelyd i Abertawe i weithio fel postmon. Pinacl yr holl flynyddoedd yna oedd cyrraedd rownd gyn-derfynol Cwpan FA Lloegr yn 1964 ac ennill ei gapiau cyntaf ychydig fisoedd yn ddiweddarach. Yna daeth y dyddiau llwm gyda'r Elyrch yn disgyn o glydwch yr Ail Adran yn 1965 a phendilio rhwng y Drydedd Adran a'r Bedwaredd am weddill gyrfa Herbie. Erbyn mis Tachwedd 1971 roedd Herbie wedi symud o ganol y cae i'r amddiffyn ac, yn absenoldeb **Mike England**, **Terry Hennessey** ac eraill, pwy atebodd alwad ei wlad i deithio i Rwmania ond Herbie, 6½ blynedd wedi iddo ennill ei gap blaenorol.

* Ffarweliodd Herbie â'r Vetch mewn steil yn Ionawr 1975 gyda hatric yn erbyn Kidderminster yng Nghwpan Cymru.

Jonny Williams
Canol y cae

Ganed: 9 Hydref 1993, Tunbridge Wells (Jonathan Peter Williams)
Llysenw: Joniesta

Ei dad o Ynys Môn

Cymru: 2013-16
Cap cyntaf: Gêm **601**, 19 oed; **Cap diweddaraf:** Gêm **630**, 22 oed
16 cap (posibl 30); Gemau llawn 1; Eilyddiwyd 9; Ymlaen fel eilydd 6
Ennill 5; Cyfartal 3; Colli 8; Cwpan y Byd 3; Penc. Ewrop 6 [Ffrainc 2016 = 4 gêm]; *Eraill* 7
Dan 21 oed 8 cap

Clybiau
98 o gemau cynghrair, 2 gôl

2010-16	Crystal Palace	55 gêm	(16 cap)
2014	*Ipswich T af*	13 gêm	1 gôl
2014	*Ipswich T af*	5 gêm	1 gôl
2015	*Ipswich T af*	2 gêm	
2015	*Nottingham F af*	10 gêm	
2016	*Milton Keynes D af*	13 gêm	

Cyffrous a phoblogaidd

Daeth Jonny i garfan hŷn Cymru am y tro cyntaf ym mis Hydref 2001 pan oedd **Jack Collison**, **Andy King** a **Joe Ledley** i gyd wedi'u hanafu. Mis yn ddiweddarach fe dorrodd Jonny ei goes wrth chwarae i dîm dan 21 oed Cymru yn Armenia, ac roedd hi'n fis Mawrth 2013 pan welsom ni e'n ennill ei gap cyntaf. Ac roedd hi'n werth yr aros wrth iddo wneud argraff fawr wedi iddo gymryd lle **Gareth Bale** ar yr egwyl yn yr Alban. Roedd yn ddi-ofn ac yn hollol gyfforddus gyda'r bêl wrth ei draed wrth iddo redeg tuag at yr Albanwyr, a daeth un o'r rhediadau cyffrous hynny i ben gyda phàs i King groesodd y bêl tuag at ben **Hal Robson-Kanu** i sgorio'r gôl fuddugol. Debiw i'w drysori, y gorau ers un Bale ei hun, o bosibl. Doedd hi ddim syndod i Jonny ddod yn boblogaidd gyda'r cefnogwyr. Oherwydd anafiadau doedd Jonny ddim ar gael ar gyfer chwech o ddeg gêm ragbrofol Ewro 2016. Gwelwyd yn y gemau yn erbyn Gogledd Iwerddon a'r Wcráin dros y Pasg 2016 sut y gall Jonny fod yn ddraenen yn ystlys gwrthwynebwyr. Gwelwyd hefyd mai tueddiad amddiffynwyr corfforol yw rhwystro ei rediadau trwy ei gicio. Dioddefodd ei yrfa yn Crystal Palace oherwydd anafiadau a newid rheolwr mor aml, a bu'n rhaid iddo ddibynnu ar gyfnodau ar fenthyg gyda chlybiau yn y Bencampwriaeth.

* Dathlodd Jonny ei ben-blwydd yn 18 oed yn ystod y dyddiau y bu gyda charfan Cymru am y tro cyntaf, a bu'n rhaid iddo ganu 'Pen-blwydd Hapus' iddo'i hun, yn y Gymraeg a'r Saesneg.

Owain Fôn Williams
Gôl-geidwad

Ganed: 17 Mawrth 1987, Caernarfon
Cartref: Pen-y-groes

Cefnder i Osian Williams, prif leisydd y grŵp Candelas, ac enillydd Tlws y Cerddor yn Eisteddfod Genedlaethol 2015

Cymru: 2015
Unig gap: Gêm **621**, 28 oed; Ymlaen fel eilydd 1; Colli 1
Penc. Ewrop 0 [Ffrainc 2016 = 0 gêm]; *Eraill* 1; Dan 21 oed 11 cap

Clybiau
309 o gemau cynghrair

2006-08	Crewe Alex	0 gêm	
2008-11	Stockport Co	82 gêm	
2010	*Bury af*	6 gêm	
2011	Rochdale	22 gêm	
2011-15	Tranmere R	161 gêm	
2015-16	Inverness CT	38 gêm	(1 cap)

Hir yw pob ymaros

Enillodd Owain ei gap hirddisgwyliedig yn erbyn yr Iseldiroedd ym mis Tachwedd 2015, bron saith mlynedd ers iddo gael yr alwad gyntaf i ymuno â'r garfan deithiodd i Bortiwgal yn mis Chwefror 2009 i wynebu Gwlad Pwyl. Roedd y balchder yn amlwg a'r cefnogwyr wrth eu bodd pan adawodd Owain fainc yr eilyddion lle'r eisteddodd 29 o weithiau, ac yn adlewyrchu undod y garfan a'r cefnogwyr yn ystod ymgyrch Ewro 2016. Cyfrannodd Owain at yr ysbryd o fewn y garfan gyda'i ddoniau ar y gitâr, a dywedir ei fod yn un da iawn am ddynwared Johnny Cash. Clwb cyntaf Owain wedi iddo adael yr ysgol oedd Crewe Alex lle cafodd dri thymor rhwystredig, ac felly fe symudodd i Stockport (yn Adran 1), lle roedd **Dave Felgate**, cyn-golwr Cymru, yn hyfforddwr gôl-geidwaid. Bu Owain yn ddewis cyntaf yno am ddau dymor, nes i'r clwb ddisgyn i Adran 2, ac yna am dri thymor yn Tranmere R, y ddau gyntaf yn Adran 1 a'r olaf yn Adran 2. Collodd Tranmere eu lle yng Nghynghrair Lloegr yn 2015 ac fe ymunodd Owain ag Inverness yn Uwchgynghrair yr Alban. Gêm gyntaf Owain i'r clwb ar 16 Gorffennaf oedd gêm ragbrofol yng Nghynghrair Ewropa.

* Yn ogystal â bod yn gerddor dawnus mae Owain hefyd yn artist galluog a gwerthwyd rhai o'i baentiadau mewn olew a ddangoswyd mewn oriel yng Nghaerdydd yn 2015. Cafodd Owain arddangosfa o'i luniau yn Oriel Betws-y-coed dros fisoedd yr haf 2016.

Stuart Williams
Cefnwr

Ganed: 9 Gorffennaf 1930, Wrecsam (Stuart Grenville Williams)
Bu farw: 5 Tachwedd 2013, Southampton, 83 oed

Cymru: 1954-65
Cap cyntaf: Gêm **204**, 23 oed; **Cap olaf:** Gêm **268**, 35 oed
43 cap (posibl 65); 15 yn gapten; Gemau llawn 43
Ennill 11; Cyfartal 11; Colli 21; Cwpan y Byd 11 [Sweden 1958 = 5 gêm]; Penc. Ewrop 2;
Penc. Prydain 23; *Eraill* 7

Clybiau
381 o gemau cynghrair, 9 gôl

1947-50	Wrecsam	5 gêm		
1951-62	West Bromwich A	226 gêm	6 gôl	(33 cap)
1962-66	Southampton	150 gêm	3 gôl	(10 cap)

Medalau, ac ati
• Gwobr Arbennig Cymdeithas Bêl-droed Cymru 2002

Un o hoelion wyth '58

Fel yn 2014-16 amddiffyn cadarn oedd sylfaen llwyddiant Cymru yng Nghwpan y Byd yn Sweden yn 1958 gyda **Jack Kelsey** yn y gôl, **Mel Hopkins** a Stuart yn gefnwyr a **Mel Charles** yn ganolwr. Dros gyfnod o chwe thymor bu Hopkins a Stuart yn bartneriaid mewn 25 o gemau, a'r triawd Kelsey, Hopkins a Stuart yn yr un tîm 21 o weithiau. Daliodd yr amddiffyn yn gadarn am 73 munud yn erbyn Brasil, enillwyr y cwpan yn 1958. Yna fe sgoriodd Pelé ei gôl gyntaf erioed yn y gystadleuaeth – wedi i'r bêl wyro oddi ar sawdl Stuart. Cafodd Stuart yrfa lewyrchus gyda West Bromwich A, oedd yn un o brif glybiau Lloegr yn y 1950au ac a orffennodd yn ail yn yr Adran Gyntaf yn 1954. Roedd hynny cyn i Stuart sefydlu ei hun yn y tîm. Er hynny disgwylid mai Stuart fyddai'n cymryd lle Stan Rickaby (oedd wedi'i anafu) yn ffeinal Cwpan FA Lloegr yr un flwyddyn, ond mae'n debyg i'r rheolwr newid ei feddwl ar y funud olaf a dewis Joe Kennedy. Yn ei dymor olaf gyda Southampton fe gynorthwyodd Stuart y Seintiau i godi i'r Adran Gyntaf am y tro cyntaf. Wedi iddo ymddeol bu Stuart un ai'n hyfforddwr neu'n is-reolwr gyda West Brom (pan enillwyd Cwpan FA Lloegr yn 1968), Aston Villa a Southampton, yn ogystal â chlybiau yn Iran, yr Alban a Norwy. Tipyn o yrfa, er gwaethaf cyngor ei dad Tom, oedd yn un o gyfarwyddwyr clwb Wrecsam, fod y byd pêl-droed proffesiynol yn un ansicr.

* Roedd cyfanswm Stuart o 33 cap gyda West Brom yn record i'r clwb a safodd hyd 2013.

Harry Wilson
Asgellwr chwith

Ganed: 22 Mawrth 1997, Wrecsam
Cartref: Corwen

Ein chwaraewr ieuengaf erioed

Cymru: 2013
Unig gap: Gêm **607**, 16 mlwydd a 207 diwrnod oed; Ymlaen fel eilydd 1 (wedi 87 munud); Cyfartal 1; Cwpan y Byd 1; Dan 21 oed 5 cap

Clybiau
7 o gemau cynghrair

2014-16	Lerpwl	0 gêm	(1 cap)
2015	Crewe Alex af	7 gêm	

Bach y nyth

Dim ond crych bychan ar ddyfroedd pêl-droed rhyngwladol a adawyd gan ymddangosiad cameo Harry yn 2013. Ond yn y munudau hynny fe ddaeth yn chwaraewr ieuengaf erioed Cymru gan docio 108 diwrnod oddi ar record **Gareth Bale**, ac fe enillodd ei gap hŷn cyn chwarae i'n timau dan 19 a 21 oed. Ar y pryd roedd Cymru'n paratoi i wynebu Macedonia yng Nghaerdydd ar nos Wener cyn teithio i Frwsel i wynebu Gwlad Belg ar y nos Fawrth ddilynol, heb 15 o'r chwaraewyr oedd yn y garfan wreiddiol a'r rhestr wrth gefn. Roedd Harry eisoes wedi denu sylw gyda'i berfformiadau disglair i dîm dan 18 oed Lerpwl ac i Gymru yn erbyn Lloegr yn y Victory Shield. A doedd hi ddim yn gyfrinach fod Lloegr yn ei lygadu oherwydd fod ganddo nain a aned yng Nghaer. Roedd y munudau hanesyddol hynny ym Mrwsel yn sicrhau mai dim ond i Gymru y gallai Harry chwarae yn y dyfodol. Doedd pawb, yn cynnwys **Craig Bellamy**, oedd yn chwarae ei gêm ryngwladol olaf, ddim yn gyfforddus gyda'r rheswm dros ddewis bachgen mor ifanc. Roedd Harry wedi ymuno â Lerpwl yn wyth oed, ac un a sylwodd ar ei dalent diamheuol pan oedd yn dair oed oedd ei gymydog Adrian Roberts, tad **Gareth Roberts**. Chwaraeodd Harry ei gêm gyntaf yng Nghynghrair Lloegr ar 12 Medi 2015, ar fenthyg gyda Crewe Alex.

*   Pan oedd Harry'n 18 mis oed fe osododd ei daid, Peter Edwards, fet y byddai ei ŵyr yn chwarae i Gymru ryw ddydd. Adroddwyd iddo ennill £125,000 o'i fuddsoddiad o £50.

James Wilson
Amddiffynnwr

Ganed: 26 Chwefror 1989, Cas-gwent (James Steven Wilson)

Cymru: 2013
Unig gap: Gêm **607**, 24 oed; Ymlaen fel eilydd 1; Cyfartal 1
Cwpan y Byd 1; Dan 21 oed 3 chap

Clybiau
162 o gemau cynghrair, 2 gôl

2006-14	Bristol C	31 gêm	(1 cap)
2008	Brentford af	14 gêm	
2009	Brentford af	13 gêm	
2013	Cheltenham T af	4 gêm	
2014-16	Oldham Ath	100 gêm	2 gôl
2016	Sheffield U		

Medalau, ac ati
•   Adran 2 2009

Safodd yn y bwlch
Daeth James i garfan Cymru ar gyfer ein gêm yn erbyn yr Alban yng Nghaerdydd yn 2012 pan sicrhaodd goliau **Gareth Bale** fuddugoliaeth gofiadwy yn y glaw. Roedd **James Collins**

wedi ei wahardd a **Joel Lynch** wedi ei anafu, ac fe gadwodd James ei le yn y garfan am dair gêm yn absenoldeb y ddau arall. Dychwelodd James i'r garfan ym mis Hydref 2013 pan dynnodd pum amddiffynnwr allan o'r garfan wreiddiol oherwydd anafiadau, ac fe enillodd ei gap wedi i Collins gael ei anafu yn gynnar yn yr ail hanner. Yn anffodus manteisiodd Gwlad Belg ar y diffyg profiad yn amddiffyn Cymru ac fe sgoriodd De Bruyne yn fuan wedyn. Sicrhawyd gêm gyfartal gan gôl hwyr **Aaron Ramsey** o bàs glyfar **Craig Bellamy**, oedd yn chwarae ei gêm olaf.

* Enillodd James ei fedal yn 2009 pan oedd ar fenthyg yn Brentford. 14 gêm oedd cyfraniad James i lwyddiant y clwb a hynny rhwng canol Awst a dechrau Tachwedd 2008, ond roedd yn ddigon i haeddu medal.

Doug Witcombe
Hanerwr

Ganed: 18 Ebrill 1918, Cwm, Glyn Ebwy (Douglas Frank Witcomb)
Bu farw: 6 Awst 1999, Casnewydd, 91 oed

Cymru: 1946-47
Cap cyntaf: Gêm **171**, 27 oed; **Cap olaf:** Gêm **173**, 28 oed
3 chap (posibl 3); Gemau llawn 3; Ennill 1; Colli 2; Penc. Prydain 3; Gemau answyddogol 7

Clybiau
304 o gemau cynghrair, 15 gôl

	Cwm Villa			
	Tottenham H			
	Northfleet			
	Enfield			
1937-47	West Bromwich A	55 gêm	3 gôl	(2 gap)
1947-53	Sheffield Wed	224 gêm	12 gôl	(1 cap)
1953-54	Casnewydd	25 gêm		
1954-55	Llandudno			
1955-56	Redditch			

Medalau, ac ati
* Yr Ail Adran 1952

Y rhyfel wedi torri ei yrfa yn ei hanner
Gadawodd Doug yr ysgol yn 14 oed i weithio yn y pwll glo ond roedd â'i olygon ar y caeau cicio. Fe ymunodd â Tottenham H yr un pryd â **Ron Burgess** ond aeth Doug yn sâl a

dychwelodd adref. Wedi iddo wella fe ymunodd â West Bromwich A lle daeth yn hanerwr blaenllaw ac yn gyd-chwaraewr i Jimmy Murphy, rheolwr Cymru yn ddiweddarach. Yna daeth yr Ail Ryfel Byd i amharu ar yrfa addawol. Chwaraeai Doug yn gyson i Gymru yn y gemau answyddogol ac fe enillodd ei dri chap swyddogol yn ein tair gêm gyntaf pan ailddechreuodd y cystadlaethau ffurfiol yn nhymor 1946-47. Ar ôl symud i Sheffield Wed bu Doug yn aelod sefydlog o'r tîm ddaeth yn dîm io-io y 1950au: esgyn i'r Adran Gyntaf yn 1950, disgyn yn 1951, ar frig yr Ail Adran yn 1952, a disgyn eto yn 1955. Erbyn hynny roedd Doug wedi gadael Hillsborough ac wedi un tymor yng Nghasnewydd bu'n chwaraewr-hyfforddwr yn Llandudno ac yn Redditch.

* Ar Ŵyl San Steffan 1939 Doug a Don Dearson (3 chap, 1938-39) oedd yr unig Gymry a chwaraeodd mewn gêm yn Wolverhampton i godi arian i Gronfa Ambiwlans y Groes Goch a Sant Ioan. Roedd y timau'n cynnwys rhai enwau adnabyddus iawn fel Stan Cullis, Stanley Matthews a Peter Doherty.

Phil Woosnam
Mewnwr

Ganed: 22 Rhagfyr 1932, Caersŵs (Philip Abraham Woosnam)
Cartrefi: Aberhafesb a Chaersŵs
Bu farw: 19 Gorffennaf 2013, Marietta, Georgia, UDA, 80 oed

Gradd BSc, Prifysgol Bangor

Cefnder i Ian Woosnam, golffiwr o fri

My football revolution (1963)

Cymru: 1958-63
Cap cyntaf: Gêm **230**, 25 oed; **Cap olaf:** Gêm **253**, 30 oed
17 cap (posibl 24); 3 gôl; Gemau llawn 17; Ennill 6; Cyfartal 5; Colli 6
Cwpan y Byd 1 – 1 gôl; Penc. Ewrop 1; Penc. Prydain 12 – 1 gôl; *Eraill* 3 – 1 gôl
Tîm amatur Cymru 15 cap; Tîm Cynghrair Lloegr v Cynghrair yr Eidal 1960

Clybiau
374 o gemau cynghrair, 78 gôl

	Caersŵs			
	Peritus			
	Bangor			
1951-53	Manchester C	1 gêm		
1953-54	Sutton U			
1955-58	Leyton Orient	108 gêm	19 gôl	(1 cap)
1958-62	West Ham U	138 gêm	26 gôl	(14 cap)

1962-66	Aston Villa	106 gêm	24 gôl	(2 gap)
1966-68	Atlanta Chiefs	21 gêm	9 gôl	

Rheolwr

1966-68	Atlanta Chiefs
1968	Unol Daleithiau America

Medalau, ac ati

* Chwaraewr Amatur y Flwyddyn 1955
* Y Drydedd Adran (De) 1956
* Cymrawd Anrhydeddus Prifysgol Bangor 1995
* Aelod o Oriel Anfarwolion Pêl-droed Unol Daleithiau America 1997

Arloeswr yn America

Roedd Phil yn chwaraewr amatur disglair yn ystod hanner cynta'r 1950au, ac fel amatur y chwaraeodd ei gêm gyntaf yng Nghynghrair Lloegr i Manchester C, yn erbyn Caerdydd yn yr Adran Gyntaf yn 1953. Bu Phil hefyd ar lyfrau Wrecsam fel amatur ac fe chwaraeodd un gêm i Aberystwyth, hefyd yn 1953, yng Nghynghrair Cymru y De. Wedi iddo raddio ym Mangor bu'n rhaid iddo wneud ei wasanaeth milwrol cyn dechrau ar ei swydd fel athro Ffiseg yn Leyton. Roedd Phil eisoes wedi arwyddo i Leyton Orient yn yr Ail Adran fel chwaraewr amatur, ac yna fel chwaraewr proffesiynol yn Ionawr 1957, rhan-amser wrth gwrs nes iddo benderfynu yn hydref 1958 y byddai'n gadael ei swydd fel athro. Ym mis Tachwedd 1958, ychydig cyn iddo orffen fel athro, fe dalodd West Ham U o'r Adran Gyntaf £30,000 amdano, swm oedd yn dyblu record y clwb hwnnw dros nos, a'r trydydd uchaf yng ngwledydd Prydain ar y pryd. Roedd Phil eisoes wedi ennill ei gap cyntaf ar yr asgell ond fel mewnwr deallus y gwnaeth ei enw gyda West Ham a bu sôn fod A C Milan ac Arsenal yn ei lygadu ar un adeg. Erbyn 1966 roedd Phil yn troi ei olygon at hyfforddi/rheoli ac fe gafodd gynnig i olynu Tommy Docherty yn Chelsea. Daeth y cynnig hwnnw wythnos wedi iddo roi ei air i Atlanta Chiefs yn UDA y byddai'n ymuno â hwy fel chwaraewr-hyfforddwr. Cafodd Phil ei alw'n dad pêl-droed proffesiynol yng ngogledd America. Fel comisiynydd y gynghrair newydd (North American Soccer League) o 1969 hyd 1983 roedd Phil yn allweddol wrth ddenu enwogion fel Pelé, Franz Beckenbaur, Johann Cruyff a George Best, a gwelwyd nifer y timau yn cynyddu o bump i 24. Yn 1983, gyda'r bŵm agoriadol drosodd, symudodd Phil i fyd marchnata ac roedd â rhan yn nhrefnu Cwpan y Byd yn yr Unol Daleithiau yn 1994 a'r Gemau Olympaidd yn Atlanta yn 1996.

* Gêm dreial ieuenctid a ddaeth â Woosnam i amlygrwydd. Fe'i chwaraeid yn Llanidloes ac aeth Woosnam yno o'i gartref yng Nghaersŵs yn fachgen eiddil i'w gwylio. Yr oedd un ar ôl, gofynnwyd i Woosnam a lanwai'r bwlch. Newidiodd a chwaraeodd gêm ei fywyd. – *Y Cymro,* 16 Hydref 1958.

Terry Yorath
Canol y cae

Ganed: 27 Mawrth 1950, Caerdydd (Terence Charles Yorath)

Tad i Gabby Logan, cyflwynydd teledu, ac aelod o dîm gymnasteg Cymru yng Ngemau'r Gymanwlad 1990

Cymru: 1969-81
Cap cyntaf: Gêm **288**, 19 oed; **Cap olaf:** Gêm **364**, 31 oed

59 cap (posibl 77); 43 yn gapten; 2 gôl; Gemau llawn 51; Eilyddiwyd 8

Ennill 21; Cyfartal 15; Colli 23; Cwpan y Byd 13; Penc. Ewrop 12 – 1 gôl [1976 = 2 gêm]

Penc. Prydain 26; *Eraill* 8 – 1 gôl; Dan 23 oed 7 cap – capten

Clybiau
345 o gemau cynghrair, 16 gôl

1967-76	Leeds U	141 gêm	10 gôl	(28 cap)
1976-79	Coventry C	99 gêm	3 gôl	(20 cap)
1979-81	Tottenham H	48 gêm	1 gôl	(8 cap)
1981-82	Vancouver Whitecaps	29 gêm	2 gôl	(3 chap)
1982-86	Bradford C	27 gêm		
1986	Abertawe	1 gêm		

Rheolwr

1986-89	Abertawe
1988-93	Cymru – gweler Atodiad 1
1989-90	Bradford C
1990-91	Abertawe
1994-95	Caerdydd
1995-97	Libanus
2001-02	Sheffield Wed
2008-09	Margate

Medalau, ac ati
* Yr Adran Gyntaf 1969 a 1974

Arweinydd heb ei ail
Gyda'i wallt hir, melyn, roedd Terry'n sefyll allan nid yn unig fel chwaraewr cystadleuol yng nghanol y cae ond hefyd fel capten ysbrydoledig y tîm chwedlonol orffennodd ar frig y grŵp rhagbrofol i gyrraedd wyth olaf Pencampwriaeth Ewrop 1976. Tueddir i anghofio camp fawr y tîm hwnnw oherwydd nad oedd y rowndiau terfynol yn cael eu cynnal fel twrnamaint, a than arweiniad Terry roedd y tîm gystal os nad gwell na thîm Cwpan y Byd

1958. Cydnabyddwyd dawn Terry fel arweinydd gan Helmut Schoen, hyfforddwr enwog Gorllewin yr Almaen, a phwy all anghofio Terry yn cadw ei dîm i aros mewn llinell yn 1977 i bwysleisio'r ffaith nad oedd ein hanthem ni yn cael ei chlywed yn Wembley. Ddwy flynedd yn ddiweddarach fe gawsom yr anthem. Daeth gyrfa ryngwladol Terry i ben yn gynamserol wedi iddo symud i Ganada. Er na ddywedwyd hynny wrtho credai Terry fod Cymdeithas Bêl-droed Cymru yn anfodlon talu costau ei daith ar draws yr Iwerydd. Cafodd Terry fwy na'i siâr o drasiedïau yn ei fywyd: bu farw ei fab Daniel, 15 oed, yn ei freichiau yng ngardd gefn y teulu; lladdwyd 56 o gefnogwyr mewn tân yn stadiwm Bradford C pan oedd Terry'n is-reolwr y clwb; lladdodd **Alan Davies**, un o'i chwaraewyr yn Abertawe (a Bradford) ei hun; a bu'n rhaid i Terry ymdopi â'r sylw a gafodd gan y cyfryngau yn sgil ei broblem gydag alcohol, tor-priodas a damwain car yn Leeds pan anafwyd gwraig yn ddifrifol. Un o'i gyfoedion yn Ysgol Uwchradd Cathays, Caerdydd, oedd Geraint Jarman, y canwr-gyfansoddwr chwedlonol.

* Ef yw ymennydd y tîm [Cymru], ef sy'n rheoli'r tactegau ar y maes ac yn gweithredu yn ôl y canllawiau a roddir iddo gan y rheolwr. Mae'n dehongli'r gêm yn wych, yn medru newid tactegau yn ystod y gêm, lle bo angen, a rhoi cyfarwyddiadau i chwaraewyr llai profiadol yn ogystal â'u hysbrydoli' – Gwyn Jenkins, *Gôl!* (1980).

Eric Young
Amddiffynnwr canol

Ganed: 25 Mawrth 1960, Singapore
Llysenwau: Ninja a Bambi

Ei rieni o India'r Gorllewin

Deiliad pasbort Prydeinig – dim cysylltiadau Cymreig

Cymru: 1990-95
Cap cyntaf: Gêm **424**, 30 oed; **Cap olaf:** Gêm **464**, 34 oed
21 cap (posibl 41); 1 gôl; Gemau llawn 14; Eilyddiwyd 7
Ennill 10; Cyfartal 4; Colli 7; Cwpan y Byd 8 – 1 gôl; Penc. Ewrop 6; *Eraill* 7

Clybiau
417 o gemau cynghrair, 36 gôl

	Slough T			
1982-87	Brighton & H A	126 gêm	10 gôl	
1987-90	Wimbledon	99 gêm	9 gôl	(1 cap)
1990-95	Crystal Palace	161 gêm	15 gôl	(19 cap)
1995-97	Wolverhampton W	31 gêm	2 gôl	(1 cap)
1997	Crystal Palace	0 gêm		

1997-98	Enfield
1998-01	Egham T

Medalau, ac ati

- Cwpan FA Lloegr 1988
- Cwpan Zenith Data Systems 1991

Ninja

Unig 'gysylltiad' Eric â Chymru oedd ei basbort Prydeinig. Bu sôn yn y 1980au fod **Mike England** am fanteisio ar y man gwan hwn yn rheolau FIFA, a bu'n rhaid i Eric aros nes ei fod yn 30 oed ac wedi chwarae 225 o gemau cynghrair cyn ennill ei gap cyntaf. Roedd hynny yn erbyn Costa Rica pan oedd y rheolwr **Terry Yorath** mewn cyfyng gyngor wedi i **Kevin Ratcliffe**, **Dave Phillips**, **Andy Holden** a **Gavin Maguire** dynnu'n ôl. Cafodd **Paul Bodin** a **Gary Speed** hefyd eu capiau cyntaf y pnawn Sul hwnnw. Ychydig wythnosau'n ddiweddarach talodd Crystal Palace £850,00 am Eric, oedd yn dipyn o swm am chwaraewr 30 oed. Daeth y cawr distaw gyda'r penrwymyn yn ffefryn gyda chefnogwyr Cymru a bu'n aelod sefydlog o'r garfan am bedwar tymor dan Yorath. Gwelwyd mor fuan â'i drydedd gêm mor awdurdodol y gallai Eric fod pan gurwyd Gwlad Belg 3–1 ar Barc yr Arfau, a chynrychiolydd o'r Almaen yn ystyried mai ef oedd yr amddiffynnwr gorau ar y cae. Enillodd Eric ei gap olaf yn Albania dan Bobby Gould – 20 mis ac 11 gêm wedi ei gap blaenorol. Doedd **Chris Coleman**, **Kit Symons** nac **Adrian Williams** yn Albania ac fe ildiodd Eric gic o'r smotyn wedi dim ond tair munud. Cyn ymuno â Brighton yn 1982 roedd Eric wedi cymhwyso fel syrfëwr meintiau ac ar ôl gorffen chwarae bu'n gweithio fel cyfrifydd i gwmni adeiladu.

* A pham oedd y Ninja hwn yn gwisgo penrwymyn? Mae'n debyg iddo gael anaf cas i'w ben mewn un gêm ac roedd am geisio osgoi i hynny ddigwydd eto.

Atodiad 1: Y Rheolwyr

	Gemau	Ennill	Cyfartal	Colli
Jimmy Murphy	44	11	13	20
Dave Bowen	57	11	13	33
Mike Smith	40	15	11	14
Mike England	56	22	16	18
David Williams*	1	--	--	1
Terry Yorath	41	16	8	17
John Toshack	1	--	--	1
Mike Smith	9	2	1	6
Bobby Gould	24	7	4	13
Neville Southall a **Mark Hughes***	1	--	--	1
Mark Hughes	41	12	15	14
John Toshack	53	21	8	24
Brian Flynn*	2	--	--	2
Gary Speed	10	5	--	5
Osian Roberts*	1	--	--	1
Chris Coleman	37	15	7	15

* Rheolwyr dros dro

Jimmy Murphy
1956-64: Gêm 213 – Gêm 256

Uchafbwynt: Cyrraedd wyth olaf Cwpan y Byd 1958.
Iselbwynt: Ennill 6 yn unig o'r 27 gêm a chwaraewyd wedi Cwpan y Byd 1958.
Sêr ei gyfnod: Ivor Allchurch, John Charles, Cliff Jones a Jack Kelsey.

Y dewis perffaith

Enillodd Jimmy ei 15 cap fel hanerwr yn ystod un o gyfnodau mwyaf llewyrchus Cymru fel pencampwyr gwledydd Prydain yn nhymhorau 1932-33, 1933-34 a 1936-37. Wedi'r Ail Ryfel Byd fe ymunodd Jimmy â (Syr) Matt Busby yn Manchester U, fel is-reolwr a phrif hyfforddwr, ac er mai 'Busby Babes' oedd llysenw'r tîm ifanc roedd rhai o'r farn y byddai 'Murphy's Marvels' yn fwy addas. Gyda 10 mlynedd o brofiad yn Old Trafford roedd Jimmy'n ddewis perffaith i fod yn rheolwr cyntaf Cymru, yn rhan-amser. Roedd Jimmy'n Gymro i'r carn, yn hyfforddwr ysbrydoledig, ac yn llawn angerdd yn yr ystafell newid, ond hefyd yn ddiymhongar – ac yn bianydd medrus. Dywedodd John Charles mai Jimmy oedd y rheolwr gorau iddo ei gyfarfod, a bu sôn ei fod wedi gwrthod cynigion i reoli Arsenal a Juventus. Ceir hanes ei fywyd yn *Matt… United… and me* (1968) ac yn *Starmaker* (2002). Bu farw yn 1989 a dadorchuddiwyd cofeb ar ei gartref yn 43 Treharne Street, Pentre, Y Rhondda, ym mis Mawrth 2009.

* Roedd Jimmy'n absennol o'i gêm olaf oherwydd fod ei wraig yn sâl. Cymerwyd ei le gan Trevor Morris, rheolwr Abertawe.

Dave Bowen
1964-74: Gêm 257 – Gêm 313

Uchafbwynt: Cymru–2, Gwlad Pwyl–0 (**306**).
Iselbwynt: Cymru'n methu sgorio'r un gôl mewn 11 o gemau ym mhencampwriaeth gwledydd Prydain rhwng 1970 a 1974.
Sêr ei gyfnod: Ron Davies, **Mike England**, **Terry Hennessey** a **Gary Sprake**.

Degawd o ddiflastod
Roedd cyn-gapten Cymru ac Arsenal yn rheolwr ifanc a llwyddiannus ar Northampton T pan gafodd ei benodi'n rheolwr rhan-amser Cymru ar dâl dechreuol o £60 y gêm. Roedd y buddugoliaethau, y torfeydd, a'r sêr yn brin yn ystod ei gyfnod wrth y llyw, ac 'arweiniad ffwrdd â hi' a gafwyd ganddo, chwedl Deryk Williams yn *Barn*, mis Mai 1975. Chwe gwaith yn unig y gwelodd Dave ei dîm cryfaf yn dechrau gêm, yn bennaf oherwydd anafiadau a'r broblem oesol o glybiau Lloegr yn gwrthod rhyddhau chwaraewyr Cymru. Wedi blynyddoedd o bendroni penderfynodd Cymdeithas Bêl-droed Cymru benodi rheolwr llawn amser yn 1974, ac fe gynigiwyd y swydd i Dave. Gwrthod y cynnig wnaeth Dave, fel y gwnaeth yn 1971 pan gafodd gynnig i fod yn rheolwr Gwlad Groeg.

* Gyda Northampton wedi cyrraedd yr Adran Gyntaf bu'n rhaid i Dave aros gyda'i glwb pan ymwelodd yr Undeb Sofietaidd â Chaerdydd ym mis Hydref 1965 (**266**) ac fe gymerwyd ei le gan **Ron Burgess**.

Mike Smith
1974-79: Gêm 314 – Gêm 353

Uchafbwyntiau: Y fuddugoliaeth ryfeddol ym Mudapest (**317**) a chyrraedd wyth olaf Ewro 1976.

Iselbwynt: Yr annhegwch yn Anfield (**337**).

Sêr ei gyfnod: Dai Davies, **Joey Jones**, **John Mahoney**, **John Toshack** a **Terry Yorath**.

Chwa o awyr iach

Mike oedd rheolwr llawn amser cyntaf Cymru. Fel chwaraewr amatur bu'n aelod o garfan Olympaidd Prydain yn 1960 ac yna'n hyfforddwr cyn cael ei benodi'n gyfarwyddwr hyfforddi Cymru yn 1968. Daeth ei benodiad yn rheolwr â chwa o awyr iach i dîm hŷn Cymru wrth i'r cyn-athro, a gŵr bonheddig o Sais, adfer hunan-barch a balchder y chwaraewyr yn y crys coch unwaith eto. Roedd ei baratoadau yn fanwl a gallai ysgogi'r chwaraewyr, ac fe wnaeth yr hyn y mae pob rheolwr arall wedi methu ei wneud, sef gorffen ar frig grŵp rhagbrofol. Gadawodd Mike y swydd i fynd i reoli Hull C yn hanner isaf y Drydedd Adran. Wedi hynny bu'n rheolwr yr Aifft ac yn swyddog datblygu pêl-droed Ynys Môn.

* Yn ôl Mike 85 oedd cyfanswm y Cymry yng Nghynghrair Lloegr gyfan yn 1975. '85,000?' gofynnodd un gohebydd tramor. 'Nage, 85' oedd yr ateb.

Mike England
1980-88: Gêm 354 – Gêm 409

Uchafbwynt: Chwe buddugoliaeth yn olynol yn cael eu dilyn gan ddwy gêm gyfartal (**357** i **364**).

Iselbwynt: Y Gymdeithas Bêl-droed yn anwybyddu cais y rheolwr a'r chwaraewyr i wynebu'r Alban yn 1985 yn Wrecsam, a hynny er mwyn derbyn £25,00 ychwanegol o'r tocynnau yng Nghaedydd. Byddai'r wobr am gyrraedd Cwpan y Byd 1986 wedi bod o leiaf £250,00.

Sêr ei gyfnod: Mark Hughes, **Kevin Ratcliffle**, **Ian Rush** a **Neville Southall**.

Mor agos – bedair gwaith

Gadawodd Mike ei fywyd cyffordus yn yr Unol Daleithiau i wireddu ei freuddwyd, sef arwain y wlad a wasanaethodd mor ardderchog fel amddiffynnwr canol a chapten. Er gwaethaf ei ddiffygion tactegol a'i ddewis o dimau anghytbwys, aeth Mike â ni o fewn un pwynt i gyrraedd rowndiau terfynol Cwpan y Byd 1982 a 1986, a Phencampwriaeth Ewrop 1984 a 1988, weithiau mewn amgylchiadau dadleuol. Diffoddodd y goleuadau ar y Vetch yn 1981 (**366**), a dyfarnwyd cic gosb amheus i'r Alban ar Barc Ninian yn 1985 (**396**). Bregus, a dweud y lleiaf, oedd perthynas Mike ag Alun Evans, ysgrifennydd y Gymdeithas Bêl-droed, a bu'r ddau yng ngyddfau ei gilydd wedi'r gêm yna yn erbyn yr Alban. Golygodd y methiant i gyrraedd Cwpan y Byd 1986 na allai'r Gymdeithas fforddio rheolwr llawn amser, a rhan-amser yn unig (ar gyflog pitw o £10,000 y flwyddyn) oedd swydd Mike rhwng haf 1986 a Chwefror 1988 pan gafodd ei ddiswyddo.

* Chwaraeodd Cymru 11 gêm ar y Cae Ras, Wrecsam, dan Mike: saith buddugoliaeth a dwy gêm gyfartal.

David Williams
1988: Gêm 410

Pumed dewis

Dewis cyntaf y Gymdeithas Bêl-droed i olynu Mike England oedd Brian Clough, rheolwr Nottingham Forest. Bu'r stori'n ffrwtian ers mis Tachwedd 1987 ond drannoeth diswyddo England roedd hi'n brif stori ar dudalen flaen y *Western Mail* (4 Chwefror 1988). Roedd y dyn ei hun yn barod i wneud y ddwy swydd ac roedd ei gadeirydd yn Forest yn ymddangos yn lled gefnogol. Roedd y posibilrwydd y gellid denu Clough wedi dal dychymyg y cyhoedd ac adroddwyd fod gwŷr busnes, yn cynnwys Meirion Appleton, rheolwr Aberystwyth, a Tom Alun Evans, gŵr busnes yn y dref, yn barod i gasglu nawdd i dalu am benodi Clough i'r swydd yn llawn amser. Gyda'r Gymdeithas Bêl-droed wedi trefnu cynhadledd i'r wasg yn y Vetch i gyhoeddi'r penodiad gwnaed tro pedol yn Nottingham – gwrthododd cyfarwyddwyr y clwb ryddhau Clough. Yna aeth y Gymdeithas ar ôl Bob Paisley, cyn-reolwr Lerpwl, Terry Venables, rheolwr Tottenham H, a Terry Yorath, rheolwr Abertawe, a chael eu gwrthod. Pumed dewis felly oedd David Williams ar gyfer y gêm yn erbyn Iwgoslafia ym mis Mawrth 1988. Gwrthododd clwb Norwich i'w chwaraewr–hyfforddwr barhau fel rheolwr Cymru yn rhan-amser.

Terry Yorath
1988-93: Gêm 411 – Gêm 451

Uchafbwyntiau: Curo'r Eidal (**413**), Gwlad Belg (**426**), Gorllewin yr Almaen (**432**) a Brasil (**433**), a chyrraedd safle 27 yn rhestr detholion FIFA.
Iselbwynt: Clywed am fawrolaeth John Hill ar ddiwedd gêm Romania.
Sêr ei gyfnod: **Mark Hughes**, **Ian Rush**, **Dean Saunders** a **Neville Southall**.

Boddi ger y lan

Roedd Terry, rheolwr Abertawe, yn awyddus i ddilyn Mike England yn swydd rheolwr rhan-amser Cymru ond gwrthododd cadeirydd y clwb, Doug Sharpe, gefnogi ei gais. Roedd Sharpe yn un o dri ar is-bwyllgor a benodwyd gan y Gymdeithas Bêl-droed i chwilio am olynydd i England. Wedi iddynt fethu bachu Clough, Paisley, Venables, a David Williams newidiodd Sharpe ei feddwl a rhoddwyd y swydd i Terry, am dair gêm 'gyfeillgar' yn unig i ddechrau. (Oedd y Gymdeithas yn dal mewn cariad efo Clough?). Wedi iddo adael Abertawe penodwyd Terry i'r swydd yn llawn amser (Mehefin 1991) a bu ynddi tan fis Rhagfyr 1993 pan benderfynodd ei gyflogwyr beidio adnewyddu ei gytundeb. Roedd hynny fis wedi i gic gosb **Paul Bodin** daro'r bar yn erbyn Romania. Roedd Terry'n rheolwr poblogaidd (rhy boblogaidd meddai yn ei hunangofiant) a gallai hanes ein tîm cenedlaethol yn y 1990au fod wedi bod yn wahanol iawn petae Alun Evans, Prif Weithredwr y Gymdeithas Bêl-droed, heb fod mor ben galed a thrin Terry mor shabi.

* Gêm olaf Terry wrth y llyw oedd ei ganfed fel chwaraewr a rheolwr, ffigwr sy'n cynnwys y pedair gêm pan oedd ei gynorthwywr Peter Shreeves yng ngofal y tîm.

John Toshack
1994: Gêm 452

47 diwrnod

Ar 1 Chwefror 1994 cyflwynwyd John i'r byd (mewn cynhadledd i'r wasg oedd yn draed moch llwyr) fel cyfarwyddwr technegol rhan-amser tîm Cymru. Byddai John yn parhau yn ei swydd llawn amser fel hyfforddwr Real Sociedad ac yn cael ei gynorthwyo'n llawn amser gan Mike Smith, fyddai'n llygaid a chlustiau iddo yng ngwledydd Prydain. Chwaraewyd y gêm yn erbyn Norwy ar 9 Mawrth 1994 a chlywyd y dorf yn galw enw Terry Yorath. Mewn cynhadledd i'r wasg yn San Sebastian ar 16 Mawrth cyhoeddodd Tosh ei ymddiswyddiad. Rhoddodd y bai ar yr awyrgylch annifyr oedd yn bodoli yn rhengoedd y Gymdeithas Bêl-droed.

* 'Daeth Toshack. Agorodd gil y drws. Gwelodd. A dychwelodd i Sbaen,' – *Y Cymro*, 30 Mawrth 1994

Mike Smith
1994-95: Gêm 453 – Gêm 461

Mwy o drai na llanw yr eildro

O fewn dyddiau i ymddiswyddiad John Toshack dyrchafwyd ei gynorthwywr i swydd rheolwr, gyda David Williams yn gynorthwywr, a **Brian Flynn** a **Joey Jones** yng ngofal y chwaraewyr dan 21 oed. Bu ail gyfnod Mike wrth y llyw yn un hynod o siomedig wrth inni golli 2-3 yn Moldofa (**456**), a chweir go iawn 0-5 yn Georgia (**457**). Ar gyfer y gêm nesaf ymddangosai Mike yn desbret wrth roi cap cyntaf i **Vinny Jones**, ac esgorwyd ar sawl pennawd oedd yn cynnwys 'Alas Smith and Jones'. Doedd hi ddim yn syndod mai dim ond 8,200 oedd yn gwylio gêm olaf Mike ym Mharc yr Arfau (pan gafodd Jones gerdyn coch) ac fe'i diswyddwyd ar 28 Mehefin 1995.

Bobby Gould
1995-99: Gêm 462 – Gêm 485

Uchafbwynt: Y fuddugoliaeth annisgwyl 2-1 yn Copenhagen (**482**) – "Fe gafodd Cymru un cyfle ac fe sgorion nhw ddwywaith" meddai Peter Schmeichel, golwr enwog Denmarc.
Iselbwynt: Ymddangosodd posteri yng Nghaerdydd ac Abertawe yn datgan 'Sack Bobby Gould. Amser iddo fynd' ac fe newidiodd y Manic Street Preachers eu cân 'Everything must go' i 'Bobby Gould must go' mewn gig yng Nghaerdydd.
Sêr ei gyfnod: Chris Coleman, **Mark Hughes**, **Dean Saunders** a **Gary Speed**.

O'r badell ffrio i'r tân
Roedd Bobby wedi rheoli nifer o glybiau yn cynnwys Wimbledon, enillwyr Cwpan FA Lloegr yn 1988, ond bydd llawer o gefnogwyr Cymru yn ei gofio fel rheolwr di-glem ac amhoblogaidd. Brithwyd ei gyfnod wrth y llyw â digwyddiadau dadleuol, e.e. **Nathan Blake** yn honni iddo wneud sylw hiliol; dewis **Vinny Jones** yn gapten; disgyblu Robbie Savage yn gyhoeddus; a herio **John Hartson** i'w ymladd ar y maes ymarfer. Daeth y diwedd i Bobby wedi i'r Eidal ein chwalu 4-0 yn Bologna gyda sôn ei fod wedi colli cefnogaeth y chwaraewyr a'u bod yn anfodlon â'r tîm ddewiswyd ganddo.

* Roedd Bobby'n gefnogol i Uwchgynghrair Cymru (ffurfiwyd yn 1992), ac yn gwylio'r gyflafan 7-1 yn Eindhoven (**470**) o fainc yr eilyddion roedd Gary Lloyd, Y Barri, yr unig chwaraewr o'r gynghrair i gael ei alw i garfan hŷn Cymru.

Neville Southall a Mark Hughes
1999: Gêm 486

Southall, Hughes neu Venables?
Ar argymhelliad Bobby Gould, Neville a Mark oedd â gofal y gêm hon. Chwaraeodd Mark yn y gêm – ei gêm ryngwladol olaf – tra oedd Neville ar yr ystlys, yn ei grys du a'i siwt ddu. Er inni golli 2-0 i Denmarc yn Anfield roedd Neville yn awyddus iawn i barhau yn y swydd. Wedi i'r Gymdeithas Bêl-droed gyfweld Neville, Mark a **Kevin Ratcliffe** ymddangosai mai eu dewis cyntaf oedd Terry Venables, ac fe gynigiodd y Manic Street Preachers £30,000 tuag at y £200,000 y flwyddyn yr honnwyd fod Venables yn ofyn amdano. Methodd y Gymdeithas a Venables gytuno ar delerau ac fe gynigiwyd y swydd i Mark Hughes.

Mark Hughes
1999-2004: Gêm 487 – Gêm 527

Uchafbwynt: 10 gêm yn ddiguro, **502** i **511** oedd yn cynnwys curo'r Almaen a'r Eidal.
Iselbwynt: 12 gêm heb fuddugoliaeth, **490** i **501**.
Sêr ei gyfnod: Ryan Giggs, John Hartson, Robbie Savage a **Gary Speed**.

Rheolwr dan hyfforddiant

Aeth Mark yn syth o fod yn chwaraewr rhyngwladol i reoli'r tîm cenedlaethol. Ei weithred gyntaf oedd penodi Eric Harrison, cyn-hyfforddwr ieuenctid Manchester U, yn rheolwr cynorthwyol. Aeth Mark ati i foderneiddio trefniadaeth y tîm cenedlaethol a thrwy hynny greu awyrgylch debyg i'r hyn yr oedd ef ei hun wedi arfer â hi yn Old Trafford a chlybiau yn Uwchgynghrair Lloegr. Llwyddodd Mark i ddenu **Ryan Giggs** i chwarae mewn gêm 'gyfeillgar', a dychwelodd y torfeydd wrth i Gymru symud i'r Stadiwm y Mileniwm newydd sbon, am cyn lleied â £5 y pen. Aeth Mark â ni i gemau ail gyfle Ewro 2004 yn erbyn Rwsia, gwelwyd Cymru yn codi 48 o lefydd ar restr detholion FIFA yn 2002, ac enillwyd gwobr Tîm y Flwyddyn yng Ngwobrau Chwaraeon Cymru. Ym mis Medi 2004 penodwyd Mark yn rheolwr Blackburn R (yn Uwchgynghrair Lloegr) ac fe gredai llawer o gefnogwyr a gohebwyr y dylai fod wedi gadael swydd Cymru yn syth yn hytrach nag aros ymlaen am ddwy gêm arall (a gollwyd).

* Daeth gyrfa Mark fel chwaraewr i ben yn haf 2002, felly rheolwr rhan-amser oedd gennym tan i hynny ddigwydd.

John Toshack
2004-10: Gêm 528 – Gêm 580

Uchafbwynt: Solfacia–2, Cymru–5 (**552**)
Iselbwynt: Cyprus–3, Cymru–1 (**553**)
Sêr ei gyfnod: Craig Bellamy, Simon Davies, Danny Gabbidon a **Jason Koumas**.

Ymlaen mae Canaan

Etifeddodd John garfan oedd wedi heneiddio ac o fewn ychydig wythnosau roedd saith ohonynt wedi ymddeol. Ateb John i'w *mission impossible* oedd y chwyldro ieuenctid, gyda Brian Flynn yn allweddol yn swydd rheolwr y timau iau. Dyma'r deunydd crai ar gyfer y seiliau cadarn a osodwyd gan Gary Speed. Wrth i gyfartaledd oedran y garfan ddisgyn, o 29 yng ngêm olaf ond un Mark Hughes, i 22 wedi i **Ryan Giggs** ymddeol yn 2007, ni welwyd y gwledydd mawr yn cael eu gwahodd i Gymru, a dim ond y cefnogwyr ffyddlonaf welodd rai o gemau cynharaf chwaraewyr fel **Gareth Bale** a **Wayne Hennessey**. Gwelwyd y symudiad o Stadiwm y Mileniwm tri chwarter gwag i stadiwm newydd clwb Caerdydd yn ddechrau newydd, a thaniwyd y cefnogwyr oedd yno i weld **Aaron Ramsey** yn ysbrydoli buddugoliaeth wych 3-0 dros yr Alban ym mis Tachwedd 2009 (**576**). Wedi inni golli tair o'n pedair gêm nesaf, heb Ramsey oedd wedi torri ei goes, roedd John ar ben ei dennyn.

* Enillodd 43 o chwaraewyr eu capiau cyntaf yn ystod cyfnod Tosh, ac roedd 14 ohonynt yng ngharfan Ewro 2016 yn Ffrainc.

Brian Flynn
2010: Gêm 581 – Gêm 582

Llenwi bwlch – a cholli cyfle

Bu Brian yng ngofal ein dwy gêm ragbrofol Ewro 2012 ym mis Hydref 2010, fis wedi ymadawiad John Toshack. Byddai dwy fuddugoliaeth wedi bod yn hwb enfawr i'w obeithion i gamu o fod yng ngofal y timau iau i'r brif swydd. Collwyd y ddwy gêm. Serch hynny fe gafodd Brian gyfweliad am y swydd, ynghyd â **Chris Coleman**, **John Hartson**, Lars Lagerbäck, **Dean Saunders** a Lawrie Sanchez – ac fe benodwyd gŵr oedd ddim ar y rhestr fer. Welodd neb hynna'n dod.

Gary Speed
2010-11: Gêm 583 – Gêm 592

Uchafbwynt: Cymru–4, Norwy–1 (**592**)
Iselbwynt: Cymru–1, Awstralia–2 (**587**)
Sêr ei gyfnod: Gareth Bale, **Craig Bellamy**, **Darcy Blake** ac **Aaron Ramsey**.

Gosododd seiliau cadarn

Adroddwyd fod Cymdeithas Bêl-droed Cymru wedi talu £200,000 o iawndal i Sheffield U am gipio eu rheolwr ifanc wedi dim ond 18 gêm wrth y llyw. Ni allai Gary wrthod y cyfle i fod yn rheolwr ar ei wlad, hyd yn oed os oedd hynny yn golygu haneru ei gyflog, a bod y wlad newydd ddisgyn i safle 112 yn rhestr detholion FIFA. Cyflwynwyd Gary i wyddor chwaraeon gan Howard Wilkinson yn Leeds ac fe aeth Sam Allardyce yn Bolton â hyn i lefel uwch, gyda seicolegwyr chwaraeon, maethegwyr, tylinwyr, dadansoddwyr, a phrofion gwaed a phoer. Daeth Gary â hyn i gyd i drefniadaeth Cymru. Roedd ganddo gynllun chwe cham wrth iddo ddatblygu'r

© David Rawcliffe (Propaganda Photo)

Ffordd Gymreig ac fe aethom o ennill un o bum gêm gyntaf Gary i ennill pedair o'r pum gêm olaf. Dan arweiniad Gary fe gododd Cymru o safle 117 ar restr FIFA i safle 45 ac roedd pawb yn edrych ymlaen at gemau rhagbrofol Cwpan y Byd 2014. 'Gary Speed, Gary Speed, he's taking us to Cwpan y Byd' oedd cri'r cefnogwyr wrth inni wynebu Bwlgaria (**591**).

*   Mynnodd Gary fod chwaraewyr holl dimau Cymru yn cael eu dysgu i ganu'r anthem genedlaethol, ac ym mis Awst 2011 fe ddewisodd faes yr Eisteddfod Genedlaethol yn Wrecsam i gyhoeddi enwau'r garfan fyddai'n wynebu Awstralia.

Osian Roberts
2012: Gêm 593

Y gêm goffa

Osian oedd y dewis naturiol i fod yng ngofal y gêm nad oedd unrhyw un wedi dychmygu y byddai'n cael ei chynnal – gêm goffa Gary Speed. Osian oedd hyfforddwr y tîm dan Gary a chyn hynny bu'n Gyfarwyddwr Technegol Ymddiriedolaeth Bêl-droed Cymru. Daeth Osian yn is-reolwr i Chris Coleman ac roedd yn athrylith tactegau yn ôl y *Western Mail*, 1 Gorffennaf 2016, a'i sgiliau hyfforddi yn eithriadol.

Chris Coleman
2012-16: Gêm 594 – Gêm 630

Uchafbwynt: Cyrraedd rownd gyn-derfynol Ewro 2016 (**630**) – diolch am yr atgofion
Iselbwynt: Serbia–6, Cymru–1 (**597**)
Sêr ei gyfnod: Carfan Ewro 2016

Y gŵr ddaeth â'n breuddwydion yn fyw – A MWY!

Wedi 40 mlynedd o boen ers inni gyrraedd wyth olaf Ewro 1976, a 58 mlynedd o boen ers inni gyrraedd wyth olaf Cwpan y Byd 1958, newidiodd popeth yn 2016. 'Hen hanes nawr yw hynny' chwedl y Prifardd Llion Jones. Diolch i Chris, a'r tîm o arbenigwyr sy'n ei gefnogi, roedd Cymru yn Ffrainc ym mis Mehefin 2016. Roedd y balchder yn amlwg pan benodwyd Chris ond roedd yr amgylchiadau yr anoddaf posibl iddo. Enillodd Chris a Gary Speed eu capiau cyntaf dan 21 oed yr un prynhawn ym Merthyr yn 1990 a bu'r ddau'n gyfeillion agos. Yn dilyn marwolaeth Gary bu'r garfan yn galaru am 18 mis – roedd pawb yn dioddef, a'r canlyniadau hefyd. Pob clod iddo felly nid yn unig am ei ddewrder yn ymgymryd â'r swydd ond hefyd am gadw'r ffydd yn y chwaraewyr ac yn ei allu ei hun. Fe gofleidiodd Chris a'i staff, y chwaraewyr a'r cefnogwyr y slogan 'Gyda'n gilydd, yn gryfach', sy'n adleisio'n harwyddair ers 1951 'Gorau chwarae, cyd chwarae'. Ac wrth greu hanes fe chwalwyd y myth a'r twyll mai'r wy yw ein gêm genedlaethol.

* Erbyn 1 Hydref 2015 roedd Cymru wedi cyrraedd safle rhif 8 ar restr FIFA, ein safle gorau erioed. Roedd cyrraedd y deg uchaf ym mis Gorffennaf yn amseru perffaith ar gyfer dewis grwpiau rhagbrofol Cwpan y Byd 2018 ac am y tro cyntaf erioed roedd Cymru ym mhot un, y prif ddetholion.

Atodiad 2: Gemau Cymru 1946-2016

Dangosir sgôr Cymru gyntaf bob tro

171	19.10.46	Yr Alban	Wrecsam	3-1
172	13.11.46	Lloegr	Manceinion	0-3
173	16.04.47	Gogledd Iwerddon	Belfast	1-2
174	18.10.47	Lloegr	Caerdydd	0-3
175	12.11.47	Yr Alban	Glasgow	2-1
176	10.03.48	Gogledd Iwerddon	Wrecsam	2-0
177	23.10.48	Yr Alban	Caerdydd	1-3
178	10.11.48	Lloegr	Birmingham	0-1
179	09.03.49	Gogledd Iwerddon	Belfast	2-0
180	15.05.49	Portiwgal	Lisbon	2-3
181	22.05.49	Gwlad Belg	Liege	1-3
182	26.05.49	Y Swistir	Berne	0-4
183	15.10.49	Lloegr	Caerdydd	1-4
184	09.11.49	Yr Alban	Glasgow	0-2
185	23.11.49	Gwlad Belg	Caerdydd	5-1
186	08.03.50	Gogledd Iwerddon	Wrecsam	0-0
187	21.10.50	Yr Alban	Caerdydd	1-3
188	15.11.50	Lloegr	Sunderland	2-4
189	07.03.51	Gogledd Iwerddon	Belfast	2-1
190	12.05.51	Portiwgal	Caerdydd	2-1
191	16.05.51	Y Swistir	Wrecsam	3-2
192	20.10.51	Lloegr	Caerdydd	1-1
193	14.11.51	Yr Alban	Glasgow	1-0
194	05.12.51	Gweddill y D.U.	Caerdydd	3-2
195	19.03.52	Gogledd Iwerddon	Abertawe	3-0
196	18.10.52	Yr Alban	Caerdydd	1-2
197	12.11.52	Lloegr	Wembley	2-5
198	15.04.53	Gogledd Iwerddon	Belfast	3-2
199	14.05.53	Ffrainc	Paris	1-6
200	21.05.53	Iwgoslafia	Belgrade	2-5
201	10.10.53	Lloegr	Caerdydd	1-4
202	04.11.53	Yr Alban	Glasgow	3-3
203	31.03.54	Gogledd Iwerddon	Wrecsam	1-2
204	09.05.54	Awstria	Vienna	0-2
205	22.09.54	Iwgoslafia	Caerdydd	1-3

206	16.10.54	Yr Alban	Caerdydd	0-1
207	10.11.54	Lloegr	Wembley	2-3
208	20.04.55	Gogledd Iwerddon	Belfast	3-2
209	22.10.55	Lloegr	Caerdydd	2-1
210	09.11.55	Yr Alban	Glasgow	0-2
211	23.11.55	Awstria	Wrecsam	1-2
212	11.04.56	Gogledd Iwerddon	Caerdydd	1-1
213	20.10.56	Yr Alban	Caerdydd	2-2
214	14.11.56	Lloegr	Wembley	1-3
215	10.04.57	Gogledd Iwerddon	Belfast	0-0
216	01.05.57	Tsiecoslofacia	Caerdydd	1-0
217	19.05.57	Dwyrain Yr Almaen	Leipzig	1-2
218	26.05.57	Tsiecoslofacia	Prâg	0-2
219	25.09.57	Dwyrain yr Almaen	Caerdydd	4-1
220	19.10.57	Lloegr	Caerdydd	0-4
221	13.11.57	Yr Alban	Glasgow	1-1
222	15.01.58	Israel	Tel Aviv	2-0
223	05.02.58	Israel	Caerdydd	2-0
224	16.04.58	Gogledd Iwerddon	Caerdydd	1-1
225	08.06.58	Hwngari	Sandviken	1-1
226	11.06.58	Mecsico	Stockholm	1-1
227	15.06.58	Sweden	Stockholm	0-0
228	17.06.58	Hwngari	Stockholm	2-1
229	19.06.58	Brasil	Gothenburg	0-1
230	18.10.58	Yr Alban	Caerdydd	0-3
231	26.11.58	Lloegr	Birmingham	2-2
232	22.04.59	Gogledd Iwerddon	Belfast	1-4
233	17.10.59	Lloegr	Caerdydd	1-1
234	04.11.59	Yr Alban	Glasgow	1-1
235	06.04.60	Gogledd Iwerddon	Wrecsam	3-2
236	28.09.60	Gweriniaeth Iwerddon	Dulyn	3-2
237	22.10.60	Yr Alban	Caerdydd	2-0
238	23.11.60	Lloegr	Wembley	1-5
239	12.04.61	Gogledd Iwerddon	Belfast	5-1
240	19.04.61	Sbaen	Caerdydd	1-2
241	18.05.61	Sbaen	Madrid	1-1
242	28.05.61	Hwngari	Budapest	2-3
243	14.10.61	Lloegr	Caerdydd	1-1
244	08.11.61	Yr Alban	Glasgow	0-2
245	11.04.62	Gogledd Iwerddon	Caerdydd	4-0
246	12.05.62	Brasil	Rio de Janeiro	1-3

247	16.05.62	Brasil	São Paulo	1-3
248	22.05.62	Mecsico	Dinas Mecsico	1-2
249	20.10.62	Yr Alban	Caerdydd	2-3
250	07.11.62	Hwngari	Budapest	1-3
251	21.11.62	Lloegr	Wembley	0-4
252	20.03.63	Hwngari	Caerdydd	1-1
253	03.04.63	Gogledd Iwerddon	Belfast	4-1
254	12.10.63	Lloegr	Caerdydd	0-4
255	20.11.63	Yr Alban	Glasgow	1-2
256	15.04.64	Gogledd Iwerddon	Abertawe	2-3
257	03.10.64	Yr Alban	Caerdydd	3-2
258	21.10.64	Denmarc	Copenhagen	0-1
259	18.11.64	Lloegr	Wembley	1-2
260	09.12.64	Gwlad Groeg	Athen	0-2
261	17.03.65	Gwlad Groeg	Caerdydd	4-1
262	31.03.65	Gogledd Iwerddon	Belfast	5-0
263	01.05.65	Yr Eidal	Fflorens	1-4
264	30.05.65	Yr Undeb Sofietaidd	Moscow	1-2
265	02.10.65	Lloegr	Caerdydd	0-0
266	27.10.65	Yr Undeb Sofietaidd	Caerdydd	2-1
267	24.11.65	Yr Alban	Glasgow	1-4
268	01.12.65	Denmarc	Wrecsam	4-2
269	30.03.66	Gogledd Iwerddon	Caerdydd	1-4
270	14.05.66	Brasil	Rio de Janeiro	1-3
271	18.05.66	Brasil	Belo Horizonte	0-1
272	22.05.66	Chile	Santiago	0-2
273	22.10.66	Yr Alban	Caerdydd	1-1
274	16.11.66	Lloegr	Wembley	1-5
275	12.04.67	Gogledd Iwerddon	Belfast	0-0
276	21.10.67	Lloegr	Caerdydd	0-3
277	22.11.67	Yr Alban	Glasgow	2-3
278	28.02.68	Gogledd Iwerddon	Wrecsam	2-0
279	08.05.68	Gorllewin yr Almaen	Caerdydd	1-1
280	23.10.68	Yr Eidal	Caerdydd	0-1
281	26.03.69	Gorllewin yr Almaen	Frankfurt	1-1
282	16.04.69	Dwyrain yr Almaen	Dresden	1-2
283	03.05.69	Yr Alban	Wrecsam	3-5
284	07.05.69	Lloegr	Wembley	1-2
285	10.05.69	Gogledd Iwerddon	Belfast	0-0
286	28.07.69	Gweddill y D.U.	Caerdydd	0-1
287	22.10.69	Dwyrain yr Almaen	Caerdydd	1-3

288	04.11.69	Yr Eidal	Rhufain	1-4
289	18.04.70	Lloegr	Caerdydd	1-1
290	22.04.70	Yr Alban	Glasgow	0-0
291	25.04.70	Gogledd Iwerddon	Abertawe	1-0
292	11.11.70	Romania	Caerdydd	0-0
293	21.04.71	Tsiecoslofacia	Abertawe	1-3
294	15.05.71	Yr Alban	Caerdydd	0-0
295	19.05.71	Lloegr	Wembley	0-0
296	22.05.71	Gogledd Iwerddon	Belfast	0-1
297	26.05.71	Y Ffindir	Helsinki	1-0
298	13.10.71	Y Ffindir	Caerdydd	3-0
299	27.10.71	Tsiecoslofacia	Prâg	0-1
300	24.11.71	Romania	Bucharest	0-2
301	20.05.72	Lloegr	Caerdydd	0-3
302	24.05.72	Yr Alban	Glasgow	0-1
303	27.05.72	Gogledd Iwerddon	Wrecsam	0-0
304	15.11.72	Lloegr	Caerdydd	0-1
305	24.01.73	Lloegr	Wembley	1-1
306	28.03.73	Gwlad Pwyl	Caerdydd	2-0
307	12.05.73	Yr Alban	Wrecsam	0-2
308	15.05.73	Lloegr	Wembley	0-3
309	19.05.73	Gogledd Iwerddon	Lerpwl	0-1
310	26.09.73	Gwlad Pwyl	Katowice	0-3
311	11.05.74	Lloegr	Caerdydd	0-2
312	14.05.74	Yr Alban	Glasgow	0-2
313	18.05.74	Gogledd Iwerddon	Wrecsam	1-0
314	04.09.74	Awstria	Vienna	1-2
315	30.10.74	Hwngari	Caerdydd	2-0
316	20.11.74	Lwcsembwrg	Abertawe	5-0
317	16.04.75	Hwngari	Budapest	2-1
318	01.05.75	Lwcsembwrg	Lwcsembwrg	3-1
319	17.05.75	Yr Alban	Caerdydd	2-2
320	21.05.75	Lloegr	Wembley	2-2
321	23.05.75	Gogledd Iwerddon	Belfast	0-1
322	19.11.75	Awstria	Wrecsam	1-0
323	24.03.76	Lloegr	Wrecsam	1-2
324	24.04.76	Iwgoslafia	Zagreb	0-2
325	06.05.76	Yr Alban	Glasgow	1-3
326	08.05.76	Lloegr	Caerdydd	0-1
327	14.05.76	Gogledd Iwerddon	Abertawe	1-0
328	22.05.76	Iwgoslafia	Caerdydd	1-1

329	06.10.76	Gorllewin yr Almaen	Caerdydd	0-2
330	17.11.76	Yr Alban	Glasgow	0-1
331	30.03.77	Tsiecoslofacia	Wrecsam	3-0
332	28.05.77	Yr Alban	Wrecsam	0-0
333	31.05.77	Lloegr	Wembley	1-0
334	03.06.77	Gogledd Iwerddon	Belfast	1-1
335	06.09.77	Coweit	Wrecsam	0-0
336	20.09.77	Coweit	Coweit	0-0
337	12.10.77	Yr Alban	Lerpwl	0-2
338	16.11.77	Tsiecoslofacia	Prâg	0-1
339	14.12.77	Gorllewin yr Almaen	Dortmund	1-1
340	18.04.78	Iran	Tehran	1-0
341	13.05.78	Lloegr	Caerdydd	1-3
342	17.05.78	Yr Alban	Glasgow	1-1
343	19.05.78	Gogledd Iwerddon	Wrecsan	1-0
344	25.10.78	Malta	Wrecsam	7-0
345	29.11.78	Twrci	Wrecsam	1-0
346	02.05.79	Gorllewin yr Almaen	Wrecsam	0-2
347	19.05.79	Yr Alban	Caerdydd	3-0
348	23.05.79	Lloegr	Wembley	0-0
349	25.05.79	Gogledd Iwerddon	Belfast	1-1
350	02.06.79	Malta	Valletta	2-0
351	11.09.79	Gweriniaeth Iwerddon	Abertawe	2-1
352	17.10.79	Gorllewin yr Almaen	Cologne	1-5
353	21.11.79	Twrci	Izmir	0-1
354`	17.05.80	Lloegr	Wrecsam	4-1
355	21.05.80	Yr Alban	Glasgow	0-1
356	23.05.80	Gogledd Iwerddon	Caerdydd	0-1
357	02.06.80	Gwlad yr Iâ	Reykjavik	4-0
358	15.10.80	Twrci	Caerdydd	4-0
359	19.11.80	Tsiecoslofacia	Caerdydd	1-0
360	24.02.81	Gweriniaeth Iwerddon	Dulyn	3-1
361	25.03.81	Twrci	Ankara	1-0
362	16.05.81	Yr Alban	Abertawe	2-0
363	20.05.81	Lloegr	Wembley	0-0
364	30.05.81	Yr Undeb Sofietaidd	Wrecsam	0-0
365	09.09.81	Tsiecoslofacia	Prâg	0-2
366	14.10.81	Gwlad yr Iâ	Abertawe	2-2
367	18.11.81	Yr Undeb Sofietaidd	Tbilisi	0-3
368	24.03.82	Sbaen	Valencia	1-1
369	27.04.82	Lloegr	Caerdydd	0-1

370	24.05.82	Yr Alban	Glasgow	0-1
371	27.05.82	Gogledd Iwerddon	Wrecsam	3-0
372	02.06.82	Ffrainc	Toulouse	1-0
373	22.09.82	Norwy	Abertawe	1-0
374	15.12.82	Iwgoslafia	Titograd	4-4
375	23.02.83	Lloegr	Wembley	1-2
376	27.04.83	Bwlgaria	Wrecsam	1-0
377	28.05.83	Yr Alban	Caerdydd	0-2
378	31.05.83	Gogledd Iwerddon	Belfast	1-0
379	12.06.83	Brasil	Caerdydd	1-1
380	21.09.83	Norwy	Oslo	0-0
381	12.10.83	Romania	Wrecsam	5-0
382	16.11.83	Bwlgaria	Sofia	0-1
383	14.12.83	Iwgoslafia	Caerdydd	1-1
384	28.02.84	Yr Alban	Glasgow	1-2
385	02.05.84	Lloegr	Wrecsam	1-0
386	22.05.84	Gogledd Iwerddon	Abertawe	1-1
387	06.06.84	Norwy	Trondheim	0-1
388	10.06.84	Israel	Tel Aviv	0-0
389	12.09.84	Gwlad yr Iâ	Reykjavik	0-1
390	17.10.84	Sbaen	Seville	0-3
391	14.11.84	Gwlad yr Iâ	Caerdydd	2-1
392	26.02.85	Norwy	Wrecsam	1-1
393	27.03.85	Yr Alban	Glasgow	1-0
394	30.04.85	Sbaen	Wrecsam	3-0
395	05.06.85	Norwy	Bergen	2-4
396	10.09.85	Yr Alban	Caerdydd	1-1
397	16.10.85	Hwngari	Caerdydd	0-3
398	25.02.86	Sawdi-Arabia	Dhahran	2-1
399	26.03.86	Gweriniaeth Iwerddon	Dulyn	1-0
400	21.04.86	Wrwgwái	Wrecsam	0-0
401	10.05.86	Canada	Toronto	0-2
402	20.05.86	Canada	Vancouver	3-0
403	10.09.86	Y Ffindir	Helsinki	1-1
404	18.02.87	Yr Undeb Sofietaidd	Abertawe	0-0
405	01.04.87	Y Ffindir	Wrecsam	4-0
406	29.04.87	Tsiecoslofacia	Wrecsam	1-1
407	09.09.87	Denmarc	Caerdydd	1-0
408	14.10.87	Denmarc	Copenhagen	0-1
409	11.11.87	Tsiecoslofacia	Prâg	0-2
410	23.03.88	Iwgoslafia	Abertawe	1-2

411	27.04.88	Sweden	Stockholm	1-4
412	01.06.88	Malta	Valletta	3-2
413	04.06.88	Yr Eidal	Brescia	1-0
414	14.09.88	Yr Iseldiroedd	Amsterdam	0-1
415	19.10.88	Y Ffindir	Abertawe	2-2
416	08.02.89	Israel	Tel Aviv	3-3
417	26.04.89	Sweden	Wrecsam	0-2
418	31.05.89	Gorllewin yr Almaen	Caerdydd	0-0
419	06.09.89	Y Ffindir	Helsinki	0-1
420	11.10.89	Yr Iseldiroedd	Wrecsam	1-2
421	15.11.89	Gorllewin yr Almaen	Cologne	1-2
422	28.03.90	Gweriniaeth Iwerddon	Dulyn	0-1
423	25.04.90	Sweden	Stockholm	2-4
424	20.05.90	Costa Rica	Caerdydd	1-0
425	11.09.90	Denmarc	Copenhagen	0-1
426	17.10.90	Gwlad Belg	Caerdydd	3-1
427	14.11.90	Lwcsembwrg	Lwcsembwrg	1-0
428	06.02.91	Gweriniaeth Iwerddon	Wrecsam	0-3
429	27.03.91	Gwlad Belg	Brwsel	1-1
430	01.05.91	Gwlad yr Iâ	Caerdydd	1-0
431	29.05.91	Gwlad Pwyl	Radom	0-0
432	05.06.91	Yr Almaen	Caerdydd	1-0
433	11.09.91	Brasil	Caerdydd	1-0
434	16.10.91	Yr Almaen	Nuremberg	1-4
435	13.11.91	Lwcsembwrg	Caerdydd	1-0
436	19.02.92	Gweriniaeth Iwerddon	Dulyn	1-0
437	29.04.92	Awstria	Vienna	1-1
438	20.05.92	Romania	Bucharest	1-5
439	30.05.92	Yr Iseldiroedd	Utrecht	0-4
440	03.06.92	Ariannin	Tokyo	0-1
441	07.06.92	Siapan	Matsuyama	1-0
442	09.09.92	Ynysoedd Ffaröe	Caerdydd	6-0
443	14.10.92	Cyprus	Limassol	1-0
444	18.11.92	Gwlad Belg	Brwsel	0-2
445	17.02.93	Gweriniaeth Iwerddon	Dulyn	1-2
446	31.03.93	Gwlad Belg	Caerdydd	2-0
447	28.04.93	Tsiecoslofacia	Ostrava	1-1
448	06.06.93	Ynysoedd Ffaröe	Toftir	3-0
449	08.09.93	Tsiecoslofacia	Caerdydd	2-2
450	13.10.93	Cyprus	Caerdydd	2-0
451	17.11.93	Romania	Caerdydd	1-2

452	09.03.94	Norwy	Caerdydd	1-3
453	20.04.94	Sweden	Wrecsam	0-2
454	23.05.94	Estonia	Tallinn	2-1
455	07.09.94	Albania	Caerdydd	2-0
456	12.10.94	Moldofa	Kishinev	2-3
457	16.11.94	Georgia	Tbilisi	0-5
458	14.12.94	Bwlgaria	Caerdydd	0-3
459	29.03.95	Bwlgaria	Sofia	1-3
460	26.04.95	Yr Almaen	Dusseldorf	1-1
461	07.06.95	Georgia	Caerdydd	0-1
462	06.09.95	Moldofa	Caerdydd	1-0
463	11.10.95	Yr Almaen	Caerdydd	1-2
464	15.11.95	Albania	Tirana	1-1
465	24.01.96	Yr Eidal	Terni	0-3
466	24.04.96	Y Swistir	Lugano	0-2
467	02.06.96	San Marino	Serravalle	5-0
468	31.08.96	San Marino	Caerdydd	6-0
469	05.10.96	Yr Iseldiroedd	Caerdydd	1-3
470	09.11.96	Yr Iseldiroedd	Eindhoven	1-7
471	14.12.96	Twrci	Caerdydd	0-0
472	11.02.97	Gweriniaeth Iwerddon	Caerdydd	0-0
473	29.03.97	Gwlad Belg	Caerdydd	1-2
474	27.05.97	Yr Alban	Kilmarnock	1-0
475	20.08.97	Twrci	Istanbul	4-6
476	11.10.97	Gwlad Belg	Brwsel	2-3
477	12.11.97	Brasil	Brasilia	0-3
478	25.03.98	Jamaica	Caerdydd	0-0
479	03.06.98	Malta	Valletta	3-0
480	06.06.98	Tiwnisia	Tunis	0-4
481	05.09.98	Yr Eidal	Lerpwl	0-2
482	10.10.98	Denmarc	Copenhagen	2-1
483	14.10.98	Belarus	Caerdydd	3-2
484	31.03.99	Y Swistir	Zurich	0-2
485	05.06.99	Yr Eidal	Bologna	0-4
486	09.06.99	Denmarc	Lerpwl	0-2
487	04.09.99	Belarus	Minsk	2-1
488	09.10.99	Y Swistir	Wrecsam	0-2
489	23.02.00	Qatar	Doha	1-0
490	29.03.00	Y Ffindir	Caerdydd	1-2
491	23.05.00	Brasil	Caerdydd	0-3
492	02.06.00	Portiwgal	Chaves	0-3

493	03.09.00	Belarus	Minsk	1-2
494	07.10.00	Norwy	Caerdydd	1-1
495	11.10.00	Gwlad Pwyl	Warsaw	0-0
496	24.03.01	Armenia	Erevan	2-2
497	28.03.01	Yr Wcráin	Caerdydd	1-1
498	02.06.01	Gwlad Pwyl	Caerdydd	1-2
499	06.06.01	Yr Wcráin	Kiev	1-1
500	01.09.01	Armenia	Caerdydd	0-0
501	05.09.01	Norwy	Oslo	2-3
502	06.10.01	Belarus	Caerdydd	1-0
503	13.02.02	Ariannin	Caerdydd	1-1
504	27.03.02	Y Weriniaeth Tsiec	Caerdydd	0-0
505	14.05.02	Yr Almaen	Caerdydd	1-0
506	21.08.02	Croatia	Varazdin	1-1
507	07.09.02	Y Ffindir	Helsinki	2-0
508	16.10.02	Yr Eidal	Caerdydd	2-1
509	20.11.02	Azerbaijan	Baku	2-0
510	12.02.03	Bosnia-Herzegovina	Caerdydd	2-2
511	29.03.03	Azerbaijan	Caerdydd	4-0
512	26.05.03	Unol Daleithiau America	San Jose	0-2
513	20.08.03	Serbia a Montenegro	Belgrade	0-1
514	06.09.03	Yr Eidal	Milan	0-4
515	10.09.03	Y Ffindir	Caerdydd	1-1
516	11.10.03	Serbia a Montenegro	Caerdydd	2-3
517	15.11.03	Rwsia	Moscow	0-0
518	19.11.03	Rwsia	Caerdydd	0-1
519	18.02.04	Yr Alban	Caerdydd	4-0
520	31.03.04	Hwngari	Budapest	2-1
521	27.05.04	Norwy	Oslo	0-0
522	30.05.04	Canada	Wrecsam	1-0
523	18.08.04	Latfia	Riga	2-0
524	04.09.04	Azerbaijan	Baku	1-1
525	08.09.04	Gogledd Iwerddon	Caerdydd	2-2
526	09.10.04	Lloegr	Manceinion	0-2
527	13.10.04	Gwlad Pwyl	Caerdydd	2-3
528	09.02.05	Hwngari	Caerdydd	2-0
529	26.03.05	Awstria	Caerdydd	0-2
530	30.03.05	Awstria	Vienna	0-1
531	17.08.05	Slofenia	Abertawe	0-0
532	03.09.05	Lloegr	Caerdydd	0-1
533	07.09.05	Gwlad Pwyl	Warsaw	0-1

534	08.10.05	Gogledd Iwerddon	Belfast	3-2
535	12.10.05	Azerbaijan	Caerdydd	2-0
536	16.11.05	Cyprus	Limassol	0-1
537	01.03.06	Paraguay	Caerdydd	0-0
538	27.05.06	Trinidad a Tobago	Graz	2-1
539	15.08.06	Bwlgaria	Abertawe	0-0
540	02.09.06	Y Weriniaeth Tsiec	Teplice	1-2
541	05.09.06	Brasil	Llundain	0-2
542	07.10.06	Slovacia	Caerdydd	1-5
543	11.10.06	Cyprus	Caerdydd	3-1
544	14.11.06	Liechtenstein	Wrecsam	4-0
545	06.02.07	Gogledd Iwerddon	Belfast	0-0
546	24.03.07	Gweriniaeth Iwerddon	Dulyn	0-1
547	28.03.07	San Marino	Caerdydd	3-0
548	26.05.07	Seland Newydd	Wrecsam	2-2
549	02.06.07	Y Weriniaeth Tsiec	Caerdydd	0-0
550	22.08.07	Bwlgaria	Burgas	1-0
551	08.09.07	Yr Almaen	Caerdydd	0-2
552	12.09.07	Slofacia	Trnava	5-2
553	13.10.07	Cyprus	Nicosia	1-3
554	17.10.07	San Marino	Serravalle	2-1
555	17.11.07	Gweriniaeth Iwerddon	Caerdydd	2-2
556	21.11.07	Yr Almaen	Frankfurt	0-0
557	06.02.08	Norwy	Wrecsam	3-0
558	26.03.08	Lwcsembwrg	Lwcsembwrg	2-0
559	28.05.08	Gwlad yr Iâ	Reykjavik	1-0
560	01.06.08	Yr Iseldiroedd	Rotterdam	0-2
561	20.08.08	Georgia	Abertawe	1-2
562	06.09.08	Azerbaijan	Caerdydd	1-0
563	10.09.08	Rwsia	Moscow	1-2
564	11.10.08	Liechtenstein	Caerdydd	2-0
565	15.10.08	Yr Almaen	Moenchengladbach	0-1
566	19.11.08	Denmarc	Brondby	1-0
567	11.02.09	Gwlad Pwyl	Vila Real	0-1
568	28.03.09	Y Ffindir	Caerdydd	0-2
569	01.04.09	Yr Almaen	Caerdydd	0-2
570	29.05.09	Estonia	Llanelli	1-0
571	06.06.09	Azerbaijan	Baku	1-0
572	12.08.09	Montenegro	Podgorica	1-2
573	09.09.09	Rwsia	Caerdydd	1-3
574	10.10.09	Y Ffindir	Helsinki	1-2

575	14.10.09	Liechtenstein	Vaduz	2-0
576	14.11.09	Yr Alban	Caerdydd	3-0
577	03.03.10	Sweden	Abertawe	0-1
578	23.05.10	Croatia	Osijek	0-2
579	11.08.10	Lwcsembwrg	Llanelli	5-1
580	03.09.10	Montenegro	Podgorica	0-1
581	08.10.10	Bwlgaria	Caerdydd	0-1
582	12.10.10	Y Swistir	Basle	1-4
583	08.02.11	Gweriniaeth Iwerddon	Dulyn	0-3
584	26.03.11	Lloegr	Caerdydd	0-2
585	25.05.11	Yr Alban	Dulyn	1-3
586	27.05.11	Gogledd Iwerddon	Dulyn	2-0
587	10.08.11	Awstralia	Caerdydd	1-2
588	02.09.11	Montenegro	Caerdydd	2-1
589	06.09.11	Lloegr	Wembley	0-1
590	07.10.11	Y Swistir	Abertawe	2-0
591	11.10.11	Bwlgaria	Sofia	1-0
592	12.11.11	Norwy	Caerdydd	4-1
593	29.02.12	Costa Rica	Caerdydd	0-1
594	27.05.12	Mecsico	New Jersey	0-2
595	15.08.12	Bosnia-Herzegovina	Llanelli	0-2
596	07.09.12	Gwlad Belg	Caerdydd	0-2
597	11.09.12	Serbia	Novi Sad	1-6
598	12.10.12	Yr Alban	Caerdydd	2-1
599	16.10.12	Croatia	Osijek	0-2
600	06.02.13	Awstria	Abertawe	2-1
601	22.03.13	Yr Alban	Glasgow	2-1
602	26.03.13	Croatia	Abertawe	1-2
603	14.08.13	Gweriniaeth Iwerddon	Caerdydd	0-0
604	06.09.13	Macedonia	Skopje	1-2
605	10.09.13	Serbia	Caerdydd	0-3
606	11.10.13	Macedonia	Caerdydd	1-0
607	15.10.13	Gwlad Belg	Brwsel	1-1
608	16.11.13	Y Ffindir	Caerdydd	1-1
609	05.03.14	Gwlad yr Iâ	Caerdydd	3-1
610	04.06.14	Yr Iseldiroedd	Amsterdam	0-2
611	09.09.14	Andorra	Andorra la Vella	2-1
612	10.10.14	Bosnia-Herzegovina	Caerdydd	0-0
613	13.10.14	Cyprus	Caerdydd	2-1
614	16.11.14	Gwlad Belg	Brwsel	0-0
615	28.03.15	Israel	Haifa	3-0

616	12.06.15	Gwlad Belg	Caerdydd	1-0
617	03.09.15	Cyprus	Nicosia	1-0
618	06.09.15	Israel	Caerdydd	0-0
619	10.10.15	Bosnia	Zenica	0-2
620	13.10.15	Andorra	Caerdydd	2-0
621	13.11.15	Yr Iseldiroedd	Caerdydd	2-3
622	24.03.16	Gogledd Iwerddon	Caerdydd	1-1
623	28.03.16	Yr Wcráin	Kiev	0-1
624	05.06.16	Sweden	Stockholm	0-3
625	11.06.16	Slofacia	Bordeaux	2-1
626	16.06.16	Lloegr	Lens	1-2
627	20.06.16	Rwsia	Toulouse	3-0
628	25.06.16	Gogledd Iwerddon	Paris	1-0
629	01.07.16	Gwlad Belg	Lille	3-1
630	06.07.16	Portiwgal	Lyon	0-2

Ibuprofen s'il vous plaît!

Mwy na stori bêl-droed

Dewi Prysor

Atgofion Ewro 2016

y Lolfa

£9.99

Merci CYMRU

Dathlu haf bythgofiadwy 2016

Tim Hartley (gol.)

£7.99

Red Dragons

THE STORY OF

WELSH

FOOTBALL

Phil Stead

olfa

Includes the road to France

£9.99

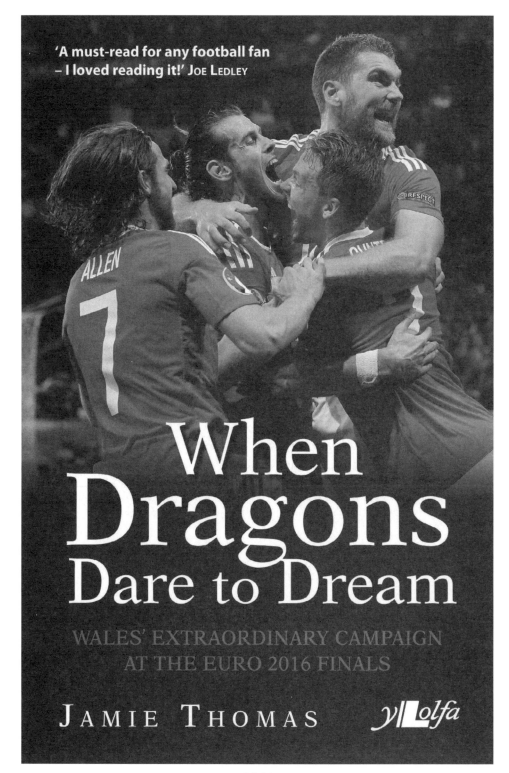

'A must-read for any football fan
– I loved reading it!' JOE LEDLEY

When
Dragons
Dare to Dream

WALES' EXTRAORDINARY CAMPAIGN
AT THE EURO 2016 FINALS

JAMIE THOMAS

yLolfa

£9.99

Am restr gyflawn o lyfrau'r Lolfa, mynnwch
gopi am ddim o'n catalog
neu hwyliwch i mewn i'n gwefan

www.ylolfa.com

lle gallwch archebu llyfrau ar-lein.

TALYBONT CEREDIGION CYMRU SY24 5HE
ebost ylolfa@ylolfa.com
gwefan www.ylolfa.com
ffôn 01970 832 304
ffacs 832 782